科学技术政策译丛

经济如何塑造科学

How Economics Shapes Science

〔美〕保拉·斯蒂芬（Paula Stephan）著
刘细文 译

北京大学出版社
PEKING UNIVERSITY PRESS

著作权合同登记号　图字:01-2012-7357

图书在版编目(CIP)数据

经济如何塑造科学/(美)保拉·斯蒂芬(Paula Stephan)著;刘细文译. —北京:北京大学出版社,2016.6

(科学技术政策译丛)

ISBN 978-7-301-27259-6

Ⅰ.①经… Ⅱ.①保… ②刘… Ⅲ.①科学经济学—研究 Ⅳ.①F062.3

中国版本图书馆 CIP 数据核字(2016)第 148537 号

HOW ECONOMICS SHAPES SCIENCE by Paula Stephan.
Copyright © 2012 by the President and Fellows of Harvard College.
Published by arrangement with Harvard University Press through Bardon-Chinese Media Agency.
Simplified Chinese translation copyright ©2016 by Peking University Press.
ALL RIGHTS RESERVED.

书　　　名	经济如何塑造科学 JINGJI RUHE SUZAO KEXUE
著作责任者	〔美〕保拉·斯蒂芬　著　刘细文　译
责 任 编 辑	黄　炜
标 准 书 号	ISBN 978-7-301-27259-6
出 版 发 行	北京大学出版社
地　　　址	北京市海淀区成府路 205 号　100871
网　　　址	http://www.pup.cn
电 子 信 箱	zpup@pup.cn
新 浪 微 博	@北京大学出版社
电　　　话	邮购部 62752015　发行部 62750672　编辑部 62752021
印 刷 者	北京大学印刷厂
经 销 者	新华书店
	730 毫米×1020 毫米　16 开本　20.75 印张　377 千字 2016 年 6 月第 1 版　2016 年 6 月第 1 次印刷
定　　　价	56.00 元

未经许可,不得以任何方式复制或抄袭本书之部分或全部内容。

版权所有,侵权必究

举报电话: 010-62752024　电子信箱: fd@pup.pku.edu.cn

图书如有印装质量问题,请与出版部联系,电话: 010-62756370

科学技术政策译丛

学术指导委员会

主任：孙家广　方　新

成员：（按汉语拼音排序）

曹　聪　韩　宇　柳卸林　梅永红　穆荣平

潘教峰　任定成　沈小白　汪前进　王春法

王作跃　薛　澜　曾国屏　赵万里

编辑工作委员会

主任：郑永和

成员：刘细文　龚　旭　李正风　李　宁

樊春良　杨　舰　陈小红

总　序

当代科学技术发展的一个重要特征,就是国家广泛而深入地参与,推动科学技术走向规模化,支持成果实现产业化。科学技术政策作为国家重要的公共政策的一部分,是科学技术飞速发展的助推器,它包括两个方面的重要内容:一是以发展科学技术本身为目标的政策,二是以科学技术为基础支持相关领域发展(如医疗卫生、环境保护、网络社会、国土安全、产业结构转型等)的政策。在20世纪上半叶以及此前相当长的一段时间,科学技术活动基本上属于科学家、工程师以及科研机构、大学和企业的自主行为,在国家层面尚缺乏有关科学技术发展的整体政策考虑和系统战略设想以及相关体制机制建设。20世纪60年代以来,随着一些国家政府对科学技术投入的不断加大,不仅发展科学技术本身的政策得到政府的重视,利用科学技术成果促进经济增长和社会进步等更广泛的社会目标也成为国家科学技术政策的重要组成部分。

西方科学技术政策研究经历了萌芽、发展和成熟阶段,现在已经演变成为一个涵盖多学科的前沿领域,产生了众多影响深远的研究成果和学术著作。科学技术政策涉及了政府管理、教育政策、税收政策、贸易政策、人才政策、信息政策、环境保护政策等,还与产业发展战略、区域发展战略、国家竞争战略等密切相关。随着数字化和网络化发展,当代科学研究活动还呈现出"E"化(电子化或虚拟化)的特点,建立在数字模拟基础上的科学研究活动已经凸现;同时,科学数据的开放使用进一步实现了科研仪器、科研工具、试验数据的共享,改变了传统科研的手段乃至研究范式;网络化还推动了科研活动成为社会公众关注的"透明性"工作,进而扩大了公众参与科学技术政策制定的广度与深度。无论是新的科研范式的出现还是公众参与政策制定程度的提高,都必将促进科学技术本身以及科学技术政策的转型。

曾经在古代创造出灿烂文明的中国,之所以在近代落后于西方,固然有其政治、经济、文化等方面的多种原因,但在"闭关锁国"的环境里未能赶上近代世界科学技术和产业革命迅猛发展的浪潮,无疑也是一个重要的原因。新中国建立以来,党和国家历代领导人都认识到大力发展科学技术的重要性,毛泽东同志发出了"向科学进军"的号召,邓小平同志提出了"科学技术是第一生产力"的著名论断,江泽民同志确立了科教兴国和可持续发展的战略思想,胡锦涛同志提出了提高自主创新能力、建设创新型国家的宏伟目标,并通过实施相应的政策措施来促进我国科学技术的发展。

在新中国 60 多年的历史中,科学技术政策研究以及制定经历了从无到有、从自我完善到与国际接轨、从简单一维到综合集成、从跟踪模仿到自主创新的过程,并伴随我国改革开放与经济社会发展的历程而变化演进,当今正迈向以面向未来经济社会结构转型与核心竞争力提升为目标、服务于创新型国家建设的新时代。我国在 21 世纪要实现建设创新性国家的战略目标,制定和实施面向自主创新的科学技术政策,不仅需要系统认识科学技术自身的发展规律,还需要深入研究科学技术与经济发展、社会进步、生态文明之间的关系问题,而借鉴和学习发达国家的经验无疑是不可或缺的。

20 世纪 90 年代"冷战"结束以来,西方科学技术政策领域发生了很大变化;网络化和全球化的趋势,不仅改变着传统科学研究的模式,而且促进了公众与科学技术人员以及政策制定者的互动,进而推动政策研究前沿的进一步发展。这些新特点和新进展需要我们及时了解和掌握。

改革开放以来,科学技术政策领域的译介对我国相关政策研究和实践的发展起到了巨大的推动作用。为了全面及时地了解国外科学技术政策相关领域的新进展,进一步拓展我国科学技术和创新领域政策的研究视野,为了满足新世纪我国科学技术的快速发展以及国家经济社会转型对科学技术政策提出的新的要求,为了改进科学技术决策的体制机制,提升科学技术在我国自主创新能力建设中的重要作用,国家自然科学基金委员会和中国科学院于 2008 年研究决定,共同组织翻译出版《科学技术政策译丛》(以下简称《译丛》)。经商议决定,遴选近年来在科学技术的社会研究、科学技术和创新政策、科学技术政策史等领域的代表性论著,组织中青年优秀学者进行翻译。书目遴选的原则共有四项:一是经典性,选择在科学技术政策及相关领域有影响的著述,以经典著作为主;二是基础性,选择科学技术政策及相关领域的基础性研究专著;三是时效性,选择 20 世纪 90 年代以来的著作;

四是不重复性，选择国内尚未翻译出版的著作。

为了保证《译丛》的学术权威性，特设立学术指导委员会，由我国科学技术管理部门的政策调研与制定者、活跃在政策研究及相关领域一线的年富力强的中青年学者以及在相关领域具有一定学术影响的部分海外华人学者组成，负责书目遴选和学术把关。为保证《译丛》翻译和出版工作的顺利进行，还设立了编辑工作委员会，具体负责翻译出版的组织工作。

衷心感谢国家自然科学基金委员会和中国科学院领导的大力支持，同时也感谢《译丛》学术指导委员会、编辑工作委员会、译者以及北京大学出版社等的辛勤劳动。期望《译丛》能够在理论和实践两个方面对提升我国科学技术政策的研究水平具有指导作用。

孙家广

方　新

2011年1月于北京

致比尔,永远的比尔

前　言

本书探讨经济学与科学的关系。同时也探讨科学如何影响经济发展,特别是科学如何影响经济增长。因为,大多数公共研究是在大学、医学院进行的,在美国更是如此。本书大部分内容着重阐明在大学中如何进行科研?如何得到资助?书中也探讨了当一个国家的学术研究如此深深地植根于大学时(至少在美国是这样),对大学是什么结果。

书中并不是认为经济是影响科学的唯一因素,也不认为经济是审视科学的唯一手段。其他学科领域及其关注焦点也可以对科学事业进行深度分析,如社会学研究就致力于分析科学是如何组织的、分析科学的奖励结构等。当然,也不是说科学是经济增长的唯一要素,政治和社会价值观同样在经济增长中发挥着重要作用。

本书从几个不同的角度研究科研活动。促使我研究科研活动,一个原因是它给予了我一个扩展兴趣的机会,让我可以阅读经济学领域之外的文献资料。有时候,我觉得经济学领域过于狭窄了。

本书中的部分讨论是描述性的,十分浅显,仅仅只是综述了已知的影响科研行为和产出的不同因素和方面。这种描述性特征是经过设计的。研究科研活动三十余年,我很惊讶地发现,很多学者撰写关于科学和科技政策的著作而不理解科研活动发生的环境。我写这本书的主要目的是树立一个科学的标杆,我希望有这样的风范,为后来者研究科学的经济学提供坚固的基础。同时,我也希望可以时常梳理出需要进一步研究的问题。我并不是说,是我第一个开展这些问题的研究,也并不意味着我是这方面最著名的专家。事实远非如此:我的研究和本领域的其他人研究一样,得益于开创这个领域的泰斗们。这些泰斗包括:肯尼斯·阿罗(Kenneth Arrow),保罗·戴维(Paul David),兹维·格里利谢斯(Zvi Griliches),罗伯特·默顿(Robert Merton),理查德·纳尔逊(Richard Nelson),内森·罗森堡(Nathan

Rosenberg）。

  我写本书的主要目的是给经济领域专家和学生阅读。本书也供美国、中国、欧洲、日本的公共研究机构的工作人员阅读，还可供政策制定者、与公共机构共享利益的群体、研究科研活动人士等阅读。我希望深入理解经济如何影响科学，这有利于制定高效的科技政策，更好地使用科研资源。

名词缩写

AAMC	美国医学院联合会
AAU	美国大学联合会
APS	阿贡国家实验室先进光子源
ARRA	美国复苏与再投资法案
AUTM	美国大学技术经理人协会
BLS	劳工统计局
CERN	欧洲核子研究中心
CIS	(欧洲)共同体创新调查
CMD	欧洲核子研究中心紧凑型 μ 介子螺线管
CPS	当前人口调查
CNRS	法国国家科学研究院
DARPA	(美国)国防部高级研究计划局
DFG	德国科学基金会
DOD	(美国)国防部
DOE	(美国)能源部
E-ELT	欧洲超大望远镜
ERC	欧洲研究理事会
FIRB	意大利基础研究基金
GMT	麦哲伦巨型望远镜
GRE	(美国)研究生入学考试
GUF	大学基金
H-1B visa	短期非移民工作签证
hESC	2001年乔治·布什签署的人胚胎干细胞政策
HGP	人类基因组计划
HHMI	霍华德·休斯医学研究所
ITER	国际热核聚变实验堆
LHC	大型强子对撞机(在CERN)
MOU	谅解备忘录

NASA	（美国）航空航天局
NIGMS	国立综合医学研究所
NIH	（美国）国立健康研究院
NIST	（美国）国家标准与技术研究院
NRSA	国家研究服务奖
NSCG	国家研究生院调查（由美国国家科学基金会管理）
NSF	（美国）国家科学基金会
OECD	经济合作与发展组织
OWL	极大望远镜
PSI	（NIH）蛋白质结构研究计划
R&D	研究与发展（简称研发）
RAE	（英国）科研评价机制
REF	（英国）卓越研究框架计划
R01	美国国立健康研究院的资助项目，通常由首席科学家申请
S&E	科学与工程
SDR	（NSF 收集数据）博士毕业生调查
SDSS	Sloan 数字太空调查
SED	博士学位人员调查
SEPPS	国家科学与工程博士和博士后调查
SER-CAT	东南区域协作共享联盟
SKA	平方千米阵列射电望远镜
SMSA	城市标准统计地区
Study Section	NIH 的科学评估小组，主要由非政府专家组成
SSRN	社会科学研究网络
TMT	30 米望远镜
TTO	技术转移办公室
WART	威斯康星校友基金会
WOK	大型书目文献数据库
UCSF	加州大学旧金山分校
UMR	医学研究联合会
UNESCO	联合国教科文组织

目 录
CONTENTS

第一章 经济学与科学有什么关系？ …………………………………… 1
    成本 ……………………………………………………………………… 2
    激励 ……………………………………………………………………… 3
    作为公共产品的知识 …………………………………………………… 6
    政府支持科学研究的动机 ……………………………………………… 7
    经济学与科学 …………………………………………………………… 11
    本书的主要关注点 ……………………………………………………… 12
    本书撰写安排 …………………………………………………………… 13

第二章 科学难题与优先权 ………………………………………………… 15
    科学难题 ………………………………………………………………… 16
    认同 ……………………………………………………………………… 18
    认同的形式 ……………………………………………………………… 23
    基于优先权奖励系统的功能特性 ……………………………………… 25
    科学的竞赛特性 ………………………………………………………… 29
    不均衡 …………………………………………………………………… 31
    政策问题 ………………………………………………………………… 33
    结论 ……………………………………………………………………… 34

第三章　金钱 ······ 35
　　学术薪酬 ······ 36
　　薪酬与生产率的关系 ······ 41
　　许可证和专利的许可费 ······ 44
　　重大专利的案例 ······ 47
　　创新活动的财富效果 ······ 50
　　申请专利的激励 ······ 50
　　其他国家教授申请专利 ······ 52
　　创办企业 ······ 52
　　咨询 ······ 56
　　政策问题 ······ 58
　　结论 ······ 60

第四章　科研生产：人员与合作形式 ······ 62
　　时间和智力投入 ······ 64
　　实验室 ······ 68
　　科研合作与共同作者 ······ 72
　　推动合作的因素 ······ 76
　　政策问题 ······ 81
　　结论 ······ 82

第五章　科研生产：设备和材料 ······ 83
　　设备 ······ 84
　　活体生物 ······ 103
　　实验原材料的获取 ······ 107
　　科研空间 ······ 109
　　政策问题 ······ 112
　　结论 ······ 113

第六章　科研资助 ······ 115
　　资金来源 ······ 118
　　其他国家 ······ 127
　　科研的重点领域 ······ 131
　　资金分配机制 ······ 133
　　不同经费分配机制的优缺点 ······ 139
　　NIH 预算翻倍：一个警示性的故事 ······ 145
　　经济刺激法案 ······ 149
　　政策问题 ······ 150
　　结论 ······ 153

第七章　科学家和工程师劳动力市场 ······ 156
　　博士教育市场 ······ 157
　　工作机遇 ······ 164
　　人才短缺？ ······ 169
　　博士后教育市场 ······ 172
　　学术市场 ······ 176
　　组群效应 ······ 181
　　案例研究 ······ 182
　　政策问题 ······ 187
　　结论 ······ 188

第八章　海外人员 ······ 189
　　海外人员的生存现状 ······ 189
　　挤出效应？ ······ 200
　　发表论文 ······ 203
　　政策问题 ······ 205
　　结论 ······ 209

第九章　科学与经济增长的关系 ……………………………… 210
经济增长的重要性 ………………………………………… 211
公共部门的作用 …………………………………………… 212
公共研究、新产品与新工艺 ……………………………… 214
大学和经济增长 …………………………………………… 215
公共研究和经济增长间的联系 …………………………… 217
知识从公共研究机构转移到私营机构,最终被企业使用的机制 …… 222
培训 ………………………………………………………… 225
政策问题 …………………………………………………… 229
结论 ………………………………………………………… 231

第十章　可以更佳吗? ……………………………………………… 233
现有研究结果 ……………………………………………… 233
可能的解决方案 …………………………………………… 237
三个其他效率问题 ………………………………………… 240
振奋人心的趋势 …………………………………………… 244

附　　录 ……………………………………………………………… 246

参考文献 ……………………………………………………………… 248

致　　谢 ……………………………………………………………… 294

索　　引 ……………………………………………………………… 298

第一章
经济学与科学有什么关系？

本书主要讲述在公共研究机构的实践中，经济学是如何塑造科学的？在美国，公共研究机构主要是大学和医学院。但是，在欧洲和亚洲，大多数公共研究活动是由研究所承担。本书重点分析公共研究机构在创造知识中的重要作用。例如，在美国，大约75%的科技期刊论文是由工作在大学和医学院中的科学家与工程师撰写；[1]同样重要的是，60%的基础研究项目由大学和医学院承担。[2]

经济学与科学有什么关系？确实，它们之间有着密切的联系。首先，经济学是研究激励与成本，研究稀缺资源如何通过需求与供给的竞争进行配置。科学研究需要使用资金，激励也在科研活动中起到十分关键的作用。在各类科研设备中，成本最高的是大型强子对撞机（the Large Hadron Collider，LHC），于2009年秋季启用（第二次启用），成本大约80亿美元。[3] 同时，还有很多其他案例。一个典型的拥有8名研究人员的大学实验室，人力成本是35万美元，这包括了除工资、奖金之外的福利，不包含核心科学家的时间或间接成本。[4] 公共研究机构通常需要花费大量资金建立和维护研究设施，还需要花费大量经费为新设施的雇员提供启动支持。近年来，这部分费用逐步扩大，大学中这部分费用大约是教职人员薪水的4—5倍。[5] 即使是实验中广泛使用的实验鼠，也需要相当可观的经费去购置和饲养。

---

[1] National Science Board,2010,附录，表5-42。

[2] 精确的数据是58.7%，包括了大学和大学附属的联邦支持的研究开发中心（FFRGCs）。如果排除FFRGC,56.1%的基础研究由大学和医学院承担。National Science Board 2010,附录，表4-4。

[3] LHC于2008年9月10日开始运行，但是由于机械性氦泄露，不到两周就关闭，进行维修。见参考文献：Meyers,2008。

[4] 参见第六章。亨利·绍尔曼（Henry Sauermann）和迈克尔·罗奇（Michael Roach）在2010年一个调查中发现，跨科学与工程领域的中型实验室规模是8人。

[5] 参见第六章。

为某种疾病研究目的订制实验鼠，如研究糖尿病、老年痴呆症、肥胖症等，成本约是3500美元/只。饲养一只实验鼠每天成本是0.18美元，貌似非常便宜，但是我们发现一个实验室饲养大量试验用鼠的年度成本超过了20万美元。①

在公共研究领域，科研活动的花费是巨大的。美国每年花费GDP的0.3%～0.4%用于大学和医学院的研发(R&D)，2009年经费达到550亿美元，全国人口人均约170美元。② 其他国家略少，但是，瑞典、芬兰、丹麦、加拿大等国家用于大学和医学院研发费用占GDP的比例更高。③

成　本

研究表明，成本影响着科研方式。成本是欧洲决定建造超大望远镜(E-ELT)，而不是建造极大望远镜(OWL, Overwhelmingly Large Telescope)的一个主要因素。④ 成本因素阻碍了大型研究项目进度，至少会拖延项目执行。原计划耗费几十亿欧元的国际热核聚变实验堆项目(ITER)，拟于2016年开始运行，但是按现在情况，最早也要在2018年才开始运行；如果到时还不能运行，就只能建立一个精简版，同时需要建立额外的等离子发生器。建造过程中，ITER的成本一路攀升。⑤ 例如，2010年春季的新成本计算，建议欧洲承担的费用是原先估计的2.7倍，美国是2.2倍。⑥

在研究工作中，成本因素决定了采用雄性鼠还是雌性鼠(雌性鼠更贵)，决定了核心科学家是雇用博士后还是研究生，决定了实验室工作人员为什么是雇用研究生、博士后、实验科学家等临时工作人员，而不是雇用永久雇员。高额的电费使得LHC在冬天停止运行，而只是在一年中其他季节电费十分便宜时才运行。⑦ 同样，

---

① 参见第五章。
② Britt 2009。
③ OECD 2010年，Main Science and Technology Indicators，1。
④ 参见第五章的讨论。E-ELT的口径直径是42米，OWL的口径直径是100米。
⑤ Clery 2009c, 2009d。我们很难准确知道ITER项目的成本，因为7个国家分别建设特定组件，而没有固定数量的资金。可以肯定，ITER项目建造费用需要突破最初50亿欧元预算，20年的运行费估计为50亿欧元。
⑥ Clery 2010b。
⑦ 参见 http://lhc-machine-outreach.web.cern.ch/lhc-machine-outreach/faq/lhc-energy-consumption.htm。因为2008年延期试验，2009/2010年冬天是例外。见 Large Hadron Collider，2011，*Wikipedia*(维基百科)，http://en.wikipedia.org/wiki/large_hadron_Collider#Cost。

成本决定大学实验设备的跨实验室共享,而不是单个实验室独享的主要因素。另外,成本因素还在大学以非终身教职代替终身教职的决定中起到主导作用,同时也将风险最小化。

成本影响了科学发现的步伐。1990年,人类基因工程项目中一个基因对的成本是10多美元,随后基因测序成本快速下降,2007年达到了一个基因对测序成本不到一个便士。从此,新一代的测序技术极大地降低了成本。在本书出版前,对于基因组学的Archon X奖可能会授予第一个建立测序装置的小组,实现在10天内测序100个基因组,使得重复测序成本低于1万美元/每个基因组。①

激 励

大学响应了激励政策。2000年前后,大学进入了一个前所未有的建楼狂潮,建设了一批生物医学研究的新设施。在不到五年时间内,美国各医学院生物医学研究设施的建设和翻修花费从每年3.48亿美元,一路飙升到每年11亿美元(所有数据为1990年调整美元计算)。② 主要原因是生物医学的主要研究资助者——美国国立健康研究院(NIH)的预算在1998年到2003年间翻了一倍,为大学扩张研究工作提供了一个新的机会,并在这一过程中医学研究机构也提高了声誉。这不是美国各医学院第一次对经费扩张的响应。过去40年中,最大规模的医学院扩张应该是1965年的医疗保健计划(Medicare)和医疗救助计划(Medicaid)的实施,该计划为大学的医学院提供了新的资金。

科学家和工程技术人员也对激励措施积极响应。尽管科学家有相反表述,钱并非不重要。行动胜于语言。科学家经常向可以取得丰厚收入的岗位移动,就说明了这点。近年来,特别是2008年金融危机前,一批公立大学流失教师,因为私立大学可以提供更为丰厚收入的岗位。的确,2009—2010年学年,仅有一个公立大学(UCLA),其支付全职教授的薪水列入研究性大学前20名,位列第20名,支付薪水比排名前列的哈佛大学低4.3万美元。2009年,加州大学大幅削减教职工

---

① 基因组学Archon X奖的标准有明确的要求,即是:要求基因测序错误率低于1/10万,要完成基因组的98%的基因序列,每个基因组的测序重现成本低于10 000美元。——来源于Archon基因组学X奖网站。第一个在10天内完成100个人类基因组测序的团队获得1000万美元的奖励。Http://genomics.xprice.org/archon-x-proze-for-genomics/prize-overview。

② Heinig et al. 2007。

资,在伯克利引起一片质疑声。加州大学伯克利分校的全职教授比哈佛大学、哥伦比亚大学的同行本来就少挣 25%,现在他们就赚得更少了。①

科学家也响应了选择什么刊物发表论文的激励。比如,向 Science 投稿的文章量,可能与科学家所在国家给予在 Science 发表文章的奖励以及资金回报有关。② 有些情况下,奖金还非常丰厚,大约为本人基础薪金的 20%～30%。

收入激励可以鼓励大学教师以研究成果为基础创办新企业。近些年来,一些科学家通过创办企业或者作为专利权人从大学收取专利许可费等方式取得不菲收益。哈佛大学教授戴维·辛克莱(David Sinclair),Sirtris 制药公司创办人,2008 年在 Glaxo 收购 Sirtris 后,他得到 340 万美元的股权收益。钱泽南(Robert Tjian)在担任加州大学伯克利分校教授期间,共同创办了 Tularik 公司,2004 年将公司以 13 亿美元出售给 Amgen 公司,他获利数百万美元。2003 年,奥尔良大学的物理学教授斯蒂芬·许(Stephen Hsu)向 Symantec 出售了其创办的两个软件公司中的一个,获得 2600 万美元的现金收益。拉斯洛·比托(László Z. Bitó),由于其研究工作而推动了治疗青光眼 Xalantan 药物的发明,每年从哥伦比亚大学的药物专利费中赚取数百万美元,该专利保护于 2011 年过期。③ 2005 年,埃默里大学将治疗 HIV 的药物(恩曲他滨)出售给 Gilead Sciences & Royalty Pharma 公司,三位研究人员分得了 2 亿美元。尽管很罕见,这样的事件发生的频率还挺高的,几乎在美国的每一个研究型大学的校园里,总有 2～3 个教师因其研究工作而变得富裕。

没有科学家,特别是高产科学家,只是得到"穷人工资"(pauper's pay)。2006 年,在美国私立研究大学顶尖的全职数学教授,其年薪为 18 万美元。相对应级别的公立大学教授收入为 15 万美元。在生物学领域,私立大学教授收入为 277 700 美元,而公立大学教授收入为 20 万美元。④ 因此,并不奇怪,美国吸引着大量欧洲的高产科学家。美国不仅有支持 PI 创新研究领域的传统,而且薪水也较高,薪水以科研产出为基础。与此相对应,欧洲大学和研究所的科学家是公务员待遇,工资

---

① 北卡莱罗纳教堂山分校 2010。
② Franzoni,Scelatto,Stephan 2011。研究中使用了 Science 提供的数据,参考了不同国家提供的不同激励方式。这项研究考虑了一系列可变因素,包括每年研究资源留存、延迟后一年,编委会的国家组成,国际合作程度等。
③ John Simpson,2007;Eisenstein and Risnick 2001。
④ 博士毕业生调查(SDR) 2006 年数据显示,他们的薪水在第 90 个等分。见第三章,NSF 2011b 年报和附件。

较低并与业绩考核无关。例如,在法国相对高级的教授收入约为 7 万美元①。

相对薪水的高低,影响着吸引什么样的人从事科学研究。美国民众,特别是男性,选择科学研究职业的意愿下降,部分原因是科学家和工程师的薪水比其他行业的薪水低。哈佛大学的精英们去了华尔街。277 700 美元的薪水不是个小数字,18 万美元的薪水也不低,但是,这是源于多年的严酷训练和刻苦的学习。华尔街支付给学士学位人员的工资是博士学位人员工资的 2/3。② 参加顶极 MBA 培训的人员在银行工作 10 年后,有希望获得大学教员工资的 3 倍,准确地说是 559 802 美元。③

奖学金越来越容易获得,奖金额度也越来越大,吸引了更多学生继续选择研究生学习。在美国,学习过程中可以获得研究助理的职位,以及完成研究生学业后在美国工作的广泛可能性,这是引诱外国学生来美学习和工作的有力激励因素。

不是所有的激励都是金钱。对院系、研究所来说,非金钱式激励也很重要。如果询问科学家为什么成为科学家,几乎所有的答案都无一例外是对解决疑难问题的兴趣。大多数科学家从发现的喜悦中得到满足。从解决疑难问题中获得满足感也是从事科学研究回报的一部分。然而,科学家从事科学研究的动机还来源于获得认同(recognition)的利益。声望(reputation)在科学活动中十分重要。声望是通过首次提出科学发现来逐步建立,也就是科学发现的优先权。通常声望是计算该科学家的工作被其他论文和科研团队引用的次数。近年来,一个以引文为基础测量科学家影响的方法——h 指数得到了广泛认同。h 指数经常作为科学家简历的一部分,或者在科学家个人的主页中。④ 大学各系在制订雇用决定时也经常使用 h 指数从工作候选人中选择。

科学共同体对于科学发现优先权的认同也是各式各样,依赖于科学发现对于共同体的重要性。最高的是命名,以科学家的名称命名发现。例如,地震里氏级就是以查尔斯·里克特(Charles Richter)命名的,他与贝诺·古滕贝格(Beno Guten-

---

① European University Institute 2010。
② 参见 2010 年《投资银行:薪金研究》,http://www.careers-in-finance.com/ibsal.htm。奖金包含在其中。
③ 薪金为中位数,折算为 2006 年美元。他们的起始薪水为 815 914 美元,文中的平均薪水为工作 10 年以上的工资收入。见 Bertrand, Goldin, Katz 2009,表 2。
④ 例如佐治亚理工学院 Zhong Lin Wang 个人主页的 h 指数,http://www.nanoscience.gatech.edu/zlwang/。

berg)于 1935 年在加州理工共同发明了地震分级。① 哈勃望远镜以埃德温·哈勃（Edwin Hubble）命名，他于 1929 年发现宇宙处于膨胀之中。还有另外的命名，例如哈雷彗星、萨尔克疫苗、普朗克常数、霍奇金（Hodgkin）病。

认同同样以奖励形式出现。最有名的是诺贝尔奖。还有数百种的其他奖项，每年都会有新的奖项设立。如 Kavli 奖，在三个领域设奖，奖金各 100 万美元，②第一次是在 2008 年秋，由挪威国王颁奖。

不仅科学家、工程师追求声望，大学同样也在寻求好的声望，例如按照研究产率（计算研究结果的引用和研究经费）、诺贝尔奖获得者数量或院士数量进行排名等。追求这种排名，毋庸置疑是大学继续要求教授争取研究项目的原因（有些教授说这是一种压力）。尽管大学经常抱怨在研究项目上赔钱。③

作为公共产品的知识

鼓励科学家们及时地分享他们的发现的奖励是高度有效的。原因是：知识具有经济学中所讲的公共产品属性：它是非排他性和非竞争性的。经济学中公共产品最典型的例子就是灯塔。它是非排他性的：一旦建成，任何人可以使用；它又是非竞争性的：新增加的使用者不能减少其他人所得到的亮光。知识也同样：一旦研究结果公开，很难阻止他人利用知识；共享并不能损耗知识。④

经济学家已经清楚地说明，市场不适用于具有这些特点的公共产品的生产。⑤就是因为没有激励。如果不能限制获取，就不可能获得利润。公共产品带来搭便车，使用公共产品无须付费。同样搭便车的问题，在科学家中也存在。不像葡萄酒

---

① "里氏"，2010，*Wikipedia* http://en.wikipedia.org/wiki/Richter_magnitude_scale。

② 见 Norwegian Academy of Science and Letters，2010。

③ 兰德公司的报告指出，大学中 70%～90%的人员费用和管理费用来源于联盟政府项目（Goldman et al. 2000，xii）

④ 经济学家并不是第一个认识到知识的公共性特征的人。大约在 200 年前，托马斯·杰斐逊（Thomas Jefferson）写道："如果说自然创造了一种东西比其他所有财富都易于接受的话，它就是思考能力的行动，即思想。只要他在思考，每个人都会毫无例外地拥有这个能力。但是，当思想传播时，可以让每一个人都拥有这样的思想，接收者不能强占思想。思想还有一种特别的特性，没有哪一个拥有者会少些，因为每一个人都拥有思想的全部。他从我这接收了一个思想，并没有由于他的接收而减少我的思想。他用蜡烛照亮了我，并没有使得我变黑暗。"（Jefferson 1967，vol. 1，433，sec. 4045）。

⑤ 1848 年，米尔（Mill）以灯塔作为例证说明公共物品，"没有人因为个人利益建设灯塔，除非可以从州政府获得税收补偿"（1921，975）。罗纳德·科斯（Coase，1974）研究了英国的灯塔系统，在某一时期，灯塔由私人机构建设。

制造商那样,顾客喝酒付费;篮球队也可以出售门票。而研究人员在论文已经发表的情况下,不能阻止他人使用其成果。因此,科学家没有任何合适的方式获取金钱回报。基础研究获益更加困难,从基础研究到形成产品市场需要很长时间,也可能研究成果毫无经济价值。缺乏金钱的激励,导致了经济学家常说的"市场失灵",社会中产生的研究成果大大少于社会的需要。

"但是,社会比市场更加精巧。"① 在科学领域,优先权制度已演化出鼓励知识生产和共享的奖励机制。宣称对知识拥有优先权,首先要求科学家共享科学发现。通过分享,科学家拥有了研究成果,在这个过程中,他们获得职业声誉,进而间接以较高工资、咨询机会,在某些情况下,成为上市公司的科学咨询委员会成员等多种形式带来金钱回报。

这并不意味着科学家要将一切公开,鱼和熊掌还可以兼得。某些研究工作可以形成专利。部分研究发现可以共享,同时研究技术依然可以保密。科学家通常也不会与同领域的同事分享研究材料。科学家的荣誉是第一位的,其他竞争者将失去科学发现的优先权。②

政府支持科学研究的动机

优先权为科学研究提供了激励,但是不能为科学研究提供其必需的资金。科学研究,特别是基础科学研究,传统上都是由政府或者慈善机构提供支持的。政府支持科学研究的动机,一部分源于以下理由:由于"市场失灵",私营企业不会承担大量的科学研究。③ 政府支持科学研究的动机还基于社会需要的以及不能直接由市场提供的特殊产品(如健康和国防)研发的重要性。1940 年以来,由于科学技术进步,例如,抗生素的开发和心血管病的有效治疗,④使得人均寿命增加了 14 年多。寿命延长后的获益是明显的。研究表明,延长寿命给民众带来的年度利益高达

---

① Arrow 1987,687。
② 参见第五章的讨论。
③ 政府也通过研发税收信用,或者利用专利和版权形式授予发明者独占权,鼓励私营企业从事研究。
④ 1940 年,美国男性期望寿命为 60.8 岁,现在为 75.1 岁。同样,在 70 年间,女性寿命从 65.2 岁提高到 80.2 岁。数据来源于美国统计局 2011 年公布的 2006 年的数据,表 104 选择的生命表的数值来源于 http://www.census.gov/compendia/statab/cats/births_deaths_mariages_divorces/life-expectancy.html。1950 年的数据请看 2007 年数据库。

3.2万亿。①

科学研究在国防中也发挥着重要作用,曼哈顿计划清晰地说明了这点。另外一些科技创新,如雷达和计算机的研发,②不仅支持了国防的发展,而且还在商业上广泛应用。

国家支持科学研究,还期望在"科技奥林匹克"中赢得胜利。如第一个到达月球,第一个构建人类诱导性多功能干细胞都是十分值得夸耀的资本。政府支持科学研究的动机还源于人类对自然深入了解的愿望。我们可以想到很多这方面的例子,2009年秋修复好的哈勃望远镜所发回的壮美的影像或许是最好的例子。如果什么时候,LHC成功地观测到希格斯玻色子(物理学家称其为"上帝的粒子"),科学将会在认识宇宙起源方面向前迈进一大步。③

政府支持科学研究活动还由于科学研究与经济增长的关系得到进一步强化。对应的观点(现在看似很熟悉)包括:经济增长是由上游研究(upstream research)推动,这些研究距离形成新产品和新工艺还有好些年。而且,基础研究在更加广泛的领域还能有多种用途的潜力。也正是由于大多数基础科学研究的多用途特点,同时也由于从科学发现到科学应用间存在比较长的时间差,任何个人、企业、产业等没有足够的力量来支持基础研究,以其期望速度实现创新。在基础研究中,经济刺激不能发挥作用。基础研究的结果具有溢出效应,其他人,包括竞争对手等都可以以低成本的方式使用这些知识。溢出效应对于经济增长有重要意义,但是并不能引导建立以市场为基础的科研机制去支持基础研究活动。因此,政府需要在支持公共科学研究中发挥作用。

有许多例证可以证明,公共科学研究可以推动新产品和新工艺的发展。改变我们导航方式的全球定位仪,如果没有原子钟的开发是不可能的。④ 利用原子振动计量时间的想法是洛德·开尔文(Kelvin)爵士在130年前的1879年首次提出

---

① Murphy and Topel 2006。利用意愿支付的方法计算价值,将近50%的价值来源于心脏病发病率的降低。

② 关于计算机的进一步讨论,参见纳尔逊和内森博格(Rosenberg and Nelson 1994)。

③ LHC重构宇宙大爆炸的条件,以进一步理解为什么宇宙的物质由暗物质控制。如果暗物质是由新的粒子组成,ATLAS探测器就可以发现它们,揭开暗物质之谜。参见Lefevre 2008。

④ 公共研究以另外一种形式支持了全球定位系统的开发。例如,内华达大学雷诺分校(University of Nevada, Reno)的理论物理学家弗里德瓦特·温特贝格(Friedwardt Winterberg)1956年提出一个利用载有原子钟的在轨人造卫星测量广义相对论的方案;随后,斯坦福大学航空航天教授布拉德·帕金森(Brad Parkinson)组织军方建设了GPS。

来的,20世纪30年代由伊西多·拉比(Isidor Rabi)开发成功。① 可以增加食物供应的杂交水稻,首次是由密歇根州立大学的研究人员培植出来的。② 对通讯、娱乐、医疗以及国防有主要影响的激光技术,主要归因于受到20世纪50年代哥伦比亚大学研究生工作的影响。③ 磁共振成像技术(MRI)是一个世纪以来最重要的诊断技术,主要归功于哈佛大学爱德华·珀塞尔(Edward Purcell)和斯坦福大学的费利克斯·布洛克(Felix Block),他们分别于1946年独立发现核磁共振。④ 1952年,二人因"发明了核磁精确测量方法以及相关发现"分享了诺贝尔奖。⑤ 如果没有两名欧洲物理学家阿尔贝·费尔(Albert Fert)和彼得·格伦伯格(Peter Gruenberg)的研究,大容量存储磁盘的发明是不可能的,他们在20世纪80年代分别独立发现了巨磁现象。这一现象是在微小空间存储大量信息的科学基础。二人于2007年分享了诺贝尔奖。在医药领域,到处都存在基础研究的贡献。1965—1992年间,3/4的新药都源于公共基础研究。⑥

这仅仅只是序幕。以科学研究为基础的新产品、新工艺还存在大量的可能性。如果实用化的高温超导体研发成功,超导现象将会用于无损耗的电力传输⑦(现行高温超导体的使用温度是138开,比我们实际电力使用的温度低很多。常温是300开)。⑧ 对致命皮肤创伤的无伤疤愈合,需要深入研究了解其内在机制,一旦了解其内在机制可以产生类似于超导的成果。⑨ 基因治疗为天生视力障碍人恢复光明提供了可能。⑩ 对于ITER的巨额投资,是希望发生在托克马卡反应器中的氢聚变(恒星产生能量的方式)能产生大量的能量,以期成为能量的来源。⑪ 干细胞研究让我们具备修复受损伤器官的能力。传感器、成像工具的进步和新软件技术的研

---

① 原子钟的历史。2010,*Wikipedia*,http://en.wikipedia.org/wiki/Atomic_clock#History。
② 杂种优势。2010,*Wikipedia*,http://en.wikipedia.org/wiki/Heterosis。
③ 参见第九章的讨论。
④ Ellard,2002。20世纪30年代,伊西多·拉比曾经观察到核磁共振成像,但是他认为是实验误差。
⑤ "1952年诺贝尔物理学奖获得者:Felix Bloch,E. M. Purcell,"http://nobelprize.org/nobel_prizes/physics/laureates/1952/。
⑥ 参见第九章。
⑦ 高温超导是零电阻现象。
⑧ 高温导电性。2010,*Wikipedia*,http://en.wikipedia.org/wiki/High-temperature_superconductivity。也见Cho 2008。
⑨ 参见Kong et al. 2008。
⑩ 2008年两个独立的研究报告,基因治疗技术部分恢复了4位天生视力障碍的年轻人的视力(Kaiser,2008e)
⑪ Clery 2010b。

发以创造探测爆炸物的新途径。① 如果科研人员能够把碳纳米管集成到高性能电子元件中,将有可能制造出微型晶体管。②

近些年来,公共研究与经济增长的关系已经成为争取科研资金的口号。2007年,美国国家研究理事会(NRC)发布了"未雨绸缪"(*Rising Above the Gathering Storm*)的报告,将这一口号喊到了最高,警告美国如果没有在科学研究上的大量投入,将会拖累新兴经济。科学是保持国家竞争力的精灵,这个精灵同样需要抚养。大学校长经常在申请基金资助过程中详细说明大学的经济贡献,游说建设研究性大学的地方团体也坚信研究性大学将带来经济增长。

那种认为经济增长建立在公共研究基础上的观点不是不正确的。但它太简单化了。大学和公共研究机构的科研成果不能立刻转化为新产品和新工艺。这需要时间。原子钟和杂交水稻就是清晰例证。当然,也会有例外,万维网从最初出现就产生了巨大影响,而从发现巨磁现象到存储盘片也就几年时间。同样也有希望落空的。有些非常有前景的研究工作并不能按照期望的时间表进行。如,1989年发现囊性纤维化基因,为基因治疗带来希望,时至今日,"研究回报依然是即将到来。"③

科学研究成果转化为新产品和新工艺不仅需要时间,而且需要大量的投入和技术诀窍。产业部门擅长于这些,学术研究机构不擅长。④ 我们在为科研机构唱赞歌的同时,不要忘记创新源于研究与开发(R&D),而开发一直是产业部门的工作领域。

在产业部门工作的科学家与工程师通过参加学术会议和阅读大学研究人员发表的学术论文了解公共研究机构的科研工作。他们也经常与研究机构的科研人员合作。大学与产业部门的合作关系靠大学经常向产业部门输送的人才维系着。在有些领域,如工程、化学领域,大学也把大量新培养的博士放到产业部门中。大学教授也受聘为产业部门顾问,从产业部门获得大约6%的研究经费。⑤

知识的流动并不是单向从研究机构到产业部门。与企业有关联的大学研究人员经常报称他们的学术研究问题经常或者绝大多数来源于企业咨询。⑥ 另外,许多影响公共科学的技术是由企业研发的。

---

① Bhattacharjee 2008a。
② Service 2008。
③ Couzin-Frankel 2009。
④ 引用罗森伯格和纳尔逊(Rosenberg and Nelson)(1994,323):"产业部门处理市场问题更加有效"。
⑤ 参见第六章。
⑥ 参见第九章。

经济学与科学

经济学不仅塑造科学。经济学也为研究科学(studying science)提供框架。人们可以利用经济学概念来思考科研事业,比如生产函数(详细描述输入与输出的关系),还有我前面所说的公共产品概念。也可以引入经济效率的概念,可以问问,是否可以重新分配研究资源以产生更多的研究成果?这不仅仅是投入的效率问题,也是科研项目的资源配置是否有效的问题。问题还可以是:市场是否可以在科学中有效发挥作用?例如,培养的科学专业人才超过了科学研究需要雇用的人才,这不是博士培养模式的怪现象吗?科学研究设备市场的高度集中是因为销售商有特殊的市场能力吗?

经济学也为分析动机与成本的关系提供了工具包。这一工具包也可应用在其他领域。当我们要研究科学和科学家时,某些概念和方法显得十分重要。有一些很明显,有些不太明显。首先,我们要意识到关联关系的归因因果。其次,如果可能的话,进行一下反事实思维。如果没有这种反事实思维,就不太可能去评价政策对科研产出的影响。例如,核磁共振仪(MRI)和原子钟产生于学术环境中的事实,并不能证明它们不能在其他地方发明。第三,自然科学实验的证据比其他类型的证据更加有效,因为科学实验中将选择性带来的影响控制在最小。[①] 例如,如果由于外在条件发生了变化,解除了对已有专利的使用限制,我们可以更加有效地审视专利对后续研究工作的影响。第四,可以用长时间跟踪一群个体的数据比从同一时间段个体的横断面数据有明显优势。这样的数据可以让我们研究那些"固有的"影响,因为个体特征不会随时间改变。这类事例可以列出很多,读者可能了解了这一思想。研究结论背后的方法,可以为我们探究诸如众所周知的盐粒有多大的问题提供指导。

[①] 在自然实验(Natural Experiments)中处理方式是随机的,不是专门设计的。自然实验的处理方式是随其性质(nature)而定,不是随实验而定。当一个严格定义的亚种群经历了变化后,自然实验可能有好的效果。例如,某研究人员可以比较某特定专利技术解禁限制前后的实验鼠使用数量的变化,用以考察专利技术对使用实验鼠的影响。参见 Natural Experiments, 2011. *Wikipedia*, http://en.wikipedia.org/wiki/Natural_experiment。

本书的主要关注点

本书主要是基于美国的情况来分析。对于美国科研系统,我十分了解,以经济学的说法,我在该领域有比较优势。但是,本书不局限于研究美国的科研活动。书中也与其他国家对比,探讨了各种激励方式和支持科学研究的手段。另外,许多研究科学的理论基础都跨越了国界,如优先权的重要性、解决疑难问题的兴趣。科学研究越来越国际化。统计显示,世界上50%的高被引物理学家都工作在其出生国家以外的国度。[①] 大约30%的美国科研机构论文,至少有一个国际合作者,这比15年前翻了一番。[②] 这一增长却说明,大型研究设施越来越变得需要由几个国家联合支持。再一次说明,钱是主要因素。当今世界,仅由单一国家支持建设几十亿美元投资的科研设备开展科学研究,是不现实的。另一部分,也反映出科学家的流动性日益增加,信息技术的广泛应用也极大地改变了科学家的交流方式。

本书中,对科学与工程采取了相当保守定义。即社会科学(包括经济学)、心理学不包括在分析范围内,尽管美国国家科学基金会(NSF)的科学定义中包括了这些领域。这并不是意味着我们的讨论与社会科学不相干,许多概念都与社会科学有关。例如,优先权在社会科学中发挥着十分重要的作用,就如同解决了疑难问题的满足感一样。社会科学研究尽管不像自然科学与工程技术那样成本高昂,也是需要大量的资源和资金。

本书主要关注学术科研。第二章、第三章阐述了科学研究的动机,第四、第五章描述了如何做科学研究,第六章阐述了如何资助科学研究。在这些讨论中,我区分了基础研究和应用研究。本书中的基础研究是指深入理解规律的研究工作,应用研究是指解决实际问题的研究。在某些特定领域,如生物医学,这些区分越来越不清晰。研究人员经常存在探索基本规律和解决实际问题的双重目的。唐纳德·斯托克斯(Donald Stokes)称这种双重目标的研究为巴斯德象限(Pasteur's Quadrant),以纪念路易斯·巴斯德和他的细菌研究,这项研究帮助了葡萄酒和啤酒产业解决了酸腐问题。[③] 该研究同时也加深了人们对疾病中细菌作用的认识,带动

[①] Hunter, Oswald, Charlton 2009。
[②] Winkler et al. 2009。数据主要针对IT领域的研究机构。
[③] 参见斯托克斯(Stokes 1997)著述。就像斯托克斯对巴斯德象限的定义一样,基础研究和应用研究间的差异主要在于研究人员的目标,而不是研究产出结果。然而,我们区分基础研究和应用研究,主要依据产出结果,而不是动机;巴斯德象限也经常用于描述科研结果的属性,而不是研究人员的动机。本书中没有区分这样的情况,主要依靠上下文和数据源。

了19世纪对供水和污水处理系统的投资,这是人类历史上最有意义的提高人寿命的投资。

本书撰写安排

本书从讨论做科学研究工作的固有回报开始。解决疑难问题时的愉悦感觉也是从事科学研究回报的一部分。科学家也在极力寻求广泛的认同。科学家置身于科学研究事业中,奖励首先是交流科研结果,进而建立起科学发现的优先权。第二章分析了优先权体系的功能,包括创造和共享新知识的动机、解决优先权即解决经济学家考虑的监测问题的方式。

科学经常被描述为赢者通吃的竞争,即第二、第三名就没有回报。这是一个极端的观点。更多、恰当的比喻是将科学研究看作是遵循大赛的安排,像羽毛球和高尔夫球赛一样。但是,科学研究确实有赢者通吃的特点,特别是当带来不平等时。科学研究的生产率是不均衡的,大约6%的科学家发表了50%的论文。第二章中分析了科学研究生产率的计量结果和科学产出的不均衡分布。

科学研究的现金回报包括:薪金、特许使用费和咨询费,还有少数科学家通过创办公司获得的可观回报。第三章中分析了这些内容,讨论了研究人员工资的变化幅度,包括随着级别、机构类型(公立、私立)和领域的不同而异。此章还分析了不同国家研究人员工资的差异程度,以及对研究人员流动的含义。

第四、第五章分析了科学研究是如何进行的。第四章分析了从事科学研究的人,以及他们给科学研究事业带来什么。第五章重点是关于科学研究的设备、材料和场地问题。第五章分析了不同学科领域的相似性,并且指出没有一个统一的生产模式适用于所有的科学和工程技术领域。例如,数学、化学、生物学、高能物理、工程技术和海洋学领域都有某些相同的特点,都需要时间和智力的投入。但是在其他方面,则十分不同。这恰恰是科研组织方式的不同点。数学家、理论物理学家很少在实验室,经常单独研究;而大多数化学家、生命科学家、工程师以及许多实验物理学家则经常在实验室工作,开展合作研究。第五章分析了特定研究领域的科研组织方式和设备,如天文和高能实验物理。其他领域的设备使用较少,例如在数学、化学和流体物理学领域。

科学研究需要花费资金。一只饲养好的实验鼠花费在17~60美元之间;博士后花费 4 万美元，如果包含津贴，花费将会更多。基因测序仪售价是 47 万美元；一台望远镜的标价超过 10 亿美元。第六章，分析了公共与私人资金支持科学研究和用于分配研究资金的机制，同行评议、奖励、新增分配、专项资金等；分析了不同配置机制的成本效益。例如，同行评议有一系列优点，保留了同行质询的自由，可以鼓励科学家在其职业生涯中多出成果，可以提高信息质量和信息共享程度。但是，同行评议也有缺陷，准备项目申请和管理项目需要大量的时间，挤占了研究人员的科研时间。同行评议机制不鼓励承担风险。失败是没有奖励的。

第七章分析了决定成为科学家和工程师的因素。如有些人所说，不是所有人都"热爱知识"。奖学金的数量和获得的难易程度，影响着科学研究与工程师职业的选择。在某些领域的，高额薪金阻碍了他们选择科学研究职业，如法律和商业领域。金字塔结构并不仅限于华尔街和商业中，在科学研究职业中也同样存在，特别是在生物医药领域，教授坚持招募研究生和博士后到实验室工作，尽管有充分证据说明没有这么多的这样层次的研究岗位可以接受研究生和博士后。

现在，在西方国家的科学和工程领域，非本国出生的科研人员占据绝大多数。第八章主要分析了这方面的问题。外国出生的科学家在美国发挥的作用更大，44％的科学与工程博士学位授予给了临时居民，近 60％的博士后是临时居民，35％的在职研究人员在美国外的其他国家出生。该章主要分析了在美国工作，并在外国出生的科学家。又一次，我们看到了经济学在决定谁选择读书，谁选择科学研究职业中扮演的重要作用。证据表明，随着外国出生科学家人数的增加，压低了工资水平，特别是博士后的工资水平，也降低了美国公民选择科学与工程技术职业的愿望。

第九章进一步分析了科学与经济增长的关系，分析了科学知识在公共行业和私人行业的扩散方式。

经济学不仅仅是关于动机与成本，同样也研究需求与供给的竞争性资源配置。或者用经济学专业语言表述，经济学是关于资源有效分配的学科。最后一章讨论效率问题，哪些证据和措施是令人信服的，可以使得公共研究系统更加有效，特别是对美国而言？哪些证据是不充分的，需要进一步研究。

第二章
科学难题与优先权

如果询问一位科学家,是什么让他/她成为一名科学家,答案肯定是对科学难题的兴趣。对难题的兴趣贯穿了科学家整个科学研究职业。它不仅是吸引人们献身科学事业的"饵食",也是对科学家从事科学研究的重要固有回报。引用诺贝尔奖获得者物理学家理查德·费曼(Richard Feynman)的话:"对科研人员的奖励是认识规律的愉悦,以及在科学发现中的极度快感。"[①]

科学家不仅仅是因为对解决科学难题的兴趣而选择从事科学研究,他们还需要寻求通过首次交流科学发现来赢得认同。研究科学难题与获得认同之间的差异在于,前者是从研究科学难题过程中获得的满足感,认同的满足感是来源于最先解决难题和与同行交流科学发现。

对从事科学研究职业的回报也包括了金钱回报。不可否认,科学家对金钱回报还是有兴趣的。尽管他们选择科学研究这个职业并不是寻求最大收入,他们对金钱的诱惑并不免疫。这种回报有多种不同形式,比如较高的薪水、特聘职务补贴、专利许可费、公司创业股、捐赠回报等。这不仅仅是钱给予的较大物质财富,钱也是地位的象征。

本章和下一章重点将讨论从事科学研究的回报。先从研究科学难题和获得认同的重要性开始讨论。第三章中,我们继续审视金钱在科学中的作用——不是作为解决问题或获得声誉的手段(这在第六章中提到),而是作为一种结果,一种个人从科研工作中获得的外部报酬部分。

[①] 理查德·费曼在解释"我为什么没有做与诺贝尔奖相关的研究……"(他于1965年获奖)一文中写道,"我没有找到任何地方,可以使得瑞典科学院的人员认为我可以荣获诺贝尔奖,尽管我已经获奖……"(1999,12)。

科 学 难 题

科学哲学家托马斯·库恩(Thomas Kuhn)将常规科学描述为解决科学难题的活动。按照库恩的观点,从事常规科学研究的主要动机是对解决科学难题的兴趣。即便研究结论可以预见到,科学研究的魅力在于"他们得出那个非常值得怀疑的结论的方式。从一个常规研究问题中得出结论是获得这种可预见结论的新方式,需要一个将复杂仪器、概念和数学问题完整整合的解决方案。取得成功的人证明了自己是一个解决科学难题的专家,对难题的挑战是驱使他从事科研的重要原因。"[1]

早期的科学社会学家沃伦·哈格斯特伦(Warren Hagstrom)注意到科学难题这一议题,"从诸多方面看,研究活动是一种游戏,解决科学难题的过程本身就是一种奖励。"[2]科学哲学家戴维·赫尔(David Hull)认为,科学家天生好奇,认为科学是"催人成年的游戏"[3],他接着说:"科学发现的惊喜感觉是令人兴奋的,无论这个发现被证明真实与否。就像性高潮一样,经历过后还想再经历,越频繁越好。"[4]诺贝尔奖获得者乔舒亚·莱德伯格(Joshua Lederberg)同意赫尔的观点,但是他将好奇心看作是十分平常的逻辑:"但是,科学难题并不能抓住真正科学发现的极度兴奋因素。就像科学家所说,如果没有经历过,很难用语言准确表达。"[5]

1993年诺贝尔奖获得者,分子生物学家理查德·罗伯茨(Richard J. Roberts)回忆了对解决科学难题的兴趣如何促使他选择了科学研究职业。还是在小学时,校长培养他对数学的兴趣,让他解决问题和难题。这使得罗伯茨希望成为一名侦探,"别人付钱让你去解决难题。"当他收到一套化学仪器的礼物,并了解到科学研究中到处充满解决疑难问题的机会时,他迅速改变了志向[6]。集成电路的发明人之一的杰克·基尔比(Jack Kilby)说,他爱上了科学发现的创造性过程。"我找到

---

[1] 库恩(1962,36)说,对科学家的挑战"是信念,如果他有足够的能力的话,他一定可以解决前人没有解决或者没有解决好的难题"(ibid,38)。
[2] Hagstrom 1965,65。
[3] Hull 1988,306。
[4] Hull 1988,305。
[5] Joshua Lederberg 给 Sharon Levin 的信件,1992年9月21日。
[6] Roberts 1993。

了发明的纯粹喜悦。"①"发现的喜悦"是生物化学家史蒂夫·麦克奈特(Steve Mcknight)对"为什么选择当科学家"问题的回答。②

解决科学疑难问题不仅仅提供满足感。疑难问题可以成瘾。引用理查德·费曼的话来说:"一旦投入疑难问题,我不能自拔。"③

解决疑难问题的满足感就像一些科学家描述的、科学发现的顿悟时刻④那样。生物物理学家唐·因格贝尔(Don Ingber)回忆道:他在耶鲁大学读书时,看见学生们"手持纸板制成的雕塑作品围绕校园行走,这些作品看起来像宝石""但于我而言,也像我课本中的病毒。"⑤这一联想促使英格选学了一门演示"张拉整体"(tensegrity)的课程,"张拉整体"这个词汇用于描述雕塑家肯尼思·斯内尔森(Kenneth Snelson)如何用绷紧的钢丝和刚性杆建造坚固又柔性的纪念碑。在一次采访中,英格描述了这次经历如何改变了他的职业生涯。20世纪70年代后期,研究人员发表文章论述细胞如何通过内部骨架支撑起来。英格说,"一看到张拉整体模型,我立刻想到,噢,细胞一定是张拉整体结构的。"⑥

与探索奥秘的重要性相关的证据不仅仅是轶事风格的。NSF在博士毕业生调查(SDR)中收集的数据也提供了实证支持,探索奥秘不仅作为选择科学研究职业的驱动力,而且作为科学研究工作的奖励。如果要求科学家们对影响其工作的因素重要性打分,他们一贯给智力挑战和独立性最高分。他们不仅将挑战作为一个科学工作的关键的激励,而且将智力挑战作为一种回报。在同样的调查中,针对五个工作特质,学术机构的科学家最喜欢智力挑战和工作的独立性。⑦

---

① Reid,1985。基尔比发明集成电路时在德克萨斯仪器公司工作;几个月后,在加州Fairchild半导体公司工作的罗伯特·诺伊斯(Robert Noyce)也发明了半导体。后来,两人被称为集成电路的共同发明人。
② McKnight 2009。
③ Feynman 1985。
④ 从心理学家的观点看,解决疑难问题的兴趣激励着科学家,解决问题的喜悦就是最大的奖赏。在讨论中,我按照科学家们通常的说法,将疑难问题作为奖赏。
⑤ 《整体拉伸的力量》,2007。
⑥ Ainsworth 2008。
⑦ Sauermann, Cohen, Stephan 2010。国家科学基金会(NSF)的调查用5点量表要求科学家从工作的九项属性中按照重要性和满意度排序,包括晋升机会、独立性、对社会的贡献、薪水、认识挑战、好处、工作安全性、工作地点、责任。

认 同

许多生活的味道是后天获得的。科学也不例外。18 岁的物理学专业学生不太关注在 *Science* 和 *Physical Review Letters* 发表文章的重要性和荣誉。但是,很快会通过与认同相伴生的其他关联因素的重要性了解其价值,通过了解认同对于科学研究资源的杠杆作用,深刻认识这种能力的价值。在这些方面,科学家与其他人没有什么差异。按照哲学家、心理学家罗姆·哈里(Rom Harré)的说法:"追求在其他人眼中的荣誉是人们最主要、最急迫的需求。"[1]拿破仑反复说:"给我勋章,我可以征服世界。"[2]各个领域的认同形式是不同,认同的利益是相同的。

在科学研究中,认同十分关键,它不仅仅是科学家从事科学研究的目的,而且是科学家获得研究资源继续解决难题的一种手段。本章重点关注认同作为科学研究的目的方面。第六章将重点考察荣誉在获得研究资源中的重要性。

荣誉是在首次报道科学发现的过程中建立的,科学社会学家默顿(Merton)称之为科学发现的优先权。默顿进一步认为,给予首次科学发现的科学家优先权、著作权回报不是一个新的现象,至少三百年来一直是科学研究的主要特点之一。[3] 牛顿采取非常手段使其成为微积分发明人,而不是莱布尼茨。[4] 当达尔文知道,如果他不出版《物种起源》,华莱士(Wallace)也得出同样的结论并即将赢得优先权时,达尔文选择优先出版。受 19 世纪俄罗斯数学家尼古拉斯·伊万诺维奇·罗巴切夫斯基(Nikolai Ivanovich Lobachevsky)的灵感激发,20 世纪 50 年代汤姆·莱勒(Tom Lehrer)在唱一个关于俄国数学家的歌中,科学第一发现的重要性被放入歌中:

　　随后,我写作
　　从早晨到晚上

---

[1] Harré 1979,3.

[2] Attributed to Napoleon,据 Menard 1971,195.

[3] 默顿(Merton 1957,1961,1968,1969)在 20 世纪 50 年代的系列文章中令人信服地提出,科学家的目标是建立科学发现的优先权,成为新知识发现的第一人,进而得到科学共同体认可的第一优先权的奖赏。见参考文献:达斯古普塔和戴维斯(Dasgupta 和 David)1994 关于优先权作用的讨论。

[4] 默顿(Merton 1969,8),提出实验物理学家和理论物理学家间的尴尬状态是一种"信用矛盾"。即是:有了科学发现,谁应该拥有这个光环? 理论科学家提出了设想,实验科学家提供了证据(Kolbert 2007,75)。

下午写

很快写完

我的名字在第聂伯罗彼得罗夫斯克（Dnepropetrovsk）遭人诅咒

因为，他发现我是第一个出版。①

我们注意到，优先权的利益以及驱使那些科学共同体内特别重要的研究问题的认识，导致重复多次的发现，如微积分和自然选择论。在纪念培根（Francis Bacon）诞辰400年的纪念会上，默顿描述了"多重发现"的一种普遍现象，在1828年至1922年间，有20次"多重发现"。默顿随即指出，缺乏多次发现并不意味着一个已经公开的科学研究中不存在"多重发现"。权威数据显示，部分科学家在其他人取得优先权后，放弃了他们的研究。②

尽管存在审核问题，多重发现的例证很多。非欧几何（Hyperbolic Geometry）就是这种情况，卷入这场多重发现的是汤姆·莱勒所讽刺的尼古拉斯·伊万诺维奇·罗巴切夫斯基（1830）和亚诺什·鲍耶（János Bolyai）（1832）。RSA公共加密算法，而且作为网络信用卡转账的备选加密算法于1977年由罗纳德·李维斯特（Ron Rivest）、阿迪·沙米尔（Adi Shamir）和莱昂哈德·阿德尔曼（Leonard Adleman）提出③（因此，称之为RSA）。但是，在英国情报部门——英国国家通讯情报局（GCHQ）工作的数学家克利福德·科克斯（Clifford Cocks）在1973年的文献中提出了相应的算法，只是由于最高机密的原因直到1997年才公布。纳米管是另外一个例证，在IBM工作的唐纳德·贝休恩（Donald S. Bethune）及其研究组，与在NEC工作的饭岛澄男（Sumio Iijima）及其研究组分别独立发现了单壁碳纳米管和使用过渡金属催化剂制备的方法。

转基因鼠是另外一个多重发现的经典例证，在20世纪80年代早期，五个独立的团队分别发表与构建转基因鼠相关的文章。在一个相当短的时间内，五个研究组都描述了如何向老鼠卵细胞注入外源DNA（亦称转基因），然后将卵细胞移植到

---

① Lehrer 1993。这首歌指出了罗巴切夫斯基的剽窃行为，不是蓄意诋毁罗巴切夫斯基的人格，这个名称仅仅是为了押韵（引自 Nikolai Lobachevsky, *Wikipedia*, http://en.wikipedia.org/wiki/Nikolai_Lobachevsky）。

② 默顿（1961, 356）提出："一点都不稀奇，科学中的独立多重发现是一个主要现象，不是少数。"

③ 李维斯特写了这篇论文，排名第一；数论学家阿德尔曼反对成为作者，因为他没有做足够的工作；由于李维斯特的坚持，阿德尔曼自认为贡献最小，同意作为排名最后的作者（Robinson 2003）。RSA算法首次由马丁·加德纳（Martin Gardner）于1977年8月在 *Scientific American* 发表，同年作者发表了论文。（Rivest, Shamir, and Adleman 1978）。

雌鼠,产生携带转基因的老鼠后代,创造了转基因鼠。[①]

建立科学发现优先权的必要条件是在科学共同体内部通报其发现,通常是通过发表期刊论文。[②] 的确,将科学发现归功于科学家并最终成为科学家的财产的唯一方式是使其科学发现可以公开获得。本章后面将会讨论基于"发表获利"(making it yours by giving it away)前提的奖励系统的特征。

发表速度对于建立优先权和荣誉十分重要。科学家们在同一天撰写和提交论文是很常见的。也很常见的是,科学家与有影响的杂志的编辑协商安排优先出版,或者加上"补充说明"以使得在论文提交和出版这段时间内完成的研究能得以报道,所有这些使得科学家取得优先权更加方便。[③] *Science*,如果不是顶尖也是最好的跨学科期刊,有明确的政策,要求审稿人在收到手稿后 7 天内给予反馈意见。近年来,网络出版盛行,准确地说是因为论文出版速度快[④]。例如,《应用物理通讯》(*Applied Physics Express*)承诺,在论文提交后最短 15 天内发布论文网络版。IEEE 医学生物分会宣布,*T-BME Letter* 承诺两个月出版周期。

科学研究中各种形式的聚会也是科学家建立优先权的重要途径。科学家们为了项目中的排名争论不休也很常见。重点关注两个问题:不愿意被剔除和希望有一个好的排名。科学家们担心共享数据带来的严重后果。2003 年诺贝尔化学奖得主彼得·阿格雷(Peter Agre)说,他"夜不成寐,时刻担心由于他的开放性使得自己被剔除在外。"[⑤]部分科学家采取极端手段使竞争者陷入绝境。我们听说有科学家收回学生的课堂笔记以避免竞争,有数学家故意漏掉证明的关键点。在朱经武(Paul Chu)和吴茂昆(Maw-Kuen Wu)给《物理学评论》(*Physical Review*)提交的两篇文章中,描述了他们发现的 77 K 超导体,用 Yb(镱)代替了 Y(钇)。朱称之为"印刷性错误"。其他人则坚持认为是为了避免竞争而故意所为。朱经武最后做

[①] 五人小组由耶鲁大学 Ruddle 领导,包括宾夕法尼亚大学和华盛顿大学的布林斯特(Brinster)和帕尔米特(Palmiter),牛津大学的科斯坦蒂尼(Costantini),福克斯蔡斯癌症研究中心的明茨(Mintz),克莱姆森大学的 T. E. Wagner。在五篇论文中,小组领导都是作为最后一个署名人——这是生物医学科学中的惯例: Gordon et al. 1980; Brinster et al. 1981; Costantini 和 Lacy 1981; Wagner, E. F., et al. 1981; Wagner, T. E., et al. 1981。见参考文献 Murray,2010。

[②] 计算机科学领域除外。在计算机科学领域,大家更愿意通过会议报告和在会议文集中发表论文的方式建立优先权。

[③] Stephan,Levin 1992。

[④] *Applied Physics Express* 的广告。源自 *Science*, 2008。期刊的网络链接 http://apex.jsap.jp/about.html 写道:"APEX 的论文发表周期为两周,最快的情况是直接发表。"

[⑤] Agre,2003。

出了更正。①

在选择诺贝尔奖获得者时的冲突,也证明了优先权和荣誉的重要性。由于被排除在核磁共振仪发明人名单之外,2003年雷蒙德·达马蒂安(Raymond Damadian)在《华尔街日报》(*Wall Street Journal*)和《纽约日报》(*New York Times*)刊登整版广告以示抗议,广告词为:必须更正的无耻错误。钱不是问题,广告的成本远比他获得奖金份额多。问题的关键是荣誉。② 2008年,当罗伯特·加洛(Robert Gallo)被排除在发现HIV病毒的获奖者之外时,人们表现了很大的关注。没有人怀疑弗朗索瓦丝·巴尔·西诺西(Francoise Barré Sinoussi)和吕卡·蒙塔尼耶(Luc Montagnier)获奖,令人惊奇的是第三位获奖者是德国病毒学家哈拉尔德·豪森(Harald Zur Hausen),不是罗伯特·加罗。公众对加罗被排除在获奖人之外的失望情绪很克制。③ 但是,让-克劳德·谢尔曼(Jean-Claude Chermann)的情况则不同,他没有接受前法国同事邀请陪伴其一起去斯德哥尔摩,而是邀请记者共进午餐,解释为什么他应该在获奖名单中共同获奖④。

研究人员也操纵在优先权分层中的位置。如社会科学研究网络(SSRN)网站给出文章下载排名前10位。近期研究表明,有人在操纵这个系统,当接近Top10或者面临丧失Top10危险时,他们下载自己的文章。⑤ 据我所知,在自然科学和工程技术领域是否有这类情况还没有进行相关研究。

科学家为了增加其荣誉,而过分夸大他们在科学发现中所起的作用。举个例子,某位著名教授的实验室接收了一位访问学者,当他意识到此研究工作的重要性和研究工作可能获得的注意时,在访问学者或者研究生论文的署名中加上自己的名字。他可能在随后接受新闻采访时仅仅只是提及那个访问学者。这种荣誉性的

---

① Fox,1994。
② 很明显,达马蒂安不是唯一一个认为自己没有包括在获奖名单中是个错误的人,只是很少有科学家向公众抱怨。因为达马蒂安已经获得了2001年麻省理工学院终身成就奖,这更加加剧了他的不满情绪。MIT奖项中把达马蒂安描述为:"发明磁共振扫描仪的人。"见参考文献Tenenbaum,2003。100多年前,另外一位科学家也"抱怨"被从奖项中忽略了,产生了同样的效果。物理学家菲利普·莱拉德(Phillipp Lenard)"徒劳和不真诚地"声称发现了X射线(1901年诺贝尔物理学奖)和发现了电子(1906年物理学奖)。尽管如此,他因为光电效应实验而赢得了1905年诺贝尔物理学奖。
③ 三个诺贝尔科学奖中,每一个最多只能三人获奖。
④ *Science* (2008),322:1765。
⑤ Edelman and Larkin 2009。

署名,不是不普遍,而是无法核实①。

也不是所有发现工作都是平等的。计算科学家研究结果贡献重要性的一般方法是计算文章的被引次数,或者整个研究团队的工作被引的次数。这是一个非常麻烦的方法。但是技术的变化,另外再加上诸如 Google Scholar 和 SCOPUS 新产品的推动,使得研究人员和评价管理人员可以很快统计被引次数,进而判断与同行的相对位置②。

对于计量和排序的日益迷念,促使人们创造了不同形式的计量指标和产品。例如,汤森路透集团(Thomson Reuters)拥有大型书目文献数据库——WOK(Web of Knowledge,在此之前为 ISI WOS),将科学家按照被引次数在本领域内排序。科学家自身、院系和其他机构都可以使用 WOK 为个人和研究团队生成引证报告。

2005 年,加州大学圣地亚哥分校物理学教授乔治·赫希(Jorge Hirsch)提出用 h 指数来衡量科学家研究工作的产率和影响。这个指数迅速得到认可。现在,只要轻点鼠标,就可以得到一个衡量其产出率与研究工作影响的数值。更准确地说,h 指数依赖于发表论文的数量和每篇论文的被引次数。将某位科学家发表的论文按照被引次数从高到低排列,h 指数是计算其具有 h 值以上引文次数的论文数量。例如,假设某科学家发表了 50 篇论文,有 25 篇论文的被引次数大于 25,那么 h 指数是 25;如果某科学家发表了 35 篇文章,其中有 30 篇的被引次数大于 30 次,其 h 指数为 30③。在赫希最初的文章中指出:h 指数在 10~12 之间,可以聘任为终身教职(warrant tenure)的物理学家,h 指数大于 18 时,可以提升为教授④。尽管这种计算方式有很多局限,如对职业阶段敏感、完全不考虑突出贡献文章(blockbuster article)、h 指数值仅仅随着经历而增加等,现在 h 指数十分流行。科学家在其简历和主页上列出其 h 指数,也十分普遍⑤。

---

① 荣誉作者不同于"幽灵作者"(ghost authorship),对部分研究工作作出了重大贡献而没有作为作者的做法。
② 这种排名不是没有错误。例如同名,特别是在亚洲科学家中普遍存在,平均计算贡献也不正确。因此,这种排名必须小心使用,仔细监管。
③ h 指数定义为"引文数大于或等于 h 的论文数量"。见参考文献:Hirsch,2005。
④ 赫希(2005)证明,h 指数在预测诺贝尔奖和科学院院士方面具有较高价值。
⑤ h 指数通过几个方面可容易地计算出来。汤森路透的 WOK 在其引用报告中加入了 h 指数。在学术指数(scHolar Index)(Roussel 2011)和 Publish or Perish (Harzing 2010)软件都是基于谷歌学术数据库生成 h 指数。其他基于谷歌数据库的程序参见 Whitton 2010。一般指数计算值都大于基于 WOK 的计算值,因为谷歌学术的收录期刊更加广泛。学者还提出了其他由 h 指数衍生的指数,例如:用于区分有相同 h 指数的两位作者的 g 指数,一个有重要的著作,另外一个则没有。参见 Egghe,2006 和 Alonso et al.,2009。

认同的形式

根据科学发现的重要性差异，科学共同体给予优先权不同形式的认同。最高级别是采用名祖命名，直接以科学家的名字来命名科学发现。例如，寻找希格斯粒子(Higgs)在这几天关于欧洲核子研究中心(CERN)完成 LHC 和附属 4 个探测器的新闻中经常出现。粒子是以苏格兰物理学家彼得·希格斯(Peter Higgs)命名的，他在 1964 年解释基本粒子为什么有质量的理论时，预测了该粒子的存在。① 还有其他命名的例子：哈雷彗星、普朗克常数、霍奇金(Hodgkin)病、开氏温度、哥白尼日心说、波义耳定律、RSA 算法等。②

认同也以奖项的形式出现，有时是针对一个特殊的科学发现，有时是对科学家毕生工作的认同。③ 最著名的是诺贝尔奖，它给予了最高荣誉，尽管奖金不是最多，也是可观的，约 130 万美元。还有数百个其他奖项，其中少数奖金达到 50 万美元，如 Lemelson-MIT 奖是 50 万美元，Crafoord 奖是 50 万美元，Albany 医学中心奖 50 万美元，邵逸夫奖 100 万美元，Spinoza 奖 150 万欧元，Kyoto 奖 46 万美元，Louis-Jeantet 奖 70 万瑞士法郎。在一些情况下，这些奖金支持了获奖者实验室运行，多数情况下奖金直接给了获奖者。④ 他们如何花这些奖金也是很有趣的事情。

近些年来奖项数量有所增加。朱克曼(Zuckerman)估计 90 年代早期在北美大约有 3000 个科学奖项，是前 20 年的 5 倍（增长率超出了科学家人数增长率的两倍）。⑤ 尽管对科学奖励没有系统的研究，坊间证据显示，奖项数量还在增加。*Science* 经常报道近期的获奖者，许多是由公司和新成立的基金会颁奖，奖金经常超

---

① 参考 "Slice of Life," *Science* (2008) 320，April 18。
② 认同也经常通过给建筑物、教授职位、系列讲座等冠以科学家的名字的形式出现。通常这种形式的命名都是在科学家去世后，也有在科学家生前命名的情况存在。并不是所有的命名都是来自第一个获得发现的科学家的名称。例如，本福德定律(Benford's law)首先由西蒙·纽科姆(Simon Newcomb)于 1881 年发现，由弗兰克·本福德(Frank Benford)于 1938 年再次发现。参考 "Benford's Law," 2010，*Wikipedia*，http://en.wikipedia.org/wiki/Benford's_law。关于讨论，参见 Stigler 1980。
③ 这些奖项区别于悬赏奖(inducement prizes)，将在第六章中专门讨论。悬赏奖专门奖励取得预定目标的团队和个人。这类奖最早 1714 年由英国政府设立，奖励第一个解决了地球经度问题的人。
④ 尽管有些情况下 Jeantet 奖的 10 万～70 万瑞士法郎给了研究人员个人，Jeantet 和 Koch 奖项是专门用于支持获奖者的实验室的。有些情况下，奖项授予了某个职位，如 1000 万美元的北极星奖(Polaris Award)，专门用于为 Alberta 招募健康领域的世界级研究人员。见 *Science*[2008]322，October 24 的通告。
⑤ Zuckerman 1992。增长率按照 NSF1977—1996 年数据计算。

过 25 万美元。近期,建立了一些大的奖项,包括 Peter Gruber 遗传学奖,2000 年首次颁奖,奖金是 25 万美元。2002 年挪威政府创立 Abel 数学奖,奖金约 92 万美元。邵逸夫奖称为亚洲诺贝尔奖,首次颁奖在 2004 年,奖金为每位获奖人员 100 万美元。2008 年开始颁奖的 Kavli 基金会奖的奖金为 100 万美元。乔尔·格林布拉特(Joel Greenblatt)和罗伯特·戈尔茨坦(Robert Goldstein)设立的 Gotham 奖,奖金是 100 万美元,在 2008 年首次颁奖。2009 年设立的知识前沿奖(Frontiers of Knowledge Award)包含 8 个奖项,每项奖金约 53 万美元。

不是所有奖项都是大奖,奖金多少不能反映奖项的级别。菲尔茨奖是数学领域的诺贝尔奖,4 年颁发一次,奖金只是区区的 1.5 万美元。① 基础医学领域和临床医学领域的拉斯克(Lasker)奖的奖金 5 万美元,但是级别很高,奖励了 75 个获奖者,后来他们获得了诺贝尔生理学或医学奖。有些奖项,特别是针对青年科学家的奖项,奖金在 2~2.5 万美元之间。例如,Lemelson-MIT 学生奖的奖金为 3 万美元。在一些情况下,奖励不仅包括奖金,还包括在 Science 上发表获奖者的论文,如艾本德 & 科学(Eppendorf & Science)神经生物学奖。

奖励是相互的。他们给予获奖者荣誉,也包括金钱;反过来,通过与著名的获奖者的关系,授奖者取得了声望。Gairdner 基金会特别指出,其 288 名获奖者中有 88 位获得了诺贝尔奖;Passano 基金会在其主页上展示获得诺贝尔奖的 Passano 科学家。这些并不是偶然的。拉斯克奖也有与诺贝尔奖相应的光环。

并不奇怪,近些年许多企业设立科学奖。例如,2005 年 Johnson & Johnson 设立奖金为 10 万美元的 Paul Janssen 生物医学奖,1995 年 GE 与 Science 杂志一起设立奖金为 2.5 万美元的青年科学家奖,GM 设立奖金为 25 万美元的 GM 癌症研究奖,AstraZeneca 创立化学精英奖。欧莱雅(L'Oréal)基金会,其母公司欧莱雅生产女士化妆品,与联合国教科文组织(UNESCO)一起每年奖励 5 名女性科学家。②

还有其他形式的认同。很多国家设立名人协会,如美国国家科学院、国家工程

---

① 当俄国数学家格里戈里·佩雷尔曼(Grigory Perelman)因证明了庞加莱猜想,在 2007 年作为四位获奖人之一而拒绝领奖后,菲尔茨奖引起了很大关注。菲尔茨奖每次奖励四名 40 岁以下的数学家。

② 2009 年,基金会在 Science 上做了整页广告"祝贺伊丽莎白·布莱克本(Elizabeth H. Blackburn)",以祝贺该奖项得主布莱克本与卡罗尔·格雷德(Carol W. Greider)和杰克·绍斯塔克(Jack W. Szostak)共同获得 2009 年诺贝尔生理学或医学奖。

院、国家医学院，①英国皇家学会，法国科学院，日本科学院等。这些协会的会员极具价值，入会邀请极少被拒。因此，当 2008 年南希·詹金斯（Nancy Jenkins）拒绝担任美国科学院院士时，让人很惊讶。②

基于优先权奖励系统的功能特性

如第一章中所描述的那样，科学研究有经济学上称为公共产品的特征。科研成果一旦公开，不容易将其他人的使用排除在外。③ 科学知识的使用没有竞争性，不会因为使用而消失，他人使用成本为零。市场对于生产这类特征的物品还有一些特殊的问题。这种不排他性促使个人搭便车，限制了生产者利益，最终降低了生产意愿。另一方面，对于其他用户获取成本是零，也就意味着有效价格是零。很明显，以这样的价格，市场没有动机去生产产品。

从经济学家的观点看，以优先权为基础的奖励机制的一个十分突出的特点，是给予生产"知识"这类公共产品一种非市场规则的激励。科学家受获得发现优先权欲望的驱使而从事科学研究。④ 但是，获得优先权的唯一方式是"捐赠"思想，进而建立对思想的所有权。优先权是另外一种形式的财产权，就像专利是一种形式的财产权，租借是另一种形式的财产权一样。优先权的利益驱使科学家即时地生产知识和共享知识。

默顿应该获得建立这种联系的优先权，1986 年 10 月 28 日，在比利时肯特大学（Ghent University）乔治·萨顿讲席（George Sarton Leerstoel）的就职讲演中提出，这个讲演两年后在 Isis 发表。他描述了科学的公共特性，写道："科学知识不会因为科学共同体成员的过量使用而消失，反而知识还会得到丰富。"⑤ 默顿不仅认识到科学的公共特性，还进一步质疑基于优先权的科学奖励结构将公共产品私有

---

① 很少有科学家同时被选入三个科学院。例如，2008 年，弗朗西斯·阿诺德（Frances Arnold）成为被选入美国三个科学院的第一位女性科学家和第八位在世的科学家（Science[2008] 320:857，May 16）。

② 南希·詹金斯的理由：她丈夫兼长期的合作者尼尔·科普兰（Neal Copeland）不在列。在她给科学院的信中写道："不可能把我的贡献与尼尔的贡献分开，我们平等地做了所有的工作，……如果有一天我们有机会一起接受这个荣誉，将是我们科学职业的巅峰"（Bhattacharjee 2008b）。尽管理查德·费曼（Richard Feynman）最初不是谢绝这个会员资格，他从国家科学院退出了（Feynman 1999）。

③ 科研结果只有在整理为别人理解的内容时，才能成为公共产品。知识与信息之间存在差异，知识是科研的产品，信息是知识的整合（Dasgupta and David，1994，493）。

④ Stephan 2004。

⑤ Merton 1988，620。

化。"我认为在科学中有明显的矛盾,私有财产是当其他人需要使用时,可以自由给予。"他继续说:"然而,科学家发表研究成果并使其能够公开获取,包括公开出版并形成档案的文章、专著、书,才在法律上形成或多或少的私有权。"①

以优先权为基础的奖励机制还存在另外一些为社会所期望的特点,其一是监督科学研究工作。经济学家一直关注对从事难以监控的工作的个人进行补偿的有效途径。科学研究是一个经典的案例:"由于效果通常难于监测,因此无法以此来实施奖励。对科学家的奖励不是以其努力为基础,而是以其成果为基础。"②优先权同样也意味着科学中偷懒的现象很少见。多重发现现象,说明科学家付出了极大的努力。

以优先权为基础的奖励机制为科学家开展原创性工作提供了保障,鼓励科学家追溯创新思想的根源,增强了科学研究的社会化。③ 对于科学家来说,荣誉是可信赖的表现,可以指导科学家无须重复和实验,直接使用他人的研究结果。

优先权还可以抑制舞弊和剽窃行为,帮助在科学活动中建立审查制度;因为形成优先权需要共享信息,需要由同行进行评估。④ 这些特性,在科学网络的小世界中进一步强化。小世界的高度集聚特征强化了监督,同时,较低的分离度(一般在5~7之间)促进了科学发现的扩散。⑤

尽管科学知识需要向公众传播,科学研究中的舞弊和不端行为时有发生。⑥ 近些年,有一些著名的科学家卷入不端行为和舞弊的丑闻中。2000 年,黄禹锡(Woo Suk Hwang)声称用克隆方式创造了人类胚胎干细胞,后来发现他修改了数据。⑦ 2010 年,威斯康星-麦迪逊大学基因学与医学基因学副教授伊丽莎白·古德

---

① Merton 1988, 620。帕萨·达斯古普塔(Partha Dasgupta)和鲍尔·戴维(Paul David)也清晰地表达了私利——公用利益的悖论,不过是在默顿报告的一年后。这也是一个多重发现的经典例证。"优先权通过放弃新知识的排他性,而建立了个人拥有的财产——一种智力资产"(1987, 531)。
② Dasgupta and David 1987, 530; Dasgupta and David 1994。
③ Merton 1957。
④ Ziman 1968; Dasgupta and David 1987。
⑤ 小世界网络的特点是网络成员间集聚度高(clustering)和分离度低(separation)。在论文网络中,集聚度可以测量与同一个科学家合作的两个科学家开展合作的可能性。分离度的概念来源于 John Gaure 著名的六度分离理论,用来测量从网络的一个节点移动到另外一个节点所需要移动的点(hop)。见参考文献:Uzzi, Amaral, and Reed-Tsochas 2007; Newman 2004。
⑥ Kohn 1986。
⑦ 该论文在 2006 年由 Science 撤回。

温(Elizabeth Goodwin)伪造和修改数据申请项目。① 同年,哈佛大学灵长类动物学教授马克·豪泽(Marc Hauser)被教师调查委员会按照科学联合会(FAS)的 8 个科学不端行为的事实标准判断为负有完全责任。② 同年后期,西奈山医学院(Mount Sinai Medical School)因不端行为解雇了两名在胡流源(Savio Woo)实验室工作的博士后。学校澄清了胡的错误做法,撤回了 4 篇文章。③ 10 年前,贝尔实验室的物理学家简·亨德里克·舍恩(Jan Hendrik Schön)伪造了关于有机半导体的研究发现的数据。一批论文被撤回,包括 8 篇 *Science*、7 篇 *Nature*、6 篇 *Physical Review* 文章。当时,舍恩平均每 8 天发表一篇文章。④

经济学可以提供方法分析谁在造假,什么形式的造假最可能被发现。模型预测显示,重大突破式的造假很容易查出,如黄禹锡和简·亨德里克·舍恩;但是,在渐进式的研究工作中,造假更加普遍。⑤ 经济学只能做到这些。依然存留的问题是,为什么越是出名的研究人员在重大突破发现中造假、被审查的可能性高。人们猜测,这种行为是非理性的,渗透着研究人员通过虚构没有事实依据的观点来制造自我愉悦,或者是研究人员非理性地大肆低估被审查的可能性。⑥

人们不能过分夸大科学家免费公开其研究成果的利益倾向;科学家也有自己的利益。他们选择性地公开其研究结果,独占其他的条件,以期在未来获得回报。法律学者丽贝卡·艾森伯格(Rebecca Eisenberg)认为,人们普遍认为这种行为在科学家中十分常见,超过了以前的认识,因为科学家公开研究结果,同时保留一些数据,或者不提供可以提供的菌株,或者限制交换试验动物(如实验鼠)来保持研究的某些方面的私密性。⑦ 如果这是 1987 年艾森伯格的判断,今天将是更加明显,如科研人员越来越多通过申请专利(见第三章)来限制其他人利用其研究成果。⑧

转基因鼠——哈佛鼠(OncoMouse)大行其道,就是这个原因。携带促癌基因的转基因鼠开辟了癌症研究的新领域。这个转基因鼠由哈佛大学教授菲利普·莱

---

① 其责任追溯到 2006 年(Couzin 2006,1222)。参考美国 NIH 科研诚信办公室。http://ori.hhs.gov/misconduct/cases/Goodwin_Elizabeth.shtml. 古德温(Goodwin)在 2006 年大学开始调查后立即撤回。
② Coyne 2010。
③ Miller 2010,1583。
④ Agin 2007。
⑤ Lacetera and Zirulia 2009。
⑥ David and Pozzi 2010。
⑦ Eisenberg 1987。
⑧ 产业部门为研究部门提供了越来越多的资金,也导致推迟研究结果的公开,或者扣留研究结果。见第六章的讨论。

德(Philip Leder)研发,1988 年由哈佛大学申请专利,然后独家转让给杜邦公司。杜邦公司采取了强硬立场维护其专利权,主张延伸权利。这意味着杜邦公司拥有利用该实验鼠的任何销售和研发的一定比例的权益,即使在终端产品中没有使用该专利。① 科学家们强烈反对。在 NIH 的支持下,1999 年签署了备忘录,杜邦公司允许他人对哈佛鼠的非营利使用,唯一的要求是签署明确协议和许可。②

对菲奥娜·默里(Fiona Murray)和其同事的精巧研究表明,杜邦公司的做法对于相关的研究具有惊人的影响。通过分析在 NIH 签署备忘录的前后,对转基因鼠这篇文章引用情况的变化,表明放松专利权将繁荣相关研究。签署备忘录后,转基因鼠的研究文章的引用增加了 21%。③ 这项研究与早期对默里和合作者斯考特·斯特恩(Scott Stern)的研究结果一致,包含在论文和专利中的知识(称之为专利—论文对),一旦申请专利获得授权,被引频次就减少。④

专利诉讼是需要付出成本的。这意味着专利权并不总是可以强制的,科学家知道怎么绕开专利限制。但是,获得其他实验材料,如细胞系、试剂、抗原等需要依赖于科研的直接合作。清晰的证据表明,科学家有自己的利益,并合法地占有。对生物学家共享试验材料经历的调查证明,获取研究材料并不受专利的影响。通过其他方式获取研究材料受到限制:19%的获取试验材料样品的需求遭到拒绝,科研人员之间的竞争和成本是拒绝的主要原因。相关的拒绝因素还包括:是否是药物、潜在供应商是否有商业化生产的历史等?⑤

论文发表与研究工作的可重复性不是一回事,为自己和学生保留研究发现结果的样品与材料成为科学家自然的选择。另外,科学知识,特别是关于技术秘诀的知识,需要在相当高的成本条件下才可以转移。这部分是基于其知识的隐性特性,难于也不可能通过文字形式交流。隐性知识的固有特性,意味着其知识传递需要面对面进行。⑥ 在后面第九章中还会阐述。这是形成创新区域集聚的一个原因,

---

① 杜邦公司为转基因鼠的使用设置了两个严格条件:不允许科研人员用传统方法大范围共享和喂养实验鼠;要求科研人员按照填报年度需求,汇报发表和没有发表的研究结果(Murray 2010)。

② 几个月前,针对 Cre-lox 小鼠也签署了类似的 MOU。

③ 作者发现,备忘录签署后,肿瘤文章的引用增加了 21%,对 Cre-lox 小鼠论文引用增加了 34%。结果不同的原因可以解释为关于 Cre-lox 小鼠的备忘录签署在前,而肿瘤鼠备忘录中增加了非营利机构——杰克逊实验室(JAX)作为培养和分发机构,这也方便了研究人员获取转基因鼠(Murray et al. 2010)。

④ Murray and Stern 2007。

⑤ Walsh, Cohen, and Cho 2007。

⑥ Von Hippel 1994。

如硅谷。同样,知识的隐性特征也使得科研人员接受培训的地点也十分重要:科学家不能只是通过阅读出版的知识(编码知识)或参加会议获得新知识;必须要有体验式的经历,学习如何操作新技术和新仪器。地理位置十分重要。

转基因鼠就是这样。我们说,需要魔术般的手,才能创造转基因鼠。哈佛大学的莱德实验室不是转基因技术的领先机构,也没有很多的实验高手,只是在蒂莫西·斯图尔特(Timothy Stewart)(斯图尔特曾为早期实现转基因鼠的五个团队成员之一)[①]作为博士后加入实验室后,实现了转基因鼠。借助斯图尔特的技术,莱德实验室小组创造了携带 myc 癌基因的可存活的实验鼠,使其易患癌症。因此,并不奇怪,在那段时间,一些有转基因专家的实验室领导"接收了大量的博士后申请,申请学习转基因方法,期望获得荣誉和财富。"[②]的确,荣誉和财富扮演了重要作用。

科学的竞赛特性

科学经常被描述为赢者通吃的竞赛,意味着获得第二、第三名就不能得到回报。这是关于科学竞赛特性的极端观点。即使持这一观点的人也认为,这在某种程度上是一种不准确的描述,重复、验证有其社会价值,并在科学研究中很常见。即使只是存在少量的竞争者,这种描述在某种程度上也是不准确的。有时候,科学竞赛是世界级的,例如寻找希格斯粒子和开发高温超导体。但是,许多其他竞赛是多方参与的,这类竞赛的数量在急剧增加。例如,多年来人们认为治疗癌症有"一种"方法,现在人们认识到癌症以多种形态存在,治疗一种癌症需要多种方法。因此,不会只是有一个胜利者,而是有多个。

更加现实的比喻是,将科学研究看作是一个锦标赛,像羽毛球和高尔夫球赛一样,失败者也有某种奖励。这样可以使得参赛者仍然留在运动队伍中,进一步提高技能,提高他们赢得未来比赛的机会。同样类型的比赛也在科学研究中存在。如,X 博士与拉斯克奖失之交臂,但是她的工作很突出,被邀请去作冠名报告,同时获得资助,并被母校授予荣誉学位。Y 博士的实验室不是第一个得出科学发现的结

[①] Wagner, E. F., et al. 1981。

[②] Murray 2010, 21。

果,但是他开发的仪器对其他人突破性发现有贡献,这些发现也是他的功劳。

一想起科学是锦标赛,人们自然就联想到很多类似的竞赛。首先,有很多级别的比赛——或者,一般来说,比赛可分为各种联赛。并不是每一个高尔夫选手都在职业高尔夫联盟(PGA)中比赛;一些选手参加地区比赛,另外更多的选手只是在当地比赛。用棒球做比喻,不是每一个选手都在主要的联赛中。① 一些研究人员有很好的技术和运气在顶端层面竞争,他们接受了最著名的研究性大学的教育,工作在著名的研究性大学。另外一些研究人员能力稍弱,运气稍差,只是参加地区性的竞赛。他们只是参加了稍低水平的研究生培养计划,作为不那么著名实验室的博士后,最终在不那么著名的大学工作。偶尔他们被邀请去参加主要联赛。在科学研究中也会有人员流动,但是不普遍。有时,在这些小联赛中也由他们自己的同行宣布一些科学发现。未来有研究前景的课题是那些赢得国家层面和国际上注意的地区性选手的职业目标。

其次,也存在一些领域性的比赛,如选手在35岁以下的比赛,或者选手来自某一地区的比赛。NIH研究部就是这样一个领域性的比赛。② 第三,与此相关,科学研究的资金资助也不是采取赢者通吃模式,更多是采取多胜者的比赛模式。NSF评审委员会制订了多重资助模式去资助核心研究人员,即使是评审委员会认为只有一个最好的项目申请的情况下,也是如此。同样,NIH研究部采用了多重R01资助(生物医学基础研究的资助者)方式来支持研究项目,而不仅仅是一个项目。③

科学奖励机制的竞赛特点,是将科学家智力分布的细微差异放大为荣誉与经济回报的大差距。接受科学与工程技术学位的科研人员,一部分在次要联赛中获胜,一部分在主要联赛中成功,成功的标志包括独立的研究、终身教席、当选主席、获得荣誉、获得奖励等。但是,有些研究人员不能找到确保他们参加比赛的职位,在某种意义上,也就不能参加任何竞赛了。他们退出科研,在其他领域就职或者失

---

① (个人通信)弗朗西斯科·里索尼(Francesco Lissoni)指出:棒球和其他一些团队运动不能与个人运动相比拟,比如高尔夫、乒乓球,有两个原因。第一,科学研究中的奖励是针对个人,不针对团队。第二,高尔夫、乒乓球等个体运动,其职业比赛是按照目前和过去的成绩进行排名,就像科学家的排名一样,按照计量学指标排名。在团体运动中没有这种情况。

② 在NIH,评估过程是从某个研究部开始的,每一个研究部一年评估三次,一共有175个研究部。科学家的研究计划只能指定在一个研究部中。科学家很少变换自己的研究部,把评估其研究项目的研究称为"我的研究部"。

③ 严格地说,委员会并不颁奖,可以向NSF官员推荐项目。NIH研究部确定项目建议的得分情况;项目建议书提交给各研究所评审委员会,选择资助项目的分数线由各研究所自行确定。由此带来的多项目竞争问题,在第六章讨论。

业,或者在一名赢得荣誉和享受最高补贴的资深科学家的实验室中工作。①

2008年,诺贝尔化学奖授予了发现和开发绿色荧光蛋白(GFP)的下村修(Osamu Shimomura)、马丁·查尔菲(Martin Chalfie)和钱永健(Roger Tsien)。② GFP用作蛋白的标记工具,使得科学家可以观察癌症、神经发育等过程。一位获奖者引起了人们的广泛关注。

按照通常情况,道格拉斯·普拉舍(Douglas Prasher)应该作为第四位获奖者。在本次奖励中,第四位获奖者已经离开了科学界,在颁奖时,他正驾驶着专线巴士。他从美国航空航天局(NASA)资助的生命科学项目研究岗位失业1年后,找到这个报酬为8.5美元/小时的工作。但是,普拉舍克隆了GFP,当时没有人理解GFP的潜力,他自己估计到将要离开生物荧光研究领域,就把GFP送给了查尔菲和钱。钱认为普拉舍起到了非常重要的作用。正如查尔菲对许多新闻媒体说的那样,"他们应该把奖项授予普拉舍和其他两人,让我退出。"当然,他们没有。普拉舍成为科学竞赛缺乏效率的代表。

不　均　衡

具有赢者通吃特点的竞赛,在回报分配上是极端不均衡的,科学中也存在这样的竞赛。科学在生产率、优先权的回报方面也是极端不均衡的。衡量方法之一是分析出版物的变化特征。艾尔弗雷德·洛特卡(Alfred Lotka)在分析1907—1916年《化学文摘》(*Chemical Abstracts*)中列出的化学家的著作和费利克斯·奥尔巴赫(Felix Auerbach)在1910年编撰的物理学家的贡献后,首次发现了这一现象。③洛特卡发现大约50%的论文由6%的科学家发表的分布规律。洛特卡定律在几个

---

① 竞赛模型之父,爱德华·拉齐尔(Edward Lazear)和舍温·罗森(Sherwin Rosen)指出,在一种确定条件下,竞赛模型可以高效配置资源。如果科学研究也适合使用竞赛模型,表明科学研究的效率就不是问题。但是,科学竞赛不同于一般的竞赛,任期制有重要影响。摇滚歌星、歌唱家、足球运动员没有任期,教授有任期。这意味着,即使已经展示了创造力的科学家,也很难保全其实验室;特别是在终身教职数量不增加,而寻求终身教职的人数在增加时。在第七章中讨论这个问题(Lazear and Rosen 1981)。

② "2008年诺贝尔化学奖得主:下村修、马丁·查尔菲、钱永健。" 2011. *Nobelprize.org*. http://nobelprize.org/nobelprizes/chemistry/laureates/2008/.

③ 洛特卡定律表述为:假设 k 是发表一篇论文的科学家人数,那么发表 n 篇论文的科学家人数为 k/n^2。在许多学科领域,5%~6%的科学家总计发表本学科领域论文的一半(Lotka 1926)。尽管洛特卡定律在不同时期和不同领域都保持了一致性,保罗·戴维(Paul David)提出了另外一种更加合适的统计分布。(David 1994)。

其他学科领域和不同时期都得到验证。①

科学生产率的不均衡可以解释为,由科研人员参与科研的能力(是否真有实力)和动机引起的差异。科学生产率不仅在某一时间点上很不均衡,而且在科学家群体职业生涯中也越来越不均衡,表明不均衡是一个临时的状态独立过程,由论文数量计算的现实生产率与科学家过去的成功相关。②

现实生产率是状态依赖的,有几个方面的原因。首先,科学家从一项研究工作中获得的荣誉依赖于科学家的地位。默顿将这解释为马太效应,"对于某一科研工作,知名科学家获得的认同会更多,不知名的科学家将不会获得认同。"③

按照默顿给出的解释,马太效应驱使科学家按照作者的荣誉地位来阅读每年出版的大量科技文献。另外,有人认为是积累优势使得生产率与过去的成功相关。例如,已经享受成功的科学家对更多的成果感兴趣,并因此更努力工作。成功的科学家也会发现很容易利用过去的成功获得研究资助。④ 如 NIH 那样的资助体系,至少是部分地将过去的成功清晰地体现在累积优势中(见第六章)。进一步讲,拥有较好论文发表记录的科学家比没有良好论文发表记录的科学家,更容易在顶级期刊发表论文。

科研生产率也与现实的工作环境相关(见第四章、第七章)。设施、设备和积极进取的团队,都可能带来差异。引起生产率越来越不平衡的另外一个原因,是高水平的科研人员更容易被较强的院系招募,工作在这样的环境中,提高了生产率。

我们很难估计成功中多大比例来源于真正的研究实力,多大比例来源于状态依赖。因为我们不可能随机指定某人,比较其不同成功条件下的能力和激励因素。即使可以,也不会有人有经费和毅力观察 30 年或者 40 年中他们的职业生涯的变化。但是,通过不同实力的申请者提交申请书的得分测试,人们可以感知过去成功的重要性。如果发表论文业绩较好的申请者,其申请书的得分都比较高,至少是一个说明成功在某种程度上是状态依赖的证据。

除了这些,我们要做的事情,是通过粗略分析科学家的职业经历,将相关证据

---

① de Solla Price 1986;David 1994。
② 韦斯(Weiss)和利拉德(Lillard)1982 年发现,以色列的科学家在第一个 10~12 年内发表论文的平均值和方差都在增加。研究表明科研产出的分布还有肥尾效应(fat tail)(Veugelers 2011)。
③ Merton 1968,58。这句话来源于圣经马太福音,第十三章,12 节。"已经拥有的人,可以给他更多;但是,那些没有的人,就连已有的都会被剥夺。"从经济学家的观点,马太效应展现了科学荣誉的内在特点。
④ Allison and Stewart 1974,Cole and Cole 1973。

进行分类。一种方法是,审核调离研究机构的科学家的职业变化情况,来了解机构实力变化。如果岗位变动人员的生产率不与他们工作新单位的状态相关的话,结果支持生产力与实力相关。如果岗位变动人员的生产率与新机构的状态相关,说明实力不仅仅是唯一的影响因素。至少有一个实验研究证明,生产率与研究机构的地位相关。① 另外一项早期的研究证明,生产率某种程度上是一个状态依赖过程,不完全与实力相关。② 关于科学中不平等的坊间证据表明,状态依赖性发挥着重要作用。例如,一名在若干不同水平机构担任职务的物理学家给我写信说道:"我可以告诉你,以哈佛大学信纸和以×××大学信纸写信的天壤之差。在第一种情形下,门立刻打开并倾听你的说话,第二种情形下,必须去敲门。"③

最后,有可能这两种情形都不是。极有可能有一种类型的反馈机制在起作用,让能力强的科研人员在他们的职业生涯中充分利用他们最初的成功。④ 这种过程就是胜者通吃竞争的特点:"用他们的语言表达为,胜者通吃是将智力的小差异转化为经济回报的大差异。"⑤

政 策 问 题

科技奖励的增多带来了系列的利益问题,就我所知,这些问题与科学政策相关,还需要进一步深入研究。例如,奖励的激励特性是什么:首先,新奖项的设立在多大程度上鼓励该领域的科研人员?第二,通过设立一个奖项来组织某个领域的研究,或者推动某个领域职业的发展是否有效?第三,设立新的奖项是否会削弱原来奖项的作用?第四,现在奖项太多吗?或者,换一种表述,在一个奖项已经很多的领域,再设立一个奖项是否能以某种方式提高生产率吗?抑或仅仅只是给授奖人和颁奖机构带来声望。如果是后面那种情况,人们会怀疑它会是一个可以找到的非常好、肯定非常有效的方式,在带来知识储备的同时,也带来声望的利用奖励基金的方式。

另外一个政策问题是,状态依赖在解释生产率中的作用。从某种程度上讲,过

---

① Allison and Long 1990。
② Allison, Long, and Krauze 1982。
③ Stephan and Levin 1992,30。
④ David 1994。
⑤ Frank and Cook 1992,31。

去的成功决定了现在的成功。科学家早期职业生涯的不幸,可以决定其整个职业生涯。例如,在像2008年金融危机时期那样的经济困难时期失业的科学家,可能发现他们并没有工作在高生产率的环境中。缺少早期的成功严重阻碍了其未来成功的机会,即使在经济复苏后也是同样。建议那些研究资助机构,拟定特别资助计划支持那些研究生涯被经济危机影响的科研人员。更一般地,从经济学意义上说,特别是对那些由于年龄的原因失宠的科研人员,资助机构可能更应关注项目建议书,不要太关注研究记录和初步数据。

结　　论

由于对解决科学难题的兴趣和对认同(绶带)的向往,激励着科学家从事科学研究。但是,难题和绶带不是全部,金钱也是一个方面。第三章将重点讨论工作在公共领域的科学家接受经费资助的不同类型。

第三章
金 钱

解决科学难题和获得优先权的认同,不是从事科学研究的唯一回报。金钱也是一种回报。科学家确实对金钱感兴趣。我们引用史蒂芬·古尔德(Stephen Jay Gould)的话:"(我们)与一般人员一样,也需要地位、财富、权力。"[①]一位著名的哈佛大学科学家在回答新任系主任亨利·罗索夫斯基(Henry Rosovsky)关于科学灵感源泉问题时,讲得非常好。他毫不迟疑地讲:"金钱和奉承。"[②]

上面两个引用最突出的特点是,他们现在都25岁以上了,和今天相比,他们到大学时大学科研人员提高工资待遇的机会有限。如果说金钱在80年代扮演了重要作用,今天所起的作用更大了,因为现在工作在学术机构的科研人员从专利和成立公司中获取收益的机会更多了。事实上,在说话当时,没有一个古尔德的同事或罗索夫斯基手下的科学家赚到百万美元。在今天,尽管十分稀少,也有不少在科研机构工作的科学家与工程师,即使没有百万美元收入,也过得很舒服。

本章的重点是分析从事科学研究的金钱回报。我们首先考察学术薪酬,分析在顶尖研究机构和一般性研究机构、公共研究机构和私立研究机构,不同学科领域间的全职教授和助理教授薪酬的差异。本章还会考察生产率(按照论文量和引文量计算)与薪酬的关系,科学家获得额外收益的途径,特别是申请专利、开办公司和咨询。

在开始之前,还要着重指出的是,金钱在科学中扮演另外两个重要作用。第一,金钱影响着职业选择,将在第七章中讨论。像研究生的奖学金支持一样,从事科学工作的薪酬与其他领域薪酬相对优势影响着选择进一步从事科学和工程研究

---

① Wolpert,Richards 1988,146。
② Rosovsky 1991,242。

工作的人数。第二，科研本身成本昂贵。科研的启动投入就那么多。学校投入的资金很快用完，大学期望找到钱支持他们的研究。这意味着，大学研究人员需要经常考虑钱的问题。在第四章、第五章中将讨论科研的产出和第六章讨论科学研究的资金投入时，会重点讨论科研的成本。

学 术 薪 酬

大学教授的薪酬差异很大，依据学术头衔、研究机构类型（公立与私立、研究为主还是教学为主）和领域不同而异。一般来说，全职教授比副教授工资高，副教授比助理教授工资高。哈佛大学教授工资比密歇根大学教授高，密歇根大学教授工资比中密歇根大学教授高。物理系教授工资比英语系教授工作高，但比计算机系教授的工资低。①

工资还与个人情况有关，如论文的数量与质量、本机构工作时间、性别等。这些因素高度相关，难以严格区分因果关系。例如，高产率的教授更有机会得到提升，更有机会工作在排名靠前的院系。与男性相比，特别是在过去，女性经常受到家庭限制，流动较少，因此工作机会少。②

2009—2010 年美国大学教授协会（AAUP）的薪酬调查，提供了更一般化的背景。具有博士学位授予权的研究机构，其全职教授的薪酬（在第 60 个百分位上）是 120 867 美元，副教授是 84 931 美元，助理教授是 72 672 美元。而工作在具有硕士学位授予权机构的教授们，其薪酬就较少：全职教授 90 691 美元，副教授 71 326 美元，助理教授 59 974 美元。那些在一般研究机构工作的科学家，挣得就更少了。③具有博士学位授予权的私立研究机构薪金比公立机构高 31%，这个差距还在扩

---

① 2008—2009 年，哈佛大学全职教授工资为 192 600 美元；密歇根安娜堡分校是 142 100 美元，中密歇根分校是 92 500 美元（美国大学教授协会 2009）。

② 并不是说流动性可以完全解释薪水的性别差异，也不是说这种差异在女性科学家中不发挥作用。关于科学家在报酬、晋升和生产率方面的性别差异的研究很多。关于薪水，可以参考 Toutkoushian 和 Conley 的研究（2005）。关于生产率的研究，可以参考 Xie 和 Shauman 的研究（2003）。关于晋升的研究，可以参考 Ginther 和 Kahn 的研究（2009）。

③ 数据包括剔除医学院后的全日制员工。薪酬全部调整为标准的每年 9 个月工作时间（美国大学教授协会 2010）。

大。① 在 2009—2010 年学术年度,仅仅一个公立机构(UCLA)按照全职教授工资排在前 20 名,比哈佛最高工资低 4.3 万美元(25%)。② 在博士授予机构工作的女性全职教授工资为男性的 91.8%,副教授为 92.7%,助理教授为 91.9%。不同学科领域间的差距正在缩小。③

不同学科领域和职位等级的薪酬变化

尽管 AAUP 数据的信息量很大,还没有按照学科领域区分。但是,区分领域很重要。例如,一般情况下,法学和金融领域的教授薪酬比人文、科学、工程领域高出很多。在科学与工程领域,也分为若干层次。从俄克拉荷马州立大学(OSU)的年度薪酬调查的数据可以感觉到这种差异。该项调查的数据是收集美国州立大学和赠地学院协会会员单位信息,其中许多大学是州公立具有博士学位授予权的"旗舰"大学。④ 这些数据从设计上就排除了所有私立大学。这就意味着平均薪酬数据被低估了,私立大学通常比公立学校支付较高的薪酬,特别是研究型的私立大学。

表 3.1 总结了 2008—2009 年 OSU 全职雇员的研究数据。在广泛的科学工程领域,给出了 117 个参评大学的平均值和特定职位的最高薪酬。出于比较的目的,表中列出了除了医学外的全学科的平均薪酬,以及法律与金融两个领域的薪酬。在科学与工程领域,计算机学科薪酬最高,工程领域紧随其后。生物与生物医学几乎与自然科学一样。在工程与计算机科学领域,科研人员薪酬与其他同事之间的差距,在较低职位十分明显。数学和统计学教授薪酬最低。这些差异反映了市场需求。这些年,除信息技术飞速发展带来的影响外,学术机构必须和产业机构去竞争聘用工程师和计算机科学家。但是在生物医学和物理学领域,产业部门的需求相对于供给来说较弱。

---

① Byrne 2008。尽管在 2008—2009 年和 2009—2010 年间这个差距在缩小(从 31.6% 到 31.0%),目前还很难判断 2008—2009 年金融危机将会进一步影响这个差距。
② 北卡来罗拉大学教堂山分校 2010。
③ 美国大学教授协会 2010。
④ 自 1974 年来,该项调查由俄克拉荷马州立大学机构研究与信息管理办公室完成。

表 3.1　2008 年公立研究性大学的部分领域平均年薪和高年薪排序

	新助教	助教	副教授	全职教授	全职教授与助教比
计算机与信息科学					
平均值	84 788	87 298	100 232	13 2828	1.52
最高值	125 715	125 715	192 974	300 999	2.39
生物和医学					
平均值	64 470	65 865	79 159	116 416	1.77
最高值	106 053	199 309	183 048	422 460	2.12
工程科学					
平均值	77 945	65 865	79 159	129 633	1.62
最高值	11 200	199 309	183 048	317 555	1.85
数学和统计学					
平均值	61 979	65 684	76 654	110 889	1.69
最高值	86 000	103 000	131 950	328 200	3.18
物理学					
平均值	64 670	67 161	78 728	116 557	1.74
最高值	99 000	99 000	140 000	382 945	3.87
法律					
平均值	90 892	97 714	113 380	164 070	1.70
最高值	130 000	19 000	175 000	318 600	1.68
金融					
平均值	140 507	139 111	136 016	167 269	1.20
最高值	190 000	195 700	242 111	423 866	2.17
全领域(不包括医学)					
平均值	67 105	68 472	79 845	115 895	1.69
最高值	190 000	200 000	242 111	423 866	2.12

来源：2008—2009 年俄克拉荷马州立大学(OSU)学院薪酬调查。
注：高薪酬：在一个确定群体中全职个人所报告的最高薪酬。

除了数学和统计学外,科学和工程领域的教授薪酬基本相同,或略高于平均水平；其薪酬不是最高,计算机领域的薪酬比法律和金融领域低很多。

在科学和工程领域中,薪酬最高的是生物和生物医学领域：422 460 美元。这反映了高生产率的生物医学研究人员对大学的贡献,包括争取外部资助,有些情况下包括专利许可费。最高薪酬和平均薪酬的变化范围非常大,特别是在全职教授中,其变化幅度依据领域不同达到了 2.5～3.6 倍。这个变化范围是第二章中讨论的科学竞赛的特性。明星科学家并不能像明星运动员那样赚百万美元,他们也赚取了比相同级别同行专家多很多的收入,达到了新入职菜鸟的 5~6 倍。

可比较的数据不是来源于私立大学。NSF 收集的博士毕业生调查(SDR)的调查数据中包含了私立和公立大学教授的薪酬数据。表 3.2 给出了 2006 年具有博士学位授予权学校的统计数据(最新数据可到 2010 年),计算了工作在公立大学和私立大学薪酬收入的方差。由于保密规则的限制,不能披露高的薪酬,而是披露了第 90 百分点的薪酬。

这些数据与 OSU 的大学数据十分类似。数学家的薪酬最低,工程和计算机领域科学家相对较好。在 SDR 数据中,包括工作在私立和公立大学的教授(按全职教授计算),生物科学领域的平均薪酬最高。表 3.1 的数据可能只是 9~10 个月的薪资。表 3.2 中数据 NSF 调整包括了假期收入,在某些领域如生命科学领域,增加了大量的薪水。在这些地方,教员得到来自科研拨款的假期收入。这些数据也体现了公立和私立大学间存在的差距,需要注意的是,这些差距在计算机与信息科技领域不存在。

表 3.2 2006 年公立和私立具有博士学位授予机构的薪水平均值和 90% 薪水分领域排名

	公立大学			私立大学		
	助教	副教授	全职教授	助教	副教授	全职教授
生物学						
平均值	76 200	83 800	128 500	88 200	108 800	15 7800
第 90 百分点	105 000	115 000	200 000	140 000	132 000	277 700
计算机与信息科学						
平均值	81 100	92 200	112 800	80 900	91 900	82 400
第 90 百分点	94 000	120 000	146 000	110 000	108 600	150 000
工程科学						
平均值	77 100	87 900	122 500	84 000	94 300	121 400
第 90 百分点	93 100	98 000	170 000	121 000	120 000	172 000
数学						
平均值	70 600	68 000	107 100	70 800	60 600	115 880
第 90 百分点	100 000	94 800	150 000	87 000	80 000	18 0000
物理学						
平均值	68 700	77 700	112 700	73 400	81 300	133 300
第 90 百分点	80 000	100 000	175 000	100 000	115 000	185 000

数据来源:2006 年博士毕业生调查(SDR),美国国家科学基金会(NSF)。使用 NSF 数据,并不意味着 NSF 认可本书中的研究方法或结论。

在很多行业，新手和高资历员工的差异很大。例如，对于法律实习生来说，这种差异可以超过 5 倍。在医学领域，也存在这样的差异。学术领域有一些不同，收入图形通常是平缓的，但从长时间看，曲线变得有点陡峭。更具体地说，1974—1975 年在物理学领域，全职教授的收入是助理教授的 1.61 倍，到 2008—2009 年达到了 1.74 倍。在生命科学领域，早期是 1.45 倍，2008—2009 年增加到 1.76 倍。在生命科学领域，这种增幅无疑反映了大学在招募（或者维系）可以带来大量额外项目经费的高生产率教授方面所做的努力。这些方面的努力特别是在 NIH 经费翻倍期间更显突出。①

从表 3.1，表 3.2 中可以看到，全职教授与助理教授的差距，在那些大量新博士有较多非学术岗位可以选择的相关领域并不那么显著。在这些市场中，如果想吸引高水平的教授，大学需要投入有竞争力的报酬。② 在表 3.1 中，公立大学计算机学科中全职教授与助教的比例是 1.52，工程领域是 1.62，而在生命科学和物理学领域已超过了 1.7。

一般来说，著名研究性大学中，其全职教授和助理教授间的差距比非著名大学大。③ 这不仅是因为著名大学需要招募和维系大量的高产率、高水平教授，需要向高级教授支付高的薪酬；还因为著名大学不需要给基层级别的人员支付那么多，他们认为年轻员工可以在与著名同事工作中获得更多的技能和高的地位。④

教职人员薪酬的不平等

过去 30—40 年来，美国收入不平等状况快速扩大。学术机构也经历了不均衡性的迅速扩大，即使是在具有博士学位授予权的大学也是一样。表 3.3 可以清晰地看到这点，该表中给出了 1975—2006 年间按照领域和级别计算的基尼系数（基尼系数为 0，意味着每人的薪水相同；系数为 1，意味着有一人收入为 0）。⑤ 除去少数例外，33 年间各学科领域、各个级别，其基尼系数都超过两倍。比较起来看，在

---

① 1974—1975 年年薪数据来源于 Bound，Turner 和 Walsh(2009)。
② 大学不能与产业界简单对比薪水。在产业界职位选择中，更加关注薪水，而在学术机构中较少关注薪水，而更多关注职位的独立性。参见 Sauermann 和 Stephan(2010)。
③ 例如，其他事情是相等的，在 70 年代后期，顶级水平的经济系比排名较低的经济系，为经济学新的助理教授支付的起始薪水要低些(Ehrenberg, Pieper and Willis 1998)。
④ Graves, Lee and Sexton 1987。
⑤ 统计学名词，以 Corrado Gini 命名。他在 20 世纪早期发明了评估的方法。这是命名的又一个例子（见第二章），更多信息参见"基尼系数"，2010，*Wikipedia*，http://en.wikipedia.org/wiki/Gini_coefficient。

大约相同的时期内,美国全职男性收入的基尼系数增加了35%,从0.314增加到0.424。① 与社会机构相比,学术机构的薪金更均衡分布,但是,学术机构个人收入的不平等以更大的速度在扩增。

表 3.3　1973—2006 年部分学科领域工作在博士授予机构的收入不平等状况:基尼系数

	1973	1985	1995	2006
工程科学				
助理教授	0.072	0.079	0.106	0.164
副教授	0.064	0.082	0.118	0.152
全职教授	0.091	0.110	0.159	0.220
数学与计算机				
助理教授	0.071	0.115	0.119	0.164
副教授	0.079	0.095	0.143	0.184
全职教授	0.102	0.113	0.157	0.193
物理学				
助理教授	0.070	0.099	0.132	0.142
副教授	0.091	0.104	0.141	0.146
全职教授	0.121	0.127	0.167	0.225
生命科学				
助理教授	0.091	0.098	0.190	0.228
副教授	0.088	0.115	0.168	0.223
全职教授	0.120	0.128	0.206	0.250

数据来源:博士毕业生调查(SDR),美国国家科学基金会(NSF,2011b)。使用 NSF 数据,并不意味着 NSF 认可本书中的研究方法或结论。

薪酬与生产率的关系

收入曲线的相对平缓可以认为与第二章提到的监管问题,以及需要补偿科研人员从事高风险研究的不成功风险有关。如果我们继续第二章中的科学竞赛模拟,假设不是每一个人都会胜出,不是每一个人都会进入下一轮竞赛。我们可以想象,补偿可以分为两个部分:一部分与个人在竞赛中的成功无关;一部分以科学优先权为基础,反映科学家对科学贡献的价值。

---

① 参考"美国收入不平等"。*Wikipedia*,http://en.wikipdedia.org//wiki/Income_inequality_in_the_United_States。

这种补偿结构过于简单，其依据是文章数量、引文直接或间接决定了学术薪水。尽管这种依据十分过时，一项研究发现，1965—1977 年间，工作在加州大学伯克利分校的数学家的薪酬与其发表论文正相关（作者注：这种操作方式已经过时！）。① 另外一个研究，利用了 70 年代的数据分析，发现每篇论文增加物理学家、生化学家、心理学家薪水约 0.3%。② 后来，很少有研究去分析科学家发表论文与薪酬关系，可能是因为数据难于集成，或者这个主题比较无聊。③ 一个有意义的研究是利用 1999 年《全国高校教师研究》的数据。研究发现，考虑到包括地区、研究所的研究强度等大量因素，每篇额外的论文提高薪水 0.24%，与早期的估计 0.30% 很接近。尽管其边际效果不高，也可以看到发表 50 篇论文的高产教授比发表 10 篇论文的教授收入高出 10%。④

另外一个指标显示，薪酬与科学家的论文发表有很强的关联。例如，发表论文与获得项目资助记录在研究性大学的晋升和终身聘任决策中发挥着重要作用，从表 3.1、表 3.2 中可以清楚地看到薪酬与学术地位紧密相关。教学和相关事务在提职中很重要，但是发表论文的业绩发挥着关键作用。大学机构通常会请外部专家，就晋升人员对本领域的贡献和排名做出评价。⑤ 例如，在某个顶尖大学的要求外部专家评估的信中说道："在您的评估意见中，如果能够考虑到研究领域，主题领域或者学科领域给出 X 教授在其同行中排名，将对我们有很大帮助。"

生产率在决定科学家是否可以得到额外的研究经费中发挥着关键作用。申请项目时，经常要求申请人员提交包含发表论文信息的简历。美国国家科学基金要求提交的发表论文清单（论文或者专著）不超过 10 篇：5 篇与研究项目最相关的文献，5 篇其他重要文献。在 NIH 的项目申请书中，选择同行评议的文章是 4 页个人

---

① Diamond 1986。
② Levin and Stephan 1997。该研究使用的固定样本数据，可以控制个体固定效应（individual fixed effects）。
③ 相反，在经济学和管理学领域有很多研究是探究论文与薪水的关系。见 Hamermesh, Jonhnson, Weisbrod(1982); Gomez-Mejia(1992); Geisler, Oaxaca(2005)。
④ Toukoushian, Conley(2005)。这个估计适合所有学科领域，来自作者提供的没有出版的结论。
⑤ 通过同样一个机构内部的不同学科间的薪水调查，显示生产率和薪水之间关系的存在。你最初想到不同机构中各个学科领域间的差异是相同的。例如，在一个机构，化学教授的薪水比英语教授高出 17%，那么在另外一个机构也会高 17%。但是，事实不是这样。研究显示，在大学的各个学科间支付的薪水各不相同。这些差异可以部分解释为各个院系的生产率按照研究生教育质量的排序有多高，这种生产率是以论文为基础的。例如，相对于英语系教授而言，化学系教授的奖金会高出很多。见 Ehrenberg, McGraw, Mrdjenovic(2006)。注意：这种计算方法也会考虑英语系的排名。

简介的关键组成部分,还必须按照时间顺序排列(以前,NIH 不限制列出发表论文数量,2010 年 1 月 25 日,建议限制在 15 篇以内)。① 评估专家经常会评价研究人员的工作记录。在 NIH 的案例中,当教授们申请 R01 延续项目时(这是 NIH 最经常使用的资助方式),评估专家经常去审查前一资助期发表论文的数量和质量。评价的结果包括:优秀高产的科学家(PI)、杰出成绩、高产率研究人员、资助期间发表了×篇文章。

反过来,资助水平也影响了薪酬。在医学院校,这种关系是直接的,甚至对终身教职也是一样:没有项目就没有薪水(或者降低)。进一步说,35%的医学院,终身教授是没有基础科学研究经费保证的;52%医学院的终身教授有经费保障;13%的医学院只是保证了大学的平均薪金。② 因此,在大学中提高教授薪金标准的压力转到了院系,至少是转到了医学院。一些医学院校开始采用获得外来经费资助的教师可获得奖金的做法。例如,2004 年,59%医学院的基础学科教授有资格得到奖金,20%的教授声称得到奖金。③

另外,还有复杂的夏季工资问题。在美国,大多数科学家都是 9～10 个月的聘用合同。夏季工资由项目支付,不由学校支付。因此,申请项目不仅对支持研究很关键,对自身也很关键。

在欧洲,大学教授的薪酬不是那么明显地与生产率挂钩。在比利时、法国、意大利等,大学教授享受公务员待遇,按照国家标准支付;实际上地方大学对薪酬的协商和决定上没有说不的权利,大学之间很少有人员流动。因此,只能通过职称晋升,个人才可以利用发表的论文来提高薪水(也是部分地与生产率有关)。某些特殊级别的薪酬在国家层面决定。④

不是每一个国家都是这样。在西班牙,设立一个特殊机构(Agencia Nacional de Evaluación de la Calidad y Acreditación,ANECA)专门负责终身教授遴选,主要依据论文发表业绩,评估教授们 18 年期间的工作业绩;评估合格后,薪酬提高 3%。⑤ 英国大学采取自治的方式确定薪酬标准。科研评价机制(RAE)负责大学院系的资金分配,发表论文占很高的权重。导致大学为了在评价实践之前积蓄力

---

① 见 NIH 年报 2009a。
② 该数据来自于 2005 年,119 个为基础学科教授提供终身教职的机构(Bunton 和 Mallon 2007)。
③ Mallon,Korn 2004。文中数据来源于 Bunton 和 Mallon(2007)。
④ Lissoni et al. 2010。
⑤ Franzoni,Scellato and Stephan(2011)。

量而临阵聘任。① 2002—2006 年间,英国收入超过 10 万英镑的教授数量增长 169%。②

在其他许多国家,由国家制定了现金奖励政策,奖励在国际顶尖刊物发表论文的科学家个人。2001 年中国科学院就采取了这样的政策,奖金随研究所而不同,与科研人员的基本薪酬相比,奖金数额较大。对于在 *Science* 和 *Nature* 期刊中发表论文,奖金将会更高,依据各个研究所而不同,奖金可以达到其薪酬的 50%。2006 年,韩国政府出台了类似的计划,在国际重要期刊 *Science*、*Nature*、*Cell* 上发表论文的第一作者和通讯作者可以得到 300 万韩元(约 3000 美元)的奖励,相当于薪酬的 5%。如果算上大学给的奖金,奖金量可以达到薪酬的 20%。2008 年,土耳其成立了一个国家机构,负责收集发表论文数据,并为每篇论文发放相当于年平均工资 7.5% 的奖金。③

许可证和专利的许可费

100 年前,美国大学教授申请专利还是孤立事件。1907 年,加州大学伯克利分校的弗里德里克·科特雷尔(Frederic Cottrel)教授首次申请了 6 个静电除尘器(用于除去烟囱中的烟尘)的专利④。16 年后的 1923 年,威斯康星大学的哈里·斯廷博克(Harry Steenbock)和雅姆·科克韦尔(Jame Cockwell)发现紫外线照射可以提高食物中维生素 D 的浓度,并申请了专利。1935 年,威廉斯(Robert R. Wil-

---

① 在排序中包含了多种因素,其中发表论文是核心。2008 年,RAE 将发表论文分为四类。由院系给出每个类别的总体质量标准(参见 RAE 2008)。研究经费按照总体质量标准分配给院系。澳大利亚和新西兰借鉴 RAE 实施了主要的政策改革,按照绩效配置资金,绩效好的研究机构比绩效差的机构获得更多的资助,因而在科学家劳动力市场中有更多的竞争资源。改革之前,财政资金大部分是根据学生数量和研究人员数量来配置。过去 10 年来,挪威、比利时、丹麦和意大利都实施了类似的政策。其他国家采取直接激励个人,不是激励机构的政策(Franzoni, Scellato, and Stephan 2010)。RAE 将在 2014 年被卓越研究框架计划(Research Excellence Framework, REF)所替代。REF 是探索一个按照论文产出配置研究资源,不是按照雇员配置资源。如果这一方案得到采纳,任职期间的出版物将会作为唯一的评价标准(Imperial College London, Faculty of Medicine 2008)。

② Hicks 2009。德国近期的改革,表面上看,以绩效为基础的薪水提高了高产科研人员的薪水,还不一定能够达到目标。主要变化时从"C"体系改到了"W"体系,在这个体系中高级员工可以进行基本薪水谈判。在老的"C"体系中,面对竞争性工作的员工,可以通过谈判确立高的薪水。这种薪水的提高是永久性的,纳入退休金的计算体系中。在"W"体系中,基本薪水降低了,增加了以绩效为补充的薪水。这种补充主要限定在一定时间内。只有在保持 5 年后,才可以通过协商方式永久固定下来(Stephan 2008)。

③ Franzoni, Scellato, and Stephan 2011。

④ Mowery et al. 2004, 59。

liams)和沃特曼(Robert E. Waterman)在加州大学伯克利分校威廉姆斯的实验室开发了维生素 B_1 的合成工艺,并于 1935 年获得了专利。1956 年,琼斯(Donald F. Jones)和曼格尔斯多夫(Paul C. Mangelsdorf)获批了著名的 Jones-Mangelsdorf 杂交种子专利,曼格尔斯多夫是哈佛大学教授,随后用专利许可费设立了曼格尔斯多夫经济植物学讲席教授职位。①

大学教员申请专利并不是新鲜事。新鲜的是,大学教员专利申请的比例、大学和教员从专利中得到的回报,将大学直接卷入了专利管理事务中。科特雷尔(Cottrel)的专利就是这样的情况。大学为科特雷尔的专利专门设立了"研究公司",以使专利许可等商业活动与大学间保持适当距离。收取的专利使用许可费,用于公司以及支持学校的研究活动。(后来,这个"研究公司"负责了若干学校的专利许可和转让的管理)有趣的是,科特雷尔本人放弃了专利许可费收益。维生素的例子也是一样。斯廷博克(Steenbock)将专利授让给新成立的威斯康星校友研究基金(WARF),该基金将技术转让给了 Quaker Oats 公司用于生产早餐麦片。斯廷博克也放弃了专利回报。WARF 将这一收入用于支持大学科研活动,其中之一就是设立了斯廷博克图书馆。像琼斯和曼格尔斯多夫一样,维生素 B_1 的发明人也将专利受让给了"研究公司"。

后来,大学申请专利的情况发生了很大变化。仅从数量来看,1969—1995 年,大学申请专利数量增长了 10 倍,从每年不到 200 项,增长到每年 2000 多项。大学申请专利占美国专利与商标办公室(USPTO)发布的专利比例从 0.3% 增长到 2%。随后的 13 年间,大学的专利数量又增加了 50%,到 2008 年超过了 3000 项发布的专利来自大学,大学专利占美国专利的份额保持在 2%。②

不仅单个教授申请更多专利,更多的教授参与申请专利。1995 年统计,过去 5 年中,仅有 9.6% 的教员据报告为专利发明人;2001 年达到了 11.7%;2003 年达到了 13.7%(我们有可靠数据的最新年份)。③

通常都把大学教授申请专利数量的急剧增加归功于 1980 年的拜杜法案(Bayh-Dole Act)。该法案允许大学拥有政府资助研究的项目成果的知识产权,并

---

① 琼斯在康州农业试验站工作(Thimann and Galinat 1991)。
② 早年美国大学的专利数据见图 3.2。1925—1980 年间美国大学专利数量见 Mowery et al. 2004,近年数据见《科学与工程指标》的各期。美国专利统计数据见美国专利与商标管理局 2010 年。
③ 数据来源于 SDR。见 NSF 2011b 年报和附件。

延伸到通过其他渠道支持获得的知识产权。① 将专利数量的急剧增长完全归因于拜杜法案，是太简单化了。这一看法忽视了那些年分子生物学领域的巨大变化。这些变化为科学家开展深入的基础研究提供了可能，也为科学家开展应用研究创造了机会，这一领域通常称之为巴斯德象限。② 同时，这种观点也忽视了80年代重要的法院判决，这个判决在80年代扩大专利范围和提升专利数量中发挥了关键作用③。

在拜杜法案制定期间，大学也没有被动地等待，很多大学，包括哈佛、斯坦福、加州大学和MIT等都积极游说通过这一法案。④ 从国家角度看，拜杜法案通过澄清联邦政府支持的研究项目的知识产权，当作提升美国竞争力的一种方式。从大学的角度看，这是一个经济问题：许可费可以为学校提供经费来源。在20世纪70年代，联邦政府资助大学科研经费处在一个停滞期，许可费渐进地为学校带来了根本的变化（第六章中详细讨论）。⑤

在20世纪60年代早期，大学研究与商业化运作间保持一定距离的理念发生了改变。大学开始建立自己的技术转移办公室。最成功的是1968年斯坦福大学尼尔·赖默尔（Neils Reimer）建立的技术转移办公室。赖默尔说："我看了1954—1967年，我们从研究公司获得的回报，大约是4500美元。我想斯坦福大学直接开展技术转让可以做得更好，于是就提出了技术许可工作计划。"⑥随后，其他学校也就效仿了。到20世纪90年代中期，几乎所有的研究性大学都设立了技术转移办公室。

在美国大学参与专利转让和许可证管理初期，研究公司的年收入很少有超过900万美元的。⑦ 到1989—1990年度，美国大学许可证收入为8200万美元；到

---

① 作为法案的结果，来源于政府资助项目中可以申请专利的发明作为大学的资产，而不是美国政府的资产。差不多所有的大学采用了相同的标准，拥有企业资助研发的专利权。在一些情况下，大学将专利权授予了研发项目的资助者（Jensen and Thursby 2001）。

② 这一术语由唐纳德·斯托克斯（Donald Stokes）发明。与种类研究相对应的是寻求基本理解的研究（波义耳象限），面向应用的研究（爱迪生象限）。见第一章的讨论。

③ 莫厄里（Mowery）和其合作者在这一主题上做了大量工作，总结认为拜杜法案在20世纪80年代加速了大学申请专利，使得很多大学进入了专利申请和许可的领域。但是，80年代的这种转换延续了1970年后期形成的发展趋势（2004, 36）。

④ 同上，90。

⑤ Bok 1982, 149。波克（Bok）的评论认为，大学可以共享产生于大学实验室的思想所带来的财富。

⑥ 引自 Mowery et al. 2004, 45。

⑦ 同上，70。

2007年,总收入增长到18.8亿美元(不包括2007年纽约大学额外获得的非正常的收入)。①

实际上,大学教授占有转让费的比例一直在下降,转让费的增长意味着教授们的收入在增加。尽管各个大学的算法不同,教授们通常是接受净转让费的分成比例。约60%的大学规定,不管转让费是5000美元,还是5000万美元,教授们得到一个固定的百分比。这个比例平均是42%,但有些小调整。有1/3的大学按照固定的百分比支付,这个比例是33%或者低点。40%的学校按照5：5分账,部分学校给予教授们的超过50%。西北大学是分配比例最少的大学之一,25%的许可证收入给予发明人;阿克伦城(Akron)大学比较慷慨,65%给发明人。②

另外40%的大学采用的比例结构递减方式,转让费高的情况下百分比低。③这些学校,第一个5万美元,给予49%的比例。④ 因为96%的专利的转让费收入低于5万美元,因此,49%是一个比较接近于教授们期望的平均值比例;在那些固定比例的大学,平均比例如前所述为42%。这不是支付给所有转让项目的固定比例,因为转让费的分布严重不均衡。⑤ 到目前为止,转让费收入的大部分来自于少量转让费超过5万美元的项目,有一些重大项目给大学带来了1亿美元的转让收入。固定比例分配结构的大学教授,在重大项目和半重大项目转让收入提取比例为42%。但是,采取递减分配的大学,教授们从超过100万美元转让费项目中平均提取32%(大多数情况下都是最后比例)。

重大专利的案例

重组DNA技术(基因剪接)的Cohen-Boyer专利是近年来第一个来自大学的

---

① 见国家科学理事会2000年报告,参见第六章中1989—1990年大学收入数据。AUTM阶段性地收集了1991年以来的大学许可证收入数据。调查范围最初包括了98所大学,后来逐年增加,目前包括了194所大学和研究机构,也包括了部分加拿大的机构。

② 数据由佐治亚理工大学的亨利·索尔曼(Henry Sauermann)提供,包括205所大学。

③ 随着转让收入的增加,由两个例外案例中大学给予教授大部分,不是小部分。

④ 支付的比例随机构不同而不同。78所学校中有10所学校规定不固定将第一个1万美元100%给发明人,22所学校将第一个1万美元的50%给发明人。也有些学校只是给予第一个1万美元的35%。数据由佐治亚理工大学的亨利·萨缪尔森提供。

⑤ 詹森(Jensen)和瑟斯比(Thursby)2001年对66所大学的许可实践的调查显示,每个大学前五项发明的许可证收入占总许可证收入的78%。谢勒(Scherer)研究了哈佛大学发明也发现了同样情况。哈霍夫(Harhoff)也发现德国专利的类似情况(Scherer 1998; Harhoff, Scherer, and Vopel 2005)。

重大专利。这个专利以其共同发明人斯坦利·科恩(Stanley Cohen)和赫伯特·波耶(Herbert Boyer)命名。1972年,两人在一次夏威夷会议上认识,对相互的工作感兴趣。4个月后,他们共同成功克隆了预先设定好的DNA片段。[①] 1974年提出了专利申请,在最高法院当年6月决定可以申请生命形式专利后,1980年12月专利获得批准。[②] 随后又申请了两个专利,实际上是将同一个专利拆分为三个专利申请。三个专利授予斯坦福大学,因在获得发现时科恩是该校的医学副教授;与加州大学旧金山分校分享转让费,因为波耶是该校的一名生物化学家和基因工程师。第一个专利于1997年过期,第二个专利于2001年、第三个专利于2005年过期。到2001年,该专利已经收取了2.55亿美元的许可费。两位发明人分到了将近8500万美元。[③]

Cohen-Boyer专利也许是第一个了不起的案例,为学校和个人带来了最大收益。但是,更大的收益案例还在后面。2005年,亚特兰大人发现三位埃默里(Emory)大学教授分享了2亿美元,这是埃默里大学将治疗HIV的恩曲他滨(emtricitabine)转让给了Gilead Sciences & Royalty Pharma公司的专利转让费。更准确地说,埃默里大学收到了5.25亿美元的转让费,三位发明人丹尼斯·廖塔(Dennis Liotta)、雷蒙德·斯辛纳齐(Raymond Schinazi)、曹宇柏(Woo-Baeg Choi)分享40%。这还不是埃默里大学和教授收取转让费的全部。1996年申请药物许可以来,埃默里大学一直在收取转让费。

随后2007年也有相似的案例,首先是纽约大学,随后是西北大学。纽约大学授予Royalty制药公司抗炎药——英利昔单(infliximab)的全球使用权,没有披露转让费比例,许可费为6.5亿美元现金。在这一协议框架内,纽约大学按照一定的比例支付给两名教授专利许可费——简·维尔切克(Jan T. Vilcek)和乐俊明(音译)(Junming Le),两人与Centactor公司(公司由维尔切克开办)合作,开发了治疗风湿性关节炎、克罗恩病、强直性脊椎炎、银屑病关节炎和其他免疫疾病的药物。[④] 维尔切克得到了丰厚的回报,2005年捐赠了1.05亿美元给纽约大学。5年前,他

---

① Bera 2009。

② "Diamond v. Chakrabarty"诉讼案的5-4决定,允许"任何合理的人造物"申请专利(Feldman, Colaianni, and Liu 2007)。第一个专利在1980年年底授予,第二个专利是在1984年8月,第三个专利是在1988年4月。

③ Bera 2009。发明人的分配比例是基于斯坦福大学的现行政策,发明人所得占转让费收入的1/3。

④ Butkus 2007a。

和妻子设立了维尔切克基金,奖励对科学和艺术有贡献的移民人士。①

西北大学的案例也类似。2007 年,Royalty Pharma 公司因普加巴林药物(pregabalin)以未披露的转让费比例支付西北大学 7 亿美元的专利费。这个药物开始是用来治疗糖尿病和厌食症,随后用于治疗癫痫症。2007 年 6 月,获得了美国食品与药物管理局批准用于治疗普通慢性纤维组织肌痛(fibromyalgia)。这个药物由西北大学化学教授理查德·西尔弗曼(Richard B. Silverman)和当时的博士后人员理夏德·安德鲁什凯维奇(Ryszard Andruszkiewicz)开发。西北大学的技术转让政策是 25% 给予发明人。后来,西尔弗曼捐赠一定数量资金给西北大学,建立以其名字命名的研究中心。

另外一个案例是紫杉醇(Paclitaxel),并为佛罗里达州立大学和药物合成发明人罗伯特·霍尔顿(Robert Holton)带来了百万美元收入。准确地说,在Bristol-Myers 找到另外一个成本低廉用于治疗乳腺癌和卵巢癌药品的合成方法之前,佛罗里达州立大学得到了 3.5 亿美元的转让费,据说霍尔顿占 40%,大约 1.4 亿美元②。

你不要由此得出结论,大学教授的这种收入无一例外地来自于医药相关的专利转让和许可。近 20 年来,大学获得的专利不到 1/3 是医药和生物技术领域。其他比较强的领域包括:化工(19%)、半导体和电子学(6%)、计算机和外部设备(5%),测量和控制设备(5%)。③ 但是,分成最大的比例是医药相关的专利许可。1996 年,美国大学财政收入学科领域排名中显示,76.7% 的技术转让费收入来自生命科学领域的专利。④

大学同样也从非专利知识产权中获益。佛罗里达大学转让 Gatorade 注册商标获利几百万美元,芝加哥大学教授开发的每日数学课程收取许可费达到 450 万美元/年。斯坦福大学从 Google 获得了一大笔资金,Google 是拉里·佩奇(Larry Page)和瑟琦·布林(Sergey Brin)在 20 世纪 90 年代读博士期间创立的公司。⑤

---

① 维尔切克出生于捷克斯洛伐克的布拉迪斯拉发。1964 年,他和妻子玛丽卡(Marica)获准离开布拉迪斯拉发访问奥地利,也许是错误的批准。1965 年,他加入了纽约大学医学院。"我来到美国,纽约大学就聘任我为教授,当年我 31 岁,在共产主义的捷克斯洛伐克之外没有任何工作经验的优势。我被纽约大学的做法激励。他们承担了风险,也得到了好的结果。"(Kelly 2005)。
② 佛罗里达州立大学科研办公室 2010。
③ National Science Board 2010,附件,表 5-41。
④ 数据来源于 1996 年美国大学技术经理人协会(AUTM)的调查。
⑤ 芝加哥大学技术和知识产权办公室(2007)。

创新活动的财富效果

前面的讨论进一步明确,教授们(尽管数量有限)正在享受发明活动带来的财富成果。不包括纽约大学收到的前面提到的销售收入 6.5 亿美元,2007 年美国大学的专利转让净收入为 18.8 亿美元。① 假设 91% 的大学许可费收入来自年许可费收入在 100 万美元以上的学校,② 发明人从大学许可协议中分享 38% 的话,我们可以得出结论,2007 年大学发明人从许可协议中分享了 6.5 亿美元。③

能够有这样收入的教授是十分有限的,仅仅 53 所大学、大学系统(加州大学、纽约大学系统等)和医学院等报道 2004 年许可费收入超过 100 万美元。对于那些报道称一项或多项许可收入超过 100 万美元的学校,大学中转让费超过百万美元的数量平均是 2.5 个。如果进一步地假设专利和许可按照一对一计算(当然有点言过其实),④那么一个专利的专利权人为三人,⑤很少人持有一个以上的核心技术专利。因此,我们可以推算,6.5 亿的专利转让费被将近 400 人分享。尽管这是一个很小的数量,它又足够大——分享的数额足够可观——这足以让研究人员注意到从创新活动中获得巨额回报是确实存在的。的确,在美国超过一半的研究型大学,有一部分教授每年的转让费收入大大超过了薪酬。过去 5 年内,申请 1 项专利的大学教授数量至少提高了 30 倍。⑥

申请专利的激励

研究人员申请专利是为了钱吗? 拉克(Lach)和尚克曼(Schankerman)的研究发现,大学从许可费中得到的收入与研究人员分得的转让费收入正相关。私立大

---

① 来源于 2007 年 AUTM 的数据。数据不包括 2007 年西北大学的 7 亿美元的转让费。
② AUTM 的调查,2004 财年 91% 的许可收入来自一个或几个年度转让金额在 100 万美元以上的项目。
③ 按照平均固定比例计算,转让费金额的计算边界是 100 万美元。
④ 一般来说,许可数量和专利数量密切相关,一个专利可以有多个许可。大学也可以对没有申请专利的知识资产进行授权许可,例如软件、著名的项目(文中提到的 Gatorade)等。
⑤ Ducor 2000。
⑥ 重大突破的发明人占从事 S&E 研究的 92 000 人员的 0.4%(见附表 5-15,5-17,National Science Board 2010)。2003 年调查显示,过去 5 年 13% 的博士生都出现在专利权人中。National Science Foundation 2011b 和附录,博士学位获得者的调查。

学比公立大学的关联性更强些。^① 但是,当我们分析个人数据,而不是大学数据时,这种相关性并不强烈。没有证据表明,给予大学教授们更多的转让费分成比例,可以使他们更愿意申请专利。^② 当教授们申请的专利数量与金钱和非金钱动机相互关联后,金钱的激励仅仅只是在物理学科的专利申请活动中具有统计学意义。在工程技术领域,接受挑战智力和研究的动机与专利申请活动密切相关。在生物医学领域,回归分析显示,申请专利的动机对社会有重要影响。与雷蒙德·斯辛纳齐(Raymond Schinazi)的研究观点一致,认为:"我们的动机是拯救生命。有的人可以绘出很好的油画,我可以制造美好的药物。对我来说,这就够了。"^③对他来说,这很容易,因为他刚从埃默里大学转让费中分得了7000万美元。其他挣得少的教授似乎也同意他的说法。

大学的技术转移办公室(TTO)的观点则不同。^④ 当TTO调查研究人员对五类科研成果(许可费收入、许可协议的执行、发明的商业化、有资助的研究、专利)的重要性排序时,许可费收入是第二重要的科研产出,次于有资助的研究。可以看到,支持研究的基金是很少的,毕竟收取许可费并不是件容易的事情。^⑤ 实际上,没有哪一个研究人员拒绝他们的转让费收入。

因此,TTO的看法是对的。目前的数据不足以去揭示研究人员申请专利和金钱激励间的关系。一个原因在于专利申请不能准确衡量研究人员的创造力。各个大学的政策要求研究人员一旦有了研究发现,需要告诉TTO,由TTO决定是否申请以及什么时候申请专利。大量的成果没有申请专利。而且,在一些实例中,发明获得许可证但从未申请过专利。我们应该意识到,从科研创新活动中获得金钱回报的观点是严重扭曲的。即使有回报,也需要10年甚至20年时间。埃默里大学教授从向TTO通报其研究成果到获得5.2亿美元的转让费分成,大约经历了20年时间。这种20年才能得到回报的期望,与其他立即的奖励方式比较,激励的

---

① Lach and Schankerman 2008。大学的特征包括,规模、学术质量、研究经费。也经常使用专利数量来评价大学的内部特性。

② Sauermann, Cohen, and Stephan 2010。

③ Hendrick 2009。

④ 非营利机构Principalinvestigators.org也有不同的看法:在2010年7月28日的邮件主题"知识产权和专利法——坐拥金矿"中写道,"你就坐在潜在的金矿上,就在你鼻子底下是你和实验室创造的知识产权。不要让你的价值百万的发明闲置,因为你没有认识到知识产权和专利保护以及其他推动创新从实验室走向市场的关键方面。"

⑤ Jensen and Thursby 2001。应该注意到许多大学将一部分许可转让费用于支持研究人员的实验室和院系建设。

效果很小。①

其他国家教授申请专利

大学教授申请专利并不仅仅是在美国。欧洲国家教授申请专利比美国早。如19世纪,开尔文(Kelvin)爵士就申请了若干专利,他积累的大量财富中有相当部分是来自专利转让费。②尽管他们起步很早,很难追踪分析欧洲教授们的专利申请活动,因为到目前为止,在欧洲教授优先的情况很普遍,专利指定授予发明人,不是授予大学。实际上,这意味着许多欧洲国家的教授们将专利转给资助他们开展研究的企业,或者给他们服务的公司。例如,在法国,60%的企业专利申请都有一个教授作为发明人参与;相比较而言,意大利是72%,瑞典是81%。③ 在德国,企业专利中79%的专利发明人都冠名"××教授"。④ 在美国,教授们也在大学外申请专利,但是绝大多数教授都是通过大学申请专利。一项研究表明,67%的大学教授将专利指定给予了大学,另外一项研究显示,这一比例达到74%。⑤

创办企业

霍华德·休斯医学研究所(HHMI)院长钱泽南(Robert Tjian),1991年在担任加州大学伯克利分校教授时,就开始创办企业。⑥ 苏珊·林奎斯特(Susan Lindquist)是MIT的一位高产研究人员,怀特黑德研究所(Whitehead Institute)前所长,研究蛋白质折叠,在2003年创办企业。RSA加密算法的发明人罗纳德·李维斯特(Ronald Rivest)、阿迪·沙米尔(Adi Shamir)和莱昂哈德·阿德尔曼(Leonard Adleman)在1982年就创办企业。卡内基梅隆大学机器人专家、系主任波默洛(Pomerleau)于1995年创办企业。约翰·凯尔索(John Kelsoe)在2007年创办企业,他是加州大学圣地亚哥分校的精神病遗传学家,主要研究与双相型障碍

---

① 严格说来,应该说是回报期望金额,不是期望的价值。
② Trainer 2004。
③ Lissoni et al. 2008。
④ Czarnitzki, Hussinger, and Schneider 2009。
⑤ Markman, Gianiodis, and Phan 2008; Thursby, Fuller, and Thursby 2009。
⑥ Waltz 2006。

相关的基因。① 伊丽莎白·布莱克本（Elizabeth Blackburn）是 2009 年诺贝尔生理学或医学奖获得者，在 2011 年创办了企业。威斯康星大学教授詹姆士·汤姆森培养了第一个人类胚胎干细胞，带领研究团队在 2008 年证明了人类体细胞可以重编程成为多功能干细胞，他两次创业。MIT 技术实验室主任罗伯特·兰格（Robert Langer）创业 13 次。② 2003 年 MIT-Lemelson 奖获得者，同时也是三个国家科学院院士的勒罗伊·胡德（Leroy Hood）创业 14 次，第一次创业是在加州理工当教授，后来在华盛顿大学、系统生物学研究所时也创办企业。③ 奥尔良大学物理学教授斯蒂芬·徐（Stephen D. H. Hsu）创业两次。④ 在 20 世纪 90 年代后期，斯坦福大学计算机系 45 名教授中，1/3 的人至少创业一次。⑤

创业是指在担任教职期间创办企业，或者离开岗位保留职位创办企业，这是教员们赚取收入和财富的另外一种形式。最赢利的场景是教员们创办的企业实现首次公开上市（IPO），市场给其股票的回报。有时回报的比例是惊人的，至少从账面看是这样。加州大学伯克利分校计算机科学家埃里克·布鲁尔（Eric Brewer）登上了《财富》杂志 2000 年 40 岁以下美国富人排行榜，他创办的企业——Inktomi 公司上市，其净资产一度达到 8 亿美元⑥（公司在 2003 年被 Yahoo 收购前是被纳入 Nasdaq100 指数的公司）。⑦ 勒罗伊·胡德协助创办的 Amgen、Applied Biosystems 上市后，他获得了相当数量的回报。哈佛大学教授乔治·怀特赛兹（George Whitesides）协助创办了 Genzyme 公司，同样也获得了可观的回报。总体的回报数量并不少：据估计，1997—2004 年间，教授们持有其创办的生物技术类公司的股票，按照发行日收市价格计算，平均在 340 万到 870 万美元之间。⑧

想一想，回报还是很大的。对整个 20 世纪 90 年代早期的 52 家生物技术类上市公司的研究，至 1994 年 1 月披露的数据，有 40 位教授持有期权或股票。14 位教

---

① Couzin 2008。
② Buckman 2008。
③ 见 Institute for Systems Biology 2010。
④ 情况已列在徐教授的简历中（2010）。
⑤ Wilson 2000。
⑥ Ibid. 见"Inktomi Corporation," 2010, *Wikipedia*, http://en.wikipedia.org/wiki/Inktomi_Corporation。
⑦ 布鲁尔建立了联邦搜索基金（Federal Search Foundation），致力于提高政府信息的可获得性，帮助建立美国政府官方网站 USA.gov，于 2000 年 9 月上线。参见他的个人线上简历："Prof. Eric A. Brewer, Professor of Computer Science, UC Berkeley,"(http://www.cs.berkeley.edu/~brewer/bio.html.)。
⑧ Edwards, Murray, and Yu 2006。

授得到了兑现期权,获得不小收益。最少的得到 34 285 美元,最多的得到 1176 万美元,中值大约 25 万美元,平均 1 237 598 美元。①

教授们也认识到,将其创办的公司出售,也能得到可观的收入。哈佛大学教授,同时也是 Sirtris 制药公司的创办人,戴维·辛克莱持有的 Sirtris 公司股份在 2008 年被 Glaxo 公司收购时,价值 340 万美元。② 钱泽南在加州—伯克利大学做教员时与他人共同创办的公司 Tularik,在 2004 年以 13 亿美元出售给 Amgen 公司时,也获得了几百万美元的回报。③ 1999 年,Alkermes 收购了先进 Inhalation 研究公司 368 万股的股份,罗伯特·兰格获得了大量的股票。2003 年,Symantec 收购了斯蒂芬·徐创办的两家软件公司中的一家,得到了 2600 万美元的现金回报。这是他在个人简历中列出的数字。④ 斯坦福大学第十任校长,计算机科学家约翰·亨尼西(John Hennesy)在 1984—1985 年休学术年假期间创办了 MIPS 技术公司,1992 年该公司被 Silicon Graphics 公司以 3.33 亿美元收购,他从中获得了可观回报。⑤ 还不止他一人。2000 年,斯坦福大学计算机系的教授 1/3 是百万富翁,尽管我们不清楚互联网泡沫之后他们的财产还留下多少。⑥

对于一个刚刚创办的公司来说,基于创办者的发明转让属于大学的知识产权,是常见的。大部分创办公司的科学家与大学共享技术转让收益,当企业开始销售产品时,他们可以得到额外收益,而大学则得到技术转让许可费。

并不一定要成为企业创办者才可以享受收益。教授们可以加入公司的科学咨询委员会。在生物技术领域,相当多的教授参与了企业活动。一项研究已经确认,在 1972—2002 年间公开上市公司的科学咨询委员会(SABs)中有 785 位著名的学者。⑦ 他们的报酬不高,但是很稳定,每次会议 500~2500 美元。大多数 SABs 可

---

① 几个方面的原因使得股票组合的价值有上限。第一,交易的初始日,内部人的交易受到限制。第二,股票市场和脆弱,内部人的大单对市场有很大的负面影响。第三,科学家在抛售股票时会做最佳时机研究。有时候,优化价格的计算尺度可到 0.001 美元,另外一些情况下,计算尺度超过 10 美元。必须注意到,一些情况下,股票不是由科学家本人持有,而是由其信任的亲戚或非营利机构持有(Stephan and Everhart 1998)。

② 公司开发了白藜芦醇,一种在葡萄和葡萄酒中发现的成分。见"Money Matters",2008。Glaxo 公司 2010 年 5 月暂停了 SRT501 第二阶段的中期试验,因为部分病人出现了复合性的多发性骨髓瘤,这是一种血癌。见 Hirschler,2010。

③ Kaiser 2008a,35。

④ Hsu 2010。

⑤ Levy 2000。

⑥ Wilson 2000。

⑦ Ding,Murray,and Stuart 2009。

以为其成员提供股份。① 大学院系的领导,尽管不是 SABs 的成员,也常常接受股票期权。当然,既是 SABs 的成员,同时也作为院系领导,并在新公司中作为咨询专家也不是不常见。②

　　大学院系教授参与创办公司到底有多少? 创办的公司中有多少比例能存在较长时间,产生丰厚的回报? 弄清这数据是十分困难的。美国大学技术经理人协会(AUTM)估计,从 1980—2000 年,美国大学创办了 3376 个学术性公司,当然并不是所有这些公司都是由教师创办,部分由智力超常的学生创办。Google 就是很有名的例证,由斯坦福大学研究生瑟琦·布林和拉里·佩奇在 1995 年创办。还有很多例证。部分公司不能生存足够时间以赢得实质性回报。到 2001 年,这 3376 个公司中有 68% 的公司仍然在运转。③ 只有非常少量的公司上市,估计最多有 8%。④ 尽管这是一个很合理的估计(可能是一般美国企业上市比例的 114 倍),比例依然很小,表明只有极少数的教授们通过创办公司获得可观收益。然而,不仅仅局限于哈佛和斯坦福大学,在众多的研究性大学中有很多的教授创业,总会有 1～2 名教授通过持有股权上市或者转让股权成为百万富翁,其他人也可以通过担任 SABs 的领导和成员获得一定的收益。这些收益与投资银行家、基金交易经理的收益相比就显得十分苍白,但是按照学术界的标准,他们确实创造了财富。⑤

　　当然,还有除金钱激励以外的因素刺激了在大学工作的科学家创办企业。在某些情况下,他们与企业中的科学家发表联合署名文章,⑥也可以将研究生安排在创办的企业中。他们也有贡献社会的动机。德克萨斯大学(A&M)的生物工程师约翰·克里肖内(John Criscione)就是这样的,⑦2004 年创办了 CorInnova 公司。他说:"我的目标是为需要的患者提供这些技术,从这一点看,这是唯一的选择,没

---

　　① 斯蒂芬(Stephan)和埃弗哈特(Everhart)(1998)研究了 20 世纪 90 年代早期创办公开募集发行的 52 家企业,设立科学咨询委员会的 46 个公司中 67% 的企业给予咨询委员股票期权。
　　② 一位学术领导在一家生物技术公司的上市中担任要职,每年接受的咨询费为 68 500 美元,另外一位接受了 5000 美元(同上)。
　　③ Litan, Mitchell, and Reedy 2008。
　　④ Goldfarb and Henrekson 2003。
　　⑤ 这只是某些国家的特殊情况,欧洲国家的教授创办公司很少。这与激励机制有关,欧洲国家处罚那些在研究工作之外从事技术产业化的教授们。例如,在美国给予教授们一定时间参与创办企业,但是在欧洲很难办到,他们可能面临失去工作的危险。见 Goldfarb and Henrekson 2003;Gittelman 2006。
　　⑥ Zucker, Darby, and Armstrong 1999。
　　⑦ 参考 Frankson 2010。

有其他。"①但是,金钱回报是一个明显的动机,如前所述,部分教授通过创办公司获得了可观的回报。

咨　询

大学教授们也通过参与咨询增加收入。这项服务在大学中有很长的历史,它产生于大学成立之初,为地方和区域经济发展提供咨询服务的承诺。尽管这种咨询服务是通过设立研究和拓展计划实施,或者为地方产业发展设置课程(如 Akron 大学橡胶加工研究,就源于大学的高分子化学研究专长),②大学教授也为产业提供咨询服务。又如,MIT 工程学科教授作为新泽西标准石油公司的咨询专家,是很常见的。③ 大学和产业之间关系越来越紧密,通常认为后者是弗雷德里克·特曼(Fredrick Terman)(硅谷之父),留给斯坦福大学的主要遗产之一。尽管这种关系有多种形式,咨询服务是一种特曼在担任工程学院主任和校教务长时积极鼓励的活动。④

大量的事实证据表明相关咨询活动确实存在,但是缺少关于教授们参与咨询活动的普遍性的系统研究。事实上,已知的诸多事实是来源于企业的调查,而不是来源于对教授的调查。一个很好例证,是对美国研发管理人员的调查。调查显示,认为咨询活动对于企业研发是重要或者非常重要的,处于第三位。⑤ 早期有一项调查,要求列出对本企业新产品与工艺开发贡献最大的五位研究人员;随后,针对选定的教授们创办的企业调查显示,90％的研究人员曾经是产业的咨询专家,每年平均用于咨询的时间达到 30 天。⑥

企业与教授之间的作用是相互的:与企业建立关系,不仅提高了教授的收入,而且提高了教授们的生产率。对学术研究人员说:其学术问题经常或者主要来自于他们的产业咨询活动,这些咨询活动也影响了其申请政府资助研究工作的性

---

① Butkus 2007b。
② Mowery et al. 2004。
③ 同上。
④ Saxenian 1995。
⑤ Cohen, Nelson, and Walsh 2002。
⑥ Mansfield 1995。1994 年,考察了 210 家生命科学公司,发现 90％的公司都聘用了学术咨询员(Blumenthal et al. 1996)。

质。① 以 MIT 一位工程师的话来说："与产业部门的人谈话,讨论实际问题是十分有用的,因为他们经常提出有趣的研究问题。"②

关于大学教员普遍参与咨询活动的更进一步研究,可以通过研究作为发明者的教员把专利归功于某个企业而不是大学而得到深入认识。在实际中,这样的情形非常普遍。一项研究估计,33%的大学教授专利应归功于企业,另外一个研究估计数量稍低,达到26%。③

有人可能会认为这种活动在教员一方是很坏的行为,因为大学最普遍的政策是教授的发明归大学所有。但是,与教授们交谈,与技术转移人员、企业研发管理人员交流,认为大多数这样的专利来源于教授们的咨询活动。④ 另外一些陈述证实,归于企业的专利来源于教授们对专利特征分析的咨询活动,与大学的专利相比这些专利的特性为"渐进式"的创新。这与相关的研究发现一致,一般来说企业的技术咨询项目比源于大学实验室的研发项目的渐进式创新特性更加明显,大学实验室的项目主要是基础研究项目。⑤

一些咨询活动延伸了教授们创办企业的活动。前面我们已经注意到,教授创办公司、成为企业科学咨询委员会成员、成为新企业的领导人都十分常见。有时候作为这种安排的一部分,还申报了新的专利。第一个专利往往是知识资产的核心部分,它属于大学并授予企业使用,随后的专利属于新创办的公司。

一些咨询活动随着技术转移办公室的兴起而繁荣起来。例如,大学可能会照顾到教授的要求,选择不申报专利,让教授决定是否去申报专利。或者由大学申报发明专利,如果大学决定不做授权交易,把这个发明专利转给教授拥有。或者,企业在接受授权时要求把教授们也包括在其中,因为转让给企业的技术还很不成熟,甚至只是概念阶段,需要大量的研发人员参与重新研发。⑥

---

① Mansfield 1995。
② Agrawal and Henderson 2002,58。
③ Markman, Gianiodis, and Phan 2008; Thursby, Fuller, and Thursby 2009。
④ 2009年,瑟斯比(Thursby),富勒(Fuller)从87个博士学位授予的院系确定了6500个专利-发明人关系。他们发现专利的布局随领域的不同差异较大,工程领域的专利-发明人对更加倾向于产业,占30.5%,生物科学领域占14.2%,物理学领域占28.7%,与工程领域的接近。另外,在大学中也分布不平衡,斯坦福大学专利-发明人对50%与产业相关,相对应,这一比例密歇根大学、普林斯顿大学为17%,西北大学为33%。最低的大学为亚利桑那大学(25%),最高为哥伦比亚大学(88%)。
⑤ Mansfield 1995。
⑥ 詹森(Jensen)和瑟斯比(Thursby)(2001)的研究发现,在技术转移办公室的调查中,75%的专利发明只不过是概念证明;48%没有技术原型,29%在技术转让时只有实验室规模的技术原型。

咨询服务不是与产业部门联系的唯一方式,还有其他机制存在。最普通的形式是产业部门支持教授们的学术研究——称为外部资助研究——2009年这种资助占大学全部研发经费的5.8%。① 我将在第六章详细讨论这个问题。需要强调的是,在20世纪80年代和90年代,外部资助研究快速增长,后来10年有些消退。

政 策 问 题

越来越多的让教授们赚钱的机会,如申请专利、创办公司、企业咨询等,会阻碍科学发展吗?例如,越来越多的专利申请活动,会影响公共领域的知识获取质量和特点吗?专利会限制从事学术研究的科学家使用材料和仪器吗?

与此相关的,更加广泛的争论是,科学公益性正在发生什么样的变化?② 一些人认为,与发明活动相关的资金资助,鼓励教授们更多从事应用研究,而不是基础研究。③ 另外一些人则认为,申请专利改变了教授们从事科研、公开发表论文,因而可为公众所用的方式。

证据显示不是这样的。研究表明,申请专利和发表论文是密切相关的:教授申请专利的数量与其发表论文的数量有关,论文的数量也与专利数量有关。④ 当然,这也可能是源于研究人员某些没有未知的特点,但是,相关的研究足以控制这个现象。这种高相关性的一个原因是,专利是一系列研究工作的副产品之一。大量的专利—论文耦合证明了这点。

专利和论文的互补性,部分是因为越来越多的科学家工作在巴斯德第四象限中,既产生了基础研究成果,也解决了实际问题。⑤ 学术研究工作的双重特点,解释了为什么很少有证据说明,与发明相关的活动改变了教授从事基础研究的方向。⑥ 教授可以从事能回答特定问题和具有商业价值的基础研究。

---

① 见第六章,图6-1。
② Heller and Eisenberg 1998。
③ Argyres and Liebeskind 1998;Slaughter and Rhoades 2004。
④ 专利和论文数量的关系见参考文献 Carayol 2007;Wuchty, Jones, and Uzzi 2007;Stephan et al. 2007。论文和专利数量的相关关系见参考文献:Franzoni 2009;Azoulay, Ding, and Stuart 2009;Fabrizio and Di Minin 2008;Breschi, Lissoni, and Montobbio 2007。
⑤ 存在这种互补性的另外一个原因与在实验中仪器和材料有时候是申请了专利的。
⑥ Thursby and Thursby 2010a。没有证据证明教授们把主要精力放在金钱刺激上,研究了教授们对薪金的兴趣,他们更愿意从事应用研究(Sauermann, Cohen, and Stephan 2010)。

苏珊·林奎斯特与蛋白质折叠相关的研究和创业活动,是研究工作双重特性的经典案例,她称之为其领域的知识爆炸。① 从 1994 年她申请第一个专利算起,林奎斯特还是另外 21 个美国实用新型专利的申请人,并在 2003 年和他人共同创立了公司。她将这些活动作为其创造奇迹的必要组成部分。按照这种想法,她发表的研究论文并没有明显减少,其研究工作的科学意义也没有降低。从第一个专利算起,她共计发表论文 143 篇,在汤森路透 WOK(Web of Knowledge)数据库中的论文引用达到 10 622 次。除了一篇文章,其余全部是在被文献计量学家归为"基础科学"类的期刊中发表。②

所有这些并不会意味着大学申请专利不妨碍科学研究。如果管理不到位,关于材料和仪器的专利,可能会妨碍其他未来研究,默里(Murray)和其同事关于转基因鼠恰当地证明了这点(见第二章讨论)。

同样,这也不意味着大学在向产业转移知识中是高效的。的确,有些人会认为,为了能挣钱,大学在与产业谈判中变得过度强势,阻碍了知识的扩散。③

人们还提出了另外质疑,产业界和学术界的这种紧密关系是否会通过不鼓励或延期发表论文,降低公共知识的生产;同样也减少了大学研究团队中学术问题的公开讨论。许多研究都看到了这个问题,特别是在生物医学领域,在 20 世纪 90 年代产业和学术界的紧密联系非常普遍。大多数研究发现,产业资助经费与延期出版带来的价值有关,第六章中将会再次讨论这个问题。

对于科学同共同体的一个严重问题是,一些研究人员不愿意像大学和资助机构通常要求的那样,公开他们与企业的紧密、获利颇多的关系。一项研究显示,1992 年 14 种顶尖生物学和医学期刊发表的文章中,1/3 论文至少有一位第一作者同其学科领域的公司有金钱关系,但是没有人愿意公开这个关系。④

这种金钱的数量十分巨大。2008 年,埃默里的精神病学家查尔斯·内梅罗夫(Charles Nemeroff)没有汇报至少 120 万美元从医药公司获得的额外收入,他仅仅

---

① 许多神经性疾病,如阿尔茨海默病、亨廷顿舞蹈病、帕金森病都与蛋白质折叠过程有关,折叠引起了蛋白质次序颠倒和结构异常(Thursby and Thursby 2010b)。
② 同上。
③ Thursby and Thursby 2006;Thompson 2003。大学可能在技术转移方面过度投资。技术转移计划的目标有些像建立一个实力强大的足球队。技术转移成本昂贵,少有的大学得到足够回报用以覆盖 TTO 的成本。
④ Krimsky et al. 1996。

只是对其研究的药物效果做讲演。NIH 最初给了 930 万美元用于与另外一位教授的抑郁症治疗比较研究。1 个月后，NIH 终止了资助项目。① NIH 随后调查了 20 位从医药公司获取报酬而没有汇报的教授。②

还有另外一种情况，教授在由产业人员代为撰写的文章中署名，成为幽灵作者。在药物罗非考昔(Vioxx)的案例中，默克制药公司的雇员准备好稿件，然后招募院士作为合著者。大约有 92%(24 例中的 22 例)的临床试验文章标注得到了默克公司的经费资助，有 50% 的评论文章标注了资助或作者接受默克公司的经费补偿。③ 这种不道德的行为降低了科学的可信度，降低了公众对科学研究的信任。

结　论

没有人仅仅是为了挣钱而成为科学家。有许多其他机会，有很多有利可图的职业，不需要更多的培训、更长的工作时间，而有高额的薪水。虽然如此，科学上的成功伴随着金钱回报，科学家对金钱并不免疫。比赛的奖金越高，比赛要求的技能越高。科学中的回报部分依赖于竞赛的层次。例如，顶尖研究大学的科学家比在硕士水平研究机构的科学家薪水高很多。在一个院系内同样存在竞赛：所有机构中，教授总是比副教授薪水高。④ 但是，科学家和工程师的薪水并不总是与其研究绩效挂钩的，也与他们对于大学教育和服务的贡献有关。

科学家和工程师可以通过在学术机构很有传统的咨询服务来增加薪水。咨询服务并不是高产科学家的排他性领域，地域上紧邻才是最重要的。研究显示，许多企业寻找本地科学家和工程师作为咨询专家，特别是应用性问题。只有当面临十分基础性问题时，才会聘请"名家"。⑤ 科学家也可以作为专家证人服务来增加收入。

这些报酬在大多数科学家和工程师控制的范围内，他们不是过客或明星。多数教授们还是希望积累足够多的研究业绩，以便晋升为全职教授。许多教授将寻找产业的合作伙伴，通过咨询活动赚取额外收入。

---

① Kaiser and Kintisch 2008。
② Kaiser and Guterman 2008。
③ Ross et al. 2008。
④ 存在薪酬倒挂的现象，年轻教授比产率不高、流动性不高的高级教授们的收入高。
⑤ Mansfield 1995。

对于少数人来说,奖金会更大。一些专家在接受授予的荣誉外,还会接受奖金,主要是现金。通过申请专利和创办公司还将可能获得更多的财富。我已经详细证明了这点,尽管这些活动的回报非常巨大,只有极少数科学家和工程师获得的回报达到百万美元量级。另外一方面,与申请专利和创办公司相关的回报并不排除撞大运者。相当多的教授在申请专利,相当多的教授参与董事会,甚至作为公司的负责人。只有极少数发明人偶然致富,更多教授只是希望一年赚取 1 万美元的许可费。参与董事会的教授通常有公司股份,也可以从公司获得咨询服务补偿。

最后一点:富裕的可能是少数,但没有证据说明富裕的科学家的数量会停滞下来。钱泽南在他创办的公司被 Amgen 公司收购后赚取了数百万美元,他长期在 HHMI 的工作是出了名的。约翰·亨尼西(John Hennesy)在其创办的公司上市并最终被其他公司收购后,成为斯坦福大学的校长。勒罗伊·胡德(Leroy Hood)在其创办第一个公司的 25 年后,一直工作,70 岁时依然高产。

第四章
科研生产：人员与合作形式

加州大学旧金山分校（UCSF）生物工程与治疗科学系教授、系主任凯西·贾科米尼（Kathy Giacomini）的实验室，主要研究基因如何影响药物反应。研究小组重点关注不同人种的治疗和药物副作用与转运蛋白基因差异的关系。实验室同时也研究新的铂类抗癌药物。除了她本人外，研究组还有一名医学博士（组织临床医学研究）、1名实验室管理人员、4名博士后人员、5名研究生和1名来自日本的访问学者。① 实验室的主要经费来源于 NIH。这个实验室在 UCSF 的米申湾（Mission Bay）校园占据 2500 平方英尺的空间，有各类仪器设备和材料，如基因修饰鼠模型、共聚焦显微镜、基因分型与测序系统（ABI）。显微镜和测序设备是核心，安装在实验室之外，也可以供其他人使用。基因分型仪器安装在实验室内，也可以按照服务合同收费后使用。

冰立方中微子（IceCube Nutrino）观测实验室位于南极地下，其望远镜是威斯康星-麦迪逊大学弗朗西斯·哈尔泽（Francis Halzen）的杰作，共有 67 名工作人员，62 名博士和博士后人员，95 名学生；他们来自 33 个研究所，有一半不是美国的。该项目的构思源于 20 多年前，实验室实际建造开始于 2005 年。观测站主要通过捕获由中微子与冰层中原子核作用产生的带电粒子来探测高能中微子，目标是解决宇宙射线起源问题。整个阵列有 10^9 立方米大，由冰层中的 86 个洞组成，其深度为 1450~2450 英尺不等。在洞穴中设置特制的光电倍增管来探测中微子活动。每个洞穴大约需要两天完成，整个项目最后于 2010 年 12 月竣工。观测站建设期间，170 人为此工作，尽管一次只能有少于 40 人次的工作人员在南极，还是引起了人员调度上的严重挑战。实验室还雇用了一批非现场的技术人员和管理人

---

① Giacomini 2011．

员。整个项目2.8亿美元经费的85%来自NSF,其他机构和国家只提供15%的经费支持。[①]

流体物理学家戴维·奎尔(David Quéré)有两个实验室,一个是在法国化学工业高等学校(ESCPI),另外一个是在法国技术学院。[②] 奎尔既是技术学院教授,也在ESCPI讲课,还在法国国家科学研究院(CNRS)担任所长。其研究小组的兴趣是"界面起主要作用的流体系统",他们自己戏称为"界面公司"。[③] 研究人员包括:奎尔本人、另一位CNRS的研究所所长、9名研究生、3名博士后和1名日本东京技术学院的访问学者。2010年9月,奎尔因其与本组3名研究人员发表的一篇论文引起了广泛关注,他们用一箱水、弹弓、高速相机和一台计算机,研究了抛射体在液体中的行为。论文研究结论可以解释1997年6月3日巴西足球运动员罗伯托·卡洛斯(Roberto Carlos)与法国队比赛的那个著名的"不可能得分"。[④]

佐治亚理工学院工程学院王中林(Zhong Lin Wang)的纳米研究组在多学科领域开展研究,包括开发纳米发电机将机械能转化为电能。该小组在佐治亚理工大学造纸科技研究所大楼占据了7500平方英尺的空间。研究小组的人员规模经常变化,2011年保持在33人左右:7名博士后、1名来自中国的访问学生、11名研究生、4名科研人员(其中一人负责电子显微镜)、2名研究技术人员和7名访问学者。研究小组的经费来源多样,包括NSF、NIH、国防部DOD、NASA、国防高级研究计划局(DARPA)和产业部门。该研究小组利用特殊设备,如扫描电镜、原子显微镜、场发射枪扫描式电镜开展研究,所有这些设备可以在研究组主页上浏览。[⑤]

以上这些研究组,整合各方资源开展研究,包括:人员、知识、设备、仪器、材料、场地等。[⑥] 然而各个资源配置的比例并不相同,如研究设备和研究方式都不相同。

[①] 冰立方项目由弗朗西斯·哈尔泽2010年3月25日在一桥大学的一次会议上提出。冰立方中微子观测,2010,*Wikipedia*,http://en.wikipedia.org/wiki/IceCube_Neutrino_Observatory. 项目中还包括用C-130飞机50架次运输100万磅的货物。

[②] 见"David Quéré," 2010,*Wikipédia*,http://fr.wikipedia.org/wiki/David_Quéré。

[③] 参见 Interfaces & Co 2011。

[④] 参见 Berardelli 2010 和"罗伯特·卡洛斯,不可能的目标,"http://www.youtube.com/watch?v=ZnXA0PoEE6Y。最终比分是1-1。卡洛斯在22分钟进一球,法国队前锋在60分钟时进一球。

[⑤] Wang,2011。

[⑥] 在知识生产中很重要的部分是意外发现。意外发现有时用于指"偶然发现",这是用词不当。的确,巴斯德发现细菌是为了解决法国葡萄酒工业面临的难题。他的发现尽管纯属意外,但也并非偶然。区分意外发现和偶然发现是很难的,特别是当研究人员在探索未知过程中时。恰当的比如:哥伦布没有找到他想找的大陆,但是发现新大陆也并非偶然(我感谢Nathan Rosenberg的类比)。

更广泛说来,单一的研究模式不能适用于所有的科学与工程领域(S&E)。数学家、化学家、生物学家、高能物理学家、工程师、海洋地质学家在研究工作方式上有某些相似性。例如,所有的研究工作都需要人力投入和智力投入,然而其他方面投入则随着研究方式的不同差异很大。

研究工作的组织方式可以很好表明这点。数学家和理论物理学家很少去实验室(尽管他们会和团队联系,与共同作者工作),但是大多数化学家、生命科学家、工程师、实验物理学家都需要去实验室。实验设备的作用是另外一个方面。在一些领域,需要的研究设备很少,如数学、化学、流体物理学等。一些领域,研究工作完全依赖于研究设备,如天文学、高能实验物理学等。同样,实验材料也发挥了重要作用。活体实验,需要获得活器官。对于生物医学研究人员来说,意味着需要培养大量实验鼠,近年来是斑马鱼。

科学研究作为一个生产过程,有几个问题。如:有什么证据表明报酬递减吗?科研中的相关要素可以相互替代吗?成本的变化,如研究生助理的人力成本变化对研究工作的影响如何?会使得首席科学家(PI)减少博士生招生数量,而增加博士后人员吗?随着仪器设备功能的提升,可以像在基因测序工作中,用仪器设备替代人吗?

本章节考察研究工作如何进行,重点关注科研活动中的人,刻画他们的特征和合作情况。本章讨论从考察科学家的科学发现过程开始,即时间和智力投入。随后,考察实验室在一些领域的科学研究中的作用。最后,考察科学合作在科学研究中越来越重要的作用。第五章继续讨论科研生产,主要是设备、材料和研究空间的投入。

时间和智力投入

尽管普遍认为,科学家有诸多灵感,即恍然大悟的时刻,科学研究是需要时间和坚持的。高产科学家和知名科学家通常被描述为十分积极主动,有耐力,可以承受艰苦工作,具有追求长远目标的恒心。

坚持

坚持非常重要。研究显示,在影响成功的 25 个形容词中,略超一半的物理学家选择了坚持。其他的选项的比例没有贴近的。① 癌症研究科学家朱达·福尔克曼(Judah Folkman)的坚持是个传奇。科学家们用了多年时间才接受了他的控制血管生长可以抑制肿瘤细胞生长的想法。② 混沌理论之父，爱德华·诺顿·洛伦兹(Edward Norton Lorenz)是个坚持不懈的人。③ 混沌理论是 20 世纪第三次科学革命。发明家扎尔曼·夏皮罗(Zalman Shapiro)在 2009 年 6 月,89 岁高龄还接受他的第 15 项专利。归结他成功的品质:"坚持是最基本的。你必须坚持,否则你不能得出任何思想。"④

坚持与实践紧密相关,正如熟能生巧。最近研究显示,在很多领域,如写作、网球和音乐等,取得成功是依靠实践,而不是天赋。⑤ 坚持与创造能力有关。如果创造性是通过整合两个或更多的思想,那么,投入更多研究,就更有机会取得创造性成果。⑥

坚持可以转变为长时间的工作。根据 NSF 调查,从事学术研究的科学家和工程师每周花在学术研究上的时间达 52.6 小时。⑦ 许多科学家的工作时间更长,标准偏差是 9.1,每周最长工作时间是 96 小时。⑧ 工作时间长的一个原因是,科学研究不仅仅是工作,科学家从科研中还获得了满足感。但是,长工作时间反映了保持竞争力和科研竞赛的需要,这也是成功与失败的分界。⑨ 花在管理上的时间,也延长了科学研究的总体工作时间。2006 年,对美国科学家的调查发现,科学家花了 42%的时间在填表、会议上;研究工作日的配置是:项目申请前占 22%,批准后的工作占 20%。最麻烦的工作是:填写项目进度报告、雇用人员、管理实验室财务。⑩

---

① 聪明排第二位,25%的受调查者提及(Hermanowicz 2006)。
② *Science* (2008) 310:393。
③ *Science* (2008) 320:431。
④ 夏皮罗申请的与合成金刚石工艺的专利有关(Dimsdale 2009)。
⑤ Coyle 2009。
⑥ Simonton 2004。
⑦ Sauermann, Cohen, and Stephan 2010。数据来源于 2003 年博士学位获得者调查。见 National Science Foundation (2011b)年报和附件。
⑧ 当然较长的工作时间也反映了缺乏管理能力。一位曾经在非营利机构、大学和产业部门工作的成功科学家说,学术研究也需要好的管理技能,那些需要额外时间做科研的科学家缺乏这种技能。
⑨ Freeman et al. 2001b。
⑩ Rockwell 2009; Kean 2006。保罗·拉宾诺(Paul Rabinow)和马丁·肯尼(Martin Kenney)早期的研究与调查结果一致,研究人员 30%～40%的时间花在申请项目上(Rabinow 1997, 43—44; Kenney 1986, 18)。

知识与能力

智力资源几个方面都与科研发现有关。一个方面是能力。尽管坚持可以胜过天才,能力才是最重要的。洛伦兹不仅很坚持,他"智力平平"。① 人们通常认为,从事科学研究需要很高的智力,一些研究也证实了这点,科学家作为一个群体的智商在平均值之上。② 也有某些共识,某类人特别擅长于从事科研工作,而且很多人成就斐然。

近些年,特别是 2005 年国家经济研究局(NBER)劳伦斯·萨默斯(Lawrence Summers)的报告之后,大家十分关注科学中数学才能与成功的关系,特别是成功与右尾分布的关系。③ 这带来了两个问题。首先,在多大程度上有这关系?其次,数学能力随性别变化的幅度有多大,特别是在右尾分布中?在萨默斯和其批评者重点关注了后者;对前者,即使没有清晰判断好像认为是确定的。甚至,研究这个主题的心理学家史蒂芬·塞西(Stephen Ceci)和温蒂·威廉斯(Wendy Williams)也承认,科学家不需要那个智商顶尖的 1%;在科学、工程和数学中成功的人士,数学能力也不需要达到顶尖的 0.1%。④

另外一个智力输入方面是科学家拥有的知识。知识不仅用来解决问题,而且用来选择问题和解决问题的次序。

知识在科研发现中的重要性可以从几个方面观察。第一,知识强化了竞争,因为知识的公共属性使得在同一领域工作的众多研究人员可以得到相同的知识技能。在高温超导和诱导多能细胞领域的研究就是两个很好例证。⑤

第二,知识可以是科学家研究工作中的具体知识,也可以是在文献中可以获得的知识(或者与他人讨论获得知识)。不同领域的研究,非常依赖本领域的知识。核物理学家里奥·西拉德(Leo Szilard)离开物理学研究加入生物学行列,他告诉

---

① *Science* (2008),320:431
② 哈蒙的研究认为(Harmon 1961),物理学博士研究生的平均 IQ 为 140。考克斯(Cox)用传记方法(biographical techniques)研究了著名科学家的智力状况,他们 IQ 的大概估计值是:莱布尼兹 205,伽利略 185,开普勒 175。参考罗(Roe 1953,155)对考克斯研究的总结。
③ 萨默斯的评论引起了媒体广泛关注,在科学事业中女性偏少可以归因于高端能力不足。这句评论语言也使得他在次年卸任哈佛大学校长职位。评论的完整版,见 Summers 2005。
④ 见参考文献:Ceci and Williams 2009。
⑤ 诱导多功能细胞是可以像胚胎干细胞一样成长为人体组织的成人干细胞。这最终可以使用病人自身的细胞来治疗疾病。

生物学家西尼·布伦纳(Sydney Brenner)说,自从离开物理学领域后就没有洗过舒服澡。"当他还是物理学家时,他可以躺在浴缸思考几个小时,但是,在生物学领域,他总是需要起来去查阅每一个事实。"①

第三,有些知识是经验性的,这意味着它们不易被记录或整理出来。获得这类知识的方式是直接与掌握知识的人一起工作。例如,在第二章中提到的研制转基因鼠,就不是通过阅读文章可以获得的知识,需要在实验室接受有经验人的培训。同样,微流体的新技术需要手把手地培训。隐性知识是科学家和工程师参观、派出学生参加培训的一个原因。一位生物医学研究人员说,一名来自日本的博士后不需要考虑完成学习后的工作问题,在日本她导师实验室的一份工作在等着她。她唯一的目的(也是她被送到那去的理由)就是学习实验室的新技术。研究生提高了实验室的生产率,因此常常被称为蜜蜂,他们经常描述某个问题在他们以前的实验室是如何解决的。尽管不全是这样,但部分是。

第四,如果不能跟上学科的发展,科学家的知识也就过时了。在某些领域发展十分迅速,脱离2~3个月就是一个大的灾难。诱导多功能干细胞领域就是这样;有机合成领域不是。需要避免知识老化,就是为什么文理学院(包括硕士研究生培养机构)不得不鼓励教授们开展部分科学研究的原因之一。② 另一方面,由于科学中存在追求时髦的习惯(理论粒子物理领域某种程度上是这样),意味着最近所教授的知识不总是最好的知识。③ 科学中淳化十分重要,最新的知识并不总是"最好"的知识。

第五,有历史证据说明,"过多"知识经常阻碍研究人员的新发现。例如,年轻人经常做出一些不寻常的研究工作,因为比他们老一辈人"知道"得少,年轻人没有什么选择疑难问题和解决问题方法的障碍。这是年轻人经常作出惊人贡献的几个原因之一。④

---

① Wolpert and Richards 1988,107。
② 另外一个原因是,研究经历是鼓励研究生选择从事科学与工程职业的最佳方式(见第七章)。科研生产率也是非大学中科学家的一个突出特征,可以明确区分做科研和不做科研的科学家。见 Fox 2010。
③ Stephan and Levin 1992。
④ 一些文献指出,来自学科边缘的"门外汉"比保守的体系内人员贡献大(Gieryn and Hirsch 1983)。当科研人员临近退休或从学术研究中获利下降时,科研人员留在本领域的动机会下降。斯蒂芬和李雯(Stephan and Levin 1992)研究的年龄与科研生产率之间关系,是另外一个原因。通过研究诺贝尔获奖者,他们得出结论,尽管他们不是在十分年轻时做出了获奖的研究,在他们职业的中期,作出重大突破的概率显著下降;情况随着领域的不同而有很大差异:54.5%的物理学家,其获奖研究都是在35岁前做出的;化学家是43.6%;生理学或医学奖获得者的比例是43.2%(Stephan and Levin 1992,1993)。

第六,可能是最重要的,"科学中的许多问题,需要单个科学家不可能具有的系列智力资源。"① 科学家可以吸收其他智力资源作为团队的一部分,处理相关问题而增加知识。科学研究极少是在独立封闭的环境中开展的。

实　验　室

科研合作经常是在实验室进行。实验室的环境不仅有利于交流思想,还可以通过在同一个项目中合作的人,或者使用相同的设备、材料和实验动物等推动研究工作的专业化。例如,电子显微镜学家和电生理学家利用显微操纵器观测单离子运动。

各国实验室的工作人员配置各有不同。在欧洲,尽管实验室中有越来越多的临时雇员,实验室雇员大多都是永久雇用。② 在美国,虽然实验室有科学家雇员和研究助理,但是大多数工作人员都是博士生和博士后人员,正如前言中关于本章的例子所提到的那样。

在美国大学,实验室"属于"首席科学家(PI)的,至少在名义上是的。经常可以看到以科学家名称命名的实验室。③ 轻点鼠标查询,可以看到,在MIT生物化学和生物物理学的26名教授都用他们的名称指代其实验室。有时,他们用首席科学家的名称代替,如用诺贝尔奖获得者菲利普·夏普(Philip Sharp)命名的"Sharpies实验室"。④ 同样,工作在伯克利大学亚历山大·派因斯(Alexander Pines)实验室的博士生、博士后被称为"松子"(pine nuts),已经毕业的学生称为"老松子"。⑤

通常,实验室都有主页,展示研究领域、发表论文、获得的资助、首席科学家简历、研究团队人员等。大多数主页都刊登了研究人员的照片,有时是合影照,有时是个人照。许多照片都是传统的图片,但幽默搞怪的照片也并不少见。如,怀特黑德研究所的苏珊·林奎斯特(Susan Lindquist)实验室的主页上是一只贵宾犬。有时这些照片更加大胆。如化学家克里斯蒂娜·怀特(Christine White),其实验室

---

① Hull 1988,514。
② Stephan 2008。
③ 26个实验室网站中,17个网站可以查询研究人员和研究工作的详细情况,有三个实验室的研究人员网页没有开发完成,另外六个实验室可以通过网络搜索实验室名称查到。
④ MIT Museum 2011。
⑤ 见Pines Lab 2009,尤其是http://waugh.cchem.berkeley.edu/people.html。

主页上,怀特坐在石头宝座上,被火焰包住,并被学生包围着,其中一人还戴着牛角,照片中还增加了两位名人。①

实验室人员配备

在美国大学实验室,人员组成和人员数量在不同学科领域变化很大。生物医学领域主要依赖大量的博士后人员。在林奎斯特实验室工作的 39 名科学家中 20 人是博士后。② 但是在其他实验室和其他领域,研究生人数超过了博士后人员。对纳米技术中心隶属的 415 个实验室以及化学、工程、物理学系的分析显示,平均每个实验室有 12 名科学家,不包括首席科学家,50% 为研究生、16% 为博士后、8% 为本科生。③

美国大学实验室充斥着研究生和博士后,有诸多原因。从教学角度看,这是一个高效的模式,也是降低实验室人员成本的方式。博士后人员工资是全职科学家(在实验室中博士后的直接替代者)工资的 1/2～2/3。④ 更进一步讲,科研人员从年轻的博士后、博士生得到新的思想,并不感到羞愧。宾州大学医学院博士后培养副主管特雷弗·彭宁(Trevor Penning)说:"教授也就和他最好的博士后差不多。"⑤

另外,博士生和博士后研究生通常易于申请到资助。如,NIH 有专门资金,像支持其他研究项目一样支持研究助理和博士后岗位。多年来,NSF 也有清晰的政策资助学生。按照 NST 主任丽塔·科尔韦尔(Rita Colwell)(1998—2004)的说法:"在 80 年代,NSF 要求首席科学家将研究生的经费纳入预算,宁可资助研究生也不愿意支持技术人员。"⑥博士后和研究生,比较固定的技术人员,有另外的优势,其聘用期短,给实验室的人员配备带来了较大的灵活性。

---

① 见 White Research Group 2011。
② 实验室有 5 名研究生,4 名本科生,2 名研究型科学家,2 名员工科学家(staff scientists),6 名技术辅助人员。同时,还有 1 名实验室经理,2 名管理助理,1 名实验室管理员,1 名项目管理员。见 Lindquist 2011。
③ Stephan, Black, and Chang 2007。另外一些领域的实验室,其规模相对小一些。迈克尔·罗琦(Michael Roach)和亨利·绍尔曼(Henry Sauermann)在 2010 年进行的 SEPPS 调查显示,科学与工程领域的实验室平均人数为 10 人,总体平均人数为 8 人(个人通信,Henry Sauermann)。
④ 数据来源于 2006 年 SDR。相对于员工科学家(staff scientists),生命科学领域的博士后薪水最高,工程领域最低。计算结果假设非终身职位科学家是刚开始从事科研的科学家,没有头衔的人员为员工科学家。见 National Science Foundation 2011b 和数据附录。
⑤ Penning 1998。
⑥ Mervis 1998。

博士后、研究生的数量部分依赖于成本。猛一看,研究生可以依据不同研究领域获得1.6~2.8万美元的资助,与博士后相比较似乎还可以商量,博士后的成本是3.8万美元,外加津贴。[①] 但是,如果在私立大学将学费计算在内,这种成本优势很快就消失(私立大学的学费超过3万美元,且一部分是从首席科学家的项目中支出)。[②]

成本优势也随工作时长而异。2006年,在生命科学和物理学领域的博士后平均每年工作时长为2650小时;在工程领域大约少100小时,数学和计算机领域少150小时。与之相对比,担任第一和第二年研究助理的博士后,在讲课的同时,每周还需要在实验室工作30小时。因此,我们可以很快得出结论,不计算津贴,博士后的每小时工资是高工资的私立机构中(比如生命科学领域)研究生小时工资的一半。这就是说,博士后的技能和知识优势没有为实验室带来利益,更不用说,博士后可以独立工作;而研究生,特别是一年级研究生还需要指导。[③] 随着研究生知识和技能的进步,在他们和博士后驻留实验室时间相同后,研究生的成本优势也递减。

有一些博士后由奖学金支持,不是由教授的项目支持。这也为实验室雇用博士后带来新的成本优势。在一些实验室,这是常态,不是例外。例如,在林奎斯特实验室主页上清晰写明,在实验室,博士后通常可以通过申请资助项目和奖学金得到独立的资金支持。[④] 这并不是说实验室雇员在博士后获得资助的过程中不发挥作用。博士后来实验室没有奖学金,但如果他有研究的规划,PI将会帮助有前途的博士后撰写项目申请书来获得奖学金。当然,对于PI来说,也不全是无私的。[⑤] 研究项目的论文会出自PI的实验室(PI成为论文合作者)。

---

① NIH的指南2010年招聘的具有1年或1年以下的博士后最低薪水为37 740美元,第5年提到47 940美元。见Stanford University 2010a。

② 2010—2011年,斯坦福大学的学费为每季度1.29万美元,允许选修11~18学分。需要注意,研究所不能总是利用拨款机构的经费来支付学费,如,NIH支付60%的助学金就达到了1.6万美元/年(National Institutes of Health 2010)。学费随着学科领域而不同。"高教编年史(2009)"组织了2008—2009年若干学科领域研究生助学金的调查,威斯康星大学麦迪逊分校2004年研究显示,在十大联盟校,工程领域50%的研究助理(RA)的平均成本为2.9万美元(不含间接费),最高达到4.8万美元,最低为1.7万美元(Tuition Remission Task Force 2006)。

③ 2006年生命科学领域的博士后的平均年收入为41 255美元,1年工作2643小时,不计算额外福利的情况下,小时工资为15.60美元。而在私立学校,每周工作30小时,每年工作50周的研究助理,小时工资为31美元;公立学校的研究助理,小时工资为20美元。

④ Lindquist 2011。

⑤ 这样一来,PI会承担风险,因为如果博士后没有奖学金,PI就必须支持博士后一段时间。

在第七章我们会看到,奖学金在研究生教育中也发挥着重要作用。虽然,超过3年的奖学金比较少,对于学生来说,依靠奖学金资助在实验室工作十分常见。生物医学领域的一些研究生在成为研究助理的最初的一两年内可以获得NIH的培训资助。获得培训资助的一个要求是要轮流在多个实验室实习。无论是什么来源的资助,美国绝大多数实验学科和工程学科的研究生获得资助的底线是其在实验室工作。

研究生和博士后的数量

在大学,参与研究工作的博士生和博士后人数非常多。2008年,赴美国大学研究机构工作的科学与工程博士后人员36 500人,是1985年的两倍多,[①]其中60%是在生命科学领域,物理学领域排第二。[②] 有理由相信,在学术机构,36 500名博士后的数据是低估的。要准确认定博士后人员是很困难的事情,经常存在名义上的博士后。

比博士后人数更多的研究生与教授一起工作。2008年,95 000名研究生在美国大学的科学与工程系作为研究助理;[③]另外有22 500名科学与工程领域的研究生获得奖学金资助,实际上就是研究人员;还有7615名由培训资金支持,一般来说也要求在实验室工作。

从 Science 杂志的作者分布也可以分析研究生、博士后在美国大学研究工作中的作用。通过这种与大学关系密切的文献分析,可以看到26%的文章以研究生作为第一作者,36%以博士后作为第一作者。如果分析一下文章的所有作者,可以看到22%的作者是博士后,20%的作者是研究生。[④]

美国对配备博士后、研究生的实验室的依赖,促使美国成为著名的外国学生培训中心。美国不仅提供一手的学习经历,还为研究生学习和博士后工作提供资助,这是其他国家不能做到的事情。2008年,美国60%的博士后是临时居民身份,

---

① Hill and Einaudi 2010。统计数据中不包括社会科学、心理学和健康领域的博士后,且严格限定在大学院系的博士后。
② 具体讲,生命科学领域占59%,自然科学(含数学和计算机科学)领域占21%,工程领域占15%。
③ 实际数据是94 584名,不包括健康科学领域。数据来源于科学与工程领域研究生与博士后人员的调查(National Science Foundation 2011d)。也见数据,附件。
④ Black and Stephan 2010。美国大学人员作为联系作者。通过互联网检索来明确作者的状态,是10人以下的所有作者,以及10人以上的第一名和最后一名作者。文章只是计算了2007年的半年时间。

44％的科学与工程领域的博士学位获得者是临时身份。① 美国实验室对外国智力的高度依赖在第八章中论述。

美国实验室的金字塔结构

从组织结构上看,美国的实验室是一个金字塔结构。位于塔尖的是核心科学家(PI),正如某研究人员标榜的"他的王国中的主宰"。② PI之下是博士后,再之下是博士研究生,之下是大学生。我们已经注意到,有些实验室雇用在其他实验室完成博士后培训的科学家,或不具有终身教职的研究员和研究型科学家。

金字塔的比喻不仅于此。在某种形式上,美国的大学研究工作本身也是一个金字塔架构。为了建设实验室,教授们招收博士研究生进入其研究计划中,提供资助和含蓄地保证研究岗位。③ 教授们寻找有学术抱负的学生参加实验室建设,因为他们是 PI 实验室的良好"工蜂"。除了学位之外,在某些领域,如果申请教职岗位,博士后经历是必需的条件。然后,博士后寻找并换到有终身教职的学院。通过 Sigma Xi 对博士后的研究显示,72％的找工作的博士后对研究型大学的工作十分感兴趣,23％的博士后表现有兴趣。④ 这样以希望得到相似工作岗位的临时人员为主体来建设的实验室体系,只要这类工作岗位数量的增加大于新进专业人员数量,实验室就可以运转下去。近年来,在某些学术领域,从博士后转为终身教职岗位变得困难了,因为终身教职岗位数量赶不上博士学位人数的增加。

近期毕业的学生经常感觉到这个实验室建设机制并没有达成其最初的承诺,其中的深层次问题将在第七章和第十章中讨论,尽管研究生经历的学生寻找研究岗位比较困难,实验室还是聘用年轻的临时雇员,招聘学生。

科研合作与共同作者

有很多因素促进了科研合作。我们已经注意到,一是与他人共享知识有很多益处。数据和材料的共享也能促进合作。近期在 *Nature Genetics* 杂志中关于"蛋

---

① 见第八章关于在美国科学界的外国出生的科技人员的作用的讨论。
② 琼·罗德(Joan Rhodes)说:"在大学,你若是 PI,你就是你的王国的主宰"(Shapin 2008,259)。
③ Stephan and Levin 2002。
④ Davis 2005。

白质运输"对于阿尔茨海默病（Alzheimer）的影响的研究就提供一个很好例证。41 名研究人员工作在 14 家研究机构，研究了不同种族背景下阿尔茨海默病与基因变异的关系。① 当科学家的研究需要大型装备时，很容易开展合作，如望远镜、对撞机，或者需要考察船的海洋学、某些区域的地质学和海洋生物学研究等。

合著模式可以为分析合作者在合作研究中发挥的作用提供一种途径。它还显示，一段时期以来，合作研究出现了较大程度的增长。团队合作文章在数量上超过了单一作者文章。分析 1955—2000 年 45 年来科学与工程领域的 1300 万篇文献，172 个研究领域的团队规模都增长了，平均而言，团队规模几乎翻了一倍，单篇文章作者从平均 1.9 人增长到 3.5 人。数学一般被看作是个人独立研究，该领域对固定设备的依赖较低，其研究团队的规模也在增长：同一时期，超过一个作者的文章数量从 19% 增长到 57%，平均团队规模从 1.22 人增加到 1.84 人。②

当我们聚焦美国研究性大学的多作者文章时，这种科研合作的模式更加清晰。有很多机构有 1981—1999 年的完整数据。③ 在这 19 年间，论文的合著者数量从 2.77 增加到 4.24 人，物理学领域最多，平均 7.26 人；数学领域最少，平均 1.91 人。物理学领域中高能物理领域合作者数量最大，所有参加实验的人员都作为合著者。据说，物理学的论文比作者清单还短。最近一篇高能伽马射线的文章有来自 65 家科研机构的 250 名作者。④ 各个领域合作者情况列于表 4.1 中。

表 4.1　1981—1999 年美国大学各个领域合著模式

	团队规模		国外机构占全部机构的比例	
	1981 年	1999 年	1981 年	1999 年
农业	2.41	3.31	0.028	0.104
天文	2.65	4.95	0.086	0.245
生物	2.81	4.27	0.034	0.110
化学	2.82	3.60	0.046	0.108
计算机科学	1.86	2.64	0.043	0.113

---

① Marx 2007。
② 只有海洋工程领域合作者人数没有增加，从 1.25 人降低为 1.22 人（Wuchty, Jones, and Uzzi 2006 的网上补充材料）。
③ Top 机构由 ISI 依据论文发表数量定义，称为"科学观察"机构。
④ 按照惯例，多作者署名一般以字母顺序排序。见 Fermi LAT and Fermi GBM Collaborations（Abdo et al. 2009）。

(续表)

	团队规模		国外机构占全部机构的比例	
	1981 年	1999 年	1981 年	1999 年
地球科学	2.29	3.62	0.052	0.161
经济学	1.57	1.94	0.041	0.094
工程	2.29	2.98	0.040	0.105
数学	1.53	1.91	0.071	0.168
医学	3.26	4.58	0.021	0.077
物理	3.09	7.26	0.070	0.196
心理学	2.21	3.14	0.016	0.059
全部学科	2.77	4.24	0.036	0.111

来源：Adams et al. (2005)。

每篇文章作者数量的增加归因于大学内部研究合作的增加，以及实验室数量和规模、实验室和机构间项目合作的增加。分析 662 个接受 NSF 资助的研究机构的出版物可以看到，在 1975 年研究机构间的合作比较稀少，随后逐年增加，到 2005 年，研究的最后一年，每三篇文章中就有一篇文章的作者来源于不同的研究机构。[1] 同一时期，单作者文章数量下降，单一机构论文也下降。

科学家和工程师更加倾向于国际合作。1981 年，美国顶尖研究性大学发表文章的著者为外国机构的平均为 0.036（外国著者机构与全部著者机构的比例），1999 年这一比例为 0.111（如表 4.1）。外国机构署名最多的领域是天文学（1/4），其次是物理学（1/5），最少的是医学，仅为 0.077。在物理学和天文学领域国际合作出现频率较高，反映了一些主要研究设施在美国之外的事实。如，位于智利的 La Silla Paranal 天文观测站有 11 台设备，在南部天空观测中发挥着重要作用。世界上最大的粒子物理实验装置是在瑞士的 CERN，最新的对撞机（LHC）也于 2009 年秋季投入使用（第二次启用）。

最近，对在美国学术研究机构工作的科学家与工程师的分析显示，近 1/4，准确地说是 26.8% 的科研人员与美国之外的机构开展合作。百分比最高的是物理学、计算机与信息科学领域（几乎 30%），最低的是数学和统计学领域（23.7%）。[2] 所有的合作都使用了电话和电子邮件（98%），半数的合作有人员互访。美国研究

---

[1] 科学与工程领域，172 个子领域中 168 个增长（Jones，Wuchty，and Uzzi 2008）。
[2] 国家科学理事会 2010 年报告，附件表格 5-21，5-22。数据来源于 2006 年。

人员较多地与来美国参加项目的外国研究人员合作。与美国之外的研究人员合作40%通过网络"虚拟"进行。

合作与贡献没有必然关联。有贡献的作者可能被排斥在外,如幽灵作者,而没有贡献的人可能在作者之列。后者通常指客座和荣誉作者。幽灵作者在第三章中讨论过,企业中的研究人员撰写文章,招募大学教授署名,提高文章的可信度。幽灵作者的出现也可能是参与项目研究的人员被有意排除在署名作者之外(如研究生和职位低的研究人员)。

很难知道这些情况在实际中出现的比例。对6个同行评议医学期刊的调查显示,26%的评论文章中有荣誉作者,10%的文章包含幽灵作者。① 最近的调查发现,39%的循证医学(Cochrane)评论文章有荣誉作者,9%的文章有幽灵作者。②

在生物医学领域,已经制订作者署名的标准,确保作者署名的真实性。一部分期刊要求列出署名作者的各自贡献。③ 医学领域的很多期刊已经采取了这个标准。然而,这个标准也十分模糊,允许考虑署名作者贡献的不同方面。在美国,PI通常是本实验室发表论文署名作者的最后一位,不管其贡献的程度如何,表明这是"我的实验室,是我的论文。"

在一些领域,每一个参加项目的人员都作为作者署名,与其贡献的内容、形式无关。例如,"冰立方"项目的论文列出所有项目参加者作为作者,达到256人,作者次序按照字母顺序排列。④ 在另外一些领域,如生物医学领域,作者署名顺序一般与其贡献有关。第一作者是主要贡献者,最后一名作者为实验室做了工作,组织了团队,制订了研究方案。其作者排序规则不十分明确。

发明者的署名就谨慎得多,不仅因为发明人的署名标准有法律定义,而且更多是因为署名与利益相关。⑤ 在作者署名的情况下只是与名誉相关,而发明者的署名与荣誉和金钱相关。对意大利科学家的680个论文-专利耦合样本研究显示,论文合作者的数量明显比专利合作发明者数量大。论文的第一名和最后一名作者不

---

① Carely 1998。
② 循证医学评论指来源于循证医学合作评论小组的评述性文章,该组织按照一个系统的方法框架支持和培训作者(Mowatt et al. 2002, 2769)。有时,幽灵作者是编辑。
③ 1985年开始,国际医学期刊编辑委员会颁布了这个标准,并于2010年修订。
④ 冰立方项目的论文署名是按照字顺,不是按照贡献排名。项目组原计划将前20名作者按照贡献顺序排,后来发现这样处理排序太困难也耗时间。
⑤ 根据美国专利法,对发明原始概念有贡献者需要作为发明人(Section 35 of U.S.C 102(f))。

太可能从专利发明人中排除,排除的可能性也会因资历高而降低。虽然论文署名顺序与其贡献一致,特别是第一作者,关于资历的分析表明,地位也影响到其产出。①

推动合作的因素

一些因素对扩大科研合作起到了重要作用。首先,重大的研究突破经常发展在新兴领域和学科,跨学科研究鼓励了合作。系统生物学就是这样的领域,它是生物学、工程学、物理学的交叉领域。② 从定义上看,没有人具备在此领域研究的全部技能,研究人员必须共同工作。

丽塔·利瓦伊-蒙塔尔奇尼(Rita Levi-Montalcini)清楚地描述了与不同技能人员合作的重要性,发现由于她缺乏生物医学研究技能培训,妨碍了她发现"神经生长促进素"。后来,她遇见生物化学家斯坦·科恩(Stan Cohen),"能力的互补,而不是低劣的混合,是我们开心合作的原因。"据她回忆,科恩也说过:"丽塔,你和我都很优秀,但是,我们加在一起就是绝妙。"③由于他们的合作,共同赢得了1986年诺贝尔生理学或医学奖。

第二,可以说,随着时间的推移,研究人员需要更加专业的技能。在某种程度上,这是随着知识的增长对教育提出的要求。④ 但是,反映了研究组人员专业化后对研究组带来的益处。

支持科研合作可以获取好处的证据:团队产生好的科学研究。在全部科学与工程领域,团队文章的引用率比单作者文章的引用率高。引用率在1000次及以上的论文中,团队作者的论文数量是单作者论文数量的6.3倍。⑤ 在美国跨机构合作的论文的引用率较高,特别是来自不同著名机构的合作。例如,单纯工作在哈佛大学的作者撰写的论文影响低于共同工作在斯坦福与哈佛大学的作者的论文影响。⑥

---

① Lissoni and Montobbio 2010。
② 系统生物学主要研究生物系统的设计与功能的关系。
③ Levi-Montalcini 1988, 163。
④ Jones 2009。
⑤ Wuchty, Jones, and Uzzi 2007, 1037。
⑥ Jones, Wuchty, and Uzzi 2008。福克斯和莫汉帕提亚(Fox and Mohapatra,2007)的研究发现,按照发表论文计算,科研生产率与院系内合作、校外合作密切正相关。也注意到,团队合作可以通过各种专业技能和知识来提高科研产出率,同时也因为社会网络和协调问题为某些特定任务带来低效。相关讨论见Jones, Wuchty, and Uzzi 2008。

第三,广泛的联系和沟通方式也降低了机构间合作的成本。25年前,开展机构间的合作仅仅只能通过电话交谈,亲自去拜访,发传真材料或者寄送邮包。电话和出差费用都非常贵,从美国到欧洲最便宜的机票也需要1800美元。寄送邮包比较浪费时间。过去没有网络和电子邮件,数据需要放在磁带上,设备需要到现场操作。信息技术革命改变了这一切,使得在线交流、共享数据库(下一章中讨论)、在线操作设备都成为可能。

IT革命可以追溯到1969年DOD(the Department of Defense)的ARPANET。由于ARPANET限制使用,大多数科研人员不能使用。因此,发展了其他网络,比较著名的有BITNET。纽约城市大学系统的大学副校长提出了BITNET概念,首先有纽约城市大学和耶鲁大学在1981年5月使用。在1991—1992年处于辉煌时期,49个国家的1400个机构采用了这个系统,包括了700学术研究机构。

研究性大学和医学院机构的使用增长速度(第一层)可以从图4.1中看出。硕士水平的学术机构(第二层)和文理学院(第三层)采用新技术的速度慢些。到1992年,80%的研究机构采用了BITNET,大学1/4的硕士水平机构采用了BITNET,约10%文理学院使用了它。①

到90年代中期,BITNET被互联网替代。为了提高互联网通讯效率而开发了互联网域名系统,如harvard.edu。图4.2用使用域名的数据描绘了美国高教机构使用互联网的增长速度。特别要注意的是,建立域名系统的速度,尽管研究机构建立域名系统的速度快些,到2001年,美国所有能授予学士学位的学校都接入互联网。

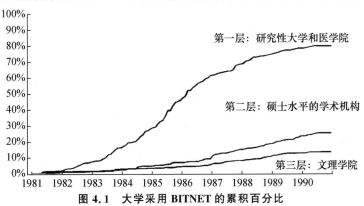

图4.1 大学采用BITNET的累积百分比

---

① 该信息系统始于1980年,从1348个四年制学院、大学、医学院收集数据,从未间断。见Winkler, Levin, and Stephan 2010。

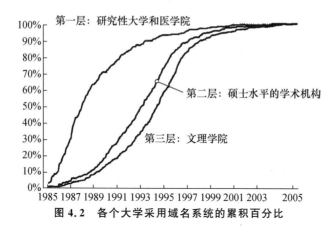

图 4.2　各个大学采用域名系统的累积百分比

把生物医学领域科学家的生产力与信息技术的使用相关联时,可以支持一些想法:工作在可以使用信息技术的机构的科研人员,生产率提高了,特别是那些早期使用网络的人。相关数据也支持信息技术可以强化合作的假设。也有证据显示,依赖于科研人员的性格和学术地位,广泛的联系对生产率有不同影响。特别注意的是,女性科研人员比男性科研人员在总体产出和增加新合作者方面受益更多。这些与信息技术特别有益于流动性受限的个体的假设一致。

同样,有证据显示,研究机构层面更加重要。[①] 信息技术对工作在非著名科研机构的科学家生产率影响比在著名机构工作的科学家大。这与工作在非著名机构的教授的同事和资源较少,可以更多从信息技术方面受益的假设一致。

性别和研究机构级别的数据显示,信息技术在发表论文数量和建立合作关系方面有相同影响,使得外部科学家可以更好地参加内部学术活动。对工程师的研究,也可以得出相似的结果:中等水平的研究性大学采用 BITNET 后在发表论文方面收益最大。[②]

科研装备的复杂性也推动了科研合作。极端情况是在对撞机工作的团队。LHC 的四个探测器装置的团队规模在 6000 人,2520 人为紧凑型 U 介子探测器(CMD)工作,1800 人为 Atlas 探测器工作,1000 人为 Alice 探测器工作,663 人为 LHCb 探测器工作。[③] 相对而言,冰立方项目的 250 名科学家的团队规模就小些。

由于科研人员有一起合作解决"大"问题的癖好,可以获得大规模数据,也促进

---

① Ding et al. 2010。
② Agrawal and Goldfarb 2008。
③ Overbye 2007。

了科研合作。老年痴呆病研究就是这样一个案例。近些年的案例中,最有名的是人类基因组计划(Human Genome Project,HGP)和基因数据库建设项目。另外一些大型数据库也上网公开,如 PubChem,到 2009 年 4 月,该数据库包括了 4800 万个登记的有机小分子物质。世界蛋白数据库包含了所有蛋白质结构信息。① 这仅仅只是一小部分。估计,所有欧洲核子研究中心(CERN)的 LHC 所产生的数据刻在光盘上,每个月的数据堆积起来有 1 英里长。②

至少还有一个因素推动了研究人员寻找合作者。通过合作的多样化分散研究风险,就像分散投资降低风险一样。

有一些推进科研合作的因素是新情况,如建立密切联系、建立大型数据库、实验装备越来越复杂等,但论文合作者数量增加不是新因素。如前已经注意到,从 1955—2000 年间,171 个 S&E 领域中除了一个领域外,全部领域的研究团队规模都在增长。

政府支持合作研究

政府已经充分认识到合作研究的重要性。不一定很充分地表述,理论上是基于这样的想法:合作研究可以产生好的研究成果,推动实验室共享数据和材料等。后来,政府积极推动科研机构内部的合作,跨机构的合作,甚至在欧盟内部跨国家间的合作。例如,NIH 的国立综合医学研究所(NIGMS)创造机会鼓励与大学合作,推动解决医学重要问题的量化和跨学科方法研究。实际上,这直接导致了系统生物学中心的建立。NIH 另外促进跨学科合作的方式是资助跨学科领域的培训,让大学中的不同院系一起在培训学生方面合作。

在促进跨机构合作方面,NIH 设立了大型资助项目——P01,其支持机制是:"用于支持若干相关项目构成的项目群,比单独支持一个个常规项目更有优点。"③ P01 项目的资助金额经常在 600 万美元左右的直接成本。

还有更大规模的资助项目,如 NIGMS 的捆绑资助(Glue Grants)。其资助目的是:"按照 NIGMS 战略规划,利用已有资助项目的科学家资源,面对生物医学领域的重要复杂问题建立研究团队,不是支持单一的研究团队。"项目资助额度可以

---

① 见 PubChem,2009,*Wikipedia*,http://en.wikipedia.org/wiki/PubChem#Databases。
② Kolbert 2007,68。
③ National Institutes of Health 2009g。

很大,直接成本在 2500 万美元量级。其目标是,提供充分的资金,让参与的首席科学家以综合和高度集成方式建立团队,攻克问题。①

NIH 也支持研究网络,如药物基因学研究网络(Pharmacogeneices Research Networks),从 12 个不同机构中组建几个研究小组。每一个研究组由 10 名或更多的研究人员,许多情况下可能有超过 20 名研究人员。② 2010 年,贾科米尼(Giacomini)领导的 UCSF 团队通过竞争获得了 1190 万美元资助,研究膜转运结构的基因学。同时,贾科米尼还管理着 320 万美元的 NSF 资助项目,与其他国家开展药物反应研究。③ 全部计算下来 NIH 在项目上投入了 16 130 万美元。这个经费与 NIH 在两个连续的蛋白质结构研究计划中,支持蛋白质结构研究组的 7 亿美元投入相比,就相形见绌了。

在大西洋的彼岸,欧盟投入重金支持科研合作,主要支持欧洲层面的科研合作。大多数资助项目都是在欧盟框架计划下,要求研究团队来自三个不同欧盟国家的团队。④ 这个计划刺激了研究人员共同合作,资助计划也显示了相对于其他资助形式的效率。很清楚,其主题是确保未来的研究。

不仅仅只是政府通过分配资源促进合作。哈佛大学决定在麻省 Allston 建立新校园的最初动机也是为了促进合作。新校园将帮助建立基础研究的教授与应用研究的教授间的联系,目前基础研究的教授主要在剑桥校区的艺术与科学学院,而应用研究的教授主要在波士顿的 Longwood 区域或者在医院。建立新校区的主要动机就是意识到哈佛大学在基础研究和应用研究的结合方面落后于 MIT 和斯坦福大学等同行。⑤ 2008 年金融危机使得哈佛大学在 2009 年 12 月宣布暂时停建 Allston 校区(或者如大学所说,暂缓建设)。⑥

---

① National Institute of General Medical Sciences 2009b。NIGMS 于 2009 年秋终止了捆绑资助。
② National Institute of General Medical Sciences 2011。
③ Bole 2010。
④ European Commission 2007b, 2010。与此相反,成立于 2006 年的欧盟研究委员会没有看到其当初预设的促进合作的目标。取而代之的是它强调在国家间选择研究项目时能显露经济规模。
⑤ 例如,MIT 和斯坦福大学的年度专利申请是哈佛大学的两倍,创办企业数量也是两倍多。他们也从产业部门接收较多的研发资金和专利收入(Lawler 2008)。哈佛大学承诺出资建立新的院系,促进合作研究。例如,2007 年出资 5000 万美元建立再生和发育生物学系(Mervis 2007a, 449)。
⑥ 见 2010 年 Office of the Executive Vice President 报告。在 2009 年 2 月,校长德鲁·福斯特(Drew Faust)宣布新校区建设进展缓慢(Marshall 2009)。见 Groll and White 2010。

政 策 问 题

知识产权,无论是发明人形式,还是优先权形式,依然主要是科研人员个体的权利。知识产权管理的作用是促使科学家开展研究和共享研究成果。但是知识产权很难确定合作者的贡献问题。① 这是对科研组织工作的挑战。随着论文合著者数量增加,越来越难于评价任职简历和提职时间。也越来越难于维系处罚年轻人员的传统,因为他们完成博士后工作任务后,与导师一起发表论文。②

越来越多的合作对科研人员个人来说也是挑战。什么时候加入团队？什么时候成为团队领导？什么时候加入一个大的多元化合作团队？在美国的科研体系中,这样一些决策需要科研人员个人做出。研究生在研究团队的作用是,首先作为一个"工蜂",然后在研究项目中作为主要研究人员,因此,论文作者署名中,学生作为第一作者,PI作为最后一名作者。作为博士后,如果幸运的话,可能在PI实验室中领导一个小项目。希望在前头,也可能有自己的实验室,成为制订研究计划,共享实验室成果的知识产权的那个人。但是,就像我们在第七章中将要看到的,只有很少很少比例的科学家可以完成这样的转变。这就是说,如果你选择继续做研究,科学家可能一辈子就是支撑角色,知识产权的丰厚收益与其无关。③

越来越多的科研合作也是对非营利机构的挑战,需要重新考虑其科研奖励。奖励不是奖励整个研究组,他们是一个人一个人地分发的(或最多一次三人)。典型的奖励,如诺贝尔奖、勒梅尔森麻省理工学院奖等。但是,突破性的工作都是由科学家共同完成的,从中选择一人来奖励十分困难,也容易出现偏差。因此,需要重新考虑奖励的结构和方式。诺贝尔和平奖巧妙地证明,奖励不用一次奖给一个人。是时候考虑建立一个可以由团队共享的奖了。④

---

① 我很感谢是弗兰西斯科·里斯索尼(Francesco Lissoni)提的建议。
② 如宾州大学医学院等计划一样,有一些研究计划放弃了这一规则,转而考虑鼓励学生与导师继续合作。给予获得科研项目的教授奖励也是一种激励,这种激励不与研究项目数量挂钩。激励通常是给予了项目PI,而不是全部项目科研人员。
③ 科学家通常是论文的作者之一,但是在研究中越来越不发挥主导作用。
④ 本·琼斯(Ben Jones)首先提出了这一想法。见Jones 2010b。

结　论

　　本章侧重于从事科研的人、科研人员的特点和合作状态。主要目标是揭示科研过程的几个方面。第一,科研需要坚持和艰苦工作。智力很重要,但是科学不仅仅是智力活动。第二,合作发挥着重要作用,而且越来越重要。可以看到,在美国金字塔式的实验室结构,主要依赖于研究生和博士后。也可以看到实验室和研究机构的合作,看到国内和国际的合作模式。第三,不同研究领域的各个特征差异很大,包括合作模式、研究场地、材料和设备的重要性等。第五章将再讨论材料和设备的问题。

第五章
科研生产:设备和材料

生物物理学家莱拉·吉尔萨奇(Lila Gierasch)向德克萨斯大学西南医学中心申请购买一台核磁共振仪,但是由于她的实验室是唯一主要使用这台机器的用户,所以她尝试了多次,都很难申请到资金来购买一台高场强核磁共振(NMR)仪。① 这也难怪:高场强核磁共振仪非常昂贵。根据机器的磁场强度,高场强核磁共振仪的价格在200万美元和1600万美元之间。蒙大拿大瀑布市的麦克劳林研究所(McLaughlin Research Institute)成功招募了一个研究员,但是他们每天只给他装有一只实验鼠的笼子,这些材料的价值还不到这位研究员过去支付成本的50%。② 科学家和工程师们都知道,研究人员们能够使用的设备和材料极大地影响自己的生产力;这一点他们的领导也很清楚。所以,学校在为教授们准备的科研启动包里面无一例外地都包含了设备和实验材料的资金。

本章主要讨论在科学研究中设备和材料的重要性。它还侧重于设备的成本以及如何开发新设备来加快探索发现的步伐。结尾讨论了学术研究中的物理空间。

本讨论涉及了几个方面的主题。首先,科技革命正随着科学发现的快速涌现而变革(和单位成本相关)。这样的结果就是可用的科学数据数量正在以一个非常快的速度增长。另一个主题是新技术有可能影响人们用于科学研究的设备比例(经济学家称之为资本/劳动比率)。还有一个主题是存在一个相当大的市场,让拥有新技术的新兴公司来熟练地推广新技术。马克斯维尔(Maxwell-16)系统最近的

---

① 吉尔萨奇是特拉华大学生物物理化学教授,"随着她的研究领域延伸到生物领域,她也越来越对与一流的生物医学研究人员的学术交流感兴趣。另外,她越来越难于获得资金来购买由其实验室为主要使用人的高场强核磁共振仪。"当德克萨斯大学西南医学中心药理学系主任阿尔佛雷德·吉尔曼(Alfred Gilman)意识到她正在努力争取一台高场强核磁共振仪时,给了她一个职位。她说:"坦白地讲,我是急于得到核磁共振仪。"除了核磁共振仪以外,中心还提供了良好的研究环境(Biophysical Society 2003)。

② Vogel 2000。每日津贴是包含5只实验鼠的笼子,研究所以每笼0.18美元的价格给予研究人员。

广告吹捧"第一时间发布好的研究,会带来很多更好的东西,更好的结果,更好的出版物,以及争取下一个拨款的更好的机会。"①另一个主题仍然是设备和材料的使用问题,在研究的执行方面可能影响科学的分层即科研工作在什么地方进行。这里,各方力量并不在一个方向起作用。例如,日益增加的设备的专业性以及相对应的价格的增加,使科研团体根据地理位置划分。但越来越多的科研材料的获取渠道会有一个民主化的效应。后者的影响让人想起在第四章中得出的结论,信息技术的扩散推动了在学术水平较低层次的机构工作的科研人员发表论文,而不仅仅是学术水平高的机构的科研人员发表论文。

设　备

在科学发现的报道中,反复强调了设备所扮演的重要角色。伽利略有他的望远镜,波义耳有他的气泵。X射线衍射是解开DNA双螺旋结构的关键。没有时钟同步技术,爱因斯坦不可能在他1905年的相对论论文中重新定义"同时性"。因为开发了自动测序仪,人类基因图得以成功绘制。②用1万美元或者更少的钱来绘制人类基因序列的目标,只能在下一代测序仪开发出来以后才能实现。也许没有什么比粒子物理更能明显反映设备的重要角色,粒子物理中加速器能够以越来越高的能量水平运行,这在不太遥远的过去还只是科学界内心的一个梦想。斯坦福直线加速器中心(原名斯坦福线性加速器)的主任沃尔夫冈·帕诺夫斯基(Wolfgang Panofsky)说,"物理学通常是跟随技术而不是物理定律的脚步发展,我们似乎总是问比我们用工具能回答的更多的问题。"③

科学史家普赖斯(Derek de Solla Price)写道:"如果你不知道建立新科学的技术机会,你会理所当然地认为,这一切的发生是由于被人们戴上了某种新思维帽子……伴随着巨大革命性变革的范式变化也许有时是思想启发引起的,但更普遍的是因为技术在科学上的应用。"④

强调设备扮演关键角色,其中一个原因有时是指非线性科研模式:科学研究导

---

① Science (2008) 321:736, August 8。
② Galison(2004,46)指出,尽管瑞士的技术基础设施落后,"一旦瑞士开始建设铁路、电报、时钟网络后,协调一致成为十分平常的事情,伯尔尼成为瑞士的中心。"
③ 转引自Rosenberg 2007,96。
④ de Solla Price 1986,247。

致技术进步,但是新技术经常也促进科学的进步。彼得·格里森(Peter Galison)对爱因斯坦一百多年前的开创性工作的描述提供了一个很好的例子,这个例子表明,"在任何时代的新理论物理可能被当时的技术激发,从过去的抽象理论中柏拉图式地分离出来。"① 比如天文学,新技术允许天文学家探测来自恒星和星系的各种波长的电磁辐射,也促进了对姗姗来迟的大爆炸微波的精确研究。②

在某些情况下,科学家既是研究者又是新技术的发明家。生物学家勒罗伊·胡德就是这样一位研究员,他写了 500 多篇论文,"发明了四种仪器,包括自动化的 DNA 测序仪,这四种仪器已经解开了许多人类生物学之谜。"③ 但是存在着许多其他的例子,报道一种新工具的发展,这在科学出版物中是普遍存在的,例如允许检测或观察迄今为止没有观察到的事物的荧光标记或延时显微镜,这也是用来识别设备制造公司的常用做法,这有助于其他人的再次研究。

设备的成本

科研中应用的一些材料和设备是很便宜的。格雷戈尔·孟德尔(Gregor Mendel)用豌豆,摩尔根(T. H. Morgan)用果蝇,阿尔瓦拉多(Alejandro Sánchez Alvarado)用真涡虫,苏珊·林奎斯特用酵母。早期的研究者在混沌学研究中使用苹果电脑。流体物理学家戴维·奎尔在实验室用宜家公司免费分发的纸尺来测量。后来佐治亚州立大学的比尔·纳尔逊(Bill Nelson)在物理实验室用"搜寻的零件"来搭建他们用于研究的 K 波段 EPR/ENDOR 光谱仪。

但是大多数设备的价格并不便宜。即使是奎尔实验室,虽然它依赖现成的产品,如剃须膏、弹弓和玩具枪,但是也需要昂贵的摄像头来完成捕捉实验。1997 年,纳尔逊和他的团队借助一个大约 12.5 万美元的磁铁,联合开发了一个光谱仪。

在美国,科学家的实验室能够有 25 万美元的设备和材料费,这并不罕见。而且这还是低端的,实验室的设备很容易就超过了 100 万美元。像花费数百万美元的核磁共振仪,或者是基因测序仪这种非常昂贵的设备,经常是作为一种核心设

---

① Galison 2004。转引自 Everdell 2003。
② Cho and Clery 2009。
③ Lemelson-MIT Program 2003。胡德对研究工具和前沿领域感兴趣得益于其导师威廉·德雷尔(William Dreyer),他不断向加州理工大学(Caltech)的博士生灌输说:"如果你想从事生物学研究,就在前沿开展工作;如果想在前沿开展研究,你就发明新的工具去揭示生物信息。"(Lemelson-MIT Program 2007)。

施,被同一研究所的不同实验室的科学家共享。

把类似这样的设备费用加起来后发现,2008 年美国大学花了近 19 亿美元的设备资金。① 其中生命科学占 41%,物理学占 17%,工程学占 23%。约翰霍普金斯大学设备支出费用最多(6980 万美元),威斯康星大学麦迪逊分校、麻省理工学院(MIT)、加利福尼亚大学圣地亚哥分校最近几年也在不断接近这一数字。②

非常昂贵的设备通常会在联盟的成员之间共享。大型强子碰撞机,它于 2009 年在 CERN 第二次(耗能是最大能量的一半)运行,耗资 80 亿美元。双子座 8 米级望远镜项目(一架用于南方的天空,一架用于北方天空)花费了将近 1.84 亿美元,每年有 2000 万美元的年度预算。③ 用于科研的日本海洋钻井船——地球号(Chikyn),成本约 5.5 亿美元。④ 由伍兹霍尔(Woods Hole)海洋研究所操作的美国海军拥有的深潜水交通工具、阿尔文号(Alvin),最近花费了 4000 万美元进行整修。

虽然一些科学家和工程师的研究并不需要设备,但是大多数科学家和工程师还是需要的。即便是一些理论家也已经越来越依赖计算机,以对不能用纸和笔计算的复杂运算进行数学系统建模。

并不是所有的设备都位于科学家所在的实验室和大学附近。望远镜是一个典型的例子。加州理工学院协助管理的望远镜并不位于或接近加利福尼亚州帕萨迪纳市。相反,望远镜位于观看条件最佳的夏威夷莫纳克亚山(Mauna Kea)。⑤。在蛋白质结构测定中的衍射设备通常也不在科学家做研究的实验室里。B. C. 王(B. C. Wang)(和其他科学家)用来确定蛋白质结构的晶体存放在芝加哥城外的阿贡(Argonne)国家实验室。事实上几乎没人在自己的实验室里有加速器,

---

① 见 National Science Foundation 2009d:2009 财年,表格 78,http://www.nsf.gov/statistics/nsfl0311/pdf/tab78.pdf。国家科学基金(NSF)调查收集数据,要求大学提供用于购买研究设备的资金份额。
② 同上。
③ McCray 2000。据估计,望远镜一晚的费用为 4 万美元。见"Gemini Observatory," 2011, *Wikipedia*, http://en.wikipedia.org/wiki/Gemini_Observatory。
④ Normile 2008。为了补贴科研工作,日本研究机构将这艘科学考察船租赁给石油勘探公司。
⑤ W. M. Keck 基金会资助了该项目,因此就叫 W. M. Keck 天文观测站。该观测站由加利福尼亚大学和加州理工学院共同管理(W. M. Keck Observatory 2009)。

特别是在 2008 年 SLAC 关闭 PEP Ⅱ 之后。① 佐治亚州的两个核物理学家在纽约厄普顿的布鲁克黑文国家实验室从事相对论重离子对撞机（RHIC）项目，他们是 400 多名物理学家团队中的一部分。在这些工作中，一些工作在佐治亚州完成，另外有一些工作在当地完成。许许多多的粒子物理学家需要 LHC 来做粒子实验研究。在这些科学家中，有些人会在 CERN 做他们的研究，还有一些是虚拟社区成员，其余的是客座科学家。

设备使用

虽然科学家和工程师可以通过各种各样的方法来使用设备，但通常在院长或系主任雇用他们的时候就会提供空间和一个科研启动包。启动包通常包括研究生、研究助理和博士后职位津贴，但其中的一个关键部分还是设备购置资金。② 2003 年，化学助理教授的启动包平均是 48.9 万美元；生物学是 403 071 美元。这些不算多——是研究机构支付给一个初级教师薪酬的 4～5 倍。③ 更高级别的，化学领域是 58 万美元，生物学是 43.7 万美元。④ 化学领域里面高级教授的启动包平均是 983 929 美元（高端：1 172 222 美元），生物学是 957 143 美元（高端：157.5 万美元）。启动包通常 3 年内有效，此后教师要自己为设备筹募基金（以及实验室运行的其他相关的费用资金，如为博士后和研究生的津贴）。

资助项目款的主要部分是满足采购实验室设备的资金需求。像核磁共振仪或磁共振成像（MRI）仪这种昂贵设备，一般是由各个实验室共享的；资助机构一般会专门拨款购置这类设备。⑤ 超级计算机通常是独一无二的，它的价格通常在 10 万美元到 6500 万美元之间，超级计算机体现了一个国家的竞争实力，所以通常是由

---

① SLAC 的研究重点已经从高能物理研究转向用直线加速器相干光源（LCLS）研究材料性能，如蛋白质结构等；2009 年 4 月开始使用 X 射线激光器。参见 Cho 2006。LCLS 网站介绍，仪器产生的超快脉冲 X 射线的亮度比最强的同步光源高出数百万倍（http://lcls.slac.stanford.edu）。也参见 SLAC National Accelerator Laboratory 2010。
② 见第四章讨论。
③ 计算中包括了额外补贴，薪水与 12 个月的平均计算。
④ Ehrenberg, Rizzo, and Jakubson 2007。
⑤ 不仅仅是为了分摊高昂的设备成本。教授们共享设备还可能是保留实验室空间，将设备操作人员的成本最小化，降低维护成本。

NSF 或地方创新项目提供资金支持。① 非常昂贵设备使用，比如望远镜、加速器或者潜水器，通常要给审查委员会编写提案的方式来申请。国家自然科学基金资助的超级计算机的机时也是以类似的方式分配。

缺乏设备会影响科研人员的研究工作。一些年轻的物理学家在 2009 年的教训说明了这一点。他们计划使用 2008 和 2009 年的 LHC 得到的数据来完成他们的论文，但是由于 LHC 在 2008 年 9 月 19 日因故关闭，他们不得不停止这些计划。学生们被迫减少他们计划观测的可用数据。由于等待 LHC 重启，他们也失去了宝贵的时间。如果机构没有给天文学家提供望远镜，他们就无法开展工作和生产研究。

更普遍的是，可利用的设备并不是均匀地分布在各个大学之中。有的大学有资金来购买设备，有些大学没有。举个例子，设备支出前五名的大学（如前所述）所花费的设备资金占到了美国所有大学设备资金的 12%。一些科学家所在的研究生院拥有先进的设备。一些研究机构提供了非常丰厚的启动包。一些科学家基本没有任何麻烦就可以得到资金来购买设备，但是其他人就不行。业绩的差异使得他们的职业生涯也各不相同。我们在第七章中讨论这个主题。

设备在科学成果的优先发现和伴随着它的识别中也扮演了重要的角色，就像第二章中讨论的一样。一旦设备使得所需研究的现象变得容易获得，其他人也可以得到这些发现。难怪最近关于基因组序列 FLX 系统广告，选用一个正在赛跑的

---

① 成本包括运行和维护费用。在 NSF 的资助方案选择中，业主机构还需要支付使用费，1 年可达百万美元。目前，美国大学中性能最好的超级计算机安装在田纳西大学 Kraken，NSF 给予了 6500 万美元的资助。该超级计算机安装在橡树岭国家实验室，因为考虑到电力供应、人员培训、空间等因素。NSF 提供资助的超级计算机必须给 NSF 资助的项目分配时间。

许多超级计算机由州政府、大学联盟共同资助，如与 IBM 有合作关系的伦斯勒理工学院（RPI）。尽管 NSF 支持了大学校园中大多数最贵的超级计算机，但是，NSF 也只是支持了少数的超级计算机。见 Top500 (2010) 中超级计算机 500 强中按照地点和资金来源的排序。

你可能想到，作为一种高性能计算机的研制产品的超级计算机，其体系结构有多重形式。高性能的定义也有很多种。超级计算机俱乐部中通常是按照 Top500 排序，排序的依据是执行线性运算的水平。这是一个十分局限的计量方式，前 10 名超级计算机是世界上最快的（2009 年 9 月 8 日与 Fran Berman 的通信，以及 2009 年 9 月 14 日与 Fran Berman 的谈话）。2010 年秋，中国的天河-1A 替代了橡树岭国家实验室的 Jaguar XT5 系统成为最快的计算机。参见 Stone and Xin 2010 和 Top500 2011。

应该注意到，超级计算机是一个动态的术语，20 世纪 90 年代在超级计算机上做的工作，现在可以在成本低于 4000 美元的工作站上完成。因为许多计算问题需要利用超级计算机的并行运行——将问题拆分成许多小块同时运行——传统的超级计算机可以利用通过编程关联的计算机"簇"代替。

现在的超级计算机主要用于高计算强度的工作，例如量子力学、分子模拟。Anton (by D. E. Shaw Research) 就是专门用于模拟分子动力学的超级计算机，目前 Anton 价值大约 1300 万美元。见"Anton (Computer)" 2009, *Wikipedia*, http://en.wikipedia.org/wiki/Anton_(computer)。

马,所用标题就是"更多的使用将带来更多的论文"。①

下面的讨论会涉及科研设备在特定领域扮演重要角色的例子。最先我们会讨论基因测序,然后讨论研究设备在蛋白质结构测定中扮演的重要角色,最后再说说望远镜。

基因测序仪

HGP 是一个大规模的国际项目,证明科研设备能够在生物科学中扮演重要角色。② 这个挑战就是在 15 年里对人类基因组的 30 亿个碱基对进行测序。用以阐明基因组的测序方法采用的是 20 世纪 70 年代中期由弗雷德里克·桑格(Frederick Sanger)和他在剑桥大学同事一起研制的链终止法或称桑格法(另一种情况的由来可以看第二章)。因为他的开创性工作,桑格在 1980 年被授予了他的第二个诺贝尔化学奖[他和沃尔特·吉尔伯特(Walter Gilbert)、保罗·贝尔格(Paul Berg)共同分享]。③

桑格方法使用双脱氧核苷三磷酸(ddNTPs)作为 DNA 链的终止符。它需要依赖放射性来检测遗传密码的四种核苷酸(ATGC)的顺序。从风险和人力密集的事实上看,实施大规模基因测序有其局限性:"从本质上来说,整个过程是手动的,更糟糕的是,对数据的解释是主观的。"④当使用荧光染料取代放射物来作为检测的方法时,测序过程就变得更安全。染料会产生一个色谱,色谱中的每一种颜色代表 DNA 编码中的一种核苷酸。⑤

1986 年在勒罗伊·胡德、迈克尔·胡恩卡皮勒(Michael Hunkapiller)、劳埃德·斯密斯(Lloyd Smith)发明了 DNA 测序仪之后,这个过程需要的人力也越来越少。这台机器"通过激光激活荧光染料标记的红、绿、蓝或橙色字母,能够迅速确

---

① 见 Science (2008) 319,3 月 28 日的广告。
② (HGP)最早于 1985 年提出,1986 年能源部决定支持基因组图谱和测序研究。1988 年,国家研究理事会推荐启动 HGP。詹姆斯·沃森被指定为 NIH 承担任务的负责人。实际测序工作从 1990 年早期开始,在六个国家(中国、法国、德国、英国、日本、美国)建立了 20 个测序中心,其中 5 个大的中心发挥了主要作用:英国的 Sanger 研究所、能源部加利福尼亚 Walnut Creek 的联合基因组研究所、NIH 资助的贝勒(Baylor)医科大学、华盛顿大学医学院、怀特黑德研究所。见 Collins, Morgan, and Patrinos 2003。
③ 因为桑格的方法性能优于 Maxam 和 Gilbert 方法,而且使用毒性化学物质和放射性元素少,很快就应用开来。见"DNA 测序",2011。
④ 见 Michael Hunkapiller 的专访(Dolan DNA Learning Center 2010)。
⑤ Nyrén 2007。

定在 24 个碱基对的 DNA 中四种核苷酸的顺序。"① 这种机器由胡德协助创立的美国应用生物系统公司销售（见第三章中的讨论）。

这台机器让胡德赢得 2003 年的勒梅尔森（Lemelson-MIT）奖，成为赢得该奖的四大发明之一。2011 年，胡德又获得了 Fritz J. 和 Delores H. Russ 奖（50 万美元）"它可以自动为 DNA 测序，彻底改变了生物医学和法医学。"② 他的发明（和他对发明的兴趣）并没有被他所在的加州理工学院的部门大加赞赏，据胡德说，这是他离开加州理工学院去华盛顿大学的原因之一。这项发明引领了基因组的科学革命，速度和成本在这其中发挥关键作用，它通过渐进式的改进使 DNA 测序速度快了 3000 倍。

用一个简单的年代序列就能说明这个事实。HGP 始于 1990 年，条件最出色的实验室每天能完成 1000 个碱基对的测序。2000 年 1 月之前，参与绘制人类基因组的 20 个实验室共同测序 1000 个碱基只需要 1 秒钟，而且可以每周 7 天，每天 24 小时工作。测序完成的每一个碱基对的成本从 1990 年的 10.00 美元③ 跌至 2003 年的 0.05 美元④，2007 年更是跌至大约 0.01 美元⑤。而且已是家喻户晓的事了。以每人每天测得的碱基对来测量，从 20 世纪 90 年代初至 2007 年，一名可以操作多台机器的科研人员，其测序效率提高了 20 000 倍以上，大约每 12 个月翻一番。⑥ HGP 的总支出，包括行政费用在内，耗资 30 亿美元。然而设备的不断改进，导致了成本的不断减少。如果使用 2006 年的设备，HGP 有可能只需要 2500 万美元到 5000 万美元就可能完成人类基因测序。⑦

人们普遍认为，机器对于完成 HGP 起着非常关键的作用。例如，在宣布编制了基因组测序的工作草案后，2000 年 6 月《纽约时报》发表的一篇文章就讨论了测序仪扮演的关键角色，报道指出这台机器"最新发布的一代叫作毛细管测序仪的性能达到了顶峰，就和 PE Biosystems' Prism 3700 和 Amersham Pharmacia 一样出

---

① Lemelson-MIT Program 2003。
② Biotechnology Industry Organization 2011。
③ Collins, Morgan, and Patrinos 2003。
④ Jenk 2007。
⑤ Stephan 2010a。
⑥ 见参考文献：Stephan 2010a。并不是所有的提高效率都归结为测序技术发展。数据库技术、基因模板的准备、实验室信息管理等减少人为干预的措施，都可以提高效率（Collins, Morgan, and Patrinos 2003, 289）。
⑦ Cohen 2007。

色,尽管没有得到广泛应用。"《时代周刊》接着说:"假如人类基因工程允许评选出一个机器人英雄的话,这项荣誉就肯定归 Prism 3700 所有。"① 弗朗西斯·柯林斯(Francis Collins),迈克尔·摩根(Michael Morgan)和阿里斯蒂德斯·帕特诺斯(Aristides Patrinos)是 HGP 的重要人物,在他们 2003 年发表的关于大规模生物学研究教训的文章中,描述了设备在 HGP 成就中的重要作用,这部分的标题是"技术十分重要"。根据这三个人的观点,"Amersham Pharmacia 和 Applied Biosystems 公司开发的测序机器的出现带来了效率的急剧增加,进一步提高了使用更好的酶和染料的效果。"② 测序仪并不是唯一一个使得 HGP 成为现实的机器。电脑也非常重要。如果没有先进的计算机技术与软件,它绝不可能评估出原始数据的质量,然后把这些数据组合在一起。③

新一代测序仪在 2005 年开始进入市场后使得早期的机器越来越过时。尽管要读取的碱基对"长度"实际上要短一些。这些"下一代"机器可以一次阅读数以百万计的序列,而不是一百或更少的不同 DNA 碱基对。这并不仅仅是机器本身更快了,新试剂和新软件也使测序变得更快。

乔纳森·罗思伯格(Jonathan Rothberg)发明了第一个下一代测序仪,并且由他帮助建立的 454 公司负责销售,这个公司现在是 Roche 的一个子公司。④ 他们出售的最初的测序仪能够读取 100 个碱基长度并在不到 5 小时的时间里完成 2000 万个碱基的测序。2010 年,该公司推出的测序仪器能够读取 400~500 个碱基长度且每 10 小时对超过 100 万个碱基测序的能力。他们大肆宣称,到 2011 年读取的长度将会越来越长。为了让读者明了,该公司立刻在广告中推广了较长测序长度的 FLX 系统,而且宣称"长度真的很重要"。⑤

---

① Wade 2000。*Science* 在 2001 年 2 月评述说,迈克尔·胡恩卡皮勒和他在 Applied Biosystems 公司的团队因为发明了 PE Prism 3700 测序仪成为 HGP 的无名英雄("The Human Genome. Unsung Heroes" 2001)。

② Collins, Morgan, and Patrinos, 2003, 288。Applied Biosystems 公司之前名称为 PE Biosystems, 2000 年改为现名。

③ 竞争机制也在加速基因图谱绘制中扮演了重要作用。HGP 原来是由政府、非营利机构共同资助的计划。但是,1998 年,克雷格·文特尔(Craig Venter)和他协助创建的公司 Celera,也在 1999 年能买到 Prism 3700 测序仪之后,加入了人类基因组测序的竞争中。最终于 2000 年 6 月宣布基因工作框架图由 HGP 与 Celera 联合完成,2001 年 2 月,两个集团同时发布基因图谱成果。

④ 该公司是罗思伯格早期建立的 CuraGen 公司的子公司。2007 年,他将 CuraGen 以 1.4 亿美元出售给了 Roche 公司后,失去了对 454 公司的控制(Herper 2011)。

⑤ *Science* (2009) 323:1400。准确性问题是说:快并不意味着便宜。参见 Church 2005,"长度真的重要"是说:读取的每一片段的碱基对长度越长,就越容易组合成为一个完整的基因组。

罗思伯格和他所在的公司，在宣传 FLX 系统上是非常有创意的。例如，在 2006 年他们与詹姆斯·沃森(James Watson)(因提出双螺旋而成名)接触，商讨绘制他的基因图谱的可能性；2007 年早期，他们宣布利用他们的技术仅耗资 20 万美元就成功绘制了沃森的基因组[①]图谱。他们成功地将 454 公司的设备安装到了博劳德(Broad)研究所，这个研究所是基因测序的领导者，然后通过和德国科学家合作，成功地测序出了尼安德特人(the Neanderthal)的首个百万碱基对。这项研究被作为 2006 年 Nature 杂志的封面文章。[②] 2005 年，该公司因为他们在低成本基因测序方法上的创新，被授予了《华尔街日报》金奖。[③]

像第三章中讨论的那样，罗思伯格本身就是一个有趣的企业科学家的例子。在耶鲁大学获得生物学博士学位后，他创立了他的第一个公司 CuraGen，从那以后，他创建或者和别人创建了三个科技公司：454、RainDance 和 Ion Torrent Systems。他去急诊室看望他儿子的时候，产生了发明一个更快的基因测序仪的想法，并最终创建了 454 公司。2002 年，他建立了罗思伯格儿童病研究所，致力于找到一种能够治愈孩子所患的结节性硬化症的治疗方法。结节性硬化症是一种基因遗传病，他的大女儿就患有这种病。[④]

至少有三种其他的下一代测序仪迅速地进入市场：一个来自 Helicos，一个来自 Applied Biosystems，另一个来自于 Illumina 公司。Helicos 的联合创始人史蒂芬·奎克(Stephen Quake)于 2009 年在《纽约时报》发表博客而成为头条新闻：他声称他成功地运用 Helicos 设备绘制了自己的基因图谱。4 个月以后，他在 *Nature Biotechnology* 杂志上发表了一篇文章，该文显示了他的基因组与沃森和克雷格·文特尔(Craig Venter)(他们的基因组绘制于 2007 年)二人基因组之间的重合度。紧随其后，一篇发表在《纽约时报》上的文章说，3 人花费了 4 周以及 5 万美元完成图谱。[⑤] 而在两年前，454 公司花费了两个月的时间才绘制出了沃森的基因组，而他们只用了 3 次测序——实际上原来产生最终的 HGP 草案需要 9 次测序，所以奎克的工作是非常引人注目的。[⑥] 尽管 Helicos 大肆炒作，但是 Illumina 机器

---

① Cohen 2007。
② "454 Life Sciences," 2011, *Wikipedia*, http://en.wikipedia.org/wiki/454_Life_Sciences。
③ 同上。
④ Rothberg Institute for Childhood Diseases 2009。
⑤ Wade 2009。
⑥ Cohen 2007。

还是占领了第二代市场。

新一代机器正在改变测序工作的工作地点,以及掌握测序技术的研究人员的数量。随着新设备和新的商业模式的上线,它如何运作仍然悬而未决。2007 年引进的下一代测序设备并不便宜,例如 Illumina 的基因组分析系统成本为 47 万美元(比 Applied Biosystem 的 3730 测序仪多花费 17 万美元);Helicos 单模分子测序仪花费了大概 100 万美元,"取决于你怎样讨价还价"。[①] 但是设备的速度和设备相关较低的单位成本,意味着这个机器有可能被大量的实验室和医院用来解决研究和医疗问题。这与第一代的设备形成了鲜明的对比:第一代机器最终只在少数的高度专业化的实验室里运用。Illumina 将获得使用权(access)作为一个卖点,它在它的网站上标注:Genome Analyzer System"使得最小的实验室拥有与最大的基因组中心一样的测序能力"。[②] 尽管如此,设备和获取仍然是高度集中化的。据估计,2010 年,世界上 1400 台测序仪仅仅被 20 个学术和研究机构使用。[③]

测序仪的商业模式也在不断变化。就在下一代设备看起来会增加使用测序的地区数量时,位于加利福尼亚山景城(Mountain View)的全基因组学实验室(Complete Genomics)对西雅图系统生物学研究所(Institute of System Biology)提供的材料进行成功的测序,使测序的统一模式得到了很大的改进。[④] 发表成果的合著者之一就是勒罗伊·胡德,他是测序仪之父,任职于基因组学实验室的科学咨询委员会。这一项目旨在对两个身患罕见基因疾病的小孩进行基因解码,并比较他们父亲的基因。这一研究发表在 *Science Xpress* 2010 年 3 月期上。全基因组学实验室报告说,他们已经完善了一种低成本、高质量的测序方法,不仅可以节省时间,还能将研究者的成本,由 25 万美元之巨降到 5000 美元。[⑤] 它的目标是在世界范围内开设 10 家测序中心,平均每年完成 100 万份人类基因的测序工作。如果真如他们所说,测序将会形成一个服务产业,不管是哪个地方的研究者都能够获取所需要的技术。

如果真按照乔纳森·罗斯伯格那样做,测序技术就更有可能进入家庭,普及到

---

① 瓦德(Wade 2009),引自史蒂芬·奎克。
② Illumina (2009),Genome Analyzer Ⅱx。
③ Herper 2011。
④ 这一年的早些时候,全基因组学实验室(Complete Genomics)的科学家与哈佛大学、华盛顿大学合作在 *Science* 上发表文章,介绍测序平台。见 Drmanac et al. 2010。
⑤ Bowers 2009。

更多的家庭。2010年3月,他展示了一台由他最近成立的 Ion Torrent System 公司制造的硅芯片测序仪,它可以直接把化学信息翻译成数字化数据。2011年1月这台机器以＄50 000的低廉价格出售。罗思伯格的目标是为那些无法在自己的研究设备中获取测序技术的小型研究团体打开基因测序领域的大门。他还假设说,可以把小的机器(台式打印机大小)放在医生办公室里。他给这台机器命名为个人基因组仪器(Personal Genome Machine,PGM),足见他的雄心壮志。然而,它的最新版本每次运行只能够对1000万个碱基对进行测序,导致每个碱基的费用很高而且不适于全基因组测序。① 相反,其他的竞争者则在积极追求第三代设备。太平洋生物医学(Pacific Biosciences)在2010年引进了第一台用于实时扫描单个DNA的机器。这台机器也就是我们所说的RS,被 The Scientist 评为"2010年顶尖发明"。② 乔纳森·罗思伯格就是这三个评判员之一!

有一件事是可以确定的:新的测序技术需要更少的技术人员。当文特尔(Venter)研究所于2008年9月宣称减少了29个测序中心工作岗位,宣布裁员"是技术转移的直接结果,并不是美国目前遭遇的经济困难时期造成的"。③ 这一问题就变得很清晰了。7周以后,博劳德研究所也发生了类似的事情,削减了24名员工,再一次提到裁员是因为技术提升而非经济萧条。④ 对于经济学家来说,裁员并不奇怪,他们利用模型预测了相关价格的变动会导致相对低廉的投入代替相对昂贵的投入。

成本的降低使得个人基因组测序的价格变成了1000美元或更少。为了刺激竞争,2007年3月设立了基因学的 Archon X 奖,奖金为1000万美元,奖励"创建一种设备,并使用它在10天或更短时间内,进行100个人类基因的测序,误差控制在每10万个基础测序对中仅有一个错误,测序成功覆盖至少98%的基因,每个基因不超过10 000美元的经常成本。"⑤

上面提到的HGP和测序技术是否可以作为应对人类疾病的一个大的进步呢?答案看对谁而言了,以及他们的时间范围。对于埃里克·兰德(Eric Lander)(他是发表关于人类基因论文的第一人,他还是博劳德研究所所长,该研究所是基因组医

---

① 该机器每次运行成本为500美元(Pollack 2011)。
② RS售价为69.5万美元(The Scientist 工作人员 2010年)。
③ J. Craig Venter Institute 2008。
④ McGraw-Herdeg 2009。
⑤ X Prize Foundation 2011。

学的领导者,位于马萨诸塞州剑桥市)来说,答案是"YES"。对于兰德来说,速度(以及相关的低成本)意味着测序"可以被应用于解决任何问题。"比如说,这个新设备可以帮助我们更好地理解与问题基因相关的疾病,以及对个人基因组学的前景。

弗朗西斯·柯林斯,HGP的负责人是乐观的。HGP和测序技术"帮助我们把大多数(医学最大)难题都拼凑在一起。"但是并没有赶上柯林斯在2000年预测的速度。"技术第一定律,"柯林斯说道,"就是我们总是高估一个具有转折意义的发现的短期影响力,然而却低估了它的长期影响。"①

其他人则持不同的看法。尽管我们在一些癌症新药研发上取得了进展,基因检测可以预测少量药物的功效,或者患乳腺癌的病人是否需要化疗,"我们最初寄希望于基因组研究可以识别引发癌症、阿尔茨海默病和心脏疾病等疾病的基因突变。由此产生的治疗方法也让我们认识到,疾病是有复杂因素的,很难简单地归结为一两种基因突变。"②例如,2010年布里格姆(Brigham)的妮娜·佩因特(Nina P. Paynter)以及波士顿妇女医院领导的一项研究显示,从统计上看,101个基因变异与心脏疾病有关,在预测19 000名妇女谁身患心脏病这个问题上毫无价值。另一方面,家族病史倒是一个重要的预测手段。③

蛋白质结构测定

蛋白质存在于所有生物有机体中,通过空间折叠而具备相应生物学功能。测定蛋白质的三维结构对于我们在分子层次上理解蛋白质功能很重要,同时这也是结构生物学领域研究的主要内容。④ 结构测定一直都是一个难度很大、需要花费大量时间的事情。蛋白质必须首先结晶出来,然后这个晶体必须装好,便于进行X射线放射研究,最后必须分析结果数据来确定蛋白质的结构。晶体在结构测定中扮演着重要角色,晶体很难生长,资助机构通常说"没有晶体,就没有获得项目资助的可能"。

近几年,随着新技术和软件的进步,结构测定工作已经快速推进。大多数这方面的资助都来自于NIH的国立综合医学研究所(NIGMS),它已经资助了一系列

---

① Collins 2010a。
② *New York Times* 编者的话,2010。
③ Paynter et al. 2010。
④ Berg, Tymoczko, and Stryer 2010。

的蛋白质结构研究计划（Protein Structure Initiatives，PSI）。尽管从某些程度上说，PSI 有些令人失望。目前为止，它只发现"蛋白质结构大多是与生物学功能相脱离"，技术进步是这些发现的主要成功因素。同样，一份评估报告在提到对这一活动的担忧、失望时，也总结到"PSI 在建立蛋白质生产和结果测定的自动化流水线确实取得了很大的成功。"①

有一个重要的技术进步就是使用机器人来培育和扫描晶体。例如，机器人可以同时开展多种多样的晶体实验，并且可以自动观察，看晶体是否在生长，如果结晶的话，晶体的质量和大小如何。热科技（Thermo Scientific）公司研发了这样一个系统，像这样的机器人系统，包括附件在内，成本高达 5.7 万美元。②

技术进步对于我们在同步加速器中进行衍射研究也十分重要。我曾经访问的王必成（Bi Cheng Wang）在佐治亚州立大学的实验室，就是一个证明技术进步作用和技术演进的好例子。

王先生 1995 年任职于佐治亚州立大学，作为佐治亚州研究联盟杰出学者，致力于在大学建立结构生物学项目。几乎同时，阿贡国家实验室宣布，它将会建造一个新的设备，叫作先进光子源（Advanced Photon Source，以下简称 APS）。这一国家实验室在寻找小组或联盟来建立其 36 个研究部门中的一个或多个研究小组。

在阿贡国家实验室宣布的时候，西南部的许多学者正在布鲁克黑文国家实验室（纽约）、劳伦斯伯克利国家实验室（加利福尼亚）或者斯坦福 SLAC 国家加速器实验室的同步加速器辐射光源（加利福尼亚）使用这个设备，但东南地区并没有正规的小组或联盟。1997 年 6 月，王先生召开了一次区域研究者大会，想知道他们是否对组建联盟感兴趣。来自多个机构的 30 个人同意参加，东南区域协作共享联盟（SER-CAT）就形成了。最初，SER-CAT 每股值 25 万美元，一些机构购买了 1 股以上，包括王先生带领的小组，他买了 4 股。其他参加的大学包括艾默里大学、佐治亚州立大学、佐治亚理工大学。2008 年我采访王先生的时候，SER-CAT 已经出售了 70 股中的 54 股。（成员并不限于东南地区的机构——比如，芝加哥的伊利诺伊大学就是其中的成员。）除了最开始的会员费，年度运行维护费也要加以评估，

---

① 见 National Institute of General Medical Sciences 2007a，1—2。考虑到缺乏生物学的相关性，NIGMS 重新调整了 PSI 的方向。新的研究计划——PSI：生物学，与其解决蛋白质结构，还不如考虑广泛的生物研究的巨大商业利益和解决生物学科研人员提出的蛋白质结构测定问题（National Institute of General Medical Sciences 2009c）。

② 来自 Thermo Scientific 公司的回信。

这一项费用在 2008 年可达 3.8 万美元。

每建立一个同步加速器光束要花费将近 700 万美元；每个部门有两个或更多的光束线、单个的监测仪，加上一个可能较小的备份探测仪。第一个 SER-CAT 光速线于 2002 年完成。那时候，标准的程序就是研究者去阿贡国家实验室开展衍射研究。

早在 1999 年，王先生和他的小组就开始想办法构建一个机器人，目标是提高 SER-CAT 的效率。然而，SER-CAT 理事会对此并不感兴趣，宁愿集中注意力研发新型同步光源，而非机器人。2002 年以前，机器人被广泛应用于衍射研究的各个领域。阿贡国家实验室先进光子源（APS）的另一个小组购买了一个 Rigaku 机器人，加利福尼亚大学伯克利分校设计了他们自己的机器人。这时候，SER-CAT 小组意识到了他们也需要一个机器人。他们以伯克利大学的设计（可以被公众获取）为原型，在阿贡实验室建立了一个改进版的机器人。

SER-CAT 提高效率的一个办法就是减少单次测试的机器运行时间。2002 年之前，其他设备每次使用基本都需要花费两天时间。SER-CAT 机器人能够把时间减少到一天，还让用户可以收集他们所需的数据。2008 年我采访王先生的时候，他们的目标是在不远的将来把运行时间减少到 6 小时。他们还能通过开发软件进行高通量在场测定结构来提高效率。2004 年，这一小组成功在 24 小时内测定 5 种晶体结构。2008 年，SER-CAT 光束的一名研究者在 6 小时内得到了 5 种结构。在我写这本书的时候，SER-CAT 还没有实现 6 小时运行，但是自从 2009 年夏天以来，他们已经转换成了 12 小时运行模式。为了实现这一目标，他们又雇用了两名工作人员，把他们的现场用户支撑服务从每天 8 小时延长到 16 小时。

进一步提高效率的创新性方法就是，成员不再需要去阿贡实验室收集数据。他们可以通过软件用家里或实验室的计算机远程操作机器人，一分钟完成晶体安装、调试，开始进行数据收集。（这一过程被许多同步加速器设备命名为"远程控制数据收集。"后来被称作"远程获取"。）王先生最初在 1999 年访问 NASA 期间沉迷于远程获取的想法。如果 NASA 能够用计算机控制在外太空的设备，为什么不能在远程进行晶体合成和衍射研究呢？

阿贡实验室的规则要求 25% 的运行时间都可以由非联盟成员使用，所以非成员也可以使用这个设备，包括数据收集过程的远程获取。晶体通过邮件送到了阿贡实验室。在 SER-CAT 能够使用远程获取之前，SER-CAT 机构把这个做法称为

"联邦快递结晶学"或者"邮寄结晶学",这样,研究者把他们的实验晶体邮寄到 SER-CAT。对于那些需要快速获取数据或者不想要长途奔波,这是一项特定的服务,员工会为他们个人收集数据,这一做法至今都还在 SER-CAT 继续,但并不作为机构成员的额外收益。SER-CAT 牵头的"联邦快递结晶学"服务已经被蛋白质结构研究领域的其他人采用。

最相近的,具有竞争力的蛋白质结构测定方法是核磁共振光谱学,它已经产生了超过 7800 个晶体结构。[1] 库尔特·伍兹瑞希(Kurt Wüthrich)是第一个使用这种方法测定结构的,并为此荣获了 2002 年诺贝尔化学奖。[2] 相比于 X 射线晶体学,核磁共振的主要好处就是能够在接近生理条件的溶液中测定蛋白质结构,而不需要把蛋白质结晶为一个有序的晶状物。然而,NMR 方法劳动强度大,局限于小蛋白质分子,这一缺点目前已被克服。测定蛋白的另一个新兴方法就是质谱分析。

蛋白质结构一旦测定,就存储在蛋白质数据库(PDB)中。PDB 是一个存储蛋白质和核酸三维结构化数据的地方。1971 年,建立于布鲁克文国家实验室,当时存有 7 种结构。2009 年夏之前,已存储了 59 000 种结构。PDB 目前的总部设立在罗杰斯特大学。[3] 2009 年夏,研究者识别和存储了超过 3500 种结构,是由 NIH 的 NIGMS 蛋白质机构研究计划支撑的。

望远镜

2008 年是望远镜诞生 400 周年,望远镜是科学研究中使用的最古老的工具之一。没有它,伽利略就不会观察到木星或者推翻宇宙围绕地球旋转的观点。尽管伽利略的望远镜很小,可携带(他坚定地捍卫着他的成果)。很快,望远镜就变得很

---

[1] 见"X-Ray Crystallography," 2011, *Wikipedia*, http://en.wikipedia.org/wiki/X-ray_crystallography。

[2] 蛋白质结构测定领域已经获得了几次诺贝尔奖。例如,罗杰·科恩伯格(Roger Kornberg)因为解决了 RNA 聚合酶的三维结构而赢得了 2006 年诺贝尔化学奖。罗德·麦金农(Rod MacKinnon)因 1998 年首次构建单离子通道的蛋白质高分辨结构而赢得诺贝尔奖,这是一类允许单离子穿过的细胞膜蛋白质,它使得神经冲动和其他关键生物过程成为可能。约翰·肯德鲁(John Kendrew)和马克斯·佩鲁茨(Max Perutz)因为首先测定高清晰蛋白质结构而获得 1962 年诺贝尔化学奖。艾伦·克卢格(Aaron Klug)因为在 1964 年研究工作中而得到了 1982 年诺贝尔化学奖,他以"X 射线衍射测定蛋白质结构的原理应用于电子晶体学显微镜,使得科学家解决复杂蛋白质结构成为可能,甚至可测定完整的病毒。"见 National Institute of General Medical Sciences 2009a。

[3] 见 RCSB Protein Data Bank 2009 (http://www.rcsb.org/pdb/)。

大了。它们也开始得到了政府的支持。比如,1675 年前,英国就已经在格林尼治成立了皇家天文台(Royal Observatory at Greenwich)。它之所以得到皇家的支持,是因为他们认为这台望远镜是解决"经度问题"的关键,这对于一个像英国这样经常会因为不能确定经度而有海船丢失的航海国家来说至关重要。①

今天,已经有多种类型的望远镜投入使用,包括光学的、射电的、空间的、探测宇宙天体产生的中微子源的和探测高能量的伽马射线等各种类型。历史上,美国的光学望远镜都是在大学或者大学联盟中的,由此把美国天文学家分成了"富人派和穷人派"。这两个团体之间互相仇视。正如一个穷人派天文家所说:"富人派连一个机会都不留给我们。"②加州理工大学控制着观测设备就是一个例子。45 年(1948—1993 年)中,由加州理工大学运行着位于加利福尼亚帕洛玛天文台的世界上最大的光学望远镜(200 英寸或 5.1 米)。而这直到加州理工大学和加利福尼亚大学,在 W. M. Keck 基金会的帮助下,在摩纳卡(Mauna Kai)制造出了 10 米的天文望远镜,并且命名为 W. M. Keck 中心③时才被超过。

并不是所有的望远镜都属于一个机构(或者机构联盟)。随着建造和运行望远镜的成本上升了,人们对望远镜的时间要求增加了,未来的趋势是研制国家和国际望远镜,由大学或国家的联盟来完成。由 NSF 赞助,由美国大学联盟(AAU)运作的基特峰(Kitt Peak)美国国家光学天文台就是这样一个例子。但是,直到 20 世纪 70 年代末期,人们对基特峰的两个最大望远镜的观测时间需求超出了可以提供的时间的两倍,压力开始加剧,人们不得不思考再建立一个光学望远镜。④ 结果,美国天文学会的一个团体(尤其是穷人派)开始探索方法,在政府支持下建立一个新的望远镜。最后在双子座 8 米天文望远镜项目的努力下,成功研制了两个望远镜:一个用来探测智利南部天空,一个用来探测夏威夷莫纳克亚山的北部太空。这样一来,它变成了一个国际性联盟,合作成员来自世界各国,包括巴西、阿根廷、智利、澳大利亚、加拿大和英国。这一项目最初花费 1.84 亿美元,目前每年要花费 200 万美元来运行。随着时间发展,他们还添置了新的仪器。

双子座项目的 25% 的时间分配给望远镜的工程师,以及东道主国家和当地科

---

① 1996 年,索贝尔(Sobel)给出了解释了"经度问题"的有趣原因。
② McCray 2000,691。
③ 最近,NASA 加入正在建造第二个设备(Keck Ⅱ)。
④ McCray 2000。

研人员。其余的时间都按公式分配,公式算法是基于支持的力度(美国得到大约35%的时间分配)决定,同时通过同行评审,把建议提交给国家时间分配委员会(National Time Allocation Committee,NTAC)。

有些望远镜会用在特定的项目上。比如,新墨西哥州的阿帕奇山顶(Apache Point)2.5米望远镜就用来调查2000年以来的太空变化。这个项目,也就是我们所知道的Sloan数字太空调查(Sloan Digital Sky Survey,SDSS),它配备了一个120兆像素的摄像头。[①] 它已经拍摄了数百万张星系照片,并建立了Galaxy Zoo延伸项目,志愿者可以在线查看这些照片。这项耗费1.5亿美元的项目命名为Alfred P. Sloan基金会,该基金会为这一项目提供支持。源自这一项目的论文都是团队合作的结果,普林斯顿大学的迈克尔·斯特劳斯(Michael Strauss)说到,"当我们发表了一份有100个作者的论文的时候,人们都觉得好笑。但我们向世界展示,许多个天文学家也能和睦相处,并且开展大量的科学活动。"[②]

近些年,光学研究团体之间的竞争与日俱增,那时候加州理工大学和加利福尼亚大学宣称要研制一台30米望远镜(TMT),其7700万美元的设计开发阶段的资金大部分都是由Gordon和Betty Moore基金会(因Moore定律而闻名)提供的,其他的资助来自于加拿大的合作伙伴。10亿美元的建造费用,部分资金来自Moore基金会(赠送了2亿美元),加州理工大学和加利福尼亚大学承诺共同承担1亿美元的资助。[③] 加拿大的合作单位提供附件、望远镜构件和第一台自适应光学仪器。[④] 但是这个项目的花费太高,计划在2018年项目完成之前,项目各个成员就不得不谨慎考虑。他们在2009年夏天宣布了望远镜的所在位置,再一次选中了摩纳卡。

TMT并没有依赖大型镜片,而是采用了劳伦斯伯克利国家实验室的应用物理学家杰瑞·纳尔逊(Jerry Nelson)研发的技术,采用492个薄的、六边形镜面连接成的光滑抛物镜面。

TMT并不是美国唯一在规划中的大型光学望远镜。麦哲伦巨型望远镜(GMT)也进入了设计阶段,且紧跟在TMT项目之后。这个项目由卡内基天文台

---

① Sloan Digital Sky Survey 2010 (http://www.sdss.org)。
② Cho and Clery 2009。
③ Bhattacharjee 2009。
④ TMT Project 2009。

和亚利桑那大学领导,使用了 7 个单晶 8.4 米镜片,类似于花瓣的样子排放,可以产生与一个 24.5 米直径镜片相同的效果。① 选择的摆放地点是智利的拉斯坎帕纳斯(Las Campanas)。预估建造成本是 7 亿美元。② 杰瑞·纳尔逊和 GMT 单晶电路镜片设计者罗杰·安杰尔(Roger Angel)之间存在着多方面的竞争,两个项目之间也有竞争。

正如前面所说的,天文学是充满竞争的。如果欧洲天文学家奋起,致力并成功研制 E-ELT,TMT 和 GMT 也就相形见绌了。欧洲超大望远镜(E-ELT)计划安装一个 42 米分割镜片,差不多是一个足球场长度的一半。③ 欧洲必须"搞定"这个 42 米望远镜,在此之前还计划研制一个 100 米视域(scope)的望远镜——我们所知道的,大约是 OWL——最后证明是太昂贵,而且太复杂。这个 42 米望远镜很有可能会落户智利或者加那利群岛。这项计划还只是在初步阶段,这个耗资 15 亿美元的设备最早会在 2016 年开放。当前的计划是建立六边形的主镜,大小和 TMT 设计中使用的一样。④

光学望远镜可根据不同的目的加以配置。并不是所有的配置都是高价,贴上高价的标签。比如说位于加利福尼亚威尔逊山(Mount Wilson)的角坐标分辨率中心(CHARA)负责运作的天文干涉仪。这个阵列是佐治亚州立大学的天文学家哈罗德·麦卡利斯特(Harold McAlister)的独创,由 6 个直径 1 米的天文望远镜组成。它的研制资金来自 NSF、佐治亚州立大学、W. M. Keck 基金会、David 和 Lucile Packard 基金会。麦卡利斯特早在 20 世纪 80 年代初期就开始寻找赞助基金,1985 年获得了来自 NSF 的种子基金。项目于 1996 年在威尔逊山开始动工,2004 年完全投入使用。除了佐治亚州的贡献之外,望远镜的建造略微超过 800 万美元。这一阵列可以从 2000 英里以外的佐治亚州进行远程操作。⑤

---

① Bhattacharjee 2009。
② 2010 年夏,芝加哥大学承诺投入 5000 万美元,向 GMT 项目注入了一剂强心针(Macintosh 2011)。
③ 受目前的技术限制,单个镜片最大 8 米。E-ELT 将镜片组合在一起,形成一个直径大约 42 米的镜片。[加那利大型望远镜(The Gran Telescopio Canarias)和南非大型望远镜使用的六边形镜片组合起来制成大于 10 米的镜片]。见 European Southern Observatory 2010;"European Extremely Large Telescope",2010,*Wikipedia*,http://en.wikipedia.org/wiki/European_Extremely_Large_Telescope。
④ Bhattacharjee 2009。
⑤ Center for High Angular Resolution Astronomy 2009。

射电天文学提供了研究宇宙深处的方法。① 目前处在规划设计之中的最大射电望远镜是平方千米阵列(Square Kilometer Array, SKA)射电望远镜,建造费用为 15 亿美元,年度运行耗资 1 亿美元。如果 SKA 确立下来,那么 1963 年在波多黎各城开始的由 NSF 资助,康奈尔大学管理的 305 米直径的阿雷西博(Arecibo)射电望远镜就会被超越。② 约瑟夫·泰勒(Joseph Taylor)和鲁塞尔·休斯勒(Russell Husle)在波多黎各的观察结果,提供了最初证据,证明爱因斯坦广义相对论所预测的重力波确实存在。他们两位获得了 1993 年的诺贝尔奖。③ 2006 年 NSF 发起的一项审查似乎预示着将于 2011 年停止资助阿雷西博④望远镜。

55 个机构和 19 个国家参与了 SKA 项目计划和资助,SKA 有 3000 个蝶形天线和另外两种射电波接收器。⑤ SKA 的主要目标是"在宇宙尽可能远的范围内寻找微弱无线电波,帮助科学家判断在第一个星体诞生以前,宇宙都存在些什么东西,并探讨暗物质和暗能量的性质。"⑥要完成这个项目必须克服许多障碍,其中一个就是地点的选择:与光学望远镜不一样,其可选的适当地点受限于夜晚天空的清晰度和一年中晴朗夜空的天数;而 SKA 可以在许多地方建设。而且,与奥林匹克一样,还存在很多的竞争者:中国想建,澳大利亚、南非、阿根廷也想建。2011 年春季以前,放置地点的选择范围缩小到南非或者澳大利亚。⑦

SKA 是一个极好的例子,证明了建设一个新的设备需要具备多么长远的考虑。SKA 最开始是在 20 世纪 90 年代制订计划,它不太可能在 2022 年前完成。它的目标很明确,就是供下一代射电天文学家使用。这一代天文学家就只是设计和研发,更像是为下一代孩子或孙子辈栽种橄榄树。⑧

---

① 射电天文学提供了一个意外新发现的例证。20 世纪 20 年代,贝尔实验室(Bell Labs)要求卡尔·詹斯基(Karl Jansky)确认跨大西洋无线电话的静电源。詹斯基建立了一个旋转天线。1932 年,詹斯基发表论文,称他发现了三种噪音源:本地雷暴、远地雷暴,第三种不明来源的嘶嘶静电。詹斯基称之为"星球噪音"。这开启了射电天文学的时代。见 Rosenberg 2007。
② "Arecibo Observatory" 2011。*Wikipedia*,http://en.wikipedia.org/wiki/Arecibo_Observatory
③ Martin 2010。
④ Cho and Clery 2009,334。
⑤ Clery 2009a;SKA 2011。
⑥ Koenig 2006。
⑦ SKA 2011。如果选择地点在澳大利亚,平方千米阵列射电望远镜(SKA)天线可能扩展至新西兰;如果选择在南非,可能扩展至印度洋岛屿(The Indian Ocean Islands)。
⑧ 欧洲太空局的赫歇尔空间天文台(The Herschel Space Observatory)是另外一个例子,大型仪器研制需要具备很长的准备期,其最初的想法是在 1982 年提出,天文台建设完成于 27 年后的 2009 年 5 月(Clery 2009b)。

但这种为子孙建设仪器设备还不是全部,这个过程中还会有其他的成果:许多设备是由个人或者一组人构思完成的,他们看到自己的设备得以变成实物,内心充满了满足感。这个过程中还会产生论文。物理学家弗朗西斯·哈尔泽是冰立方项目负责人——这个耗资 2.8 亿的中微子观测站建在南极洲冰川中——随着项目的进展和合著发表论文,他也成为冰川学的一名专家。

望远镜并不限于在地球上使用。1990 年 NASA 发射的哈勃太空望远镜,就是一个在外太空运转的望远镜的最好实例。它还是一个开放使用的设备,任何人都可以用它来进行观测,而不受国籍和学术的限制。然而,竞争很激烈:只有 1/6 的观测提议被选中了。而且,不像地球上的望远镜,哈勃望远镜的使用时间有期限。NASA 希望哈勃望远镜最晚在 2019 年寿终正寝。①

哈勃是通过远程控制的,需要随时掌握它的位置信息。但是随着望远镜越来越大——也越来越昂贵——很有可能大多数光学望远镜也会实现远程控制。"随着越来越多的天文学家要争取获得观察时间,观察的日程安排和望远镜的旋转可能会完全实现自动化,以充分利用每一秒钟。"②而且,时间的竞争可能会迫使天文学家开展更加广泛的合作。

活 体 生 物

遗传模型生物,例如出芽酵母(*Saccharomyces cerevisiase*)、果蝇(*Drosophila melanogaster*)以及线虫(*Caenorhabditis elegans*)已经在生物学研究领域使用超过 150 年。它们都是理想的遗传模型。原因有很多,包括它们都很小,生长迅速,容易实现基因操作。它们也很便宜。通过检测这些生物的自发的或诱发的突变,帮助我们识别许多重要的蛋白质,包括那些细胞生长和繁殖、蛋白质合成和加工以及

---

① 气球携带的大孔径亚毫米波望远镜(Balloon-borne Large Aperture Submillimeter Telescope, BLAST)是另外一种形式的"空间"望远镜。这种望远镜由高空气球悬挂,为宾州大学和多伦多大学牵头的大学联盟所支持。BLAST 在执行第三次飞行任务时灾难性地坠毁,这显示了这个项目的脆弱性;降落伞开启失败,望远镜在南极大陆拖曳 24 小时。

② Cho and Clery 2009,334。

信号传导等需要的蛋白。①

在科研中还用其他的模式生物。例如,亚历杭德罗·桑切斯·阿尔瓦拉多(Alejandro Sánchez Alvarado)证明,最早被科学家于 19 世纪发现的具有强的再生能力的涡虫,是用来研究再生条件下分子组成的一个很好的模型。② 最开始用在水族馆中吸引游客的斑马鱼,现在也越来越广泛地用于研究,它们便宜又繁殖快;卵体外受精,易于研究和处理。它们也可以通过基因操作实现"在黑暗中发光",使得学者能研究它们最早期的发育。③

但是真正的实验室之王是小鼠。它们最早被当作研究工具始于孟德尔时期。由于遭到了教会的阻止,他才换成了豌豆。根本的原因是:老鼠的研究涉及交配过程。(孟德尔之后幸灾乐祸道:"你看,主教都不明白植物也有性")。④ 50 年后,哈佛大学生物学家克拉伦斯·里特尔(Clarence Little)读到了孟德尔的重新发现的研究著作,对利用小鼠做生物研究产生了兴趣,并且开始在哈佛大学养殖小鼠。事实上,小鼠可以通过近亲繁殖来消除基因差异,是理想的模式生物。在许多慈善人士(包括福特)资助下,1929 年里特尔进一步建立了杰克逊(Jackson)实验室(通常称作 JAX)。⑤ 现在,它是世界最大的非营利实验鼠繁殖基地。2008 年,养殖基地提供了 250 万只实验鼠。

到了 20 世纪 80 年代后期,由于基因工程取得的巨大突破,小鼠作为研究工具之势得以加剧。人们不再需要使用"原生鼠"(自然出现的带有某种病症的动物)来进行疾病研究,现在人们可以使用一种或三种新技术,通过生物工程技术让小鼠患上特定的疾病,或者让它们对特定的疾病敏感。基因敲除的方法消除了小鼠体内特定的基因;转基因方法可以给小鼠插入新基因;Cre-lox 技术允许在特定时期或

---

① 由于人类的进化史,人类进化研究,酵母菌也可以用来研究某个基因如何影响特定的行为。例如 2010 年,通过研究酵母,德克萨斯州立大学奥斯汀分校的爱德华·马克特和同事确定了五个控制血管生长的人类基因。这种研究证明研发通过停止为肿瘤提供营养的血管生长来杀死肿瘤的药物是可行的(Zimmer 2010)。

② 1839 年出版的《探险号航海记》(*The Voyage of the Beagle*)中,查尔斯·达尔文报告说:他将涡虫横切,观察到了涡虫再生。涡虫在托马斯·亨特·摩根(Thomas Hunt Morgan)1901 年出版的《再生》中起到了重要作用。摩根最终放弃了再生的研究,他说"我们永远不可能理解发育和再生问题"(Berrill 1983)(还参见 Sánchez Laboratory 2010)。摩根因为发现染色体在遗传中的作用而获得 1933 年诺贝尔生理学或医学奖。

③ Children's Memorial Research Center 2009;Minogue 2009。斑马鱼养殖相对便宜。爱荷华大学养殖一箱斑马鱼每天的成本是 0.37 美元。

④ Critser 2007。克里斯特(Critser)诙谐地说克拉伦斯·里特尔与斯图亚特(Stuart)没有关系(2007, 68)。

⑤ 同上。

特定组织内有条件地删除基因区域。一些转基因鼠(如肿瘤鼠)和 Cre-lox 鼠都申请了专利;基因敲除小鼠没有申请专利。① 在基因敲除小鼠的产生中扮演重要角色的三位研究人员,获得了 2007 年诺贝尔生理学或医学奖②。

由于这些技术,小鼠模型现在可以应用于几乎所有的常见病。有小鼠患上了阿尔茨海默病或是糖尿病、肥胖病、心脏病、盲症、聋症,有小鼠表现出强迫性精神失调、精神分裂、酒精中毒、药物成瘾的症状,还有患上各种癌症的小鼠。只要是你能叫出名字的病,小鼠都能患上。如果一个小鼠模型不存在,你就可以预订。例如,约翰·霍普金斯大学就有一个实验室为霍普金斯的研究人员精确构建实验鼠。③

据估计,实验鼠占到了所有实验室使用的动物模型的 90%。④ 到底有多少小鼠用于实验还难以估计。有的说多达 8000 万,有的说两三千万。⑤ 不考虑不一致性的问题,所有人都同意在实验中大量使用小鼠。在 2008 年,仅霍普金斯的 10 个实验室就使用了大约 200 000 只小鼠。10 年前,霍普金斯大学仅仅使用了 42 000 只实验鼠。⑥

有很多原因导致小鼠成为脊椎动物研究模型的首选。⑦ 小鼠是近亲交配;鼠和人类基因有 99% 的相似度;小鼠繁殖便宜,速度快;小鼠不像其他动物那样受到人类的喜欢。基于很多的原因,它们并没有成为动物权利拥护者重点呼吁的对象。⑧

一个近亲繁殖的育成小鼠成本是 17~60 美元。而一只突变系的价格大概是 40 美元,最高可到 500 美元。这是活体繁殖供应的小鼠价格,但是 4000 个 JAX 品系中,超过 67% 都只能通过冻存的材料获得。这种小鼠要价高得多:任何品系从冻存状态恢复的成本(冻存精液或者胚胎)就高达 1900 美元。基于这一原因,研究人员至少收到了两对动物,来建立他们自己的繁殖系。⑨ 订制的小鼠花费相当高。

---

① Murray et al. 2010。
② 实验鼠的创新发生在 20 世纪 80 年代,5 个独立工作的团队研发了转基因鼠。见第二章讨论。
③ Anft 2008。
④ Malakoff 2000。
⑤ 8000 万的数据来自克里斯特(Critser,2007)的说法。小鼠只是啮齿动物中的少数,部分是因为在 2009 年前还不存在基因敲除鼠。2000~3000 万的数据来源于 Anft 2008。
⑥ Anft 2008。
⑦ Murray et al. 2010。
⑧ 克拉伦斯·里特尔认识到这些,将小鼠和人类的关系描述为"宿敌"。见 Critser 2007,68 页注脚。
⑨ 见 2009 年 9 月 4 日与杰克逊实验室(Jackson Lab)技术信息科学家詹姆斯·伊登(James E. Yeadon)博士的通信。

例如,霍普金斯实验室订制一只小鼠要 3500 美元。

由于大量的小鼠投入使用,小鼠饲养费就成为科研的重要成本因素。例如,霍普金斯实验室雇用了 90 个人,包括 7 个兽医来照顾这 20 万只小鼠。大学估计,花在小鼠身上的费用是每年 100 万美元动物护理预算的 75%。① 所以在美国的大学会经常看到,大学按天向 PI 们收取实验鼠的费用。例如,2009 年,波士顿大学每天每个笼子收 0.91 美元(一个笼子一般装 5 只小鼠)。② 相比之下,爱荷华大学每天收 0.52 美元真是划算。③ 这些收费会迅速累积起来。斯坦福大学的欧文·韦斯曼(Irving Weissman)报告说,在斯坦福大学改变笼子费用之前,他每年要支付 80 万~100 万美元来维护 2000 到 3000 个用于研究的笼子。④ 饲养免疫缺陷鼠的花费要高得多(每只小鼠每天要 0.65 美元),因为它们对疾病的易感性一般要求它们分开饲养。

雄鼠要比雌鼠更多地受到研究者的青睐。事实上,只有在生殖研究中,雌鼠与雄鼠的比例才超过 1⑤。成本是一个要考虑的因素:雌鼠每 4 天有一次卵巢周期,意味着对于激素有影响的实验,研究者必须每天对雌鼠进行监测。如果研究者希望确保他们的项目能够同步进行的话,花在雌鼠身上的时间是雄鼠的 4 倍⑥。但是雌鼠至少要比雄鼠成本低:它们不那么好斗,因此可以在一个笼子里放更多的雌鼠⑦。

用于小鼠养殖的设备是个大产业;3000 万只小鼠至少需要 600 万只笼子。而且已经开发出了专门的自动化设备来移动笼子,以便于清洁和喂食。学者还需要设备来研究小鼠,例如外科器械。观测设备同样也很重要。钛制背部皮肤视窗(固定在老鼠背上皮肤下)使得研究者可以"无破坏地记录和观测微血管的功能"。⑧

---

① Anft 2008。
② Boston University Research Compliance, 2009, "Animal Care: Per Diem Rates," http://www.bu.edu/animalcare/services/per-diem-rates/
③ Animal Research, Institutional Animal Care and Use Committee, 2009, "Per Diem Rates," Office of the Vice President for Research, University of Iowa, Iowa City. http://research.uiowa.edu/animal/?get=per_diem_rates
④ Vogel 2000。
⑤ 在 2009 年出版的针对期刊论文中使用哺乳动物的调查显示:10 个研究领域中,5 个领域都愿意使用雄性哺乳动物做实验;在两个领域,大多数文章没有报道实验动物的性别;在另外两个领域中,雄性和雌性相同。见 Wald and Wu 2010。
⑥ 同上。
⑦ Bolon et al. 2010。
⑧ 由 APJ Trading 公司制造,广告见 *Science* (2006) 312, June 9。

最近在市场上出现的最引人注目的是用来进行小鼠超声研究的设备。基于硬件和软件系统和配置不同,这一高频设备售价15万美元到40万美元不等。① 真是市场繁荣啊。

实验原材料的获取

实验材料,比如细胞株、试剂以及抗原在研究中也有重要的作用。这些材料中的一些是从实验室购买,但是许多科学家通过交换获得,这在科学界有着悠久的历史,对于培植研究项目、对科学家的某些行为形成激励有重要作用。② 例如,科学家们经常分享信息,获取研究材料,以换取文献引用和论文合著。③

约翰·沃尔什(John Walsh),夏琳·周(Charlene Cho)和韦斯·科恩(Wes Cohen)研究了生物医学研究者共享实验材料的行为后发现,在他们调查的样本中,75%的受访人员在两年内至少提出过一次索取实验材料的要求,平均算来从其他学术机构获取实验材料7次,从产业实验室获取实验材料2次。④ 科学家们并不总能得到他们想要的东西:调查的样本中,19%的索取实验材料的请求被拒绝了。至少8%的受访者由于无法获得及时的实验材料不得不延迟项目。请求得到正确回应的可能性取决于成本和效益。研究人员之间的竞争(以及比赛谁更早发现的强度)是拒绝的主要原因,其次是提供材料的成本。索要的材料是否是一种药物,或是潜在供应商是否有商业活动历史,这些都和拒绝相关,这表明未来经济上的前景导致了拒绝。⑤

近年来,随着生物研究中心(BRCS)的建立,实验材料获取得到了改善。该中心的目的是保存、核准和分发由研究人员存储的实验材料。这些中心经常接受政

---

① VisualSonics占领模拟市场8年。2008年,引进了数字超声Vevo 2100。Vevo 2100的基本价格是19.5万美元,该机器每秒钟读取1000帧。[相关信息来自与VisualSonics的拉里·麦克道尔(Larry McDowell)的访谈]。

② Hagstrom 1965。

③ 拉图尔(LaTour 1987)详细论述了学术界如何通过互换培养专业技能。

④ Walsh, Cohen, Cho 2007。作者们将学术研究人员定义为在大学、非营利机构和政府实验室工作的人员。

⑤ 有多少知识产权主张存在着反公共物品(anticommons)的问题,有时候包括数百项之多。要求研究人员在多个基础的、上游的研究人员和成果间讨价还价,阻碍了研究工作(Heller and Eisenberg 1998)。约翰·沃尔什,夏琳·周和韦斯·科恩(2007)调查了科研人员关于阻碍研究项目的原因,发现62%是缺少资金,60%回答说太忙。科学研究竞争也是一个重要原因,技术控制(10%)和专利(3%)相对较少提及。

府或非营利组织的资助。有时候他们收到的实验材料,在研究人员的冰箱里失去活性,有的随着研究人员的流动、退休或去世而由研究所转过来;另有一些情况,转移是由于机构再也不能支付保存材料的成本。资助机构也可以委托保存实验材料。

无污染认证是一件大事。受污染的细胞株可能会导致研究人员得出错误的结论。沃尔特·纳尔逊-里斯(Walter Nelson-Rees)和他的同事记录了一个特别著名的实验材料受到污染的案例,他们显示了活性强健的细胞株-HeLA(由宫颈癌捐助者 Henrietta Lacks 的名字命名)在 20 世纪 70 年代污染了广泛使用的几十个细胞株。[①] 他们的研究引发了对相当大的癌症研究群体,包括诺贝尔奖得主的研究工作的质疑。最近,三个研究组发现,他们早期发现的骨髓间充质干细胞(MSCs)可能出现癌样变化,这是由其他研究中使用的肿瘤细胞污染了 MSCs 所引起的。[②]

最近弗曼(Furman)和斯特恩(Stern)使用论文引用图谱研究了保存在生物研究中心的实验材料对研究工作的影响。作者只专注那些由外部事件(例如研究者的去世)引起转移的实验材料,以确保了实验材料不仅仅因为其研究的重要性或研究者的声望而被保存。该方法需要将引文与最初描述的原始材料的特征和应用的源文献匹配在一起。作者发现,实验材料的外源性存储使研究团体的范围得以扩大,以原来没有引用源文献的时期来衡量,存储后对原始文献的引用在新的机构和新的国家中迅速增长。期刊中论文对早期未发表的研究工作的引用增长更加快速。[③]

学术机构专利申请数量的迅速增长(参见第三章)也提出了一个问题:专利在多大程度上影响实验材料的共享。约翰·沃尔什、夏琳·周和韦斯·科恩还研究了专利对实验材料获取的影响,结果发现:并没有受到很大的影响,最初的问题是因为缺乏执行力。[④] 只有 1%的研究人员报告说,由于他人的专利项目致使他们推迟自己的项目,没有报告称放弃项目。此外,只有 5%的人报告说经常检查,看看他们的研究是否可能会遭受有关专利侵权的影响,所以不太关注侵权的问题。但当侵权行为发生时,不是所有机构都会置之不理和使用其他方式。几起例证记载

---

① Nelson-Rees 2001。
② Vogel 2010。
③ Furman and Stern 2011。
④ Walsh, Cohen, and Cho 2007。

强硬的专利限制对科研工作的影响,最近的一个例子是关于人类胚胎干细胞。研究发现,威斯康星大学利用对专利权和对细胞株实验材料的控制,限制了其他学者的使用。①

早期的例子和实验鼠有关。肿瘤鼠(见前面的讨论和第二章)是由哈佛大学授予专利,并独家授权给了杜邦公司(DuPont)。(杜邦公司提供了无限制的资金,哈佛教授菲尔·莱德(Phil Leder)的实验室开发了肿瘤转移技术,作为回报,杜邦公司对任何可以申请专利的结果有优先权)。Cre-Lox 老鼠是杜邦公司开发的,专利归公司所有。那些希望利用小鼠的科研人员受到苛刻限制条款的限制。② 学术界大多不满杜邦公司的做法,特别是在共享实验鼠成为传统的科研团队中。1998年,在学术界的压力下,NIH 主任哈罗德·瓦默斯(Harold Varmus)(诺贝尔奖获得者)宣布了一个在杜邦公司、Jackson 实验室和 NIH 之间增加学术研究人员对 Cre-lox 鼠使用和共享的 Cre-lox 实验鼠的谅解备忘录。一年后签署了肿瘤鼠谅解备忘录。

正如在第二章中讨论的,谅解备忘录对越来越多基于实验鼠的研究有深远影响。此外,随着生物研究中心的建立,谅解备忘录已经产生民主化效果。在签署备忘录后,之前没有引用原始实验鼠研究文献的作者和机构对原始文献的引用迅速增长。③ 在签署备忘录之前,实验鼠的可获取性十分受限。无论是实验鼠制造者或已经可以获取实验鼠的机构的研究者有可能共享利益,但是那些没有实验鼠的机构,其研究者要获取实验鼠就很难了。教训就是:本质上并不是专利阻碍了研究,而是专利的管理方式限制了再利用。④

科研空间

科学研究也需要空间。不是一般的空间,而是适合于特定用途科学研究的特殊空间。这样的空间有一些是相当贵的。至少,实验室通常要求有水、有电。但通

---

① Murray 2010。
② 如果科学家在杜邦公司的许可下开发 Cre-lox 鼠和肿瘤鼠,只要满足如下四个条件就可以与其他科学家共享:双方签署许可协议并付费,使用正式的实验材料转移协议,承诺每年向杜邦公司汇报进展,承诺杜邦公司在后期的商业化应用中享有延展性权利(reach-through rights)。见 Murray 2010。
③ Murray 2010。
④ Furman,Murray,and Stern 2010。

常情况下,实验室需要的比这个更多。例如,研究固体物理或纳米技术的科学家需要"干净"的房间以避免污染。有些研究工作需要特殊的排气系统;有些科学研究需要冷却设施。一些实验需要非常稳定的设备,以保证实验不受振动的影响。为病毒研究设计的实验室空间术要求是特别严格的,以使试剂操作中被感染的危险降到最低。

空间分配往往是在教职员招聘的同时进行的。在生物医学科学,顶级研究机构中新教授往往得到有 8 个工作位(实验室人员的桌椅空间)和大约 1500 平方英尺,并附带一个额外的 500 平方英尺"共享空间"的实验室。在其他学校,生物医学科学的实验室初期是相当小的,最多 600 平方英尺,只能容纳 4~6 名实验室人员。其他领域的实验室空间分配普遍低于生物医学类的,根据研究人员所从事的研究类型而有差异。例如天文学家和实验粒子物理学家,通常需要比从事光学或固体物理研究的物理学家更少的校园实验室空间。

首席科学家的空间大小已经影响了团队的规模,进而影响了研究者的生产力。例如,戴维·奎尔只能在他得到第二个实验室之后,才让自己研究小组的规模扩大了一倍,这个实验室在法国巴黎综合理工学院(École Polytechnique)。空间的分配和再分配是经常引起争议的。一次某副教务长讲述了在强制退休制度取消以后,他所在的大学努力想出各种方法,从那些科研不积极的研究者手中收回实验室空间。

还有空间是否分配公平的问题。这正是激励南希·霍普金斯(Nancy Hopkins)直面麻省理工学院的空间管理问题,这涉及在 20 世纪 90 年代早期的性别差异问题。霍普金斯这时候正在转换研究领域,她要求在其已经拥有的 1500 平方英尺的基础上,增加 200 平方英尺的实验室空间。她"注意到男性年轻的教师开始工作时都至少拥有 2000 平方英尺的空间。"但她申请额外的 200 平方英尺的请求最初也被拒绝了。[①]

在美国学术机构中,大约有 1.8 亿平方英尺的空间是专门用于科学和工程研究,其中超过 45% 的是用于生物、医学、健康研究,工程和自然科学各占 17%,农业占 16%,剩余部分由计算机科学和"其他学科"占据。

1988—2007 年间,实验空间的研究领域分布如图 5.1 所示。可以看出,生物、

---

① Wenniger 2009。

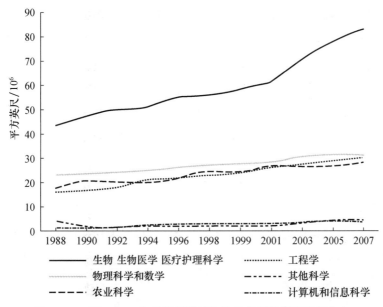

图 5.1　1988—2007 年按照领域对比的学术机构研究空间大小

注：物理科学包括地球科学、大气和海洋科学、天文、化学、物理学。
来源：National Science Foundation（2007d）；National Science Board（2010）。

生物医学和健康科学领域的实验空间数量随着时间有大幅度的增长，尤其是 20 世纪 90 年代中期以来，大多数其他领域的空间只有适度增加。事实上，唯一超过生物、生物医学和健康科学增长率的领域就是工程学。前者的增长，大部分是由 NIH 预算加倍所激发的，这一过程从 1998 开始并持续到 2003 年。作为对增加资金赞助机会的回应，许多校园掀起了建筑热潮。约翰·霍普金斯医学院的前院长和 NIH 前主任伊莱亚斯·泽胡尼（Elias Zerhuni）认为，这是一个新的时代，院长经常向其他院长吹嘘其建设校园新楼的起重机有多少。

并不只有大学迎来了建筑狂潮。生物医学研究机构和医院也迎来了 NIH 带来的狂潮。包括设备在内，用于生物学、生物医学、健康学领域的研究空间，在 2005 年（得到医院和研究机构数据的最新年份）提高将近 50%；比较而言，1988 年是 43%。[①]

美国医学院联合会（AAMC）开展的调查，提供详细数据说明了美国国内医学

---

① National Science Foundation 2007d，表 4。

院研究设备的增加。① 在 NIH 预算翻倍之前,报道说医学院大约每年花费 3.48 亿美元用于实验室空间的建造和改造。NIH 扩张期间,它 1 年就涨到了 7.6 亿美元,预计在 2003—2007 年可以达到每年度 11 亿美元(所有数据都以 1990 年调整美元计算)。在很多情况下,学校并没有资金去建房,但是可以发行债券;他们假设大部分债务将通过以更好的空间条件,更积极的研究人员,进而获得更多的资助项目来偿还。AAMC 调查(70 医疗机构参与调查)发现,平均每年用于那些建筑的债务成本,2003 年为 350 万美元,2008 年增长到 690 万美元。

从 2004 年开始,NIH 的预算开始紧缩,以不变美元计算,在 2004 年和 2009 年之间,预算缩水约 4.4%。② 申请 NIH 资助项目的成功率下降,大学发现科研补助金不能如愿。这对美国大学产生了相当大的压力,因为这些建筑物的维护成本吞噬了大学资金,学校还需为没有得到资助项目的教师提供补助。我们第六章再来讨论这个主题和相关问题。

政 策 问 题

设备和材料对于科学研究生产的重要性,带来了若干政策和有待研究的问题。

第一,虽然日益增加的实验材料获取可以产生民主化的效果,日显重要的实验设备和高成本必然会拉大"有"和"无"之间的差距。这不仅表现在公立研究性高校和研究机构之间的差距,而且也反映了私人部门和公共部门之间的差距。工业部门拥有资金资源,可以处在前沿;但公共部门却越来越不能如此了。正如某科学家写道,"我在世界上一些资金最充足的实验室工作过,即便是这些实验室,都无法像大生物制药公司那样购买高价的最新一代仪器设备。我坚信这正在改变公私分界线的性质和科学处于技术前沿的程度。"其他科学家也表达了类似的观点。一个有趣的研究问题是,这会在何种程度上发生,它和公私两部分生产力分界线关系如何,与学术界吸引基础研究有兴趣的人员投身其中的能力怎样相关。

第二,尽管实验设备在研究中扮演了重要作用,但设备市场的竞争程度却鲜有人知道。偶然的经验说明科研设备市场是高度集中的。例如,Illumina 公司目前

---

① Heinig et al. 2007。
② 按照 GDP 调整:物价折算指数 2005 年为 100,按照名义价格计算,2003 年预算是 272 亿美元,2009 年是 303 亿美元。

控制着大约 2/3 的测序设备市场。① 我们有必要知道这些市场的集中程度,因为高度集中的行业,其产品定价会高于生产该产品的边际成本。只有当价格反映了生产的边际成本时,资源才能被高效利用。但显然设备市场不是这样,其价格往往取决于你有多会砍价。设备市场有多少效率损失,相关的垄断利润对于吸引供应商进入该技术变化太快的市场是否有必要?②

第三,人们对这个市场,特别是超大型设备市场开始担忧。对于望远镜或对撞机中的多数设备都是独一无二的,这样的设备怎样供应,它是如何定价的?

第四,大型研究工程,例如 HGP 和 PSI,要求相当多的资源。相似的情况下,超大型实验设备通常标价几十亿美元,并且为以后囤积资源。这些是否是好的投资,第六章我们将来解答这个问题。

第五,科学家要成功,多大程度上依赖于对新设备的垄断或者保持垄断一种稀缺资源一段时间,例如望远镜,或者像阿尔文(Alvin)这样的潜航交通工具。

第六,有一个理由要考虑到,大学可能已经把自己陷入财政困难之中,建立生物医学研究设施,只能通过减少其他自然科学、人文和社会科学领域的项目的方式来实现。NIH 加倍效应将会在接下来几年的大学校园中感觉到。

结　　论

设备和材料对于研发——以及相关的成本——的极端重要性意味着,在多数领域,获取资源是做研究的必要条件。仅仅是想要做研究是不够的——必须有支持科研的投入。美国大学给研究生的设备、材料和资助,以及博士、博士后奖学金通常都是由院长在入学时以启动包的形式发放。其后,设备、材料和聘请教授,以及研究生和博士后的奖学金都成为科学家的责任。要求使用校园外的大型设备的科学家必须获得实验时间许可和购买设备时间。

这意味着,对很多领域而言,资助是完成科学家构思和开启独立研究的必要条件。在美国,这些领域的科学家都有创业的特点。研究生和博士后必须通过在别人实验室做研究,努力工作以获得"信用价值"。如果足够努力,同时有一个职位的

---

① Timmerman 2010。
② 当然,人们也不希望看到在新技术市场中呈现完全竞争。

话，他们最后就会在研究型大学里获得一个实验室。他们有几年时间将投资转化为项目，如果他们成功了，就面临持续为实验室寻求资助的繁重工作压力，如果他们失败了，再获得另一个启动包的可能性很低了。依赖单个科学家来争取资源，在其他许多国家中并不常见。其他国家，研究人员通常受雇于政府资助和运作的实验室，例如法国科研中心。然而，这些项目的断断续续的资助，意味着研究条件允许时，会有相当多的科学家进入人力市场，而其他人不会。下一章，我们会研究美国和其他国家的科研资助问题。第七章我们将分析科学家和工程师的人力市场。

第六章
科研资助

斯坦福大学每年收到大约 7.59 亿美元的项目经费,弗吉尼亚大学大约是 3.06 亿美元,西北大学大约是 4.28 亿美元。对于斯坦福大学而言,其所获得的研究资助经费占其总收入的 23%;对于弗吉尼亚大学来说,则是 25%;西北大学是 27%。① 这些经费源自何方?研究经费的分配标准是什么?或者说为什么要支持大学的科学研究?

让我们来回想一下,科学研究具有经济学家称作公共产品的属性,即科学研究成果一旦公众化之后,任何其他人都有使用该成果的权利。共享并不会使知识枯竭。正如前文所述,市场并不适合生产具有该属性的产品。研究人员不同于面包师,其客户要想吃蛋糕就必须掏钱买;也不同于管弦乐队,听众要买票才能聆听音乐盛会;当其研究成果一经公开,他们就没有东西可卖了。因此,研究人员没有独占收益的手段,要想占有由基础研究衍生出的收益则尤为困难。② 因为基础研究转化为产品还需要花很长时间,而该产品可能有市场,可能没有价值。同样,如果不是那么重要的话,独占基础研究进一步深入所带来的利益,也是不可能。③

借用肯尼思·阿罗(Kenneth Arrow)的话,社会比市场更具创造力。在科学中建立的优先权制度已经形成了一套鼓励知识生产和共享的奖励制度。在第二章中我们说过,科学家们正因为有获得科学发现优先权的欲望,才不断刺激自己进行科学研究。他们这样做的唯一办法是和他人分享他们的发现。

---

① 数据的开始时间为 2009 年 7 月。所有数据中包括了间接成本。斯坦福大学的数据不包括 SLAC 国家加速器实验室的直接资助。见 Stanford University 2009c, p. 19;University of Virginia 2010, p. 12;Northwestern University 2009, p. 1。

② 如果她生产产品销售,就可以获得额外的效益。假定知识有非对抗争性,这种效益的价格为零,因为另外一个用户的边际成本为零。

③ Dasgupta and David 1994。

因此,优先权制度就解决了知识独占性的问题,但是仍未解决科研资源问题。科学研究要花很多钱。例如,公立大学中典型的实验室共有 8 名研究人员(一名首席科学家,3 名博士后研究人员,4 名研究生),再加上一名管理人员,每年总共要花费 40 万美元(包括福利但未考虑间接成本)。博士后每人 5.3 万美元,研究生每人 3.5 万美元,管理员 5.33 万美元,所有员工薪水的 50%,即 5.585 万美元要付给 PI。① 再加上 500 只小白鼠(实验材料)以及每名研究人员 1.8 万美元的材料供给,实验室每人每年要花费 55 万美元,这还不包括实验设施的费用(又要花费 5 万~10 万美元)。大科学研究活动的花费更多。②

其他形式的知识产权,例如专利和版权,通过向发明者授予独占权以解决独占性和资源问题。但是,从社会的角度来看,该垄断做法是有问题的。因为尽管要求公开研究成果,但是专利会限制其他人在该已有产品的基础上进行知识创造,因此会阻碍社会知识的积累。③

可以再思考一下第五章中所讨论的基因测序的例子。起初 HGP 由六国政府资助。但是 1998 年克雷格·文特尔(Craig Venter)及其创立的公司 Celera 参与到了人类基因测序的研究中。当 2000 年 6 月宣布完成基因工作框图时,是由 HGP 和 Celera 联合发布的,并且 2001 年 2 月 HGP 和 Celera 同时发布基因图谱。此时一切都还很和谐。但是,当政府资助的 HGP 想公开数据时,Celera 利用版权法限制公众获取该公司测出的基因。直到这部分序列的基因被 HGP 重新测序,知识产权的限制才彻底消失。海蒂·威廉斯(Heidi Williams)的研究表明,Celera 的做法带来了负面影响。他利用一些指标,例如专利、发表论文数、商业上可用的诊断测试,发现 Celera 的做法导致随后的研究和产品开发减少了 30%。④

公共资助研究与发展的理念有两方面:为基础研究提供所需资源和投资于可开放利用成果的研究。⑤ 当然,这两者也是相互关联的。那些从事基础研究的人

---

① 研究生和博士后的成本数据来源于 Pelekanos(2008)的研究。
② 纽约大学医学院的杰恩·雷珀(Jayne Raper)说:实验室每人平均花费为 1500 美元/每月。见 Pelekanos,2008。
③ 在专利体系中包含一种补偿机制,发明者以专利申请书方式公布其发明,就可以享有垄断权。另外,政府可以为企业提供研究发税收减免来刺激私营企业的研究与开发。
④ Williams 2010。作者发现,Celera 的做法即使在 HGP 重新完成测序,知识产权限制被取消后,依然影响了研发产出。
⑤ 甘斯和默里(Gans and Murray,2010)称之为选择观(the selection view)和开放观(the disclosure view)。

员有动力公开自己的研究成果,因为优先权是他们从事研究所能得到的主要外在奖励。但是,随着研究日益转移到人们能想到的巴斯德象限,即知识生产既是基础的也是有价值的,这两者在公共资助研究依据上的差别越来越明显。

公众支持科研的理念还包括研发对特定产出的重要程度,社会需要这些特定科研成果,但是市场却不能直接供给,例如国防与更好的医疗。后来英国科学政策学者基思·帕维特(Keith Pavitt)总是说美国对共产主义和癌症的恐惧对改变科学政策产生了重要影响。①

科学研究和经济增长的关系,为政府资助科学提供了又一理论,并且近年来多次被用作呼吁资助科研的口号。例如,2006年夏天,德克萨斯州政府决定投资25亿美元用于德州大学系统的科学教育与研究。该计划的主要目的是加强圣安东尼奥、艾尔帕索和阿灵顿地区大学的研究能力,从而将这些城市变成如果不是下一个硅谷也是下一个德克萨斯州奥斯汀市。同年晚些时候,美国国家科学院发布的报告"未雨绸缪"得到了广泛关注。该报告传达着这样一个消息:美国在全球的竞争地位已经开始受到威胁,并将持续下降,除非更多的美国公民从事科学和工程研究,此外美国政府还要提高研究资助。

本章将探讨公共部门,尤其是大学,研究资金的来源与机制问题。首先对资金来源进行概述,然后主要关注资金分配机制。接着讨论不同分配机制的效益与成本,并用美国对生物医学研究资助案例进行说明。最后将讨论与公共科学有关的政策问题,例如是否存在最高资助额和国家研究资助的合理组合。

该讨论可以延伸出许多主题。其一是,多数资助机制都会经历停滞-发展的周期。这不仅会影响效率,同时也会对研究人员的职业生涯产生影响。要是科学家们运气不好,在"停滞"期进入劳动力市场,他们能连续几年都会受到负面影响。另一主题是效率的缺失,许多科学资助机制都存在该问题。例如,某个研究者发起的机制可以提供最大限度的知识探索自由,那么最终也会获得最多的回报。但是,它同时也要花费大量成本,因为研究人员提出研究项目和评审机构审查研究目的都需要耗费很长时间。因此,它也会阻碍人们从事风险性研究。

---

① 基思·帕维特的传记见:http://en.wikipedia.org/wiki/Keith_Pavitt。理查德·纳尔逊(Richard Nelson)回忆了帕维特在纪念《汇率和创新方向》(*The Rate and Direction of Inventive Activity*)出版发行50周年的NBER会议上的论述。本次会议于2010年9月30日至10月2日在弗吉尼亚Aerlie会议中心举行。

资金来源

联邦资助

2009 年,美国大学在科学研究上投入了近 550 亿美元。目前为止,最大的资助者是联邦政府(59.3%),其次是大学本身(20.4%)。[①] 很明显,资助较少的是州政府和当地政府(6.6%)、产业(5.8%)和其他来源(7.9%),例如私人基金会。

在过去的 55 年中,大学研究资助的组成和数量都发生了很大的变化,具体见图 6.1。(日期对应于财政年,从上一年的 10 月算起到该年 9 月截止。)

图 6.1 展现了几个趋势。首先,从 20 世纪 50 年代中期开始,联邦政府资助额已经几乎保持不变。在苏联发射人造地球卫星 *Sputnik* 之前,以 2009 年美元价值计算,联邦政府每年投入不到 10 亿美元用于大学的科学研究,约占大学科研总投入的 55%。作为应对苏联人造地球卫星的措施,联邦政府的作用发生了巨大的变化。以不变美元价值计算,联邦政府对大学科学研究的资助额,从 1955 年到 1967 年增长了 6 倍。联邦政府的资助比例同样也大幅上升,从 54.2% 增长至 73.5%。联邦政府的研究资助经费如此之大,以至于科学家们一度模仿格兰特威士忌的一句著名广告词:"随着你升迁(在华盛顿),给我资助。"

联邦政府资助额的增长,对美国大学科学活动产生了巨大的影响。越来越多的大学进行扩张,不断有新的大学成立。不仅因为联邦政府的资助急剧上涨,而且随着婴儿潮一代年龄增加,越来越多的学生进入大学。为了满足不断增加的学生入学及研究需求,新的大学成立了,项目增多了,大学员工数量也急剧增加。例如,20 世纪 50 年代后期至 20 世纪 70 年代早期,美国可授予博士学位的机构数量从 171 个增加到 307 个。在同一时期内,物理学博士研究项目数从 112 个增长为 194 个;地球科学的项目数翻了 1 倍多,从 59 个增长为 121 个;在生命科学领域,研究项目数从 122 个增长至 224 个。[②]

但是越南战争却使得美国的这股科学热潮停滞了。在 20 世纪 70 年代后期之前,联邦政府真正在大学科学研究上的投入一直在下降,没有增长。20 世纪 50 年

[①] 大学跟踪外部资金比内部资金更加容易。大学在科研中投入的比例可能低估了。

[②] Stephan and Levin 1992, 95。

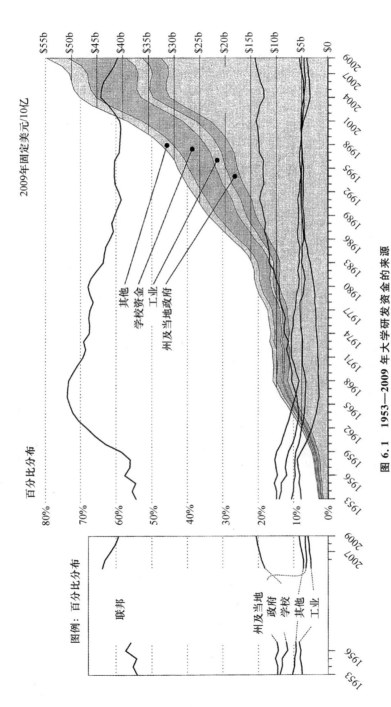

图 6.1 1953—2009 年大学研发资金的来源
（数据来源：National Science Foundation 2010a 和 2010b）

代后期至 20 世纪 60 年代,大学提供的岗位很多,但到 70 年代的时候几乎寥寥无几;联邦政府对大学科学研究投入比例从 73% 下降至 66% 左右。这种急剧下降的趋势从 20 世纪 70 年代后期一直延至 80 年代。随后,由于 80 年代早期的经济衰退,真正用于研究的投入一直都与以往持平,但此后又开始了新一轮的增长。此后的 15 年间,由于联邦政府对大学研究资助持续增长,没有出现这种急剧下降或上升的情况。尽管联邦政府的投入在增加,但是,它在大学研发投入中所占的比例却一直在下降:从 1989 年开始,就一直徘徊在 60% 以下。

直到 1998 年,政府承诺在 5 年内使国立卫生研究院(NIH)预算翻一番,这一状况才有所改变。在接下来的 5 年内,联邦政府对大学研究资助额急剧上涨,从 191 亿美元增长为 284 亿美元(以 2009 年不变美元计算);[1]联邦政府投入比例从 58.4% 增长至 63.9%。虽然有很多人认为 NIH 的预算翻倍之后必然要经过一段"缓慢增长"的过程,但是实际却不是这样。在预算翻倍之后的几年内,联邦政府对 NIH 及其他支持大学研究的联邦机构的投入额却有所下降。直到 2009 年一系列刺激政策出台,联邦政府对大学研究的投入额才得以保持不变。

随着《美国复苏与再投资法案》(ARRA)的通过,联邦政府的研究资助再次启动。2009 年的 ARRA 规定,投入 210 亿美元用于科学和工程研究以及支持基础设施,主要用于大学。在某种意义上,该法案具有革命性,因为它第一次将研究资助作为一种逆周期措施而特别地指出来。在此之前,研究资助一直都是顺周期的,证据就是 1973—1981 年经济衰退时联邦政府减少对大学研究投资。[2]

刺激政策的大多数资金直接用于单个研究项目。但是,有些资金用于支持由于上一年度缺少资金而被搁置的大型项目。例如,一揽子刺激计划增加了 4 亿美元主要用于国家科学基金(NSF)负责的研究设备,可以支持一些大型项目,如望远镜与超级计算机。NSF 将这些资金用于支持阿拉斯加地区考察船项目、高技术太阳望远镜项目、海洋观测站计划。[3] 虽然科学界对投入增加表示欢迎,当刺激资金扩大或又回到 2009 年之前水平时,他们又马上对将发生什么事情感到焦虑。

---

[1] National Science Foundation 2007b。
[2] 2001 年的衰退是例外。由于承诺将 NIH 的资金翻倍,联邦政府对于大学的资助也增长。
[3] Mervis 2009a。

来自产业的支持

大学一直以来都有接受产业支持科学研究的传统。例如，根据早年收集的数据显示，在20世纪50年代，1/12的大学科学研究资金来自于产业。但是从20世纪60年代到整个70年代，产业对大学研发支持有所下降，并一直保持在3%~4%的水平。产业所占比例的下降部分是因为联邦政府的支持有所上升，但是更主要的原因是产业对大学研发投入的资金在这一阶段增长得十分缓慢。

20世纪60年代后期至70年代，由于联邦政府对大学的资助时多时少，大学不得不寻找其他的研究资金来源。而产业当时就是十分有可能的候选者，并且在20世纪80年代至90年代，产业对大学研究资助的重要性也逐渐得以显现。原因如下：首先，大学专利与许可的增长（见第三章），意味着教员有更多与产业合作的机会。第二，去企业工作的新毕业的博士研究生日益增多，为大学职工提供了更多与产业合作的机会（见第九章）。第三，由于越来越多的大学教师开始创办企业，他们与产业的联系也愈加紧密，可以参照第三章中的例子。

美国产业界对大学科学研究的支持于20世纪90年代后期达到了顶峰，当时产业资助约占大学研究资助总额的7.4%。从那以后，产业所占的大学研究资助比例就开始下滑，其数量（以不变美元计算）直到2006年都一直保持在平稳状态。由于2001年的经济衰退，以及随着新世纪的到来，大量公司被兼并，许多公司的研发力度都有所下降。[①] 但是，在2006年早期，产业对研发的支持开始缓慢增长。我们还难以得知2008年的金融危机对产业研究资助有哪些影响。但是如果来自产业的研究资助额大幅上涨的话，这将是个奇迹。

产业支持大学科学研究，意味着大学教师因某些特定项目或进一步由公司授权进行的概念验证而接受产业资助不再稀奇。例如，菲利普·莱德（Philip Leder）将转基因肿瘤鼠作为研究癌症的模型，他的研究就是由杜邦公司资助的。还有很多类似于菲利普的研究者。到20世纪90年代中期，超过25%的生命科学研究都

---

① 大学的贪婪态度也是导致这一下降的原因之一。为了提高许可证收入，大学在保护来自产业资助项目成果的知识产权上更加具有攻击性，产业部门与大学间的谈判越来越困难。加州Palo Alto惠普（HP）实验室的计算机科学家斯坦利·威廉斯（Stanley Williams）说："我们提供了思想和资金，还要求我们为已经付款的科研成果再支出许可费。""我们陷入了两年的谈判，到那时，想法也不再可行了。"（Bhattacharjee 2006）。见Thompson 2003 and Thursby and Thursby 2006。

是通过赠款或合同的方式由产业界资助的。[1]

产业界支持科学研究的一个令人担心的结果,就是产业可能会控制科研项目的论文发表或其他知识产权。莱德与杜邦公司的协议就允许杜邦公司对随后的实验鼠享有独家许可权,而这小鼠是由莱德发明,并由哈佛大学持有该专利。正如默里及其同事指出的那样(见第二章讨论),这对后续的研究有很大的消极影响。莱德这个不是孤立的案例。布卢门撒尔(Blumenthal)与其同事对生物医学教授进行的一项调查显示,受到产业资助的研究人员承认他们的研究结果是商业机密,而与资助者达成限制出版协议的则是不受资助的5倍,是其不受产业资助同事的4倍。[2]

大学与企业形成产学研联盟后,另一个更加令人担忧的是对开放科学的威胁。例如,孟山都(Monsanto)与华盛顿大学医学院于1982年建立的研究联盟,麻省理工学院(MIT)于1997年与默克制药(Merck)达成的合作协议。在华盛顿大学的案例中,联盟起初提供600万美元用于研究资助,使大学老师能够进行"探索与专业"研究。作为交换的是,大学同意延迟30天的出版时间,以让孟山都公司的专利律师能够对研究进行审查。[3] 默克制药与MIT的1997合作协议规定,默克要在5年内给MIT提供1500万美元,以默克可以获得合作产出的某些专利与许可权利以作为交换。[4]

目前为止,这些协议中最具争议的当属加州大学伯克利分校的植物和微生物系与诺华制药(Novartis)于1998年达成的协议。为了在5年内获得2500万美元的研究资助,并使用诺华公司的基因测序技术及植物基因组DNA数据库,加州大学伯克利分校植物和微生物系宁可放弃部分研究发现的专利许可第一谈判权,并将该权利授予诺华制药。也难怪这个协议引起高度争议。虽然之前也有产业资助个人研究者或某个研究团队,与大学形成战略联盟的案例,但是一个大学的整个系都由某个公司资助却是头一回。这个联盟显然抑制了知识传播的速度。他们也许

---

[1] Pain 2008。25%的比例来源于埃里克·坎贝尔(Eric Campbell)在1995年的调查,派恩(Pain)讨论了此事。

[2] Blumenthal et al. 1986。对出版论文的限制不仅仅在美国。最近的研究发现,在德国科学家和工程师中,论文发表限制和产业资助之间存在着强关联。具体来说,41%的研究人员称,有发表论文的部分或全部限制,相对于没有接受产业资助的只有7%(Czarnitzki, Grimpe, and Toole 2011)。

[3] Olson 1986。

[4] Campbell 1997。

会将科学研究带向某一特定方向,从而危及该大学科研文化根本宗旨:大学教师自主选择研究课题的能力。

非营利性基金

大学研究资助的另一个来源是非营利性基金。实际上,早在联邦政府与产业资助大学科研之前,卡内基基金会、洛克菲勒基金会和古根海姆(Guggenheim)基金就一直在资助大学研究。1948 年,当乔纳斯·索尔克(Jonas Salk)前往匹兹堡大学时,萨拉-梅隆-斯凯夫(Sarah Mellon Scaife)基金会提供了一笔资金用于翻新索尔克(Jonas Salk)的实验室。① 1951 年,正因为有了国家小儿麻痹基金会提供的奖学金,詹姆斯·沃森才得以去剑桥大学卡文迪许实验室从事研究。② 虽然联邦政府并没有单独将非营利性基金作为某一类别,但是从表 6.1 中可以看出,非营利性基金的资助在"其他来源"中占有很大一部分比例。这些数字表明近年来非营利性基金对大学研究的资助不断增加。

一些非营利基金会广泛资助各种计划,科学研究(包括大学研究)只是其中的一部分。目前,最大的非营利基金会当属比尔及梅琳达·盖茨(Bill and Melinda Gates)基金会;2006 年,其净值就超过了 290 亿美元。而就在这一年,沃伦·巴菲特(Warren Buffet)承诺以 Berkshire Hathaway 公司股份形式捐赠 310 亿美元给该基金会后,其净值又大幅上涨。③

许多非营利基金主要关注某些特定领域,例如全球变暖或小儿麻痹,还有囊性纤维化基金会、美国癌症基金会、美国心脏协会和埃尔森(Ellison)医学基金会(主要研究人的衰老)。④ 这些基金会除了让公众关注其从事的事业和游说国会以提供资金,还资助大学研究。某些非营利基金会的研究范围十分狭窄,例如基尔希(Kirsch)基金会目前几乎只研究华氏巨球蛋白血症(WM)的治疗方法,每年大约

---

① "美国病毒学家和生理学家乔纳斯·索尔克(1914—1995)",BookRags.com,http://www.bookrags.com/research/jonas-edward-salk-scit-071234/。

② BA Biology,"DNA 双螺旋被 Crick, Watson 和 Franklin 发现",http://www.coledavid.com/dnamain.html。

③ 在比尔及梅琳达·盖茨基金会网站上可以看到捐助大学以及拨款的列表。http://www.gatesfoundation.org/grants/Pages/search.aspx。

④ 该基金由甲骨文公司创立者劳伦斯·埃尔森(Lawrence Ellison)建立。2009 年,捐出 4100 万美元。见艾尔森医学基金会(Bethesda, Md.)的慈善目录。http://philanthropy.com/premium/stats/foundation/detail.php? ID=356780。

1500个美国人得这种病。

有些基金会甚至致力于开发一个全新的领域或研究方向。例如,惠特克(Whitaker)基金会将其所有资金都用于将生物医学工程从一个几乎无人认可的学科转变成一个根基牢固的研究领域。自该基金30年前成立至今,它已经捐赠了8亿多美元帮助大学创建生物工程系,包括支持研究生培养与教授科研工作。①

虽然没有经过精确计算,但是简单经验就足以表明,针对特定领域的基金在近几年大幅增加。因为越来越多的人发现,尽管拥有很多财富,但他们或其所爱之人却免不了受病痛折磨。例如,前列腺癌基金会(the Prostate Cancer Foundation),为迈克尔·密尔肯(Michael Milken)被诊断患有前列腺癌之后创办;研究帕金森病的迈克尔·福克斯(Michael J. Fox)基金会是电影演员迈克尔·福克斯被确诊为帕金森病后建立的;基尔希基金会,当其联合创始人斯蒂芬·基尔希(Stephen Kirsch)患有华氏巨球蛋白血症之后,其研究领域就从社会问题转为WM。②

美国最具影响力的非营利组织是霍华德·休斯医学研究所(HHMI)。该研究所由已故飞行员、古怪工程师、实业家及电影制片人霍华德·休斯先生于1953年创立。1985年,该研究所将休斯飞机公司卖给了通用汽车,获得了50亿美元的研究经费,从而站稳了脚跟。③ 在2010财政年度末,捐助研究所经费估值接近148亿美元(2007财政年度的估值为187亿美元)。④ 法律规定,HHMI每年必须捐赠其资产的3.5%。因此,它已经资助了研究型大学中300~350个HHMI研究员,支撑了多个培训项目,同时还于2006年在弗吉尼亚的Ashburn地区创办了珍利亚农场研究园("Janelia farm"),该研究园能使25个不同学科的研究团队一起研究神经回路和影像。⑤

HHMI迄今为止最大的支出是资助研究人员。例如,2010年,HHMI花了7亿美元资助来自70所大学及其他研究组织的近350个研究员。⑥ 该研究所引以为

---

① Grimm 2006。与大多数基金会不同,惠特克基金不会一直存在。创始人惠特克(U. A. Whitaker)讨厌官僚体制,希望基金在他死后40年内关闭,他于1975年去世。
② *Science* (2007) 318:1703, December 14。
③ Howard Hughes Medical Institute 2009c。
④ Howard Hughes Medical Institute 2009a。
⑤ Kaiser 2008c。
⑥ Howard Hughes Medical Institute 2009b。注意:7亿美元并不显示在政府的账户中,因为HHMI的核心科学家是政府雇用,服务人员也是。机构允许核心科学家有25%的时间在教学、管理和其他有益于研究机构的活动上。

豪的就是"资助人而不是项目"。① 资助对象的选择过程相对简单。候选人可以毛遂自荐,只要提交一份个人简历、250 字的主要成就描述以及 3000 字有关正在进行或计划进行的研究概述。同时还要提交五篇出版物及说明。初步申请将由专家组进行审核,淘汰后的申请者有资格进行再次筛选,但是要求提交三封推荐信。专家组审核完所有材料后,再决定最终获选者。获选者在 5 年内还要经过同行评议才有资格继续得到资助,同行评议"主要评价与该领域其他人相比获选者研究工作的原创性与创造力,同时还考察该研究员未来研究计划"。②

与政府资助和产业支持一样,非营利基金会对科学研究的资助同样也会受到商业周期的影响。在经济衰退时期,那些依靠捐赠的基金会更容易受到重创。此外,当股市萧条时,依靠捐赠提供资助的基金会将面临严重问题,如 2001 年与 2008 年。2001 年,HMMI 的捐赠两年内暴跌 30 亿美元,正逢基金会开始建立 5 亿美元的珍利亚农场设施。为了继续建设农场,基金会通过每年削减 10% 的研究者资助来弥补差额。③

不明智的投资策略也会使基金会受到重创。例如,2008 年,那些将全部投资给伯纳德·麦道夫(Bernard Madoff)的基金会,其资产负债表接近于 0。皮考尔(Picower)基金会 2007 年声称有 10 亿美元资产,而在 2008 年底,却宣布"停止所有资助并立即生效"。所有接受该基金会资助的研究员都收到了一封来自芭芭拉·皮考尔(Barbara Picower)(该基金会的联合创始人)的邮件,告知他们将终止对其研究资助。④

自我资助

大学也会使用自己的资金(表 6.1 标注的"机构资金")来支持科研,以平滑过渡联邦资助出现的波峰和波谷现象。虽然在 20 世纪 50 年代中期,大学本身投入的研究经费占资助总额的 14%,但是到 60 年代当联邦政府加大研究投入时,其所占的比例大幅度下降。1963 年,大学"自我资助"的研究支出只有 8%。但这并未持续多久:随着联邦研究资助预算减少,大学自己支出的研究经费反而有所上升。

---

① Howard Hughes Medical Institute 2009e。
② Howard Hughes Medical Institute 2009d。
③ Kaiser 2008d。
④ Couzin 2009。

2009年,20%多的研究经费,即约110亿美元,是来自大学本身。

至少有两个原因导致大学本身开始加大科研资助。① 首先,间接成本回收问题。在历史上,外部资助机构一直以来都是通过用资助金支付间接成本的方式来资助大学的基础设施及科研管理费用。这就意味着大学通过复杂的、间接成本费率方式提高其用于研究的直接成本(例如,研究生费用、博士后费用、设备开销及员工薪资)。但是,自从20世纪90年代斯坦福大学事件被公布之后,政府审计员加大了对费率的审查力度,并且在许多领域,大学只能申请一定数额的研究资助。结果导致私人研究机构和具有博士授予权大学的平均间接费用从1983年的60%多,下降至1997年的约55%,且此后一直保持不变。② 公共研究机构的平均比例低约10个百分点。③ 兰德公司2000年的报告显示"联邦政府资助项目中,大学承担了70%~90%的设施及管理费用。"④

大学自我资助比例增长的第二个原因与其启动包有关。正如上文所述,近年来,大学为新员工提供启动包已经变得很平常。每年大学很容易就可以拿出1000万美元用于这些启动包。这些启动包不仅可以吸引高级别的教师,同时还给新员工在获得自己的研究经费前开展前期研究,提供了时间和资源。

那么大学自身的研究经费从哪里来呢?没人做过精确的调查,但是可以说一部分资金是从大学预算中分离出来的。因为大学正用廉价的、兼职的、附属的、非终身制的教授取代以往教师里终身制的教授。还有一部分资金来自于捐赠。直到2008年金融危机前,大多数私立、公立大学,尤其是常春藤联盟高校,所获得的捐赠资金一直都很丰厚。⑤ 另外一部分资金来自于技术转移项目的许可费收入。

那么学生有没有为大学不断增长的研究投入买单呢?罗恩·埃伦伯格(Ron Ehrenberg)、迈克尔·里佐(Michael Rizzo)和乔治·杰库布森(George Jakubson)对这一问题进行了调查。他们调查了228个研究型及博士型大学,时间跨度是20

---

① 21世纪初,因为NIH经费的大量增加,大学给予支持研究活动的实际比例下降,2003年后,又增加了。

② 玛莎·赛尔(Martha Lair Sale)和萨缪尔·赛尔(R. Samuel Sale)通过互联网搜索,发现2004年31个私立大学的资助政策中,平均间接费用比例是54.4%。公立大学的情况稍有不同,他们的间接费用低是因为州政府出资建设了研究设施。近年来,随着州政府支持大学运行费的下降,公立大学越来越关注间接费用比例,实际的比例稍有增加。

③ Goldman et al. 2000,第33页。

④ 同上,第12页。尽管都抱怨间接费用不能支付成本,各个大学还是鼓励教授们申请项目。

⑤ Lerner, Schoar, and Wang 2008。

世纪 70 年代晚期至 90 年代晚期这 20 年。① 调查的目的,是探索机构内部科研投入的增长是否与学生增长比例及学费增长有关。研究发现,学生的确承担了一部分费用,尤其是私立大学。师生比增长的同时,内部科研投入也在增长,而且学费水平增长的同时,内部科研投入也在增长。而公立大学的第一效应(学生比例与大学研究投入的相关性)没有这么明显,而且其第二效应(学费与科研投入的相关性)也不好辨别。他们还发现增加研究生入学规模的学校,是通过增加的学费来补偿。对公立和私立学校都是如此。

其 他 国 家

9 个欧洲国家与日本的大学研究资助趋势见表 6.1。这一分类方法引用了经济合作与发展组织(OECD)的分类方法,即将资金来源分为 7 个类别。政府资金被细分为直接政府资金(DGF,例如合同和拨款)和一般大学基金(GUF,以整笔拨款的形式出现,根据增长趋势或某公式进行配置)。其他类别包括商业资金、海外投资(包括与海外公司的研究合同)、私立非营利组织、高等教育机构自己的资金。丹麦、德国和意大利某些类别的数据无法获取,因而这些类别也不计入比例计算。还要注意,某些国家的数据取自不同的年份,不同于其他国家,异常数据详见表格。

不同国家的模式在许多方面与美国相类似。也就是说,多数国家政府的科研资助比例都在下降,而商业、非营利组织与大学本身的科研投入比例在增加。除了法国,政府资助减少是因为整个社会对大学研究的投入都在下降。②

但是不同国家有很大差异。例如,在英国,政府拨款与合同的资金数量大幅增长。同样,爱尔兰、荷兰以及早年的丹麦和西班牙,也都如此。德国的大学研究资助增长最多的是商业资助,尽管荷兰、日本、比利时、英国早些时候的商业资助也在不断增长。每个国家(除了日本)1983—1995 年间的海外资助(有些来自海外公司)都在大幅增加。除了爱尔兰和西班牙,商业资助增长一直持续至 2007 年。

在英国,非营利组织的作用尤其明显。在丹麦和爱尔兰以及早期的荷兰,非营

---

① Ehrenberg, Rizzo, and Jakubson 2007。但是效果是适中的。日益增加的内部研究费用导致学生/教师的比例提高。在调查期间,私立大学是 0.5,公立大学是 0.3。随着科研费用的增加,私立大学学费增长了 1%,相比同规模的公立大学增加了 2%。公立大学的研究生每人最终多支付了 50 美元。

② Geuna 2001 and Geuna and Nesta 2006。

利组织的作用也很明显。欧洲最大的非营利组织是惠康信托(Wellcome Trust)，2008年，其资金总额约151亿英镑，并于2007—2008年间投入了约6.2亿英镑用于英国及其他国家的研究。和其他基金会一样，它也受到了金融危机的重创，资产损失了约20亿英镑；相应地，也于2009年减少了研究投入。① 在其他国家，特定的非营利组织在研究资助上发挥着很小但不断增大的作用。例如，法国肌病协会(AFM)1年通过一部连续剧筹集了约1亿欧元，并将约60%的收入用于研究罕见的神经肌肉疾病。② 在意大利，由于1990年重组互助储蓄银行时依法成立的银行基金会，也在支持意大利大学的科学研究。

表6.1 高校中科研资助的百分比(按国别、来源、年代)

	比利时	丹麦	法国	德国	爱尔兰	意大利	日本	荷兰	西班牙	英国
政府投入										
1983	86.2	95.0	97.6	95.0	82.2	99.3	54.8	96.2	98.8[d]	85.3
1995	76.2[a]	89.5	90.6	90.7	62.0	93.3	52.3	85.7	70.4	67.9
2007	66.3	79.7	89.8	82.2[b]	83.3	90.8	51.6	86.7[c]	73.1	69.2
政府直接资助										
1983	39.4	11.3	46.3	—	13.6	—	14.0	6.4	19.3[d]	20.5
1995	26.7[a]	22.6	46.0	20.2	20.0	—	10.4	6.3	30.1	30.1
2007	40.3	18.8	33.8	23.6[b]	45.5	12.7	13.2	15.9[c]	26.2	35.0
一般大学资助										
1983	46.8	83.7	51.2	—	68.6	—	40.8	89.8	79.5	64.8
1995	49.5[a]	66.8	44.6	70.5	42.0	—	42.0	79.3	40.3	37.7
2007	26.0	60.8	56.0	58.6[b]	37.9	64.7	38.4	70.8[c]	46.9	34.3
商业资助										
1983	9.3	0.9	1.3	5.0	7.2	0.5	1.2	0.6	1.2[d]	3.1
1995	15.4[a]	1.8	3.3	8.2	6.9	4.7	2.4	4.0	8.3	6.3
2007	11.1	2.2	1.6	14.1	2.3	1.3	3.0	7.1[c]	9.0	4.5
非营利机构资助										
1983	0.0	2.7	0.1	—	2.1	—	0.1	2.6	0.0[d]	5.6
1995	0.0[a]	4.5	0.5	—	2.5	—	0.1	6.5	0.5	14.0
2007	2.4	11.1	0.3	—	6.1	1.1	1.0	2.7[c]	1.2	13.5

① McCook 2009。
② Enserink 2006。

（续表）

高教机构资助										
1983	2.9	—	1.0	—	1.0	0.0	44.0	0.3	0.0^d	3.8
1995	3.6^a	—	4.0	—	4.5	—	45.1	0.3	13.7	4.2
2007	12.9	1.0	6.1	—	1.5	4.0	44.3	0.0^c	12.4	4.3
国外资助										
1986	1.6	1.4	0.1	0.0	7.6	0.2	0.0	0.3	0.1	2.2
1995	4.8^a	4.2	1.6	1.1	24.0	2.0	0.0	3.5	7.0	7.6
2007	7.2	6.0	2.2	3.7^b	6.8	2.7	0.1	3.4^d	4.3	8.4

来源：OECD(2008)，stats.oecd.org；按绩效和资金来源分布的研发资金在国民支出总额的比例。

—：数据不可获得。

a. 1991 年，非 1995.
b. 2005 年，非 2007.
c. 2001 年，非 2007.
d. 1984 年，非 1983.

由于缺少早期数据（而不是因其在世界科学中的地位），表 6.1 中不包括中华人民共和国。在过去的 15 年间，中国已经成为世界研发的主要力量。实际上，截至 2007 年（可获取的最新一年的数据），中国大约每年投入 1000 亿美元用于研发，即全球研发总投入的 10%，成为继美国（全球研发总投入的 33%）和日本（全球研发总投入的 13%）之后的第三大国家。① 中国对研发不断增加的投入还可以从其研发占国内生产总值（GDP）的比例变化中看出：1998 年，这一数字是 0.7%；到了 2007 年，已经是 1.49%，而美国是 2.68%，日本是 3.44%。②

中国对研发投入的 1000 亿美元中，11% 用于资助大学研究，26% 给了研究机构。③ 大学研究经费的 1/3 来源于产业，与其他国家对比很明显（见表 6.1）。产业在大学研究经费中所占的高比例表明中国大学与企业进行合作研究已经成为惯例。④ 中国大学与企业关系密切的原因之一是中国大学承担的基础研究比例较低（38%），而美国大学承担的基础研究比例是 56%。⑤

近年来，中国政府选出一批大学，即"985"高校，希望通过直接资助让这些学校在国际学术界取得成功。政府的特殊对待，意味着这些大学可以招聘更具竞争力

---

① National Science Board 2010，表 4-11。
② 中国的数据来源于欧盟委员会(2007a，表 2-7)和美国国家科学理事会(2010，表 4-11)。美国和日本的数据来源于国家科学理事会(同上)。
③ Grueber and Studt 2010。
④ National Science Board 2010，表 4-19。
⑤ Grueber and Studt 2010。美国的数据来源于 National Science Board 2010，第四章。

的国际学术专家;同时,这些大学还可以通过"讲座"或讲席教授形式吸引知名的访问专家。访问专家通常是某些学科内青年或中年的领军学者,他们在海外工作,但会在中国作短暂停留(通常3个月)。① 他们可以获得资金资助。不一定是薪金使得这些访问专家回到中国,但是却给他们回到中国提供了机会,因为在中国他们可以使用新的研究设备工作、制订自己的研究计划。

一个典型的例子就是许田(Xu Tian)。他是耶鲁大学基因学专家,同时也是HHMI的研究员。他自2002年就多次访问上海的复旦大学。真正使许田回中国的原因是他可以主持一个基因项目(该项目的规模在美国是难以想象的),还可以与中国年轻的科学家们一起工作。具体而言,许田在两栋大楼里有许多研究设备(准确地说是45 000个笼子),可以容纳数万只老鼠。这在美国根本是不可能的事,不仅是因为每年高昂的实验设备成本(1000多万美元)问题,而且,美国大学不可能提供如此大可以做研究的空间。② 正如在第五章中所述,南希·霍普金斯想使其实验室扩大200平方英尺都要付出不可思议的努力。

中国的这一做法也不是没有批评。Science杂志上的一篇社论(由中国两所顶尖大学的清华大学和北京大学生命科学院院长联合署名)指出:"研究资助不断滋生的问题(有些是体制问题,有些是文化问题),会减缓中国潜在的创新步伐。"③

这两位院长重点批评了研究经费申请方式。他们承认研究的科学价值对于获得小的研究项目资助起着关键作用,例如中国国家自然科学基金会的资助方式。但是对于超大型项目,"经费的资助指南范围非常狭隘"以至于"资助人的意向很明显"。他们说:"在中国要想获得大量资助,做好研究并不是十分重要了,重要的是要与强大的官员及对他们有利的专家搞好关系。这已经不是什么秘密了。"并不是专项资助,但也类似。两位院长还感叹道:"中国很大比例的研究人员,都会花大量时间在建立关系上,而只有很少的时间用于参加研讨班、讨论科学、做研究或培训学生(取而代之的是,把学生当成实验室里的劳工)。"两位院长关心的部分问题是中国特有的。但是,从第四章中可以看出,美国的科学家们也会因为其他事情(用他们的话来说就是申请并管理研究经费)而减少其做研究的时间。

---

① Xin and Normile 2006。

② Wines 2011。每只笼子至少有4~5只实验鼠。想象一下许教授的实验室,在霍普金斯,在10个研究室中饲养20万只实验鼠。

③ Shi and Rao 2010。

科研的重点领域

提到资助,并不是所有学科领域都是平等的。在某一时期受到欢迎的学科可能在其他时候不怎么受欢迎,科研重点通常取决于谁在资助。例如,当州政府是资助主要来源时,大学就会将其研究转向州政府关注的话题。威斯康星州关注奶制品,爱荷华州关注玉米,科罗拉多州和其他西部各州关注采矿,北卡罗来纳州和肯塔基州关注烟草,伊利诺伊州和印第安纳州关注铁路技术,俄克拉荷马州和德克萨斯州关注石油勘探和炼油。①

自二战开始时,联邦政府资助的有关国防研究,就改变了大学科研的关注点。同时,国防研究还帮助了许多大学扩建,包括麻省理工学院和加州理工大学。其他高校很快也向它们学习,利用战后国防合同使自己加入高校全明星联盟。斯坦福大学就是早期的例子,近年来的佐治亚理工大学和卡内基梅隆大学也都从国防研究中获益。②

近年来,生物医学研究领域资助不断增长,导致许多主要关注医学研究的大学迅速扩大,例如加州大学旧金山分校、约翰·霍普金斯大学和埃默里大学。同时,生物医学领域研究资助的增长还对大学的战略规划产生了影响。例如,美国大学联合会(AAU)的成员在学术界有很高的声望。目前该联盟只有 61 位成员,而且只能通过邀请获得成员资格。衡量大学是否拥有成员资格的关键标准就是大学科研能力,所以科研经费就成为其中一个指标。医学研究资助对大学产生的巨大影响表明,AAU 之外的大学如果在生物医学领域有重大项目的话,那么该大学很有可能会获得邀请从而成为 AAU 成员之一。这一逻辑很受青睐,并使佐治亚大学于 2007 年设立规划要建立医学院。③

图 6.2 说明的是 1973—2009 年联邦政府对大学研究不同领域的资助比例情况。该图很清晰地表明,生物医学的资助要高于所有其他学科,甚至是在 NIH 预算翻倍之前,其比例还在不断增长。与其形成鲜明对比的是,物理学、环境科学和社会科学所占的资助比例从始至终都在下降。但是,数学和计算机科学所占比例,在整个阶段内呈现上升的趋势,尤其是在中间阶段。工程学的资助比例不太稳定:

---

① Goldin and Katz 1998,1999。也参考 Rosenberg and Nelson 1994。
② Leslie 1993,12。
③ 这一计划由佐治亚大学(2010)和佐治亚医学院共同实施。

早些年是急剧上升,中期的时候保持平稳,随后开始急剧下降,直到近年来才有所改善。

美国政府对生命科学(尤其是生物医学)的喜爱不难理解。国会很容易支持那些公众认为对其福利有好处的研究。此外,大量利益团体一直在向国会宣传对"他们的"疾病的医学研究有多么重要。国会议员的年龄分布无关痛痒。2009年众议院成员的平均年龄是56岁,参议员的平均年龄是61.7岁。① 两院成员的平均年龄都比其在1981年时的平均年龄要大,当时众议院平均年龄是48.4岁,参议院的平均年龄是52.5岁。② 某些参议院议员尤其关注生物医学研究。例如,参议员阿伦·斯佩克特(Arlen Specter)(生于1930年)在其退位前一直都是NIH资助鼎力支持者;他几乎凭一己之力使NIH的资助额从39亿美元增长至2009年的104亿美元。同时,他两次幸免于两种形式的癌症,并于1998年进行了心脏搭桥手术。③

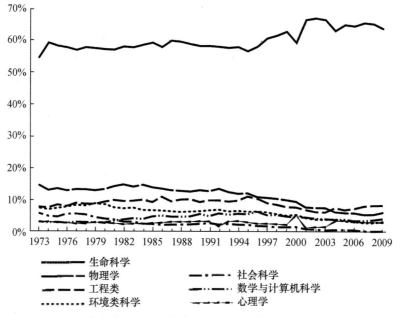

图6.2　1973—2009年大学承担联邦研究项目资助的学科状况

(数据源:NSF,2004,2007b,2010b)

---

① Center on Congress at Indiana University 2008。
② Congressional Quarterly 2007, vol. 2: xx, 1606, 54。
③ 作为不同角色在为共和党服务44年后,2009年4月斯佩克特参议员加入了民主党。2010年在民主党的参议员初选中失利,于2011年1月从参议员退休。斯佩克特曾经两次患癌症(1993,1996),2005年经诊断患霍奇金淋巴瘤,2008年治愈。http://cancer.about.com/b/2008/06/01/arlen-specter.htm。

其他国家的研究关注点也在不断变化,但由于缺乏连续数据而不能系统显示出来。只能说某些国家(包括日本、澳大利亚、瑞典)的生物医学研究资助比例在上升,而其他国家(例如西班牙和德国)并没有上升。①

资金分配机制

大学科研一直以来都是通过大学获得各种经费资助来支持,包括来自政府、私人机构、学费和私人捐赠。在许多欧洲国家,研究型大学长期以来都是以专项资助的形式获得资金,其中一部分用于资助研究项目(详见表6.1)。许多国家公共部门的研究主要由政府机构进行,这些机构不属于大学系统,例如法国国家科学研究院(CNRS)、法国卫生和医学研究院(INSERM)、德国马克斯·普朗克学会(马普学会)。研究机构的研究人员同样也会在大学讲课,并担任某些职位。但其研究经费主要来于研究所。2008年,法国约80%的科研都是在这些所谓的混合单位里完成,许多实验室都位于大学内或其他机构内。② 类似研究资助安排,意味着提高研究经费的责任并不在大学教授。在许多情况下,该责任也不在机构。此外,一直以来都没有对资助所产生的研究结果进行评价。更重要的一点是,提供的科研资金与科研结果无关。

正如表6.1所示,近年来,越来越多的欧洲研究人员是通过竞争性资金获得项目。例如,英国的工程与物理学研究理事会(EPSRC)资助工程领域和物理学领域的研究;挪威的研究理事会资助大学里所有类型的研究;比利时弗兰德(Flemish)科学基金会也是如此。

自从20世纪50年代以来,争取美国大学研究经费(包括购买教授们自己的部分教学时间的经费)③正日益成为教授们的责任。正如上文所述,大学只提供启动资金,而之后研究人员就必须自己寻求资助。教授们可以将研究方案提交给资助机构,包括非营利机构、联邦政府、州政府或地方政府等。美国类似的研究经费主要来自于4个联邦机构:国立卫生研究院(NIH)、国家科学基金(NSF)、DOD和能

---

① National Science Board 2002,2004,2006,2008,2010。
② Enserink 2008a。
③ 拿"硬钱"(hard-money)的教授可以用项目经费购买部分或全部的教学时间,并支付夏季工资。而拿"软钱"(soft-money,指来源于研究项目的经费——译者注。)的教授则希望获得研究项目,以在不能支付全部工资的情况下支付部分工资。

源部(DOE)。此外,美国农业部(USDA)和国家航空和航天局每年也会投入10多亿美元用于支持大学研究。

NIH 和 NSF 主要通过同行评议来评估项目申请,但有些机构又不太一样。DOD 和 DOE 可能会依据其资助计划进行内部评议,USDA 和 NASA 也是如此。鉴于 NIH 和 NSF 较于其他联邦机构的规模,这意味着约60%的联邦政府在大学研究上投入的资金,都是以同行评议的方式进行分配的。①

同行评议

同行评审起源于 NIH,是指将研究方案提交给"评议部门"。评议部门的成员在会议之前审查项目研究方案,并根据五个标准(重要性、研究人员、创新性、方法与环境)给该方案打分(1代表最好,9代表最差)。在综合打分的基础上给出一个初步影响分数(preliminary impact scores)。初步影响分数用于决定评议部门开会时将讨论哪个研究方案。项目申请人分别接收评审者的分数和评语。所有被讨论过的申请方案会从评议部门每个成员那里获得一个最终影响分数,然后根据这些分数计算其平均影响分数。分数和附随的书面评语会转交至具体机构(NIH 有27个机构和中心),由这些机构的国家咨询委员会对其进行再评审。尽管 NIH 的确资助了一些申请方案低于资助线(percentile cutoffs)的 PI,资助线对于决定谁将获得资助十分重要。NIH 下属的美国综合医学研究所会对资金进行分配,它将列出给主要研究人员支付超过75万美元的经费(不包括间接成本)的方案进行特殊审查。研究方案被拒绝的研究人员还可以在其他时间,再次提交其方案,大多数人确实也这么做了。

NIH 现行的评审过程于2010年1月开始实施,它对以往的评估程序做了大量修改。譬如,以往的评审程序允许项目方案书可以有25页(而现在只允许12页),而且还不给被筛选的方案打分。研究方案被拒绝之后,研究人员还有两次再提交申请方案的机会。但对于没有分数的方案来说,想要再次申请就比较困难。

一直以来,NIH 的评审过程都非常注重研究人员的已有成果,会将其成果以 NIH 标准化的简表列举出来。② 以往资助的研究成果(如果有的话)也会对评估产

---

① 计算值是以2008年支出数据为基础,数据来源于2010年美国国家研究理事会的报告,附录,表5.7。基于不是所有的 NIH 经费都是通过评审机制分配的事实,对数据做了一些调整。

② National Institutes of Health 2009a。

生影响。能够证明研究人员具有专业知识和丰富的数据对评审过程尤其重要："没有晶体，就不会受到资助。"大学为新进职工提供启动资金的主要原因，就是使他们有充分的时间来收集数据，进而向 NIH 提交资助申请。通常科学家的"血统"也非常受关注，包括研究人员在哪里学习，在谁的实验室里进行博士后研究工作。研究人员还必须证明自己在大学里有足够的空间开展科研工作。

在新的评审制度下，美国综合医学研究所先对申请方案做初步评审，可以看出与整体影响分数高度相关的两个指标是方法（Pearson 系数为 0.74）和重要性（Pearson 系数为 0.63）；相关性最低的指标是研究人员本身（Pearson 系数为 0.49）和环境（Pearson 系数为 0.37）。[①]

10%～40% 的 NIH 申请项目能够得到资助。很明显，项目能否成功得到资助，取决于申请量、项目方案成本和可用资金额。同时也与具体审查机构有关。例如，2010 年，失聪及其他沟通障碍研究所评审的项目申请成功率最高（30.2%）；最低的是由老龄化研究所评审的项目（14.5%）。而最大的研究所——癌症研究所评审项目的申请成功率是 17.1%。[②] 2001 年，项目申请成功率几乎是 2010 年的两倍，有 6 个研究所评审的项目成功率都在 35% 以上，还有很多研究所评审项目的申请成功率都在 30% 以上。[③]

R01 资助计划可以说是大学研究人员的主要资助来源，一般可以持续 3～5 年，研究人员可以申请延续资助。这并不是例外，而是很正常的现象。因为通常申请延续的项目比新项目方案在评审过程中表现得更好。很多人都知道研究人员可以因为同一项目而被持续资助 40 多年。康奈尔大学哈罗德·谢瑞（Harold Scheraga）的蛋白质折叠研究项目被 NIH 资助了长达 52 年之久。[④] 在极少数情况下，大学科研任命新的研究人员取代即将退休的研究人员，这样同样的资助项目就可以传承给下一代研究者。

NSF 的同行评议程序与 NIH 稍有些不同。研究人员将方案提交给项目计划，

---

① Austin 2010。
② National Institutes of Health 2009f。去除前面提到的研究所，各个研究所接到的申请项目少于 500 项，国家补充与替代药物中心（NCCAM）也是一样。项目申请的成功率是计算所有的申请。R01 的申请成功率稍高。
③ 同上。
④ 出身于 1921 年的谢瑞是 NIH 最老的研究人员。2009 年 3 月，他转向了另外一个 NIH 的实验工作，同时也腾出实验室空间给新来的教授。见 Kaiser 2008b。

这些项目计划按照研究领域划分。不同项目计划的方案评估方式也不同，可以自行决定是否只采用邮件评审，或者使用专家评审作为邮件评审的补充。① 评审人员按照5分制给每个方案评分并按照由好到差的顺序进行排序。评审都是自愿的：2008年财政年度的60 400份申请中，NSF得到了约37 000份评语（61%）。② 不同于NIH，NSF项目计划主管有很大的自由裁量权来决定资助哪些研究，尤其是决定介于"肯定资助"和"肯定不资助"之间的研究方案。尽管研究人员可以为后续研究提交申请方案，但NSF没有延续资助项目的传统。这不同于NIH。

相比于NIH，NSF不太关注名声，并且NSF还对研究人员的论文数量加以限制，最多只能列出10篇。（NIH过去没有数量限制，现在它"建议"研究人员将论文数量限制在15篇以下）。大约20%～37%的申请会得到NSF的资助。③ 和NIH一样，资助比率也受到申请数量和可用资金额的影响，同时还受到NSF资助时间与资助额度的政策影响。NSF致力于"通过减少研究人员写各种申请方案的时间和管理行政任务来提高产出"，并试图延长平均资助时间、增加资助额。2000年至2005年，平均每项研究资助额增长了41%，但平均资助时间几乎保持不变，都是3年。在较多项目竞争较少的拨款时，申请成功率骤降。④ 不仅申请者数量不断上升，而且每位申请人申请的方案数量也有所增长。毫无疑问，这一上升趋势是由于资助额的上升而导致的，尽管申请方案越来越容易通过NSF快速通道系统，大学要求职工参与项目申请的压力，可能也会导致该增长趋势。⑤

同行评议在其他国家的大学研究资金分配机制中也发挥了一定的作用。例如，英国所有的研究理事会，包括惠康基金会，都采用同行评议。比利时佛兰德（Flemish）科学基金会和挪威研究理事会也采用该方法确定资助对象。长期以来通过"框架计划"（现在已出了"第八框架计划"）支持科研的欧盟一直都是使用同行评议的方法来分配研究资金。为了鼓励"前沿"基础科学，还于2007年成立了欧洲研究理事会（ERC）。⑥ 欧洲研究理事会也是通过同行评议的方法决定资助对象。

---

① 大约有10%的项目是通过邮件评审的。这种仅仅通过邮件评审的方式正在急剧下降。National Science Foundation (2009c,图21)。
② 大约有10%的项目是通过邮件评审的。这种仅仅通过邮件评审的方式正在急剧下降。National Science Foundation (2009c,图27)。
③ 项目申请书剔除了2001—2008年间为中心、设备、仪器等提出的建议书（同上，图6）。
④ 同上，图5。
⑤ 见Freeman和Van Reenen的论述, 2009, 24。
⑥ Vogel 2006。

同样，2005 年在意大利成立的基础研究投资基金也采用同行评议机制；2005 年才开始资助科研的法国国家研究总局也使用同行评议机制来做决定。①

其他机制

除了资金不受限制的专项资助和同行评议外，至少还有三种资金分配机制。

评估。该方法通过评价部门实力来分配政府资金。近几年来，该方法在美国以外的其他国家已经变得越来越重要。例如，英国研究评审工作组在 2009 年分配了 15.7 亿英镑支持大学研究，该过程就将出版物质量作为部门评估的标准之一。②挪威、丹麦、澳大利亚和新西兰的大学，出版物计量也在研究资金分配中发挥作用。在佛兰德斯，30% 的大学研究经费都是基于文献计量方法来分配的。

专项资助。这资助高校是又爱又恨。1978 年，塔夫茨（Tufts）大学校长琼·麦耶尔（Jean Mayer）雇用了两名游说专家为从农业部获得在大学里成立营养中心的资金而据理力争。最终获得了成功：塔夫茨大学获得了 3200 万美元用于建立一个营养中心，就是今天为人所知的琼·麦耶尔的美国农业部人类营养与老化研究中心（Human Nutrition Research Center on Aging）。③ "一旦魔鬼从瓶中跑出来，就很难将其再次放入瓶中。"④从那以后大学研究专项资助额突飞猛进。截至 2008 年，专项资助额已经达到 45 亿美元，是联邦政府研究资助总额的 14%。⑤

政治家们通常以同行评议机制只能将科研资助集中于一小部分精英学校的说法来为专项资助找借口。他们说如果没有专项资助，二线研究机构的科研就不会得到发展。此外，同行评议倾向于规避风险，这有时也被用作以专项资助的方式给大学提供资金的借口。

有时大学和院校不用申请就能得到专项资助。例如，玛丽伍德（Marywood）学院未申请就获得了国防部的一笔专项资金，主要得益于宾夕法尼亚州民主党议员

---

① 评审者的筛选随国家和机构而不同。例如，NSF 的项目申请者可以指定回避某些评审者，但是不能指定评审者。在英国和弗兰德地区，申请者在项目申请提交前可以提议评审者，并且至少可非正式地与评审者联系，询问他们如果请他们评审是否同意。

② 大约 25% 的大学研究项目资金通过 RAE 分配。见 Katz and Hicks 2008；Clery 2009d；Franzoni, Scellato, and Stephan 2011。

③ De Figueiredo and Silverman(2007)，52；Mervis 2008b。

④ 引自美国大学联合会（AAU）前主席 Robert Rosenzweig。Mervis 2008b，480。

⑤ 同上。

约翰·穆尔沙(John Murtha)。① 但是,多数大学经常会雇用游说人士向华盛顿政府游说,以获得专项资助。不仅仅是二线大学采取游说手段,尽管公众鄙视,最顶尖学校拥有专项资助,也参与其中。2003 财年,AAU 中 90% 的机构都收到了至少一项专项资助,专项资助总额达到了 3.36 亿美元。② 尽管顶尖大学还在努力,专项资助还是避开顶级研究型大学,重新分配给排位低的大学。

并不是所有游说行为都会取得成功,很大程度上取决于参议院拨款委员会是否有本州的成员。例如,在委员会中有代表的大学,每花 1 美元用于游说,就会得到 56 美元的回报,4 倍于委员会中没有代表的大学的游说回报。众议院拨款委员会成员并不这么有利可图。③

经费预留(set-asides)是国会影响科研经费分配的又一手段。在这种情况下,研究经费只提供给倍受青睐的项目,通常在有相当优势的州开展该项目。例如,2009 年春季,联邦政府支出 300 万美元给 NSF,用来"建立一个数学机构以发现并开发数学人才。"该指令得到了参议院多数党领袖哈里·里德(Harry Reid)(内华达州)的支持。果然,内华达大学(雷诺)举办了戴维森学院——一所招揽极其出众学生的公立学校。④ 但是,并不是所有的预留经费资助都会成功。NSF 后来又将这 300 万美元投入一个竞争更激烈的研究资助项目,以资助全国各地高校的 7 所数学研究所的网络。2010 年 8 月公布了最终的获胜者,而戴维森学院不在其列。⑤

国会代表还会影响 NIH 的拨款,并间接影响经费的分配。例如,强势的国会成员提供拨款经费的分配和支付指南,直接在 NIH 多个机构内重新分配经费,并能支持对特殊疾病的研究。在众议院拨款委员会下属的子拨款委员会内拥有一名处理 NIH 预算的额外人员,会使 NIH 对该成员所在州的公立大学的科研资助增加 8.8%。⑥

奖励。近年来,政府对通过设立丰厚的奖项来刺激研发表现出了极大的兴趣。其实这一想法很早就有了。例如,英国政府于 1714 年设立了一个奖项以解决地球经度问题。最近,1996 年设立的 Ansari X 奖首次奖励私人载人飞机探测太空。8

---

① De Figueiredo and Silverman(2007),40。D-宾夕法尼亚指来自宾夕法尼亚州的民主党人。
② De Figueiredo and Silverman(2007),43。
③ 同上,40。
④ Mervis 2009c。
⑤ Mervis 2010。戴维森学院是戴维森研究所的一个部门。
⑥ Hegde and Mowery 2008。

年后该 1000 万奖金授予了伯特·鲁坦(Burt Rutan)。2006 年，X 奖基金会宣布，将投入 1000 万美元奖励第一个 10 天内测出 100 个人类基因组，每个基因花费不到 1 万美元的私人资助团体。获胜者会额外获得 100 万美元，用来解码 X 奖基金会选择的其他 100 个人的基因组。[1] 也有专门为猫狗设立的奖项，例如，在生殖生物学的 Michelson 奖将奖励第一个研究出能"安全、有效、真正用于猫和狗"的非手术杀菌剂的个人或团体。[2]

私人部门和慈善家们尤其喜欢各种奖项。2010 年麦肯锡研究报告指出，超过 60 个奖项都是在 2000 年到 2007 年间设立的，而且每个奖项至少有 10 万美元的奖金，所有奖项的奖金总和几乎达到 2.5 亿美元。[3]

公共部门是最晚(至少在 20 世纪和 21 世纪)使用奖项来促进创新的部门。但是 2009 年，华盛顿似乎受到了奖项这一热潮的影响。当年 9 月份，奥巴马总统呼吁机构增设奖项以作为其"美国创新战略"的一部分。2010 年 3 月，美国管理和预算办公室向响应政府号召准备设立奖项的机构领导人发布了一份文件，提出奖项设立的政策和法律框架指南。2010 年 9 月，白宫和总务管理局发布了网站 Challenge.gov，该网站为感兴趣的政党提供一些政府机构资助的各种奖励信息。随后的 3 个月，网站收到了来自 27 个机构的 47 份挑战。当总统于 2011 年签署《美国竞争法案》再次授权给奖项机构时，又设立了许多奖项。[4]

不同经费分配机制的优缺点

专项资助

由于专项资助的项目几乎都没有经过同行评议，因此很难知道为了资助这些项目我们放弃了什么。这使得科研团体尤其讨厌专项资助。但是，专项资助的确也有一些优点。例如，一旦设立某专项资助项目，它将在随后的几年内获得持续资

---

[1] Pennisi 2006。加拿大 Archon 矿业公司提供了奖金。克雷格·文特尔(Craig Venter)是 X 奖基金会主席。454 生命科学公司(454 Life Sciences) 是上一个入围者，*Wikipedia*，http://en.wikipedia.org/wiki/454_Life_Sciences。
[2] Found Animals 公司的广告。见 *Science*，7 November 2008。
[3] McKinsey & Company 2009。
[4] Kalil and Sturm 2010。

助。理论上讲,经费的稳定性可以鼓励长远的眼光,但会提高风险。

奖励

奖励有许多好处:它们允许采用其他方法来解决问题,而不局限于某一特定方法。它们只奖励成功案例,排除各种夸大的激励。此外,奖励会吸引不同团体和个人参与进来,而在其他情况下他们不会参与。例如,最近一个鼓励"健康孩子应用程序"开发的竞赛吸引了许多学生来参赛。最终的获胜者是一个叫"训练员"的游戏,由南加州大学的学生开发。① 近 200 个人参与到了哈佛大学 2010 年 I 型糖尿病研究的挑战杯比赛中。12 名获胜者中的一位是糖尿病患者,他为所有的糖尿病患者提出了一个可以方便检测是否成功控制糖尿病的方法;另一名获胜者(哈佛大学本科生)提议从化学角度研究糖尿病,可能会产生新的观点。②

但奖励也有一些负面影响。与优先权制度一样,奖项有利于多种人。他们可能不是十分适合开展有未知结果的研究,而期望结果必须是已知的且是精心指定的。而且颁奖机构在获得解决方案后可能会提高限制。同时,奖项还存在确定奖项大小的问题。理想情况是,颁奖机构希望数额越大越好,这样才能吸引更多的参赛者,但是也不能过度补偿获胜者。

将奖励作为促进学术研究的方法的最大问题是,奖金只有在研究完成后才给予,而参赛者只能自己来找到所需的竞争费用。这就意味着,奖励只有在有其他资助方式,或在参与者与企业一起完成的情况下,才是刺激学术研究的合适机制,因为学术研究需要大量的资金支持。③ 卡内基梅隆大学和亚利桑那大学的科学家们就是如此。他们与 Raytheon 公司合作参与谷歌 Lunar X 奖的争夺,该奖以 2000 万美元奖励第一个能"发送机器人到月球,在月球表面行走 500 米,并将图像和数据传回地球"的团队。第二个完成该任务的团队将获得 500 万美元,另外还有 500

---

① Lipowicz 2010。
② Cameron 2010。
③ 2011 年 2 月,麻省总医院教授苏厄德·鲁可夫(Seward Rutkove)博士赢得了 Prize4Life 的 100 万美元奖金,奖励他开发了一项新的跟踪肌萎缩侧索硬化(Amyotrophic Lateral Sclerosis, ALS)疾病的工具(www.prize4life.org/)。苏厄德·鲁可夫博士的方法可以作为一种工具用来筛选药物以判断其是否影响生存,他的工作在获得奖金之前是在私下开展的并获得过公共资助。奖金使得他的关注方向转到降低治疗成本上(Venkataram 2011)。

万美元以"额外奖金"的形式进行授予。①

划块资助与评价

经过同行评议和以经费划块形式进行分配的直接政府资助,都是既有好处也有缺点,或是有代价的。划块资助(Block Grants)法可以确保科学家们能按照研究计划开展研究工作,而这计划在足够长的时间内可能有不确定的结果。同时,它也可以使科学家们不用花费很长时间来寻求资助,评审员们也不会花太多时间评价申请方案。这并不是微不足道的好处。

但没有任何条件的划块是有代价的。当研究资助和薪酬都不再取决于科研绩效,研究人员在其研究生涯中就没有内在动力来保持高产;而且研究计划通常由大学实验室负责人或教授们制订。因此,年轻有为的大学教授可能会受到资深教授的压制,他们必须等到这些资深前辈们退休以后,才有可能带领一个研究团队。②

可能最重要的是,没有附加条件的资助法不符合问责的标准。近年来,这已经被证明是这类机制中致命的缺陷。在该机制使用频繁的欧洲,因为公众要求知道他们投资的结果,主要指科研质量和科研对经济发展的贡献。无论你是否喜欢,欧洲的许多国家(前面已提到的),还有澳大利亚和新西兰,已经不再使用毫无限制的科研资助机制,取而代之的是一个基于以往绩效或同行评议的资金分配机制。在法国,改革的呼吁有所不同,也许会晚些时候才有结果,但改革的基本依据就是这种机制缺乏质量要求。③

基于以往绩效的资金分配机制使得大学也参与其中。例如,在英国有很多投机性的职工雇用案例,即大学恰巧在下一评估截止之前,高薪雇用高被引的研究人员,以提高自己的绩效分数。④ 在一些情况中,大学还雇用一些在其他学校也有职务的研究人员。这在中国是司空见惯的事,因为在中国,绩效影响资金分配。正如

---

① X Prize Foundation 2009a。卡内基梅隆大学是通过里德·惠特克(Reid Whittaker)创办的大学附属公司——Astrobiotic Technology 公司参与的(X Prize Foundation 2009b)。
② 这可能是对年轻独立的日本研究人员是一个挑战,日本给予了全职教师绝对的实验室空间配置、人员招聘和提职等权力(Kneller 2010,880)。
③ Enserink 2008b。法国生命科学资助体制改革小组主席伊莱亚斯·塞霍尼(Elias Zerhouni)说:大量的期刊论文发表在低质量的期刊中。改革小组还关注法国科研人员的研究论文数量,也关注责任和权益问题,建议设置统一的生命科学资助机构。
④ 海克(Hicks)2009年说,在 2002—2006 年间,英国大学教授薪金超过 10 万英镑,增长 169%。RAE 被 REF 所替代。REF 正在探索一种以论文著者出版地址(也就是在雇用期间的论文发表数据)来统计大学论文的新办法,而不是收集雇用时间内的评价数据。见 Imperial College London, Faculty of Medicine 2008。

前文所述，许多高被引的、在美国当教授的中国人被授予"讲座"（jiangzuo）职位，但要求他们尽可能在中国每年待3个月。① 通过吸引这些教授回国，不仅会提高中国大学的研究氛围，而且还增强了其研究基础。

评估标准也会影响研究质量。例如，澳大利亚使用的公式最初集中于 ISI 收录期刊（现在是汤森路透公司的 WOK 数据库）。因此，难怪论文发表数量增幅最大期刊，是处于所有期刊中质量最低的 25% 的期刊，而医疗和健康科学除外，这两个领域增长最明显的是，期刊中质量最低的两个四分位数的期刊。②

同行评议

同行评议机制也有好处。它可以使科学家们自主选择研究课题，并激励他们在科研生涯中一直保持高产。要想成功获得同行评议的支持，并不完全取决于其以往成就，该机制也给以前失败的研究人员提供成功的机会。同行评议可以提高科研质量和促进信息分享。正如在第三章中所述，该机制还鼓励科学家成为企业家。从风险投资家那里获得资金与从资助机构那里获得资金存在一些共同点：即都要求强力的宣传。

竞争性资助机制的利益，正好就是非限制性资助机制的成本，所以后者的某些好处就是前者的代价。首先，是时间问题：资助申请和经费管理会减少科学家们从事研究的时间。2006 年的调查发现，美国大学的科学家，兼联邦资助项目 PI，他们要花费 42% 的时间来填写申请表或开会，项目获得资助前平均要花 22% 的时间，获得资助后还要花费 20% 的时间。③

评审其他研究员的申请，同样也要花费许多时间。根据 NIH 科学评审中心主管安东尼奥·斯卡尔帕（Antonio Scarpa）的说法，那些未通过的 25 页长的 R01 资助申请，要花大概 30 个小时对其进行评价，包括 3 个指定评审者每人要花费的 7 小时。④ 如果资深教授也参与进来的话，每份申请方案的评审费用将达到 1700 美

---

① Xin and Normile 2006。
② Butler 2004。
③ Kean 2006，Rockwell 2009。
④ Scarpa 2010。评审的差旅也是很大的成本。仅仅在 2010 年，19 000 名科学家赴阿灵顿参加 NSF 总部的评审会议。NSF 和其他机构提供差旅，支付酬金，这还不足以补偿评审人员的时间价值。因此，也就很好理解，近年来 NIH 开始用实验视频会议评审方式（Bohannon 2011）。

元。① 难怪近年来 NIH 和 NSF 担心吸引有经验的评审员会变得日益困难,而且评审质量也在不断下降。② 同样不足为奇的是,2010 年伊始,NIH 要求每份申请方案的长度(页数)减少约一半。③

一个竞争性资助机制也会让研究人员不愿意去承担研究风险。资助通常取决于其"可做性",选择资助项目是因为它们"几乎可以开展下去"。④ 引用诺贝尔奖获得者罗杰·科恩伯格(Roger Kornberg)的话:"如果你打算开展的工作几乎不能成功,那么它将不会得到资助。"⑤至少是在 NIH 内,年老的科学家们认为,以前同行评议一直是一个不同的游戏规则,因为评审员们关注的"是思想,而不是原始数据。"⑥但是,当资金越来越难以获得的时候,这成了一个复杂问题。美国艺术科学研究院最近发布的 ARISE 报告"科学和工程前沿进展报告"(*Advancing Researoh in Science and Engineering*)指出,在困难时期"评审员和项目人员倾向于重点关注那些他们认为最有可能产生短期、低风险、可评估结果的项目。"⑦

激励机制的深层含义促使 PI 们选择规避风险:因为失败的项目不会得到经费。很明显,未来的资助经费取决于现阶段资助所取得的成功结果。当研究员的工资都无法保障时,该机制尤其会阻碍冒险精神,对于医学研究所中的研究员常常如此,对暑期资助则总是如此。在此引用斯坦福大学生物工程学教授史蒂芬·奎克杜撰的短语,今天的大学教授们已经从不出版就淘汰转为"没有资助就挨饿"。⑧ 科学家们最痛苦的事莫过于一旦他们不能继续获得资助经费,实验室也将不得不关闭,他们自己作为独立研究员的研究生涯也将画上句号。

至少 NIH 是这样,结构化的资助方式同样也会阻碍科学家们在其科研生涯中安排新的研究议程。因为延续研究有可能获得赞赏,研究人员在其研究生涯中通

---

① 借用第四章中的平均小时数据和第二章中高级研究人员的薪酬数据来计算,平均小时工资是 57 美元。

② National Science Foundation 2007c,第 6 页。

③ 为了减轻评审者的负担,NIH 研究部的人员现在是将 12 次会议分散在 6 年期间召开,而不是 4 年。同时,对长期参加会议的专家给予奖励:在参加了 18 次研究部门会议后,他们得到的资助将提高到 25 万美元,或者获得 9 个月的资助。承担三个或者三个以上资助的科学家如果被要求,必须作为评审者。

④ Alberts 2009。

⑤ Lee 2007。科恩伯格继续说:"当然,我们总是乐于看到另外一个极端的结果,有突破性的创新成果出现。"

⑥ Kaiser 2008b。

⑦ American Academy of Arts and Sciences(2008),27。

⑧ Quake 2009。

常会遵循其熟悉的研究过程,专注于系列研究主题。一位知名科学家说,他鄙视那些几年来一直接受同一项目资助的研究人员,因为他认为这是缺乏创造力的表现。很明显,他是少数派;但是,当前的机制鼓励这种行为。这位科学家可以灵活安排自己的研究议程;因为他是一位 HHMI 研究员。

竞争性资助机制也不利于年轻人。例如,近年来,NIH 资助的新研究员数量几乎保持不变,而其资助的资深研究员数量一直在增长(详见下文讨论)。① 谈到申请成功率,年长的科学家们的成功率也在增长。1985—2000 年得到第一笔独立资助的科学家们,平均年龄从 37.2 岁增加到 41.8 岁。② 至少有 3 个原因导致这一结果。首先,项目申请需要有初步研究结果,使资助结果倾向于更有经验的研究人员,同时也使得新研究员的资助申请往后推迟。第二,70% 多的新研究员必须在得到资助前再次提交申请书。30 年前,超过 85% 的新研究员第一次提交申请就会得到资助。再次申请的过程很容易又增加了 1 年时间。第三,研究员获得教授职位的年龄也越来越大。③

当得到资助的机会很低时,资助机制运行的时间也就很短。当一个项目得到资助的可能性极低时,再花时间和资金对其进行申请和评估项目就变得极其低效。因此,新研究员的斗志和积极性就会受到打击。④

还有一个问题是,这一资助机制会提供激励措施,以确保研究工作获得尽可能多的资助,而不管资助额的增长能否带来相应的论文产出增长。钱成了最终的目标,而不是一种手段;资助额是衡量论文产出的标准。⑤

资助机构已经认识到了这些问题。正如,NIH 就反复增加其资助年轻研究员的数量。例如,最近的一份倡议所带来的"袋鼠基金",就是帮助研究人员从博士后向新研究岗位过渡。R01 项目评审员知道,申请方案是否来自一名新研究员,而且新研究员的资助门槛普遍偏低。现在新研究员通常不用申请就可以获得一笔额外

---

① 年轻的研究人员在 NSF 也遭遇困难。例如,有基础的研究人员的资助率从 2000 年的 36% 降低到了 2006 年的 26%,减少了 28%。在同一时间内,新研究人员的资助率从 22% 降低到 15%,降低了 32%。见 American Academy of Arts and Sciences (2008, 14)。

② Garrison and McGuire 2008,幻灯片 54 张。数据为第一次 R01 项目资助的博士数量。

③ American Academy of Arts and Sciences(2008),第 12 页。本·琼斯(Ben Jones)认为,获得学术职位的年龄比过去大的一个原因是随着科学的发展,科研人员必须花费更多的时间在培训上。见 Jones 2010a。

④ 同行评议机制需要考虑的另外一个问题是平衡。当项目建议书一个个收集起来后,某个研究机构的科研布局的轮廓就显现出来了。丹尼尔·戈诺夫(Daniel Goroff)还将这种做法与一个选股进行了类比。

⑤ Sousa 2008。

的 1 年的资助。伊莱亚斯·泽胡尼(Elias Zerhouni)是前 NIH 负责人,他 2008 年秋退休前执行的一个计划,就是要为新研究员提供更多机遇,并以 NIH 正式政策的形式进行发布,即"当接到一份新申请方案时,要在申请成功率上支持新研究员,而不是那些知名研究员。"[1]NIH 机构都按照这一指示行事:2009 年,NIH 支持了 1798 名新研究员,比 2006 年的 1361 名增长了许多。[2] 该计划的结果就是低于资助线的资助项目数量大幅上升。[3]

为了提高研究员的冒险精神,NIH 设立了先锋(Pioneer)奖和尤里卡(Eureka)奖。先锋奖主要"用于支持极具创造力的个人科学家,他们在生物医学和行为研究领域的主要主题中提出了首创(有可能使领域研究焕然一新)的方法。"[4]尤里卡奖"用于帮助研究员提出新颖的,通常是非常规的假设,或是提出主要方法来解决技术挑战问题。"[5]虽然 NIH 所做出的努力值得赞赏,但是获奖人数实在有限。例如,2009 年,NIH 授予了 18 个先锋奖获得者,为史上最多的一次。但获奖概率却低于 1%:5 年期的数百万美元大奖一共收到了 2300 多份申请。[6]

2007 年,NSF 也采取了一项新的、面向整个基金会的计划,以鼓励"转换型研究"(transformative research)。此外,机构也扩大了其绩效评审标准,明确地包括"审查那些有可能提出,并探讨具有转换性潜力的概念的建议案。"[7]

NIH 预算翻倍:一个警示性的故事

假设资金是解决困扰同行评审诸多问题的关键,更一般地说资金是解决困扰大学研究工作的关键的话,那将十分有趣。额外的资金应该转化为更高的申请成功率,这样反过来又会鼓励冒险精神;更多的资金还应该为年轻研究员提供更多的工作机会和资助。

---

[1] Kaiser 2008f。
[2] Garrison and Ngo 2010。
[3] 2009 年 9 月 GAO 报告显示,全部 R01 资助项目(1059 项)中,18.5% 的项目评价分数低于资助标准线。其中,有一半的项目给了新研究员。见 Kaiser 2009a。
[4] National Institutes of Health 2011。
[5] National Institutes of Health 2008。
[6] National Institutes of Health 2009c。关于申请者数量,见 La Jolla Institute for Allergy and Immunology 2009。
[7] National Science Board 2007。

但是,任何持有这种想法的人应该小心,他们到底想要什么。1998—2002 年,NIH 的预算翻了一番,却带来了更多的问题。2002 年时,申请成功率并不比预算倍增前高多少。到 2009 年,申请成功率远低于经费倍增之前,部分是因为 NIH 预算在这几年确实有所下降。

而大学教授却要花更多的时间进行申请和评审资助。虽然在本世纪早些时候,60% 的 R01 资助的项目首次申请就能获得资助,在 2010 年末,只有 30% 的项目首次申请能够获得资助。[1] 有超过 1/3 的申请直到最后评审,才确认不能得到资助。这不仅花费大量时间,耽搁了研究工作,还造成了这么一种观点:引用伊莱亚斯·泽胡尼的话来说,是"最后获得资助机会"的方案更受欢迎,有时候这样就会形成一种鼓励"坚持而不是才华"的机制。[2] 在第七章中,将表明很少有资助为新的博士生提供永久工作,而当政府在 20 世纪 50 年代和 60 年代加大研究支持时,资助最终转化为工作的案例很多。

同时也没有证据表明,NIH 预算翻倍使得美国成为科研生产率相对高的国家,至少在出版物方面没有增加。弗雷德里克·萨克(Frederick Sack)对资助翻倍时期,美国生物医学领域出版物的研究发现,美国出版物与其他资助没有翻倍国家的出版物相比,并没有出现"大幅上涨"。[3]

这一看似矛盾的主要原因在于,大学对预算翻倍做出的回应。一些大学将资助翻倍当作进入新"联盟"、启动"卓越"项目的机遇。其他学校将其作为增强已有力量的手段。对于另一些大学来说,扩大已有项目的规模非常有必要,因为这样能够继续在生物医学研究领域占有一席之地。无论怎样,最终结果都是多数研究型大学掀起了一股扩建热潮。用已有的大型资助项目,以及创建更大的资助项目来聘请资深教授。这需要场地,很大的场地。明尼苏达大学医学院院长黛博拉·鲍威尔(Deborah Powell)直截了当地说道:"聘请资深教授的问题就在于,他们想要很大的实验室空间。想要聘请大概 4~5 位神经学家的团队就意味着你必须有数千英尺的场所和大笔资金。"[4]

大学用慈善机构、地方政府和州政府的资金,甚至用贷款来扩建。它们聘请了

---

[1] National Institute of General Medical Sciences 2007b。在统计的时间点上,可以允许两次重新提交申请,现行政策只允许一次重新提交。

[2] Kaiser 2008d。

[3] Sacks 2007。

[4] Peota 2007。

大量教授和研究人员,大多都是使用软钱的职位。大学还鼓励没有申请到 NIH 项目的教授"到有钱的地方去"。同时,也鼓励已有资助项目的教授获得更多的资助:许多研究型大学要求的不是一项或两项资助,而是至少三项资助。因为拥有大型实验室的新建筑需要更多的资金支持。

因此,新的、竞争性的研究项目申请量有所增长也就不足为奇了。1998 年,NIH 的 R01 资助大概收到 24 240 份申请;资助金额翻倍后的 2003 年底,申请量是 29 573。2009 年,在资助翻倍计划结束很长时间后,收到了 27 365 份申请。① 申请成功率在资金翻倍计划刚开始时是 30% 多,到 2006 年就降到了 20%。2009 年,申请成功率"反弹到"22.2%。②

申请成功率下降的一个原因是,在预算的大幅增长时还伴随着申请额度的增长:1998 年,一般资助的年均预算是 24.7 万美元;2009 年,增长为 38.8 万美元。③ 有许多原因造成了预算增长:首先,大学有更多的教授属于软钱岗位,他们工资中很大一部来自研究资助。④ 第二,在这一时期内设备和设施的成本不断增长。小鼠和核磁共振成像设备非常昂贵:生物医学研究和开发费用指数在 2000—2007 年增长了 29%;而消费者指数增长了 20%。⑤ 第三,研究生学费(包括在资助里面)也在不断增长。学费的增长为大学从联邦政府获得更多的资助提供了途径。⑥

导致申请成功率下降的另一因素是,NIH 没有那么多的钱支持 R01 项目。在预算翻倍之后,不仅 NIH 的预算有所下降,而且由于翻倍计划终止,在翻倍期间做出资助 4~5 年的承诺,就意味着现在可用资金更少。2003 年,NIH 有 26 亿美元可用于竞争 R01 资助项目;2006 年最低的时候,它只有 22 亿美元。⑦

同时,NIH 本身也选择在 R01 项目上投入更少的预算,反而将资金用于大型项目和对 NIH 负责人塞霍尼(Zerhouni)在 2002 年提出的路线图计划的资助,路

---

① Garrison and Ngo 2010。数据来源于 R01 等额资助。
② 同上。
③ 同上。数据中剔除了间接费用。
④ 尽管对早期的数据没有比较的基础,NIH 负责外部研究的副主任莎莉·罗基(Sally Rockey)提供了一组数据,显示总体上从软钱中支付的薪水在 30%~50%(Sally Rockey 2010)。AAMC 的研究发现,2009 年医学院承担外部经费项目的教授,其总薪水的 36% 来源于项目。不同医学院中,薪水的 14%~67% 是从资助项目中领取。平均计算,29% 用于 MD,49% 用于博士。
⑤ National Institutes of Health 2009b。消费者价格指数来源于 BLS 2011a 数据。
⑥ 注意,联邦机构对项目中可以支出的津贴设置了限制。
⑦ Garrison and Ngo 2010。这种下降对那些在低资助年份申请项目的研究人员特别不利。到 2009 年,资助经费稍有增长,NIH 有 24 亿美元用于 R01 项目。

线图计划致力于在生物医学研究领域提供更多的灵活性,并解决重大机遇和差距问题。2001 年,53% 的新资金都用于 R01 项目;2006 年,只有 45.1% 的新资金拨给 R01 项目。2010 年时,该比例有所增加,接着就一直保持着 47.4%。①

经费翻倍期间,有些新资助给予了从未得到 NIH 资助的研究人员。但是更多的新资助项目仍然给了那些知名研究员:翻倍期间,至少拥有一个 R01 资助项目的研究员比例增长到 1/3,即从 22% 上升为 29%。② 在同一期间内,首次获得资助的研究人员比例增加不到 10%。③

年轻研究员在与资深研究员竞争时处于劣势,因为资深研究员有更好的原始数据和资助申请经验。在每个申请阶段,新研究员提交新研究申请的成功率都低于知名研究员。④ 正如在图 6.3 中所示,资深研究员资助项目数量不断增长,首次申请研究员资助项目的少量增长导致了 PI 年龄分布急剧改变。1998 年,不到 1/3

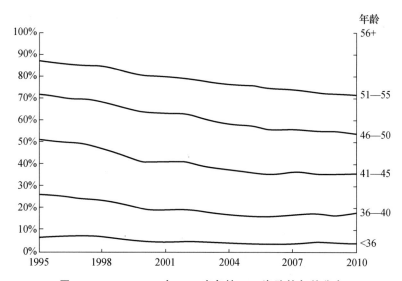

图 6.3　1995—2000 年 NIH 竞争性 R01 资助的年龄分布

(数据来源于 NIH 院外研究办公室。)

---

　① 数据来源于 NIH 的 Research Portfolio Online Reporting Tools (Re-PORT),网址:http://report.nih.gov。参见财年资助报告:http://report.nih.gov/frrs/index.aspx。
　② Davis 2007。
　③ NIH 接受 R01 项目资助的新任研究人员从 1998 年的 1439 人,仅仅增加到 2003 年的 1559 人(National Institutes of Health 2009e)。但是,在用于对新人进行资助的 R03 和 R21 项目,有明显增加。这两项资助的额度低(R03 是两年 5 万美元,R21 则两年不超过 27.5 万美元的直接成本)。
　④ National Institute of General Medical Sciences 2007b。

的资助对象在 50 多岁以上,大约 25% 的资助对象都在 40 岁以上。2010 年,大约 46% 的资助对象超过 50 岁,只有不到 18% 的资助对象在 40 岁以下,而且超过 28% 的资助对象在 55 岁以上。

生物医学界的一个反应就是要求更多的资助,但未成功。甚至还带来了另一"风暴",鉴于早期"未雨绸缪"报告被证明有利于物理学,这是政府之前关注重点(该报告在 NIH 经费翻倍之后发布)。① 因此,有人认为发布生物医学领域的类似报告可能会吸引国会的注意。

经济刺激法案

没人预料半夜的时候,美国国会通过经济刺激法案来帮助生物医学。但是当生物医学界的研究人员于 2009 年 2 月 4 日早上醒来的时候,他们发现自己已经成为两年 100 多亿美元刺激资金的接收者。如果说在 NIH 预算翻倍之后,研究人员很难适应没钱的日子,那么在两年后这 100 亿美元资助结束时,又会给生物医学研究人员造成什么影响呢?

NIH 通过扩大资助线从而选择将 1/3 的资金用于资助那些资金低于初始资助阶段的方案,但只资助两年。然后再花 1/3 的资金用于管理,来加快研究节奏(更多的研究员和更多的研究设施)。但它只代表不到 10% 的开销,因而也是最受挑战的资助项目,同时也最受关注。几乎在 2009 年 3 月份刚宣布这一资助计划的时候,大学就一直在步步紧逼,因为它们需要间接成本,员工也都没有新的资助。② 接着不到 10 周,20 000 份申请方案竞争该资助,因为它会在两年多的时间内资助 100 万美元的直接成本。明尼苏达大学提交了 224 份申请,占总申请量的 1%;加州大学欧文分校的申请量差不多也是这么多。③ 据报道,某些大学的院长反复对教授说资助是根据其申请项目数量决定的。说该奖项的批准根据申请量做出裁决。④

---

① Marshall 2008。
② 挑战性项目是 NIH 为 15 个特别研究领域设计的。
③ Danielson 2009。也见 Kaiser 2009b。
④ Basken 2009。

最终，NIH 资助了 840 个挑战项目；申请成功率还不到 4%。① 但是这并不是最终结果，因为研究员可以向 R01 资助项目重新提交研究方案。由于挑战计划资助的申请格式（12 页）与新的简化了的 R01 资助申请方案格式极其相似，再次提交申请方案十分便利。② 刺激资金可能会帮助许多研究员和大学度过困难时期，但是它们并不是固定的"解决方案"。③ 如果 2009 年申请成功率不高的话，那么在可预见的未来，成功率一定会更低。

政 策 问 题

美国将其 GDP 的 0.3%～0.4% 用于大学和医学院的科研。这意味着，2009 年有近 550 亿研究经费，即美国每个男人、女人、孩子都会得到 170 美元。其中，300 多亿美元来自联邦政府，其中 2/3 用于生命科学的研究，尤其是生物医学。而且在本世纪的前几年，生物医学研究经费比例一直在上升。

对于经济学家而言，这些投入带来了效率问题。GDP 的 0.3%～0.4% 是太多了还是太少了？2/3 的研究经费给生命科学是否正确？在回答这些问题之前，要先了解经济学家所说的效率究竟是什么意思。毫无疑问，它有特定的含义。具体来说就是，如果重新配置这些资源，不能带来更多的好处，那么该配置就是最有效的（或者说是最优化配置）。

那么如何识别资源是否被有效配置呢？最简单的不考虑风险的方法就是比较投资收益率：如果对 X 的投资收益率是 20%，而对 Y 的投资收益率是 10%，很明显人们应该投资 X，不投资 Y。如果重新配置资源，X 的边际收益最终会下降，而 Y 的边际收益却在上升。

这似乎很简单。首先，算出公共机构研究投资的收益率，然后将其与替代收益率进行比较。或者，先算出生物医学研究的边际收益率，然后与物理学研究的边际

---

① National Institutes of Health 2009d。NIH 将 ARRA 资金的 16% 用于"GO"项目，专注于支持创新性研究项目，缩短资助周期，让资金用于新的研究项目。他们将不高于 2% 的资金用于 P30 项目以资助雇用新员工。

② 令人惊讶的是，只有 3000 个被拒绝的挑战项目申请再次出现在 2010 年春季的各类申请中。期待以后会有更多。

③ 刺激性资金也给项目评估和 NIH 人员增加了额外工作，2009 年夏秋之交，他们付出了较多的额外劳动。

收益率进行对比。听起来很简单,但问题在于细节,且缺乏衡量细节的数据。①

例如,如何定义收益,是采用狭义范围还是广义范围?看一下原子钟的例子。130 多年前的 1879 年,开尔文勋爵首次建议使用原子振动来测量时间;直到 20 世纪 30 年代伊西多·拉比(Isidor Rabi)才开发出切实可行的方法。② 后来,原子钟对许多新产品和创新都有所贡献,包括 GPS。例如,进行基础物理研究,也带来许多新产品和新工艺,包括核磁共振。人们如何划清收益的界限呢?

如何划清收益的时间界限?通常科研收益都是在许多年之后,在第九章中将详细叙述。这意味着,社会通常要等很多年才能使收益在经济中显现出来。同时还有个问题就是许多公共研究的收益通常不进行市场交易,因而很难衡量其价值。譬如,人们如何衡量哈勃望远镜观测到的图片的价值?如果暗物质的神秘面纱被解开之后,将产生多大的收益?

部分是因为这些问题难以解决,因而对于研发的公共投资回报率的研究就比较狭窄,要么关注对特定类型研究的回报率,要么关注导致特定产品研发的研究的回报率。例如,很多研究既考虑玉米研究的回报率,也考虑更广义上的农业研发的回报率。研究人员发现美国农业部资助的研究回报率是 18.7%。③ 研究还报告了具体州资助的农业研究回报率。当估计值包括对其他州的溢出效应时,回报率平均值是 32.1%,最低 9.9%,最高 69.2%。同样也有许多研究是有关医学研究投资回报率。例如,有个研究估计 NIH 对心血管疾病影响因素研究的投资回报是 30:1(包括患者看医生的费用)。④

一项已过时的研究,为 NSF 回溯导致五大主要发明(磁性铁氧体、磁带录像机、口服避孕药、电子显微镜、基质隔离法)的关键科学事件。该研究的重要性就在于,它发现在 5 个发明案例中,非任务性科学研究(non-mission scientific research,指"由对知识探索和科学理解的动力驱动而不十分关注应用的"研究)发挥了重要作用,非任务事件的数量在重大技术发明前的 20~30 年内达到顶峰。该研究还发

---

① 引用莫维尔(David Mowery)和内森伯格(Nathan Rosenberg)的话:"事实上,精确测定基础研究利益的难度不是言过其实。"(1989,11)
② "原子钟,"2010,http://en.wikipedia.org/wiki/Atomic_clock。
③ Alston et al. 2009。
④ Cutler and Kadiyala 2003。1953—1993 年间,NIH 30 亿美元用于心血管疾病的相关支出,研究成本占一半;另外一半成本是个人花费在找医生看病上。估计每人的收益为 3 万美元。作者的本意是估算心血管健康中个人行为变化带来的投资收益率。

现,很大比例的非任务研究(准确值是 76%)在大学和学院中进行。①

类似的案例研究非常有价值,因为公共研发投资与其经济产出之间的滞后性使价值估计十分困难。但是,我们也要认识到这些研究都会带有胜利者偏见,即只关注公共研发取得重大突破的研究领域,而不是在所有研究领域都取样。它应该既包括成功案例,也包括失败案例,还应包括公共研发并没有产生作用的领域。②

研究公共研究投资收益率的另一种方法是调查企业,询问公共研究在开发新产品和新工艺上发挥的作用。曼斯菲尔德(Mansfield)利用该方法发现,他所访问的 76 家企业中,11% 的新产品和 9% 的新工艺都是在有最新学术研究的情况下才被开发出来(无重大延时)。他利用该数据估算研究投资的社会收益率是 28%。③

总结来说,类似研究表明,以往公共研究投入的收益率比较可观。当然,这些收益是否在未来继续可观就很难说了。在此引用曼斯菲尔德的话,"由于这些研究是追溯性的,因而他们甚少关注当前资源配置,而这些配置取决于目前提出的研究项目的利益和成本,而不取决于那些在过去已经完成的研究成果。"④

有关美国对公共部门研究投入的效率问题很难回答。如果问题是询问是否应增加投入时,就变得很好回答。我们也许永远都不知道确切数额,但是鉴于以往研究投入的相对健康回报,确切金额很有可能是大于目前投入的数额,即大于 GDP 的 0.3%~0.4%。

美国研发投资组合间的平衡性如何呢?近来不断增长的生物医学研究投入是否就能抵挡住效率的拷问?没人精确计算出生物医学研究投入的边际收益是否就高于固态物理研究投入的边际收益。但是,正如本文将在第十章中所述,人们可以相信这样一个比较可靠的事实,即目前情况可能不是有效的。它只能反映出公众对健康的兴趣,以及各种支持医学研究的游说组织的强大力量。它也能反映对某些领域科学的资助与联邦机构的使命紧密相关的事实,并确信近年来某些机构发现其预算比其他机构削减或增长的速度要低一些。例如,冷战结束导致国防部预

---

① National Science Foundation 1968,ix。
② Hall,Mairesse,and Mohnen 2010。
③ Mansfield 1991a。兹维·格里利谢斯(Zvi Griliches,1979)利用产出功能的方法估算了公共资金资助的研发的总体社会收益率,后来被一些经济学家使用和推广。实际上,这些研究都是考察了由非企业机构承担的联邦政府研究资助项目的收益。一个例外是,1991 年纳德里(Nadiri)和马姆尼斯(Mamuneas)的政府研发投入收益率研究,尽管只是研究了 12 个行业的研发投入,作者发现社会收益率为 9.6%。
④ Mansfield 1991b,第 26 页。

算减少，进而减少了对大学国防科研的资助。

同样还存在其他效率问题，例如大额资助的效率是否就比小额资助的效率高？HHMI 采用的项目选择过程和项目资助结构，是否就比 NIH 采用的方法要更有效？在资助规模方面，有证据表明，由出版物数量衡量的产出率与资助金额之间没有太大关系。例如，美国 NIGMS 的研究发现，其研究员的出版物数量与其资助总额之间的相关系数仅为 0.14。① 当然这仅是项研究，它也没有解决是否资助有各种 PI 参与的大型项目有效，还是资助更多的 PI 项目更为有效？对 NIH 而言，它也没有解决 R01 项目是否比 P01 项目更有效的问题。它也不试图解决对花费数十亿美元，且在未来几年会占用大量资源的大型设施的投资是否有价值这一效率问题。

与上述后者有关的是，近来一项研究表明 HHMI 机制能鼓励创造，言外之意，它比 NIH 系统鼓励更多冒险。为了解决选择问题，作者将 HHMI 资助的研究人员产出与 NIH 资助人员的产出进行对比，但只涉及在职业生涯早期获得基金会授予奖项的研究人员。比较发现，HHMI 研究员能以更快的速率产生高影响的论文。他们还发现与 NIH 研究人员相比，HHMI 研究员的研究方向会发生改变。至少有三个原因可以解释，为什么 HHMI 系统似乎比 NIH 系统做得更好。第一，HHMI 系统评估人而不是项目；第二，它对个人的资助时间要比 NIH 一般资助时间要长；第三，它能容忍"失败"，至少对于第一次受到评审的研究员是如此。② 惠康基金会似乎相信上述原因：2009 年，它宣布将在未来的资助选择或延长资助方面开始对人员进行评估而不再评估项目。③

结　　论

科学研究本身就是一个费钱的营生。由于基础研究的特点和从事基础研究人员的动机以及历史原因，许多国家的科学研究都在大学里进行。多种力量联合资助了科研，不论哪个国家，政府对研究的投入都是最多的。其他资助者包括：产业、私人基金会和大学自身。近年来，大学自身对科研的投入比例在上升，而政府资助

---

① Berg 2010。该研究中没有考虑研究质量问题，如果考虑质量问题，可能得出不同结论。
② Azoulay, Zivin, and Manso 2009。
③ Kaiser 2009c。

的比例在下降。但各个国家又都有所不同。

大学科研资助标准越来越注重绩效,没有产出就没有资助。尽管该做法看起来很简单,但是实际上并不总是如此,尤其是欧洲。而且,寻求资助来源来支持他们的研究已经日益成为教授们的职责,他们要么通过建立声望间接获得资助,要么通过提交申请直接获得资助。美国的情况比较极端:大学对其教授的直接资助在2~3年内基本上会停止。此外,大学要求教授自己通过寻求更多的资助来支付薪资。尤其是在医学机构更是如此,它们不仅要求非终身研究人员这样做,目前有终身任期的教授也要这样做。

同时,研究资助来源正日益减少,用资助申请成功率测量可以得出这一结论。部分是因为研究资助,尤其是在近年来,增长越来越缓慢;另外,也因为大学研究群体规模和大学期望值变得越来越高。

类似的资助机制导致大学教授和资助教授的政府机构都倾向于规避风险。"稳赚不赔"相比于结果不明确的研究计划总是更受欢迎。并不只是同行评议会促使人们规避风险。DARPA曾经自夸,"自己关注的是不可能的任务,对只有一点点难度的研究不感兴趣",但是它正日益缩短资助时间也更倾向于风险较小的研究。① 谨慎行事才可能获得资助。但是用唐纳德·因格贝尔(Donald Ingber)的话来说:"从真正意义上来说,这不是科学,因为科学是我们定义未知事物的过程。"②

该资助机制尤其使年轻研究员受挫,至少在美国是这样的。这也并不奇怪,因为他们与年长的研究员相比,研究初步结果比较少,资助申请经验也不足。但未能充分资助年轻教师正带来更多的问题。年轻教师似乎更有可能做出卓越的贡献。③ 未来的研究发现和对未来科学家的教育依赖于新一代的研究员。而且,支持年轻科学家会使得科学和工程这一职业更吸引那些正在选择职业的年轻人。④

科学资助的许多问题还与规模有关。若一个机制在研究群体比较小的时候可能会运行得相对比较好;而当研究群体增长了11倍(美国的研究群体规模就在过去的50多年内增长了这么多)时,该机制可能就不那么有效了。当系统变得更大

---

① Ignatius 2007。
② 见2009年2月24日与保拉·斯蒂芬的电子邮件,3月1日会议上有评论。
③ 见 Stephan and Levin 1992, 1993。本杰明·琼斯(Ben Jones, 2010a)的研究显示,科学家作出突出贡献的年龄在变大。
④ Freeman and Van Reenen, 2008。作者也指出,科研资助不仅产生知识,还提供了科研的人力资本。这是资助年轻研究人员的另外一个原因。

的时候，就有必要修改规模和分配机制。这会阻止人们承担风险。更大的系统还使科学家进行高强度的同行评议变得更为困难。HHMI 采用的选择研究员的过程可能就难以适用于更大规模的系统。

目前，有关大学研究资助系统的其他问题还包括资助震荡（时有时无）。走走停停的资助模式不利于研究人员的职业生涯；它还会使机构投入长期规划变得更加困难。NIH 之前就认为在预算翻倍之后它的预算会保持一个相对"平稳"的增长速度。大学也认为这样的好事会延续下去。尽管如果 NIH 知道预算实际上会下降，它的行为会有所不同，但是大学是否会这么做仍未可知。还有太多的危险：如果大学没有扩张，他们就落后了。这就像去观看一场足球比赛。第一个站起来的人会看得更清楚，第二个和第三个站起来的人也是如此。但是当所有人都站起来时，没有人有好的视野。而且站起来后，人们会变得更冷。

第七章
科学家和工程师劳动力市场

2000年中,汽油价格开始上涨,随之对混合动力汽车的需求相应增加。但消费者需要为此等候2~3个月,他们实际支付的金额要超过这类汽车的标价。同样的事情发生在2008年,当时汽油价格上升至每加仑4美元,而市场依旧缺乏混合动力汽车。在这两个例子中,这种情况都是短暂存在的。在短短几个月内,混合动力汽车的数量就会快速增加,短缺问题得以改善,因而人们支付溢价的意愿也会迅速下降。① 市场做出反应的速度十分迅速,在较短的时间内,就可以生产更多的混合动力汽车。

为混合动力车替换工程师,却会得到不同的结果。历史上,当对工程师的需求增加时(例如,国防预算的增加),市场调整的步伐很缓慢,因为培养一个博士工程师至少需要4~6年的时间,而当对工程师的需求减少时,需要4~5年的时间才会减少授予博士学位人数。

在此用20世纪90年代数学学科的变化来举例说明。1989—1996年之间,数学博士人数的增加(部分原因是苏联解体),造成其后面就业博士的9个月教学和科研工资下降了8%。失业率的增加,同样新就业博士临时职位的百分比上升。② 在传统的数学系,非终身的全职教授数量增加了37%,而终身任职的教授数量下降了27%。③ 所以,1994—1996年间的秋季参加数学博士研究生课程的申请人数下降了30%也就不足为奇了。这正是受到了博士就业前景惨淡的影响。④

前面章节中已经提到过影响科学家和工程师的市场因素,本章将进行具体阐

---

① 日益降低的需求也导致油价下降。
② 博尔哈斯(Borjas)和多兰(Doran)利用数学学会的记录研究了失业率,显示在1990—1995年间,美国大学新毕业的博士失业率翻了两番,同期新毕业的博士就业率下降了1/3(Borjas and Doran 2011,图4)。
③ Davis 1997,第2页。
④ 同上,第4页。

述。本章的具体安排如下:首先讨论影响新毕业博士供给的因素;之后的篇幅着重介绍博士教育市场,因为美国博士后培训日益重要;然后转向讨论学术市场;本章最后的案例是,在美国国立卫生研究院经费倍增的情况下,生物医学科学博士市场的一些变化。鉴于外籍博士在美国科学与工程学术方面发挥的重要作用,第八章将专门讨论外籍博士。

博士教育市场

在美国的劳动力中,约有550 000名科学和工程博士,他们中39%的人在学术界工作,有41%在产业界就业,其余的20%要么在政府中任职,要么属于"其他"情况,再不然就是赋业。① 每年都会有24 000多名科学和工程博士从美国大学毕业。其余为美国以外国家培养的博士,来到美国后多成为博士后研究人员(博士后)。事实上,对于目前在美国大学中工作的36 500名科学与工程博士后来说,他们中的一半多在2008年来到美国时就具有博士学位。

图7.1给出了1966—2008年授予美国公民和非美国公民博士学位的数量。② 对美国公民授予博士的情形又按性别进一步划分。有三大趋势比较明显:授予博士学位的男性公民数量在下降,尤其是从1970到20世纪80年代后期,以及1998—2002年期间;女性公民获得学位的人数逐渐增加;在美国获得博士学位的非美国公民(包括永久居民和临时签证居民)人数大幅度增加,虽然有过短暂下降。将数据进一步按照种族进行细分(未显示)可以发现,下降的主要是白人男性。③ 被授予博士学位的亚洲公民、非裔美国人和西班牙裔美国人的数量略有增加。

---

① 数据来源于2003年美国毕业人数调查。学术岗位包括了在4年制学院和大学、医学院和研究机构工作的岗位。统计中剔除了社会和行为科学岗位。劳动力计算中只是计算了70岁(含)以下的人员。见 National Science Foundation(2011a)和附录。

② 数据来源于NSF博士学位人员调查,包括了所有博士学位人员和近期即将毕业的人员,调查反馈率为92%。见 National Science Foundation 2011c 和附件。

③ 科学与工程领域美国男性获得博士学位的人数,在那些不是十分著名的小的博士学位授予学院有不同程度的下降。那些女性博士在非著名机构呈不同程度的增长。见 Freeman, Jin, and Shen 2007。

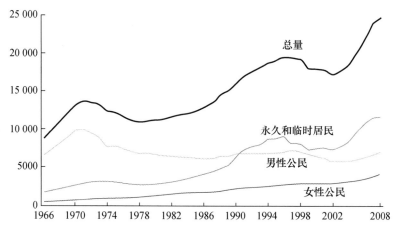

图 7.1　1966—2008 年美国科学与工程博士按照居民身份和性别的变化

（数据来源于 NSF2010c，2011c。为了保持时间上的一致性，从总数中剔除了医学/卫生学和其他生命科学。）

相对收入

很多证据表明，选择从事科学与工程研究的博士数量与市场需求信号一致。这并不是说，每个人都是基于市场信号来考虑从事科学和工程事业。很显然，一些人不考虑相对收入，选择这样的职业是出于他们对科学的兴趣。但也有一些人在考虑其他领域的职业。对于他们来说，挣钱很重要。

例如，部分工程领域的高校本科生，早在 4 年前他们还是新生的时候，就开始密切跟踪工程师的职业前景，将工程师的收入现值与其他职业相比较。就业选择也与新生刚入校时工程师的工资程度高度相关——对学生来说这比起收入现值更容易计算。① 或者直接选择哈佛学院的专业。在 2008 年金融危机的前四年间，选择经济学与应用数学专业（都是为华尔街的职业生涯做精心准备）的平均人数比选择生物学、生物化学、化学、数学、神经生物学和物理学专业的人数总和还要多（812 到 780）。② 科学和工程相关的职业相对显得缺乏长期吸引力。即使短期来说，由于相对较低的报酬也使得它们缺乏吸引力。通常在实验室进行夏季研究的助学金是 3000 美元，与金融公司为夏季实习生提供的 1.5 万美元比起来实在相差甚远。③

---

① Ryoo and Rosen 2004，图 4。
② Gaglani 2009。
③ Gaglani 2000。

当然，只在金融危机和经济衰退的 2008 年之前情况如此，金融危机时，华尔街的就业机会转瞬即逝，律师事务所的下岗人员不仅包括同事，也包括合伙人。所以，申请读研究生的数量增加也就不足为奇了。博士生招生机构报告称，美国公民以及永久居民申请读博的数量平均增加了 10%，相比 2008 年，这些人数在 2009 年比国内毕业的学生平均多出 8 个百分点。[①]

在很长一段时间内，科学和工程博士的工资一直比较低。只要将具有博士学位的科学家和工程师的工资与受过"一般"教育的人相比就能看出这一点，如图 7.2 显示了相对于最高学历为本科的个人收入的科学和工程博士的收入。图中将博士 10 年内的收入与 1973—2006 年期间 25～34 岁本科的平均收入做了对比。下面的数据对比了毕业 10～29 年的博士与 35～54 岁本科的收入。[②]

刚工作时，博士工程师的收入大约是本科工程师的 1.6 倍；自然科学博士的收入约是基准线的 1.4 倍；而生命科学领域博士的收入普遍小于 1.3 倍的基准线。（在 1991 年出现的相对收入的飙升，是由于 1991 年的经济衰退对基准线群体收入的严重冲击。与此同时，职业生涯早期的科学家和工程师的收入有所增加。）在整个 90 年代，职业生涯早期的博士收入有下降趋势，特别是生命科学领域博士，1999 年其收入只比本科高 5%。由于网络公司的兴起以及 NIH 预算增加，使得在新世纪的头几年里，博士的收入有所增加，但 2011 年的经济衰退对整个本科群体的收入产生了负面影响。到 2006 年，各个领域的相对收入再次下降。

结论：花费 7 年多的时间最终获得博士学位，却不能让自己的薪酬翻番。如对生命科学领域来说，博士的收入相对那些其他学位人群的收入从来没有超过 50%，一般为 30% 或更少。但是，这是对职业生涯早期的情况而言。随着职业生涯的发展又会出现什么变化呢？随着工作经验的增加，博士的收入会有所增加吗？答案（见图 7.2 底部数据）一般是否定的，而这恰好反映了第三章所阐述的内容，即至少对学术界的科学家和工程师而言，其收入的增长趋势比许多其他职业平缓许多。

[①] 申请量数据来源于研究生学院委员会（Council of Graduate Schools）2009 年的调查。84% 的博士学位机构表示，来自美国公民和永久居民的博士学位申请数量增加了。在所有博士学位机构中平均增加了 10%。注册人员数据来源于博士学位机构。平均增加量并不是所有机构都增加了（同上，第 15 页）。

[②] 为了便于按照时间来比较，将分析对象仅仅限于男性。自然科学（physical sciences）中包括了数学和计算机学科。

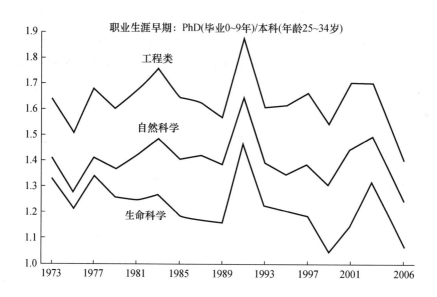

图 7.2　1973—2006 年博士/本科学位的平均工资按照领域、从业时间的分布情况

（注：所有数据按照 2009 年美元、全职时间和部分时间的工作计算。分析的情况限于男性。博士学位的薪金按照 12 个月计算。

数据来源：National Science Foundation(2011b)，Current Population Survey(2010)。使用 NSF 数据，并不意味着 NSF 认可本书中的研究方法或结论。）

不仅薪资水平会影响科学家职业的吸引力，所需培训时间以及培训的价值也会对此产生影响。对个人而言，他会在攻读博士学位和 MBA 之间抉择；二者的薪水虽然相差无几，但在培训时间上却有很大的差别。攻读 MBA 需要两年，而科学与工程博士学位则需要 7 年多;此外,获得 MBA 学位所需的年限多年来一直稳定不变,博士学位则不然。20 世纪 80 年代初,一个人要获得博士学位,所需的时间平均为 6.2 年到 6.6 年,不同学科所需年限也有所变动;90 年代中期,生命科学领域获得博士学位的年限比之前延长了整整一年还要多,即变成让人难以启齿的 8 年,而在自然科学和工程科学领域,获得相关学位的时间也要比之前多半年。最近几年,攻读博士学位的平均年限有所下降,生命科学领域基本上稳定在 7.1 年,自然科学为 6.8 年,工程学领域则是 6.9 年。[①]

对于额外的求学时间,还涉及成本问题。假定我们虚拟的一个人(我在这里称之为"他")2004 年时在攻读 MBA 和攻读生物科学的 PhD 之间徘徊,如果他两者都不选,那么在其大学毕业的头一年可以挣到 4.23 万美元。[②] 如果他选择了攻读 MBA 或是 PhD,那就意味着他要损失毕业头一年所赚到的 4.23 万美元,然后会损失毕业后第二年所赚到的 4.23 万美元外加相应的增加工资数。而到了 2006 年,当 MBA 学生毕业时,事情又有了明显的变化,此时 MBA 毕业生的起薪是 9.54 万美元,而 PhD 的学生还待在研究生院。[③] 这一差距依然在继续。PhD 学生依然损失着上述所得收入,而 MBA 的毕业生其职业生涯已经小有所成。5 年以后,也就是博士学生毕业的 2011 年,此时 MBA 的学生年薪为 12 万美元,[④]而 PhD 毕业生在研究院所得到的第一份工作差不多是 7.05 万美元的报酬,差距还是很明显的。[⑤] 如果 PhD 学生选择从事为期 7 年,以及每年收入大约是 4 万美元的博士后,这一差距就更明显了。

表 7.1 直接给出了计算的当前值。MBA 的当前值是 320 万美元,而 PhD 当前值只有 200 万美元多一点[⑥]。无怪乎获得 MBA 学历的人数(无论男女)一直在

---

① 博士学位授予数量的中位数见 National Opinion Research Center (2008,表 10),按照研究领域和年代排序。获得学位的时间从参加研究生学习开始。

② 2009 年学士的平均起薪为 4.9 万美元(Campus Grotto 2009,美国大学与雇主协会的薪金调查)。年薪 4.23 万美元是假设 2004—2009 年间按照 3%的增长率。

③ 见 Lavelle 2008。这个数据是《商业周刊》2006 年的全学制人员的收入调查,2008 年减少 9%。数据为不包括津贴的平均值。

④ 薪金数据计算依据 Current Population Survey Outgoing Rotation Group(CPS ORG)的数据。

⑤ 2008—2011 年薪金增长 3%,数据来源于 2008—2009 年俄克拉荷马大学的调查,在第三章中讨论过。薪金的数据是大学生物学和医学研究岗位的新入职人员。

⑥ 现值计算时做了 3%的折扣。MBA 酬金计算是依据 2003—2005 年 CPS ORG 的数据,假定所有经理都有 MBA 学位,年龄在 24~64 岁之间,全时工作岗位,周薪超过 180 美元。最高的周薪 2885 美元是基于平均周薪的帕累托估计值。博士学位人员的薪金走势是基于 2006 年博士学位获得者调查中医学院和生物科学领域的 4 年制大学的全职工作人员(非博士后职位)的薪金走势绘制。所有的计算值假定退休年龄为 67 岁。见 National Science Foundation(2011b)和附件。

增加,而获取 PhD 的倾向,尤其是男性,多年来一直在下降。① 如果人们了解到毕业于一流商学院 MBA 学生,进入金融界工作后所得报酬将是普通院校 MBA 毕业生所得的 4~5 倍,而受雇于一流研究所的博士所得只是普通博士的 3 倍。那这上述趋势就更加不足为奇了。②

表 7.1 拥有研究性大学职位的生物学博士和 MBA 一生收入的对比(美元现值)

MBA 学位	PhD 7 年毕业	PhD 8 年毕业	7 年 PhD 3 年博士后	7 年 PhD, 研究生院资助
3 230 642	2 011 385	1 902 261	1 957 962	2 171 811

注意:关于数据来源和解释见正文。

继续从事为期 3 年的博士后,会把 PhD 跟 MBA 之间的差距再拉大 5.3 万美元,如果在研究生院再多 1 年的话,这一差距会拉大到 10.9 万美元。当然,这还是保守的估计,对于数学和统计学的博士生来说,考虑到其相对较低的工资收入,这一差距还会拉大;同样,进入较低层次研究机构工作的博士与 MBA 之间的差距也会进一步拉大。如果把 MBA 所持有的股票以及奖金也包括在内,二者之间的差距就更为显著了。2001 年,有研究估计,生物科学家在其可预期的职业生涯中的收入,要比 MBA 收入(包括股票和奖金)少 200 万美元。③

当然,普通研究生在研究生院会获得一些资助,比如说学费和奖学金,MBA 的学生则没有这样的待遇;法学专业和医学专业的学生也没有此类的资助。最普遍的资助方式是研究助理,大概可以得到 1.6 万美元到 3 万美元的报酬,当然不同学科存在差异。另外就是奖学金,其数额与研究助理相差无几,但是学生可以更自由地选择跟哪位教师一块儿工作。如果把奖学金也考虑在内的话,研究生教育的花费就低了,但博士生成本依然要比商业领域的从业者高。④

除了金钱之外,还有其他因素会影响一个人是否从事科学与工程方面的工作。这一点在表 7.1 当中已给出了明确说明。如果仅仅考虑钱,恐怕没人会选择此类职业。不过,一些不定因素的存在,可能也使此类工作吸引力大减:学位获得时间

---

① Groen and Rizzo 2007,第 190 页。
② 关于金融领域 MBA 的推论,参考了勃兰特(Bertrand)、古德林(Goldin)和凯茨(Katz)(2009),表 2。关于 PhD 收入的推论,参考了第三章中讨论的俄克拉荷马大学教授薪水调查。
③ Freeman et al. 2001a。
④ NIH 为博士前培训提供 20 976 美元的津贴。斯坦福大学的研究生可以有 3.2 万美元的资助(Stanford University 2010b)。

的延长,以及攻读博士后人数的增长,是近些年来已经得到确认的两大因素,对美国男性而言尤其如此。

另一方面,研究生奖学金的提高,使得科学与工程领域的职业更具吸引力,但是也没什么大惊小怪的:生活津贴在研究生的早期就有提供,再考虑到打折的"吸引力"。因此,早期提供生活津贴,无疑在很大程度上加大了研究生培训的价值。①

学生们深谙此道。近期研究表明:受奖学金的影响,美国公民申请国家自然科学基金研究生研究助理的人数和质量强势反弹;并且申请者人数增长与奖学金数量存在正相关关系,因而获得奖学金的概率加大,与此同时,申请者的质量则有小幅下滑。② 再者,尽管奖学金与申请者之间的关系很难清晰地加以证明。但是有关证据表明,即便是 NSF 的研究项目很少(仅授予 1000 人左右),但是奖金金额的提高也带动了国内学生读研人数的增加,原因可能是其他的津贴资助机构和大学都以 NSF 的津贴水平为标准。

学生们也知道已有机会价值的缩水,会使得研究生院更具有吸引力。比如,当失业率提高,对于刚毕业的学生找工作的难度增加时,就会有更多的人,尤其是男性涌入研究生院。一项从 1950 年到 2006 年的研究表明,获得博士学位的男性人数与 6 年前他们入学时的失业率呈正相关关系。③ 互联网泡沫的破裂,毫无疑问推动了工程与物理学领域男性博士人数的暴涨,这一增长恰恰开始于互联网泡沫暴发期。

人们如果觉得工作选择机会很不如人意,也会选择到研究生院读研。越战期间,学生缓服兵役法令(2-S)的推行使得很多美国男性去读研究生而不是去参加战争。其结果是显而易见的:在短短数年之内,美国获得博士学位的男性人数增长了约 60%;在 1967—1968 年,越战结束后,人数则急剧下降。④ 人数的增加和急剧下降从图 7.1 当中就可以看出,它反映了在学位授予的 5~6 年之前学生的入学状态。

---

① 津贴的"吸引力"有赖于折扣率。Freeman, Chang, and Chiang (2009,注释2)估计科研人员在 10 年学习和博士后的时间内,其收入占一生收入的 29%。计算值预设了 5% 的折扣。
② 同上。
③ Chiswick, Larsen, and Pieper 2010。
④ 格朗(Groen)和里佐(Rizzo)(2007)的研究显示,按照接受资助的 PhD 数量除以获得学位有危险的人数计算男性攻读博士的倾向,从 1963 年的 6%,上升到 1971 年的 10%,随后下降到 3.2%。同样参考鲍恩(Bowen)、特纳(Turner)和维特(Witte)(1992)的证据,在越战的早期,学生暂缓服兵役政策推高了男性攻读博士学位的人数。

工作机遇

表7.1的统计数字提出了极有可能的假设,即在接受了7年多的研究生教育之后,毕业生通常会在所学领域从事全日制的工作。但事情并非总是如此。自然科学领域的人力市场在20世纪70年代和21世纪初期就曾先后遭遇过重大挫折;20世纪90年代,数学领域的研究生就业遇到了寒冬。受到企业并购的影响,化学领域的研究生就业近几年也在不断下降;生物医学领域的就业多年以来一直都很不景气,①如同我们将在专题研究中看到的那样。大量博士后就业不充分,要么去竞争仅有的一个研究员岗位,要么到本专业之外就业,很多高学历人才都经历这种事。有些拥有高水平技能的人才甚至失业了。1994到1995年数学专业新晋博士毕业生失业率一举突破了10%——与此同时,社会全部失业率还不到6.5%。②2001年经济衰退的后果之一就是整体失业率虽然很低,但生命科学领域、计算机专业以及信息科学专业的博士学位的科学家失业率却翻了一番,而物理、工程、数学以及统计专业的失业率则增加了50%。③

有时候,有工作岗位的人很难理解表7.1中的数据。但是博士毕业生,尤其是那些为了博士学位已经投入很多,而在毕业时却面临着暗淡的就业前景的学生对此深有体会。20世纪70年代,在物理学专业失业最高时期,经济学家理查德·弗里曼(Richard Freeman)在芝加哥大学物理系的一次讲座中说道:"当我做完汇报,主席先生摇了摇头,眉头紧锁,'你把我们全都误导了',主席先生严肃地说,'你根本不知道人们来这里研究物理的动力是什么,我们之所以研究物理是缘于对知识的渴求,不是为了工资和工作。'但是当我准备给出有关市场激励的证据,来证明有些人确实是为利而来的时候,物理系的学生(虽然面临着数十年以来最为糟糕的就业形势)异口同声地对我报以响亮的嘘声。"④

博士研究生教育一直以来关注的就是培养能够复制教授们职业生涯的劳动

---

① Jacobsen 2003;Halford 2011。
② Phipps,Maxwell,and Rose 2009,图1。
③ Hoffer et al. 2011。注意,这个时间还没有允许公布2007—2009年经济衰退期间的失业率。
④ Freeman 1989,第2页。

力。人们推测一个人在博士后岗位上工作两年之后,这位新晋研究者往往会选择在大学工作。有一些人则选择到"黑暗的一面",也就是到企业就业。在某些领域,如工程和化学类,黑暗的一面并不黑暗。知名大学的教授,如 MIT 和斯坦福大学,一直以来就有把学生送往企业的传统。但是对很多专业的毕业生来说,大学的工作岗位正是梦寐以求的。

20 世纪 60 年代末,高校市场形势大好,超过 55% 的生物科学研究生在 5~6 年后,也就是获得博士学位的 1973 年获得了进入高校终身教职,物理学专业的比率是 41%,化学专业是 32%,工学领域则是 38%。但是到了 20 世纪 80 年代早期,新晋博士的就业形势急转直下:生物学专业博士毕业生只有 32% 的人在高校得到了一个终身职位,物理学专业只有 18%,化学专业和工程专业都是 19%。

那么其他毕业生都去了哪里?有一部分人去了企业。正如图 7.3 所示,各专业新晋博士到企业就业的比例在这一时期有了非常显著的增加。但对很多物理学和生物学专业的学生来说,很多人从事的工作是 10 年之前所不曾有过的——高校当中的非终身职位以及延长博士后职位。此外,在一些专业领域,有一部分人开始做一些临时性的工作,或从劳动力市场退出,或者失业。

在过去的 25 年当中,虽然受市场因素的影响有过明显的波动,但是这一趋势一直在延续。截止到 2006 年,也就是我们所能获取到的数据的最近一年,物理学与化学专业有不到 25% 的人拥有高校终身任职的工作,而在生物学与工程专业,这一数字是 15% 或更低。相比之下,生物学专业的毕业生有超过 1/3 的人找的是非终身任职的工作或是做博士后。而且,除了工程师之外,约有 10% 的毕业 5~6 年从事的是临时性工作、处于失业状态或者不工作。

2006 年的 *Nature Immunology* 编辑评论曾这样发问:"难道'研究生到博士后再到终身任职'的传统职业生涯路径已经变成了'替代性'的职业生涯路径了吗?"通过相关数据分析,我们对此的回答是:"没错",并且还不仅仅局限于生物学领域。[①]

---

① *Nature-Immunology* 编者话 2006。

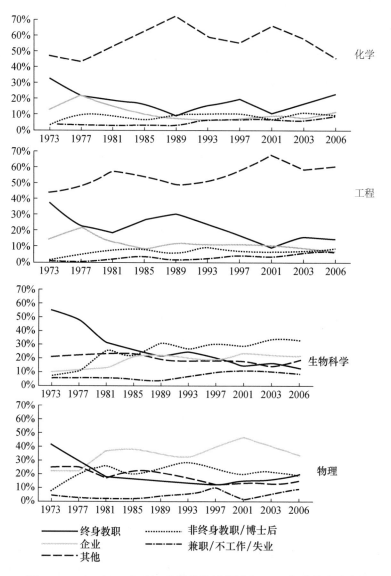

图 7.3　1973—2006 年间工作岗位按照领域和 5～6 年后就业分布

数据来源：NSF（2011b）。使用 NSF 数据，并不意味着 NSF 认可本书中的研究方法或结论。

信息与人口统计数据

信息或是信息的缺乏，也会影响研究生入学的数量。在美国，想要从研究生项目中获取信息，尤其是有关研究生最近就业状况的信息并不是那么容易。在 20 世纪 90 年代末,经济学家保罗·罗默(Paul Romer)要求他的研究助理通过向《美国新闻与世界报道》确定的数学、物理、化学、生物、计算机以及电子工程等领域各自排名前十的研究生院发出信息查询请求,与此同时该助理还向十家顶级的商学和法学院发出申请;结果是:60 家科学与工程领域的研究生院没有一家愿意提供有关研究生薪金分布的任何信息,即便是再次致函,这些机构要么是不愿透露基本的信息,要么就是对追踪调查不做回应。十家商学院当中有七家给出了包括工资在内的信息,三家没有回应的被调查对象中有一家给了该助理一个指向工资信息的网站链接。十家法学院当中有四家给出了工资信息,再次致函之后,又有三家直接给出了信息。①

信息技术广泛应用并没有提高研究生院的研究生毕业后就业信息的可获取性。2008 年的一项调查,研究了电子工程、化学以及生物医学领域各自排名前 15 的研究生院网站,发现:45 家机构中只有两家公布了实际的岗位信息,有四家公布了工作岗位的部分信息,但没有给出详细的信息。相比之下,15 家经济专业的研究生院当中有七家给出了历年该机构毕业生的就业去向信息。②

为什么那些院系不愿意公布其就业岗位信息呢?一位专家曾经指出,共有 120 000 名研究生充当研究机构的研究助理,帮助其打理实验室(第四章中讨论过)。这些助理不仅廉价而且还是临时的。公布实习岗位信息会使潜在的申请者望而却步,从而影响教授的研究工作。这无疑是扼杀了能下金蛋的鹅(有真才实学的人)。

大学还强调学术生涯,而不是企业生涯。大部分怀有到高校就业梦想的研究生,尤其是生物医学和自然科学的学生,在获得博士学位之后会继续做博士后。这样,在他们毕业后就得到一份工作,尽管是临时的。博士后位置的唾手可得使得相关的专业院系大受其益,毕竟他们可以自己来安置这些学生。比如麻省理工学院的生物研究生院,就可以在其网站上坦然地声称"多数博士生会进入高校做博士后"。③

高校教师对高校之外的就业状况知之甚少,也会造成相关信息的缺乏。耶鲁

---

① Romer 2000,第 3 页。
② 按照国家研究理事会(NRC)1995 年的排名,调查了每一个学科领域的前十个研究生培训项目,同时还调查了排名在 21~25 的五个研究生项目(Stephan 2009b)。
③ 网站上还说:"其他领域还包括,医学院、教育、科学出版、投资银行、专利法和风险资本。"但是,不提供进一步的岗位信息(Stephan 2009)。

大学分子生物物理学与生物化学研究院的学生，想要获得高校之外就业信息的方法，往往是由学生（而不是老师）来组织有关的讨论课，以便学习非学术圈的校友的经验。①

不过，与 30 年前仅有不到 25% 的科学与工程专业的博士在企业就业相比，如今已有多于 40% 的人在企业就业；② 有一些领域高一些。在许多年中，化学与工程领域中有一半多的人在企业工作；物理学与天文学专业的博士近几年到企业就业的人数增长了 50%；数学与计算机专业则增长了 3 倍。如今这两学科当中，在企业工作的人数占到了 1/3。生命科学领域，科学家到企业工作的人数也在大幅增长。尽管增长很快，但目前在企业工作的生命科学家，占全部生命科学家的比例还不到 30%。③

学生主要从其他学生，而不是通过教师那里获取所需的信息。这可能是文理学院在输送研究生生源方面相对具有优势的原因之一。④ 美国斯沃斯莫学院（Swarthmores）与卡尔顿学院（Carltons）的本科生就没有机会接触实验室中的研究生和博士后。他们不了解自己的艰辛，其实他们就是漫画《堆积如山》（*Piled Higher and Deeper*，*PHD*）中所描述的工作负担过重、报酬偏低、加班加点、害怕导师的那群研究生。⑤ 就连文理学院的教授也不愿意花大量的时间来申请研究资助。学生如今正处于一个强调学习科学，而非"制造"科学的环境中。⑥

获得博士学位的人数也取决于人口统计和大学研究生的学制。比如，获得博士的女性人数大量增加大部分是因为女性大学毕业生人数的快速增长，而不是读

---

① Mervis 2008a。文章跟踪了 23 位 1991 年入学的 PhD 学生的就业情况，到 2008 年只有一名得到了终身教职岗位。

② 研究生调查数据为最近的数据。早期的数据选自 Stephan(2010) 的表 2 和 NSF(2011a) 及其附件。

③ Stephan et al. 2004。数据来源于表 2，统计对象是在美国获得博士学位，且工作 5 年以上的人群。

④ 本科大学的毕业生获得博士学位的比例不均衡。按照学生攻读博士学位的比例计算，前 50 个美国本科大学中学士学位的学院数量超过了一半。哈维玛德学院（Harvey Mudd College）排第一，随后是里德（Reed）、斯沃斯莫学院（Swarthmore）、卡尔顿学院（Carleton）和格林内尔学院（Grinnell）。私立研究大学也发挥了重要作用。加州理工大学为本科生攻读科学与工程博士学位倾向的第一位，紧随其后的是 MIT、芝加哥大学和普林斯顿大学（Burrelli, Rapoport, and Lehming 2008）。

⑤ 这个连环画是豪尔赫·陈（Jorge Cham）的创作，当时他是斯坦福大学的研究生，应学生报纸的要求而开始漫画创作（Coelho 2009）。

⑥ 为了提高信息流动效率，杰夫·戴维斯（Geoff Davis, 2010）建立了一个网站（http://graduate-school.phds.org）提供研究生项目的信息服务，提供例如近期具确定计划研究生的百分比等信息。

博士倾向的改变。① 这一结论对少数民族而言也是适用的。事实上,要想增加少数民族获得博士学位的人数,最有效的办法是就是增加其获得学士学位的人数。这并不是无关紧要的:如果政策制定者能为研究生教育打下坚实的本科生基础,那么研究生人数必然会出现大幅的增长;像很多机构所做的那样,通过增加投入来使学生毕业后进入研究生院是不可取的。

总而言之,获得博士学位的人数与工资水平、财政支持的申请难度以及基本的人口统计数据息息相关。个人偏好也是一个影响因素;至于奖励,可以是内部的,也可以是外部的。不过,能否获得这些内部的奖励,很大程度上要取决于个人能否获得相关的研究岗位。还有一个因素就是研究生很难从研究生院获得有关毕业生近几年就业情况的信息。

人 才 短 缺?

关于科学家和工程师人数短缺的预测时常发生,但实际情况正与此相反。类似说法很久之前就出现,至少在 20 世纪 50 年代后期。虽然 20 世纪 50 年代的预测可能意图如此,尤其是鉴于政府在联盟号人造地球卫星计划(*Sputnik*)实施后,对研发投入的大笔资金。有关人才短缺的预测自此经常偏离事实。②

许多预测值得特殊关注。第一,1989 年 NSF 预测科学家和工程师在接下来的 20 多年内会出现严重短缺。③ 同年,威廉·博文(William Bowen)和朱莉·索萨(Julie Sosa)出版了名为《文科和理科研究员未来展望:1987—2012 年科学家需求与供给影响因素研究》的书。作者预测在随后时期内,大学教授岗位会出现短缺,其预测基于以下假设:20 世纪 50 年代后期至 60 年代前期高等教育飞速发展时招聘教授,现已年长并会退休,而婴儿潮时期出生的孩子此刻正在上大学。

---

① 理查德·弗里曼(Richard Freeman)估计,女性和男性获得博士学位之比提高 70%,是因为获得学士学位的女性比例相对于男性比例的提高所决定的。同样地,少数族裔与非少数族裔博士生占比提升 63%,是由少数族裔和非少数族裔的学士学位比例增加导致。数据来源:弗里曼从学位调查数据(National Science Foundation 2011c)和美国健康教育福利部的数据所制作的表格。见 Stephan 2007b。
② 在发射联盟号卫星后,经济研究人才奇缺。首先是布兰克(Blank)和斯蒂格尔(Stigler)共同出版了一本书(1957),研究了科技人员的需求与供给;随后,阿罗(Arrow)和卡普隆(Capron)关于科技劳动力市场动态短缺的研究论文(1959)。
③ 工作文件冠名为:"未来科学家和工程师的短缺——问题与解决方案",NSF 政策研究与分析部。该报告最后出版了(National Science Foundation 1989)。

到 1992 年的时候,人们就已经很清楚地知道,研究人员短缺预测未能成为现实。科学、空间和技术内务委员会下属的调查和监督小组委员会进行了一项正式调查,该调查使 NSF 陷入尴尬境地。基金会新任主任向国会道歉,承认"有关短缺的预测是毫无根据的"。① 1992 年,面向高等教育的经济、法律和政策的态度已经有所改变。由于经济衰退,大学都在面临预算不足的问题。强制性退休制度的取消,意味着大学员工退休速率比预测的要慢很多。联邦政府预算减少也是迫于政治压力。企业合并和兼并也使来自企业的需求减少。冷战结束使联邦政府资助减少或没有增长,尤其是联邦政府对国防研究的资助。

尽管已经受到嘲笑,却仍未阻止权威人士进行预测。2003 年 6 月,国家科学委员会(NSF 的管理机构)发布了一份由任务小组征求民意的报告草案,谈到科学和工程领域"不断浮现的危机",阐述道:"目前科学家和工程师的供给与需求趋势可能会带来一些严重威胁我们长期繁荣、国家安全和生活质量的问题。"②

有关研究人员短缺的预测并不局限于美国。例如,2003 年欧洲委员会通讯《研究投资:欧洲行动计划》总结道:"不断增长的研究投入,会增加对研究人员的需求;要想实现科研目标,仍需要大约 120 万额外科研工作者,包括 70 万科研人员,因为要替换研究领域年迈的研究员。"③

当谈到人员短缺预测时,就会出现一些问题。

第一,假设真出现研究人员短缺的情况,短缺预测会导致部分学生的不良反应,因为学生都有理性期望,而且他们的决定部分基于这一期望,即其他人会响应,从而会压低工资。④

第二,预测模型存在重大错误,部分是因为对科学劳动力市场产生深刻影响的政治事件(例如,柏林墙的推倒、NIH 预算翻倍、"9.11"事件)是极难预测的。⑤

---

① 见 1995 年 7 月 13 日,NSF 主任尼尔·莱恩(Neal Lane)给美国科学院的科学工程和公共政策委员会的证词(基础研究分委员会,1995)。
② 转引自 Teitelbaum 2003。
③ Stephan 2008。
④ 见 Ryoo and Rosen 2004。
⑤ 针对预测错误的反应,国家研究委员会成立了一个专业委员会审核了科研人员需求和供给的预测。由 2000 年诺贝尔经济学奖获得者丹尼尔·麦克法登(Daniel McFadden)担任主席的分委员会签发了这个报告。该报告成为未来想进入预测领域的人的必读材料。委员会认为,错误的预测可能来自于:(1) 模型参数错误,包括变量、滞后结构(lag structure)、错误结构;(2) 数据错误,或者数据归纳不当;(3) 不可预知事件。即使模型参数和滞后结构得到优化,不可预知事件对预测的可靠性带来了冲击。柏林墙的倒塌和"9.11"事件都对科技劳动力市场有很大影响,也很难在预测模型中考虑到(National Research Council 2000)。

第三,短缺通常都是在吸引更多的学生毕业后从事科学或工程方面拥有既得利益的团体预测的。引用迈克尔·泰特尔鲍姆(Michael Teitelbaum)的话,"短缺问题是一方站在何处取决于坐在何处。"①大多数预测来自以下四个团体:大学和专业协会、政府机构、雇用科学家和工程师的企业、移民律师。这些团体都可以通过供给增长获得大量好处:例如,大学得到的好处是大学生和实验室工作人员;企业与员工供应增长相关的是低薪。②

解决科学劳动力市场问题的蓝丝带委员会(ribbon commissions)的费用并未消失。③ 但是,它们的战略却于本世纪头十年发生了变化。虽然表述仍是"我们需要更多",但是不再使用短缺这一词语。相反,这些报告的潜在主题都是美国正在丧失对科学和工程的领导地位,很大一部分是因为欧洲和亚洲的科学事业发展迅速。一个主要的例子就是,国家科学院于2006年发布的名为"未雨绸缪"的报告,④该报告很是担忧"对美国经济领先起关键作用的科学和技术基石正由于许多其他国家加强科技而丧失影响。"⑤特别担心科学、工程与数学领域,科学家和工程师人数,大学研究数学专业的人数和研究生人数。报告传达的信息就是,如果没有更多的科学家和工程师的话,美国会丧失科学和工程领域的主导地位。

"未雨绸缪"的特点在于它并不完全侧重于供应方面的倡议(这在其他预测中经常出现),相反还强调拉动创新需求和提升对科学家与工程师需求的措施。⑥ 这一点的重要性不容忽视。能带来科学家和工程师人数增长,而不增加(产业、政府和学术界)需求的倡议,可以创造出一个新的接收良好训练、高期望,但工作前景堪忧的劳动力市场,而工作前景黯淡会导致下一代人不再选择科学和工程方面的工作。

---

① Teitelbaum 2003。
② 不用说,所有大学和管理者接纳了科研人员短缺的思想。1998年,美国科学院生命科学家早期生涯委员会总结说:"就业的近期趋势显示,生命科学领域对年轻人的吸引力在下降。"见1998年NRC报告和后续讨论。在2002年,报告撰写委员会主席雪莉·蒂尔曼(Shirley Tilghman),现任普林斯顿大学校长,告诉Science杂志,近期数据显示科学职业问题依然继续着,2002年数据令人震惊。她继续说道,委员在评价后为认为数据看看很糟糕,但是相比今天来说,"数据实际上看起来非常好。"见Teitelbaum 2003,45。
③ 见Freeman and Goroff(2009)的附录。
④ 这个报告在10周内完成和发布,可能包含着许多错误。例如,报告中说2004年物理专业比1956年少,而实际上,在2004年美国大学本科物理专业比1956年多72%(《事实与虚构》,2008)。第一版报告中夸大了每年中国和印度工程技术专业的博士毕业人数(同前)。
⑤ National Academy of Science 2007,3。
⑥ 报告呼吁加强研发税收信贷,鼓励私人对创新投资,为美国创新提供税收刺激。同时,还建议,在未来7年内,对长期基础研究投资每年增加10%。

博士后教育市场

无论哪个国家都赞同博士后人数没有出现短缺这一说法。虽然难以获得美国大学博士后的确切人数,但很明显博士后人数已经突破 36 000 人,而且随着时间的推移,人数还在大幅增长。① 人数统计问题可能是因为博士后仅为某个大学教授工作,这使得数据收集变得困难。确定博士后的另一难点在于,从事博士后工作的人通常被冠以其他头衔,例如研究科学家。因此,所有的博士后人数估算都存在精细度的问题。

知道这一概况以后,再来看图 7.4,数据是 1980—2009 年在美国学术研究机构工作的各领域博士后数量。② 图中指出自 1980 年以来博士后数量大幅增长,而且博士后研究领域的比例也在发生变化。从规模来看,学术博士后人数在这一期间几乎增加了两倍,从 13 000 多人增长为 36 000 人。

博士后人数增长部分是因为招聘博士后的研究资金在增长。另一原因是有博士后的实验室相比于招聘研究生的实验室具有成本优势,这在第四章中讨论过。成本优势在私立机构尤为明显,因为超过 3 万美元的研究生学费部分主要是由研究员的资助经费支付的。③

约 60% 的学术博士后在生命科学领域。在 NIH 预算翻倍期间,生命科学领域博士后数量增长尤为明显。但是工程领域博士后数量随着时间增长得更多,地球科学领域也是如此。

越来越多的博士后可能是临时居民。1980 年,大约 2/5 的博士后是临时居民;到了 2008 年的时候,几乎 3/5 的博士后都是临时居民。同样,临时居民急剧增长的时期也是在 NIH 预算翻倍的时期。许多有暂住证的博士后都不是在美国接受博士教育的。实际上,最佳估算值应该是,几乎 1/2 的美国学术博士后在其他国

---

① 统计数据扣除了在产业部门、政府部门工作以及在学术部门还没有毕业的博士后,排除了在联邦政府资助的研发中心(Federally Funded Research and Development Centers,FFRDC)的博士后。
② 数据来源于 National Science Foundation 2011d,同样参见附录。
③ 斯坦福大学 2010 年多数研究生计划的每个学期学费是 1.3 万美元(Stanford University 2010c)。

家获得博士学位,4/5 有暂住证的博士后都是在其他国家获得博士学位。①

NIH 预算翻倍期间工作岗位出现的非美国居民人数增长是科学劳动力市场对需求变化的反应速度快于以往的原因之一。25 年前,当美国仍然是生产博士最多的国家时,需求的增长只能或者是主要通过美国博士供应人数的增长来满足。②这一现象持续了很长时间。但是其他国家博士生培养规模的扩大,造成许多博士愿意且准备来美国工作,假设能拿到美国签证的话。博士后市场尤其能反映对需求变化的回应。它不仅提供来美国工作的机会,起薪大概是 37 500 美元,但是博士们一旦来到美国就有极大可能留在美国。

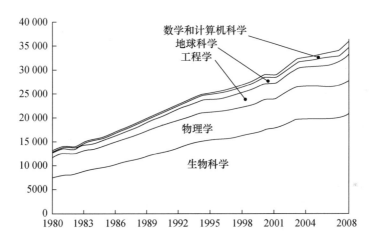

图 7.4　1980—2008 年间科学与工程领域博士后人数分布

数据来源:NSF(2011d)。多学科研究在 2007 年作为一个子领域。2007 年有 49 人,2008 年有 70 人获多学科领域学位,他们分布在受影响的五个领域中。神经科学的学位,2007 年作为子领域引入,在 2007—2008 年计入生命科学中。

一般都是由实验室老板来选择博士后。对有大量博士后的学术界来说,这意味着 PI 挑选博士后。虽然知名研究员也会在联系他们的申请者中进行选择,但是

---

① 这些估计数据是基于 2001 年 NSF 获得博士学位人员调查和 NSF 研究生与博士后人员调查的数据比较(参见国家科学基金 2011b、2011d 及附录)。例如,根据研究生和博士后调查数据,2001 年只有 29 500 名博士后以及持有临时护照的 17 900 名学术博士后在美国工作;然而,根据单纯收集在美国获得博士学位数据的已经获得博士学位的人员调查,只有 3500 名持临时护照的博士后。马克·雷格(Mark Regets,2005)将这种差异归结为有在美国之外获得博士学位的博士后人员。

② 直到 20 世纪 80 年代早期,美国培养了大多数科学与工程领域的博士。20 世纪 80 年代后,随着欧洲和亚洲博士培养计划的兴起,美国主导地位逐步减退。20 世纪 90 年代以来,欧洲和亚洲授予的博士学位快速增长。这两大洲的博士学位授予数量都超过了美国(National Science Board 2004,图 2-38)。见第八章的讨论。

刚起步还未建立声誉的研究员，必须依靠互联网和在科学期刊上刊登的广告来寻找博士后。①

博士后工资要么来源于PI研究资助经费（或启动资金），要么来源于自身获得的奖学金。由奖学金支持的博士后比由研究员支持的博士后具有更高的独立性，因为他们很快就会获得资助和项目（或者很快就会设计项目并因此而获得奖学金），所以理论上他们还可以去实验室。但也只是少数人，大多数人会倾向于给具有较高知名度的研究员工作。② 例如，在怀特黑德研究所的苏珊·林奎斯特实验室里的大多数博士后都获有自己的资助项目。③ 哈佛医学院罗伯托·柯特（Roberto Kolter）实验下约90%的博士后都有自己的资助项目。

博士后的津贴在3万~5万美元间不等，取决于博士后所在的部门、领域和资历。正如在第四章中所指出的，NIH为那些受NIH资助的人员提供了指南。2010年，其建议的最低津贴是37 740美元④。有些机构的津贴要远远高于这么多。怀特黑德研究所（The Scientist 杂志于2009年投票得出的"博士后最佳工作地点"）的起薪是4.7万美元。⑤ 该研究所还给博士后提供健康、牙医和退休福利保障，这在许多项目中都是没有的。⑥

获得博士后岗位的可能性部分取决于近来博士后的求职市场。在此引用美国物理学会的话"应届博士生中获得博士后职位的比例，是一个比物理学博士生失业率更好的市场指数，失业率通常都比较低且几乎没有变化。"⑦ 2001年高科技市场上仅有12%的应届工程师明确表明要接受博士后工作；54%的工程师有明确的工作计划；剩下的34%毕业后没有明确目标。5年后，当工程师市场不再那么热时，那又是另外一回事了；18%的工程师一毕业就表明要成为博士后，只有42%的人

---

① Bonetta 2009。

② 大约70%的博士后资助来源于联邦政府，略少于10%的资助是以奖学金方式支持，而不是通过研究资金和培训经费支持。30%来源于非政府资金支持的奖学金，资助项目的数据无法获取（National Science Foundation 2008，表50）。

③ 按照苏珊·林奎斯特的网页披露，"一般来说，在实验室博士后的资助是通过项目资质和奖学金方式保证其独立性"（Lindquist，2011）。

④ NIH2010年的指南以最少37 740美元的薪水招聘有一年或几年经验的博士后，第五年薪水提高到47 940美元（Stanford 2010a）。有一些机构支付薪水比这还高。在斯坦福，起薪是42 645美元，怀特黑德研究所起薪49 145美元（Whitehead 2010）。有些机构支付比这少，特别是那些不被NIH指南覆盖的非医学领域。

⑤ Lindquist 2011。

⑥ 同上。

⑦ American Institute of Physics 2010。

有明确工作计划,40%人没有明确工作计划。

更普遍的是,明确要成为博士后的应届博士生比例随着研究生人数的增长而增长,他们认为工作市场前景由于供应量的增长而令人担忧。博士后比例还与学术界工作供应量负相关,可以由私立和公共机构的"资助收入"变化比例变换得出。①

博士后岗位一直被描述为蓄水池,博士后通常直到就业市场改善之后才跳出该岗位。一份全国调查报告显示,1/8 的被调查者承认,近来走向博士后岗位是因为其他工作不好找。那些声称"工作难"是其做博士后原因的人,在博士后岗位待的时间要远远长于那些没有说"工作难"是主因的人。②

尽管难以证明,但可以认为,以博士后等待工作的人是最渴望得到学术职位的,但却不好找到这样的工作。博士后通常都会在该岗位上待上 5 年、6 年甚至 7 年之久,有些人甚至待得更久。例如,朱莉娅·平森利亚特(Julia Pinsonneault)在成为俄亥俄州立大学的研究科学家前做了 11 年的博士后。③ 博士后工作使博士后可以完善履历,为其找工作提供保障。④ 虽然 5 万美元的酬劳与进入其他岗位的人获得的酬劳相差甚远,但是至少能保证不饿肚子。⑤

对于独立研究人员职业来说,近年来博士后工作条件和工作前景已经变差了很多,导致博士后们于 2003 年成立了全国博士后协会。⑥ 协会的工作成绩是,与许多研究型大学达成君子协定,同意博士后工作时间不得长于 5 年。

有些大学的博士后,包括斯坦福大学、耶鲁大学、约翰·霍普金斯大学、伊利诺伊大学和芝加哥大学,要么加入工会组织,要么成立当地的博士后协会。协会要解决的问题通常包括是否提供附加福利、大学优惠政策(例如图书馆的使用)和工作前景。最成功的博士后协会组织运动是 2008 年的那场,当年加州公共就业关系委员会正式承认 PRO/UAW(博士后研究人员组织/国际联盟/美国汽车、航天和农

---

① 建立劳动力市场强度测量模型的难度是有名的。例如,学术工作岗位空缺的信息就不能获取(Ma and Stephan 2005)。
② 同上。
③ Mervis 2008a。
④ 最好的博士后职位(独立的博士后)经常是第一选择。随后是研究支持岗位。
⑤ Stanford University 2010a。2010 年 NIH 指南中说,7 年以上工作经验的博士后薪水最少为 52 058 美元。
⑥ National Postdoctoral Association 2010。

业工作者联盟)可以代表加州十大高校的博士后。① 第一个五年合同于 2010 年 8 月签署。它对博士后福利略有提高,并致力于提高利率以符合 NIH 的指导方针。博士后们在合同中同意不罢工。② 值得注意的是,美国全职工作者中只有 1/7 的加入协会或联盟,仅仅经过 10 年的努力,加利福尼亚协议使得由联盟代表的博士后数量增加到 10 人中就有 1 人多。③

学 术 市 场

学术市场是买方市场,并且已经持续了很多年,因为许多应届博士生和博士后倾向于在大学中找工作。例如,2005 年和 2006 年获得博士学位的物理研究人员中,59% 都打算长期在大学或学院找工作。④ 近来对博士后的调查发现,72.7% 的博士后在找工作时对在研究型大学工作"十分感兴趣"。⑤ 德州大学医学中心的一项博士后调查研究发现,79% 的博士后希望在博士后工作结束后找到一份学术性的工作。⑥ 早年对美国化学、电子工程、计算机科学、微生物学和物理学的博士生的一份调查显示,55% 的被调查者渴望从事学术职业,要么做研究,要么教学。⑦ 不论调查显示的结果是 55% 还是 79%,我们都可以得出这样的结论:年轻科学家和工程师的愿望与现实存在很大的差别,最多只有 25% 的人员会获得永久的学术岗位(不同领域可能有所不同)。

有几个原因可以解释美国学术市场的疲软,尤其是终身职位市场。第一,从图 7.1 中可以看出,能够胜任岗位的受训博士生数量随着时间急剧增长。而且,不仅是美国博士培养数量急剧上升,国外培养来美国做博士后且希望留在美国的博士生数量也急剧上升。

---

① Benderly 2008。该联盟代表了 6500 名博士后。一些在医院工作的博士后还没有计入当前和其他章的统计数据中。
② Minogue 2010。
③ U. S. Bureau of Labor Statistics 2011b。
④ American Institute of Physics 2010。
⑤ 杰夫·戴维斯(Geoff Davis,2005)调查了 2770 名找工作的毕业生,有 1110 名回复调查者,72.7% 的回答者回答"十分有兴趣"在研究大学的工作,23% 的受调查者"有一些兴趣"。
⑥ Puljak and Sharif 2009。
⑦ Fox and Stephan 2001。2010 年的 SEPPS(The National S&E PhD & Postdoc Survey)调查发现,在生物/生命科学、物理学、计算机科学领域中,有超过一半的博士毕业生首选科研职业为最感兴趣的工作(Sauermann 2011)。

第二,终身制教授的薪资远远高于非终身制的职工。这就导致大学用其他廉价的劳动力取代终身教授。越来越多的本科教师是兼职员工或是非终身制的员工,他们教学任务重、研究机会少。2001 年,公立研究型大学中超过 35% 的全职员工和私立研究型大学中超过 40% 的全职员工都不是终身制的。[①]

第三,公共机构中州政府资助比例在下降,因为州政府面临更多的囚犯管理和健康医疗开支。[②] 1970—2005 年,在经历通货膨胀和大学扩招之后,州政府的科研资助下降了 11%。[③] 许多州立大学目前接收到的科研预算中只有不到 10% 的部分来自州政府,包括华盛顿大学(29 亿预算中的 4%)、宾夕法尼亚州立大学(34 亿预算中的 9.4%)[④]、密歇根大学(51 亿预算中的 6.3%)。[⑤] 经过 2008 年的金融危机之后,这些问题变得尤为严重,因为多数州的税收收入都大幅下降。

第四,新员工启动计划的高成本,使得大学在招聘员工方面变得十分谨慎。所以最好是聘用一个高产的科学家,而不是两个加起来产出稍高的科学家组,因为两个科学家的成本要比一个科学家的成本高得多。

医学院的情况有所不同,因为其薪资保障不再与任期挂钩。(或者正如一位医学行政人员说的那样,将任期与酬劳挂钩是过时的)。具体来说,提供基础科学员工岗位的 119 所医学院中,只有 62 所将任期等同于特定薪资保障;只有 8 所医学院将薪资保障等同于"全部机构支持"。其他 54 所医学院对薪资保障进行了某些限制。119 所医学院中的 42 所规定任期"绝对没有薪资担保"。[⑥]

美国和其他国家之间的异同

并不只有美国近年来才出现科学家和工程师学术市场的疲软状况。意大利博士生的学术工作前景已经令人担忧了好几年。职工年龄就能反映这些问题。2003 年,研究岗位教授职工(研究员,相当于美国的助理教授)的平均年龄是 45 岁,副教

[①] Ehrenberg and Zhang 2005。
[②] 州财政的压力还来自中小学教育和社会福利的拨款。
[③] National Association of State Universities and Land-Grant Colleges (NASULGC) Discussion Paper, 2009。
[④] 数据引自高斯(Ghose 2009)对华盛顿大学和宾州州立大学的数据分析。
[⑤] 从密歇根大学 2010 年的数据计算而来,其总预算 50.67 亿美元中,有 3.2 亿美元来自州政府。
[⑥] Bunton and Mallon 2007。另外 12 所大学的经费保障没有明确承诺,有 3 所大学标明为"其他来源"。

授的平均年龄是 51 岁,全职教授的平均年龄是 58 岁。① 意大利学术市场也遭受了"走走停停"的现象。例如,"没有新永久岗位"政策从 2002 年开始实施到 2004 年停止实施,然后于 2008 年又开始实施,直至 2009 年中期停止。②

德国的学术劳动力市场也正变得疲软。1993 年德国大学教授数量达到了顶峰,约 23 000 人,从那以后几乎全部开始减少。③ 例如,2004 年教授总量刚过 21 000 名。教授数量的下降并不是因为学生数量的减少。相反,在同一时期高中毕业人数大幅增长,而每百位高中应届毕业生的大学教授比从 11.26 下降为 9.43。④ 与此同时,接受"教授资格测试"(Habilitation)(许多德国大学要求成为教授的必备条件)的人数却大幅增长。⑤ 结果跨领域新增就业职位的数量急剧增长。例如,人们估计跨领域新增就业职位比例在过去的 14 年间从 1.5% 增长到 2.5%。⑥

韩国也有类似的情况。韩国大学,尤其是私立大学面临减少师资队伍开支的压力,日益依赖于兼职教师。例如,2006 年,4 年制大学中的全职教师人数大约是 43 000 名,而兼职教授的人数则超过 50 000 名。⑦

但是美国的学术市场也有与其他国家不同的地方。第一个不同点就是终生教职制度,第二个不同点是大学近亲雇用的比例,第三个不同点是薪资如何决定,最后一个不同点是选择过程。

美国大学系统的特点是终生教职制度,即在 7 年内决定该员工是得到永久职位还是被迫要在别处寻求其他工作。⑧ 那些没有终生教职的员工通常被看作二等公民。据说哈佛的数学家们直到新同事晋升之后才开始了解他们的名字。(这种做法让人想起中世纪的父母只有在孩子度过婴孩时期时才给他们起名字。)于此相反的是,其他国家一旦聘请某员工,该员工的就业就得到了保障。⑨ 法国就是如此,一旦聘任为副教授(Maitre de Conference),工作就得到了保障。意大利也是如

---

① Stephan 2008。
② Rilevazione Nuclei(2007)的意大利相关研究岗位论述。
③ Schulze 2008。
④ 这个比例的时间区间是 1996—2004(同上)。
⑤ 德国学术岗位的职业道路上包含了教授资格测试。经过测试后,如果某个聘任有空闲岗位,就会被聘任进入 C3 岗位。这个机构也可能不是原来通过了资格测试的大学。
⑥ 同上。
⑦ Kim 2007。
⑧ Stephan and Levin 2002。
⑨ 这并不是说每一个人在他毕业后都可以得到保障性工作。有些人可能需要在院系做许多年的博士后、助教,甚至"免费服务"才可以得到这个职位。但是,只要得到这个职位,工作岗位就安全了。

此,比利时直到最近也开始这么做。在挪威,工作保障即使不是立即得到,在受聘的几个月内也会得到保障。

在近亲招聘(inbreeding)的数量方面,各国学术系统也有所不同。虽然美国很少雇用本校的博士生,但是这种情况在欧洲很普遍。例如,西班牙59%的大学教授仍在其获得博士学位的学校工作。① 倘若西班牙大学体系未扩大的话,这个比例会更高。因为扩大之后许多新学校从未招收过博士生。近亲招聘在意大利、法国和比利时也很普遍。但在英国就没有这么普遍。在德国,法律规定员工升职要在不同机构中流动。

学术薪资的确定方式各国也有所不同。在美国,同一级别的教授在同一机构和不同机构的薪资都会有所不同,这很正常,正如在第三章中数据展示的那样。流动性或跳槽的威胁,对薪资决定起着关键作用。实际上,在美国,教授想要增加薪资的一个主要方法就是先从其他学校获得聘书,然后就能从自己聘任学校收到返聘书。

许多人在收到返聘书之后,会继续留在本校,但有些人会选择离开。例如,近年来,当私立学校拥有的资金比公立大学多时,大量高产教授从州立学校转向"私立"学校。在过去的10年间,威斯康星大学有很大一部分员工跳槽到私立大学。虽然我们还不知道金融危机会如何影响员工雇用情况,但有人估计,公立大学受到的打击更大。例如,加州大学系统于2009年7月开始实施无薪假的政策,会使员工报酬减少10%。② 一位来自伯克利分校的教师近来回应道"只是响铃。"其他州,包括佛罗里达州、亚利桑那州和乔治亚州,也都开始实施员工无薪假。

在许多其他国家,教授是公务员,其薪水根据其资历和级别计算。例如,比利时、法国和意大利就是这样。③ 在该体制下,员工离职的威胁几乎不会影响其在用人机构的薪水。想要挣得更多,唯一方法就是离开该国家(例如去英国或美国),或者通过兼职或做咨询来增加薪资。

最后,教授选择的方法在各国也互不相同。在美国,学术机构有相当大的自主权来招聘员工。部门先与院长商量某岗位,接着成立搜寻委员会,最后面试候选

---

① Cruz-Castro and Sanz-Menéndez 2009。
② University of California Newsroom 2009。无薪休假制度将薪金减低了4%~10%。薪水高的降低额度大。这意味着大多数全职教授薪金减低了10%。
③ 挪威、西班牙的教授享受公务员待遇。但是,在挪威,薪酬待遇是在聘任时协商的,尽管同一级别的岗位其薪资相同,但是仍然还有按照绩效调整的空间。在西班牙,评估一个终身教授的岗位需要通过三轮超过18年的绩效评估,薪金提高3%(Franzoni, Scellato, and Stephan 2011)。

人。候选人均来自同等部门或具有更高地位的部门。部门决定将最终人选推荐给院长。员工确定以后才开始认真商量工资。

在其他国家,招聘和雇用过程会涉及全国性质的委员会。毫无疑问,意大利的过程最为复杂,按照学科选择的委员会主导整个招聘过程,而不是大学或部门主导。具体来说,假设政府不禁止招聘新员工,大学就会启动新岗位申请(竞争)。然后大学成立一个选择委员会,委员会中的所有成员都来自该新岗位的学科领域;只有一个成员是由大学选择的。让人想起行业协会的做法,所有其他成员均由国家一级学科投票选出。然后委员会负责选出最合适的候选人,主要基于其研究成果。原则上,如果大学对选择结果不满意,它可以拒绝聘用该候选人,重新搜寻最佳人选。实际上,有很多幕后操控,会引导该过程倾向于选择适合大学的候选人。该过程不仅适用于聘用员工,也适用于员工晋升。因此,一位意大利"助理教授"只能在其所在机构得到升职,且仅当其所在部门设立某项"副教授"职位竞争时。这就意味着意大利教授要花大量时间游说学校设立新岗位。①

法国招聘过程也是中心化和以学科为导向的。该过程开始于政府按照学科、机构和等级列出副教授和教授职位空缺清单。② 只有合格的候选人才能申请:申请人必须先获得全国大学理事会的证书,全国大学理事会的成员通过竞选或教育部任命得出。一旦获得证书,该资格可以 4 年有效。然后申请者要接受大学级别学科委员会的审查,委员会每 4 年进行一次选举,成员来自大学教师和从其他机构或学科邀请的成员,③最后大学决定聘用人员。④

理论上,法国和意大利的聘用机会会限制"近亲招聘",因为选择过程是由国家委员会主导的。但实际上,这两个国家都存在大量近亲招聘的现象,因为低级别大学有强烈的动机去游说本地教师,而这些本地教师会支持他们的机构。在控制薪资或教学量方面,大学既没有激励措施,也没有惩罚措施。如果它聘请的是"最佳"候选人,它会发现其终身研究员可能会尽可能少花时间待在大学里。这将使大学陷入困境。⑤

---

① Lissoni et al. 2010。
② 医学、法律、工程专业的招聘程序不同。
③ Lissoni et al. 2010。
④ 法国近期进行了改革,给予大学校长指定聘任委员会的 50% 校外委员的权力(Brézin and Triller 2008)。
⑤ Pezzoni, Sterzi, and Lissoni 2009。

组群效应

科学家和工程师市场的显著特征是组群效应(cohort effects)。科学家和工程师的职业生涯会受到其同时代毕业生发生事件的影响。① 简单来说,有时候适合拿博士学位,而有时候就不太适合。职业生涯可能会在未来几年内一直受到影响。有些科学家毕业的时候工作很好找,他们可以在几份工作中进行选择,而且获得研究资助也很容易,他们的职业生涯可能就会很辉煌。许多科学家现在正处于研究末期或刚退休,他们毕业时大学工作很好找,研究资助成功率也在40%以上,可以选择进行具有冒险性的研究。他们有其他选择,所以他们的职业生涯能蓬勃发展。同样,20世纪90年代的计算机科学家们也很"热门"。因为这是一个卖方市场,正如20世纪90年代末和21世纪早期生物信息学领域的研究人员一样。②

而其他人毕业时工作机会相对不多。他们需要从博士后到博士后,或从非终身制岗位到非终身制岗位,希望最终成为一名终身制岗位员工,并成为一名PI。他们经常接受一份科研工作人员的岗位,要么为其同时代卓越(且幸运)的科学家工作,要么为那些毕业时工作比较好找的科学家工作。例如,那些毕业于1969年的科学家们就是如此,因为联邦政府大幅削减了科学研究资助(见第六章)。20世纪90年代早期的数学家们(尤其是那些接受的培训技能与苏联流亡科学家密切相关的科学家)也经历了这一过程。③ 近年来生物医学领域的博士生也是如此。这也将是最近金融危机时期内毕业的博士生要面临的过程。因为根据一份调查显示,43%的大学不再招聘某些岗位的员工,5%的大学几乎完全停止任何招聘。④ 2008年秋博士毕业的生态学博士后,她在顶级期刊上发表了15篇论文,也得到了40万美元的研究资助,而对其初次申请工作获得的回应是不屑一顾。这是有代表

---

① 还有另外一个原因,在此不讨论,为什么时期很重要?这与他们在接收培训时科学理论和实践上发生的事件有关。经常说的优势假设是,某些科研人员在研究生阶段专门学习的一些理论和技术在一段时间内保持了"优势"。另外一些科研人员没有那么幸运,他们所学的知识的重要性快速消退。尤其幸运的是,一些科研人员和工程师在新方法和新思想刚刚出现时就接收了培训(Stephan and Levin, 1992)。

② Black and Stephan 2004。

③ 伯加斯(Borjas)和多兰(Doran)(2011, 33)的研究显示,1992年后,撰写与新聘任苏联数学家研究领域相似的博士论文的数学家大幅下降。他们所说的优秀苏联数学家是指美国大学任职,来到美国后发表一篇或多篇论文的数学家。按照这一定义,有272名优秀苏联数学家,大约占苏联优秀数学家的13%,只是其精英的一部分。

④ Carpenter 2009。

性的：组群效应确实很重要！①

组群效应重要的原因在于，科学家的生产率与其工作地点和就业条件有关。如果在著名机构或研究所以独立研究员的身份工作的话，会极大地提高产出率。②虽然工作单位和研究产出的关系部分是因为选择性聘用，但是组织环境也有其影响。单位很重要，而且会越来越重要。例如，经济学家的一项研究表明，在先天能力不变的情况下，在排名较高的机构工作会带来未来几年研究产出的增长。最初工作地点部分取决于毕业时的就业市场状况。该研究总结道："最初工作单位对于经济学家未来职业方向具有举足轻重的地位。"③如果最初工作单位对于经济学家来说很重要的话，那么对于科学家来说也同样重要，因为研究工作更取决于研究装备和材料的获取。④

早在第二章中我们就探讨过，可以解释工作单位为什么重要的一些因素。第一，正如上文建议的，顶级研究机构提供更好的研究资源。它们的启动资金"更丰厚"，其实验室空间也更大。第二，在顶级研究机构工作的科学家有更活跃的同事交流，也有优秀研究生在其实验室中工作，其教学任务也不重。第三，虽然难以测算，但是声誉的确很重要。来自加州理工学院或类似学院的申请方案很有可能其评分级别高于来自伊利诺伊理工大学的申请方案。反过来，这又会在快速启动过程中形成积累优势或是罗伯特·默顿（Robert Merton）将其命名为的马太效应："对于非常著名科学家所作出的特殊科学贡献加以认可，因而他们的贡献将越来越多；而对尚不知名的科学家所作出的贡献不被认可。"⑤

案 例 研 究

1996年，国家研究理事会成立了一个委员会，来研究生命科学领域科学家早

---

① Carpenter 2009。目前讨论的是在学术机构申请工作。在产业部门和政府部门同样也可以感觉到组群效应。因为劳动力市场与整体经济绩效有关，组群效应与各个行业都密切相关。

② 早期关于科研生产率与工作单位关系的研究见：Blackburn, Behymer, and Hall 1978；Blau 1973；Long 1978；Long and McGinnis 1981；Pelz and Andrews 1976。

③ Oyer 2006。引用博尔哈斯（Borjas）和多兰（Doran）(2011, 28)的话说：一旦从研究工作脱离若干年后，再次回到学术机构，写作论文发表是十分困难的。在学术机构，短期考虑就是长期利益。

④ 其他人员也研究了组群效应。例如，Oreopoulos, Von Wachter, Heisz (2008)也研究了衰退期间的研究生毕业，结论是"第一份工作单位决定了在劳动力市场中的长期成功。"相比较而言，在经济衰退时期就业的人，其初始收入经常损失9%，5年内差距缩小一半，10年后持平。

⑤ Merton 1968, 58。参阅第二章。

期职业生涯发展趋势。起初,雪莉·蒂尔曼(Shirley Tilghman)(当时是普林斯顿大学基因学教授,后来是普林斯顿大学校长)和亨利·里肯(Henry Riecken)(宾夕法尼亚大学医学院行为科学荣誉教授)共同担任委员会主席。研究动因是生命科学领域博士生数量在近年来大幅增长,但就业市场为年轻的生命科学家提供的机遇却未相应增加。越来越多的年轻生命科学家发现自己的职业处于一个一成不变的状况中,而且都在等待获得永久职位。[1]

同时出现了一些令人不安的趋势。获得博士学位的时间延长了,成为博士后的生命科学家比例上升了,博士后岗位的时间也延长了。而且年轻生命科学家获得终身任期职位(尤其是在研究型大学)的可能性下降了。此外,年轻科学家受到NIH资助越来越困难,且获得首次资助的年龄越来越大。

具体而言,在1985—1995的10年间,美国生物医学领域授予的博士生人数增加了约40%,到1995年时人数已经增长为6000人。[2] 获得学位的等待时间,在1995年时刚突破7年大关,现在已经延长为8年。应届博士生中有60%的人选择进入博士后岗位,而10年前大约是55%。超过30%的博士生要在博士生岗位待3～4年,10年前是25%。而且博士后时间为5～6年的比例已经增长了约50%。[3]

获得一份终身任期工作正变得越来越不可能。1985年,博士生在5～6年内(1979—1980年)在博士学位授予机构获得一份终身教授岗位的概率是1/3。到1995年,最近毕业的博士生获得终身职位的概率大约是1/5。不仅仅是获得终身任期岗位的概率下降了,年轻教师在博士学位授予机构获得终身职位的实际人数也有所下降。而在"其他"职位人数却大幅增长,包括博士后人数、助理科学家和其他非终身职位,还包括那些兼职教授。

在记录和研究这些趋势过后,委员会提出了以下五点建议。(1)限制生命科学领域研究生人数的增长;(2)传播年轻生命科学家职业前景的正确信息;(3)提高研究生教育经历;(4)为独立博士后人员提供更多的机遇;(5)提供生命科学领域的其他工作。委员会提出第五条建议的目的是传达这样的信念,即"博士学位应该继续成为研究型学位,当前主要目的是培养未来独立科学家。"[4] 换言之,委员会

---

[1] National Research Council 1998。
[2] 报告中的数据可以让人区分一般性生命科学和生物医学。这个数据指生物医学。
[3] 所有数据来源于 National Research Council 1998。
[4] 同上。

并不赞同培养生命科学领域博士生从事其他工作的观点。

报告中委员会对第三条建议做了补充说明,鼓励联邦机构更关注支持博士学位授予前的培训资助和个人奖学金,反对通过让博士研究生在研究项目中担任助理,间接补助博士研究生。其依据就是通过培训优先资助支持学生培训项目,培训质量是经过同行评议的;而且研究助理岗位的培训质量在研究项目评审过程中并不被考虑。此外,培训资助可以降低培训员和受训学生之间起利益冲突的可能性,因为研究生并不是"卖身"给教师。尽管培训资助有很多优点,受培训资助支持的研究生数量多年来一直保持相对不变,而成为研究助理的研究生数量却大幅增加。[1] 培训资助建议饱受争议。因此亨利·里肯辞去了共同主席的职位,发表了一份"其他观点"的文章,文中说道"他不支持委员会的建议,因为研究管不了这么多,且建议与委员会整体研究结论也不符。"[2]

生命科学界并没有急于采纳委员会的建议,多少有点令人惊讶。研究生规模继续扩大,仍然不传播就业信息,几乎也没有对培训资助和研究生助理的资金进行重新配置。阿尔佛雷德·斯隆(Alfred P. Sloan)基金会是主要遵循上述倡议的机构之一,它于20世纪90年代后期启动了许多生命科学专业硕士项目,目的是希望为企业中的非研究岗位培养研究生。[3]

然后,在1998年,NIH预算开始了5年翻倍计划。许多人认为它会为年轻科学家提供资助。尽管年轻科学家的研究条件与最初时相比已经大幅改善,但是NIH实际并未这么做。生物医学领域博士毕业后5~6年获得一份终身任期职业的概率从1995年的19%下降到2001年的9.9%,到了2003年又上升为15%。2006年的概率是12%。[4] 这是最近能获取到的可靠数据。1995—2001年间,在博士后岗位待6年以上的人员比例有所下降,但近年来又开始稍微上升。非终身职位,尤其是医学院校的增长明显,尽管2006年科学家早期职业生涯拥有这种职位的比例在下降。而近几年刚毕业的博士生去企业工作的人数比例几乎没有变化。最后就形成了这么一个观点:越来越多的生物技术部门为人数日益增长的新博士

---

[1] Garrison and McGuire 2008,幻灯片18页。培训资助计划始于1974年,当时国会设立了国家研究服务奖(NRSA)。早期,该计划支持了2/3的博士后和研究生。目前的资助数量占15%。见 Committee to Study the Changing Needs for Biomedical, Behavioral, and Clinical Research Personnel (2008)。

[2] National Research Council 1998, 91。

[3] 这个计划只是刚刚开始被评价。

[4] 数据基于博士学位获得人员调查。见 National Science Foundation 2011b 和附录。

毕业生提供工作。

简单来说,学术工作岗位回炉对年轻科学家没有太大影响,就算有影响,这一影响也转瞬即逝。还有一些其他令人感到不安的趋势。大约 1/10 的刚毕业的博士生要么做兼职,要么就失业。① 1992—2004 年,医学院新聘用的博士生年龄增加了 2 岁,达到了 39 岁。② 年轻科学家对研究资助的竞争越来越激烈。开始上升的首次申请研究项目的科学家人数又开始下降。③ 知名研究员项目申请与新研究员项目申请成功率之间的差距越来越大。1996 年,这一差距大概是 2.6 个百分点。2003 年,差距扩大为超过 6 个百分点。④ 年轻生命科学家的职业生涯十分惨淡,以至于 Nature 杂志发表了一篇名为"卖身劳动力"的编者按,文中指出"太多的研究生院招收的学生太多,以至于很少有年轻科学家在学术领域能有个好的工作前景。"⑤

同样,为了应对年轻科学家面临找工作及获得研究资助的困难,国家研究理事会专门成立了一个委员会,由诺贝尔奖获得者、HHMI 的所长托马斯·切赫(Thomsa Cech)担任该委员会的主席。委员会于 2005 年发布了一份报告"通往独立的桥梁"(*Bridges to Independence*)。报告主要建议 NIH 设立一个新的资助项目,就是人们私底下称作的"袋鼠"(Kangaroo)项目。该资助项目规定博士后若能获得一份正式教学工作就能得到研究资助。其目标就是为大学聘用年轻研究员提供支持。⑥

1991 年耶鲁大学分子生物物理和生物化学项目学生的博士后经历,就进一步夸大了这种状态。⑦ 2008 年秋,刚过 30 岁就获得终身教授职位的研究员只有一人。她在苏珊·林奎斯特实验室做过博士后,并在布朗大学做过助理教授。另一位年轻科学家获得了终身职位,但还没有获得聘任。其他四人在大学找到了研究工作;其中一位是在大学中辅助教学岗位。只有上面的那位终身教授收到了 NIH

---

① 这个数据是生物医学领域获得博士学位 5～6 年后的数据,由 2006 年博士学位获得者调查数据计算而来。见 National Science Foundation 2011b 和附录。
② Stephan 2007a。
③ 伊莱亚斯·泽胡尼和 NIH 领导都特别重视年轻人,近期的资助人数也在增加。见第六章。
④ 数据来源于 NIH 外部资助办公室,由美国医学院联合会(AAMC)的研究生教育和培训组提供(Stephan 2007a)。
⑤ Nature Editors 2007。该编者按的数据依照美国实验生物学会对年轻生命科学家职业困境的总结。
⑥ National Research Council 2005。该报告还给出了其他几个建议,包括,给予非 PI 的小项目资助等。
⑦ 当杰弗里·梅尔维斯(Jeffrey Mervis)与他们见面时,了解到 30 个成员中有 23 个是在 2008 年秋新进入的(Mervis 2008a)。

资助,尽管耶鲁大学的博士培养的明确任务是"培养能够胜任分子生物学和结构生物学领域的独立研究人才"。

从事学术工作的博士生人很少,不能说明就只有学术市场和 NIH 的问题会导致其余 11 名博士生到企业找工作或导致 4 名学生寻找其他非专业工作,例如成为专利律师、进入信息技术行业、开办老年人家庭护理业务。其他因素也造成了这一现象。有些人毕业时不确定从事学术工作是否适合自己。对某些人来说,他们从未想过要成为一位学者。例如,生物遗传公司管理日常事务的副总德黛拉·金奇(Deborah Kinch)于 2008 年说过:"我从未想过成为一名教授。……成为一名研究生是我卖身的最后一道堡垒,成为一名教授几乎也是卖身,除非你获得终身任期。做教授收入低且要为每项资助精打细算,这是我最不想做的事。"①

其他耶鲁毕业的博士生在找工作时还要兼顾婚姻。许多人一直致力于在企业里找份研究岗位工作,最终发现这些工作特别有吸引力。还有其他许多博士生也在找一份非教职的工作。这些都表明博士生们对找一份研究和教学工作的兴趣没过去那么强烈。② 很明显,当博士生和博士后所经历的压力以及难以找到终身教授工作,导致了这一结果。

由于大量博士生离开科学领域或者说是未在学术领域从事工作,人们可能会指责耶鲁大学研究生院的教学,已经脱离了传统轨道。如果人们研究一下 NIH 国家综合医学研究所 Kirschstein 国家研究服务奖(NRSA)于 1992 年至 1994 年共资助的 400 多位博士后研究人员,就会发现这更令人吃惊的现象。Kirschstein 获奖者通常被认为是最优秀的,选来从事研究的。当 NIH 预算翻倍时,Kirshstein 获奖人甚至被认为具有开展事业的好运气。③

但是,他们的职业生涯到底怎么样呢? 2010 年,仅有 1/4 的前 Kirschstein 获奖者成为一名大学终身教授;30% 获奖人在企业工作。其他人的职业现状又是什么样的呢? 少部分人(大约 6% 的获奖者)在大专院校工作;4% 的获奖人是研究所研究团体的领导人员。另外 20% 的获奖者在其他人的实验室从事研究工作,还有 14% 的人要么通过谷歌搜索也找不到其人,要么就是从 1999 年以后再也未发表过一篇文章。这不是人们所预期的那样——在 NIH 预算翻倍时,这些"最优秀的"人

---

① Mervis 2008a,第 1624 页。
② 例如,现在较少美国公民做博士后,而这是成为大学教授必需的一步。
③ Levitt 2010。

正好达到教授年龄,应该做教授。如果对他们来说,这是艰难时期;那么对于以后毕业的或者即将毕业的人来说,会更艰难。

政 策 问 题

近年来,在许多科学领域,例如化学、物理学、数学,劳动力市场一直很疲软,不仅是学术市场,还包括某些行业市场。生物医学领域的工作前景尤其暗淡。但是仍然有很多学生去读博士。许多博士生都是在国外出生的,有些生于美国本土。为什么?为什么在工作前景如此暗淡的时候仍然有许多人坚持选择读博士?

毫无疑问,多方面因素导致这一现状。各种各样几乎可以覆盖学费的奖学金、学生以后从事研究工作的美好前景,而且这些学生获得过各种奖励,大学时期就是学校的风云人物,难怪他们会继续读博士,而无视研究团体前景暗淡这一事实。过度自信可能也是一部分原因:他们认为自己优于普通人,其他人可能做不到的事,他们能够做到。

同时,教授们积极招聘学生也发挥了重要作用。教授需要学生(和博士后)在其实验室里工作。教授们可能会说得天花乱坠:他们突出强调做博士的一些好处,例如高额奖学金和做开拓性研究的机遇,却少提或不提其负面影响,例如不太可能成为一名独立研究人员。

从教授和大学的角度来说,这一学术研究系统的确有效。博士生和博士后总人数占生物医学领域所有工作人员的50%之多。① 他们带来了新的观点,却是临时的。在此引用国家研究理事会2011年对NIH博士培养项目的评估报告中的话,"(NIH培训项目资助的)这么多的研究生和博士后,提供了推动生物医学研究不断进展的活力、创造力以及大量的人员。"② 虽然报告也指出,这些人员在找工作时可能会遇到困难,但还是将该系统描述为"成功推动科学研究向前发展"。③

教授们认为,他们提供劳动力的机制是合理的,他们认为该机制是"公平的",因为学生们知道最终结果,但依然来读研究生而不管结果如何。教授们还指出,还有许多替代工作,毕竟不是每个人都能成为研究科学家。一些机构,例如加利福尼

---

① National Research Council 2011, p3. 该委员会由NIH管理,负责国家研究服务奖评价。
② National Research Council 2011, ⅷ。
③ 同上。

亚大学洛杉矶分校,积极支持学生寻找其他可选职业。但是代价是什么呢？同样的国家研究理事会报告甚至建议"生物医学和行为科学研究生毕业后的一份迫切需要且很有价值的工作,就是在初中或者高中教书。"让研究生们做老师！这是以社会可接受的方式来处理当前机制造成的极端后果。①

经济学家指出,其中存在严重的效率问题。美国的确严重缺乏数学和科学领域的教师,但是,应该有一种更高效的方法来满足中学教师的供应,而不是让那些花了7年时间读博士、然后又花了3～4年做博士后的人来做中学老师。

同时,这还涉及更普遍的问题,即美国将科研和人才培养同时进行的模式是否有效？它是否能有效利用资源？如果美国放宽科研和培养之间的关联,即至少有些科研是可以在非培养的环境中进行,那么美国的科研是否会得到更多的资源？我们将在本书的最后一章中探讨这些问题。

结　　论

科学家和工程师劳动力市场在很多方面都不同于其他劳动力市场。该市场消化酝酿时间极其长,获得学位成本尤其高,毕业时的工作前景难以预测；而且有抱负的人往往缺乏近年来毕业就业的可靠信息。有时候,在今天这样一个信息技术和社会网络极其发达的年代,年轻人,尤其是科学和工程领域的研究人员,在找工作时仍然是摸黑进行。无疑,部分是因为他们"爱"这个学科。但是,爱毕竟是盲目的。部分也是因为教员不愿意提供相关信息。他们要么不知道,要么就算知道也不想说。

科学家和工程师劳动力市场所具有的全球性质是其不同于其他市场的另一方面。我们将在第八章中进行讨论。

---

① National Research Council 2011，ⅷ，第5页。

第八章
海外人员

佐治亚理工大学电子工程系有 1/3 的教员的学士学位是在国外获得的;斯坦福大学物理系也有 1/3 的教员的博士学位来自海外,美国科学与工程学院把 44% 的博士学位授予了拥有临时签证的外国学生,如果把绿卡持有者也考虑在内,这个比率大约是 48%;在博士后中,这一数字更高,几乎 60% 的是临时居民。[①] 从生源地来讲,2003 年在美国从业的科学与工程博士中,有 7.5% 的人来自中华人民共和国。[②] 他们虽然有一些在高校之外工作,但大部分的人还是在大学供职,他们或是教员,或是职工,或是科学家,或是博士后。

毫无疑问的是,外国人在美国科学与工程领域中发挥了重要的作用,并且这种重要性还在与日俱增。他们对大学的贡献是有目共睹的:作为教师他们授课、主持研究工作;作为研究生,他们听课、与教师共同研究相关的课题;作为博士后,他们为研究实验室工作。在这样一本关于科研活动的著作中,我们有必要在一定程度上详述他们的生存和作用,而这也是本章的目的所在。首先,我们会介绍一下海外人员在美国大学的存在现状,进而会对海外人员是否把美国人排除在了研究院所、教师等职位之外,亦即海外人员是否挤占了美国人的就业机会等问题进行讨论;最后,本章会就海外人员对美国科学研究的贡献,以及这种贡献是否对等进行讨论。

海外人员的生存现状

在开始本章讨论之前,先来简要介绍一下签证分类的相关知识。"暂住居民"

[①] 2008 年数据,见图 8.1 和 8.2。
[②] 五个最高的国家包括:中国(7.5%)、印度(4.9%)、英国(2.3%)、苏联(2.0%)和加拿大(1.5%)。数据为 2003 年。见 National Science Board 2010,附件表 3-10。

（temporary resident）一词指在签证有效期内获准进入美国领土的人，大多数的外国研究生都符合这个条件；获得签证最为重要的一条就是应当有足够的财力支撑本人在美国完成相关学业。① 大多数在美国工作的外国博士后，现在依然是暂住居民。② 相比之下，"常住居民"（permanent residents），也就是绿卡持有者——正如字面意思所揭示的那样——持有者可以永久地在美国居住下去。研究生或是博士后的亲属（父母或配偶），如果是美国公民，那么他一般也能获得永久居住权，但是也有例外。③ 2003 年约有 15% 的在美国终生任职的理工科（S&E）博士后，通过相应的入籍程序成为美国公民。④

通过签证这一途径，来研究外国科学家、工程师在美国的存在状况需要考虑一些即将发生的问题，同时也要考虑可获取数据的丰富程度。如果有人想要了解在美国没有永久居住权的外国科学家以及工程师的数目，可以借助统计暂住权这一途径；如果要了解美国境内外国人的总体数量，那就应当把入了美国国籍的常住居民和自然公民统计在内，前提是我们能获取到相应的数据。⑤

大学教师

几乎每个系的网页上都提供了极具说服力的证据，来彰显海外人员对美国理工系所作出的重要贡献。例如，在美国的研究型大学中，25% 的化学教授是在美国之外接受的大学本科教育，主要的来源国家中首推中国，其次英国，然后是加拿大和印度。⑥ 这与佐治亚理工大学外国电气工程师的人员构成多少有些类似；佐治亚理工大学中，在美国本土之外完成本科学业的电气工程师有 42 位，其中的半数主要来自印度（9 位）、中国大陆（7 位）以及中国台湾地区（5 位）。⑦

---

① 尽管研究生接收的奖学金类型不同，一般都是持 F-1 签证进入美国。由美国之外机构资助奖学金（如博尔布莱特奖学金）时，他们持 J-1 签证（Hunt 2009, 7）。
② 博士后一般是 J-1 签证，2001 年后，政策有一些变化，博士后持 H-1B 签证的数量增加。
③ 通常，学生或博士后可以获得美国政府抽签移民签证项目中 50 000 个绿卡中的一个。
④ 入籍是授予外国居民或国民美国居民身份的程序。通常入籍就享有永久的居民权。见 U.S. Citizenship and Immigration Services 2011。一些数据经常区分入籍居民和原生居民。
⑤ 一些数据库中包含了出生地信息。
⑥ 数据来源于帕特里克·高卢（Patrick Gaulé）的邮件（给 Paula Stephan 的电子邮件，2010）。他们利用卡内基分类从 2007 年美国化学学会研究生教育分会指南中挑选属于研究型大学的化学系。其中包含了 6008 名化学系教授，接受本科教育的人数仅为 626 名。
⑦ 相对应，斯坦福大学的 13 名物理学家在国外接受本科教育，分布十分广。3 名来自德国，2 名来自俄罗斯，2 名来自英国，其余的来自加拿大、澳大利亚、以色列、意大利、中国大陆及台湾地区。

2007年，一项对95所美国大学、6199名中国大陆教师的研究表明：密歇根大学安娜堡分校以拥有139名(2.6%)中国籍教师，名列榜首；匹兹堡大学以133名(3.1%)紧随其后；堪萨斯市密苏里堪萨斯大学以131名(7.0%)排名第三。假如从中国人所占比例，而非绝对人数的角度来看：史蒂文森研究院以27%高居榜首，佐治亚理工虽然相差甚远，仍以7.6%位居第二，康奈尔大学以6.2%排名第五。① 不过需要指出的是，此次研究并没有涵盖美国理工(S&E)各系的所有中国籍教师。

美国大学中外国教师的广泛分布对一些国家产生相当大的影响。首当其冲的是以色列，在以色列物理系教师当中，100名物理学家里边就有10名曾在美国Top40院系任教，100名以色列化学家当中，有12名在美国Top40院系中任教，而在100名以色列计算机专家中这一数字是33。② 最近有研究表明，大批的俄罗斯物理学家和数学家离开俄罗斯来到了美国大学，尽管具体数字还不太清楚。移民不但导致移民国人才的流失，而且使得那些在美国求学的留学生毕业之后不愿回国。

近些年来，美国签证政策的改变，毫无疑问地推动了对外国教授的聘用。在前些年，大学不得不与公司竞争有限的H-1B签证，但是自2001年10月份以来，随着《美国21世纪竞争法案》的实施，大学、政府研究实验室以及非营利组织要获取H-1B签证不再是难事。③ 如今，很多的教授和博士后凭借H-1B签证在美国大学获得了工作职位。

虽然国外人员在美国教授中很是普遍，但是要得出一个精确的统计数字也是很棘手的。目前最全面的数据是在美国接受博士教育的外国留学生（定义为在获得博士学位时的签证状态）的数据。对这类数据的分析表明：1979—2006年（详见表8.1），外国人员的比重几乎翻了一番，即从1979年的12%增长到了2006年的22%。④ 外国出生的教员占比例最高的是工程领域，约占1/3，其次是数学与计算机领域，化学与地球环境科学最少。

但是，这些数据并不包括那些自进入美国之日起就已经获得博士学位的人。例如，2005年，在物理学领域从业的教员中，1/3的人是从国外获得博士学位的；在

---

① Ding and Li 2008。
② Ben-David 2008。
③ H-1B签证是非移民签证，允许美国雇用者临时聘用具有特殊技能的非美国居民。
④ 具体说，外国出生是指在永久居民和临时居民，以及在获得博士学位时已经申请居民权的人。

美国医学院从事基础科学教学的教授中，21%的人从美国本土之外获得了医学博士或是同等博士学历的学历；①化学领域则是 10%。②

表 8.1 按领域和年份统计外国教师在美国大学和学院中所占的比率

	1979	1997	2006
工程类	17.5	28.4	34.9
生命科学类	10.0	12.1	15.5
生物科学	8.9	10.5	15.2
地球/环境类	10.3	12.4	14.7
自然科学	10.7	17.8	18.1
化学	9.5	11.6	14.6
数学/计算机科学	10.4	24.5	31.4
物理学和天文学	12.4	17.7	23.3
全领域	11.7	16.3	21.8

来源：Survey of Doctorate Recipients, National Science Foundation (2011b)。使用 NSF 数据，并不意味着 NSF 认可本书中的研究方法或结论。

注：样本仅限于那些在美国获得博士学位并从事全日制工作的外国人员，持有博士后岗位的人员不在样本之列。"外国出生人员"包括美国永久居住或是暂住的人员，以及表明在获得博士学位之时，申请过公民资格的人员。

目前已有包含了教授中在国外获得博士学位的外国人员的数据库。当把这些人也纳入分析范围时，国外出生所占的比重还要高。也就是说，根据这些数据，2003 年，在 4 年制学院、大学以及医学院等的所有教员中，国外出生人员占到了 35%；③这一比重之所以高，一方面是因为把那些在国外获得博士学位的人纳入了分析范围，另一方面，也是因为采用了一种更为全面的统计外国留学人员的方法——只要是在外国出生就将之划归外国人范畴（如表 8.1 所示），而非凭借这些人获得博士学位时的公民身份来划分。总而言之，想要精确地界定获得博士学位时，尚不是美国公民的人数困难是比较大的，但外国人员在美国大学和医学院广泛任职却是不争的事实；包络分析计算的结果表明，至少有 26.5% 的理工(S&E)学教员取得博士后学位时还不是美国公民——不管其博士学位是在美国国内还是美国国外获得的。④

---

① Association of American Medical Colleges 2003。医学院的数据是 2000 年。
② Patrick Gaulé 给 Paula Stephan(2010)的邮件。
③ 数据是 2003 年的，来源于研究生院调查(NSF 2011d 和附录)。这些分析数据包括了为 4 年制学院、大学、医学院和研究机构工作的人员，年龄限制在 70 岁以下，不包括社会和行为科学领域。
④ 预计，在过去 10 年中，新聘任教授中获得美国以外的博士学位占 20%。见 Stephan 2010b。

研究生

在过去的 40 年中,获得科学与工程(S&E)博士学位的学生人数有起有落,但是自 1970 年以来,外国人获得科学与工程博士学位的人数就一直随时间的推移而增加,虽然在 20 世纪 90 年代末和 2008 年有过短暂的回落——20 世纪 90 年代,申请美国公民身份的外国个人呈下降之势,而在 2008 年,受"9.11"事件的影响,美国限制了签证的发放。 因此当年外国博士生获得暂住权的人数不升反降,这一点通过图 8.1 可看出,这个图借助签证状态描述了 1966—2001 年间外国人博士学位获得者的走势。

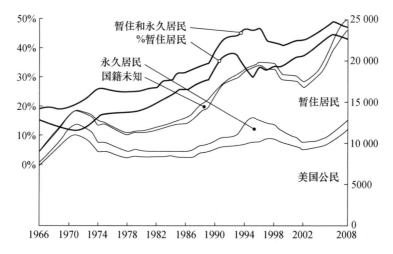

图 8.1 1966—2008 年理工科博士学位按居民身份分布图

来源:National Science Foundation (2011c)。为了保持时间上的一致性,S&E 领域中部包括医药健康和其他生命科学领域。

图 8.1 道出了一个显而易见的事实:20 世纪 60 年代末到 70 年代初期,仅有 1/5 的博士学位获得者是外国人,而截止到 2008 年,每两个人中就有一个是外国人,并且这一比重在 20 世纪 80 年代末到 90 年代初的增长尤为迅速。

受"9.11"恐怖袭击事件的影响,美国加大了签证的审核力度,人们也因此担心前往美国的研究生大潮会因此减缓。的确,2008 年博士生获得暂住权的比例确实

---

① 这并不是说 20 世纪 60 年代前,美国的研究生培养项目中没有外国学生。1936—1956 年间,美国工程学领域获得博士学位人员中外国出生的学生占 19%,物理学中占 10%,生命科学领域中占 12%(National Academy of Sciences 1958)。

有些许下降,加大签证审核力度这一措施已初见成效。但是,近些年来,临时(first-time)以及全日制的研究生申请临时签证的数量已经强势反弹到了2001年之前的水平,从而打消了人们的上述担忧;并且,在生物医学领域,这一数字从未下跌过。这反映了在生物医学科学和热门领域有大量的拨款用于支持研究生学习。①

外国留学生对学科领域的选择差异非常大:工程学科一直以来就是最受外国学生追捧的学科,自20世纪70年代末以来,工程学博士学位授予外国人的数量超过了授予美国本土人员的数量,2008年,这一比例达到了61.5%。数学与计算机科学也是外国学生热衷的一个学科,2008年,该领域57%的学位授予了外国学生。物理学当中,有44.4%的学位授予了外国学生。生命科学的热度最低,但是到2008年,该领域1/3的博士学位获得者仍然是国外学生。②

得益于美国国内外趋势的变化,美国博士学位项目逐步走向了国际化。正如第七章所述,相对较低的博士薪金(相比于其他学位的收入)、获得学位的漫长性以及教员工资发放的延迟都使得该学位对学生,尤其是美国男性的吸引力逊色于其他领域。与此同时,中国、韩国、印度等国学士学位获得者人数的飞速增长、生源国政府以及美国政府相关政策的变动使得进入美国读研深造变得更加容易,从而扩大了美国对海外学生的需求。另一个重要原因是,获得研究资金资助的教员,需要能够在实验室工作的学生,外国学生不失为一个理想的选择。研究生的研究助理津贴数目虽然不是很高,但外国留学生却很看重,而美国本土学生看得相对要轻;并且在研究项目的选择方面,外国留学生的可选性也要少于美国本土学生。

数据也证实了这一点。外国留学生成为研究助理的可能性要远高于本土学生(49% vs. 21%)。这一差异一方面表明美国公民有更大范围的选择和可用资源,其中包括雇主对到研究生院上学的支持;另一方面也表明本土学生相比于外国学生,更容易获得奖学金(22% vs. 13%)、奖励授予和津贴(15% vs. 6%)的支持。③

---

① 见National Science Board 2010,附件,表2-18。2007年数据见Burns, Einaudi, and Green 2009,表3。
② 数据来源于WebCASPER(National Science Foundation, 2010c)。外国人包括了临时和永久居民,如果分析限于临时居民,2008年的百分比如下:工程,57.1%;数学和计算机,52.1%;物理学,40.8%;生命科学,29.3%。
③ 数据来源于国家研究理事会(2008,附件,表2-11)。统计中包括了2005年获得博士学位的人员,科学与工程领域包括了健康领域。另外一些没有提到的资助方式包括:私人资助、助教、其他助理、培训资助等。需要注意,尽管有很多培训资助计划(NIH每年资助3200名学生参加培训),只有276名新博士生是以这些资助计划为主要方式的。这反映了一个事实,各个培训计划的支持期限只有1~2年,因而不是支持研究生的主要方式。

在已获得博士学位的非美国公民当中，近乎半数的人来自中国、印度和韩国这三个国家。① 清华大学输送到美国研究院的学生要多于世界上的其他学校，位于清华大学对面的北京大学位居第二，首尔国立大学排名第四，第三名是加州大学伯克利分校，第五名是康奈尔大学。②

但是中国也并非是一直独占鳌头③。20 世纪 70 年代，印度籍学生获得博士学位人数占整个外国学生博士学位获得人数的比重最高（13.3%），中国台湾（13.2%），④之后是英国（4.5%）和韩国（4.1%）；还有一定数量的伊朗学生在美国学习。70 年代，有 3.0% 的博士学位授予了伊朗人，但是自 1979 年伊朗政变之后，到美国求学的伊朗人数就一直在下降。⑤

政治事件以及研究助理和奖学金的可获得性，不是影响外国留学生入学的唯一因素。韩国留学生入美深造的人数，在一定程度上要取决于赴美科学家和工程师能否在韩国大学获得教员职位。虽然历史上韩国曾向美国派遣研究生，为本国培养大学师资，但是到 20 世纪 80 年代末，韩国大学新晋博士的就业前景已经很不乐观，其结果是大量的韩国人选择留在国内，以便加强与韩国国内大学导师的联系，毕竟后者能在其获得韩国大学教员职位方面给予一定的帮助。⑥ 货币汇率也是学生赴美留学的影响因素之一。例如，泰铢贬值使得东亚金融危机期间，泰国赴美留学的人员就相应地出现了大幅度下降。

政治事件在决定赴美留学中发挥着关键作用，这一点从过去 30 年的中国以及最近俄罗斯发生的事件中不难看出。1979 年中美两国建交以后，中国政府解除了中国学生出国求学的限制，1981 年是初步解除，1984 年则全部解禁，从而为中国学生赴美留学提供了可能。中国学生不但可以有赴美的机会。更为重要的是"文化大革命"结束之后，大批中国的本科生有赴美深造的需要，最终 20 世纪 80 年代中

---

① Falkenheim 2007，表 10。
② 数据中计算了 2004—2006 年获得学位人员。几年前，加州大学伯克利分校是第一位的本科生来源机构（Mervis 2008c, 185）。
③ 20 世纪早期，许多中国顶尖科学家是在美国接受的教育（Bound, Turner, and Walsh 2009, 81）。
④ 数据来源于 National Science Foundation（2006），表 S-2。
⑤ 伊朗政变后，大量伊朗人离开了伊朗。一部分人在美国获得博士学位，致使 20 世纪 80 年代，伊朗人获得博士学位比例占 4.8%，但是，新的来自伊朗的博士生数量下降了。
⑥ Kim 2010。类似的现象也发生在日本，只不过是发生在日本博士后学生中。过去，日本人经常去美国或者欧洲参加博士后学习，今天，面对工作岗位的竞争压力，他们倾向于就在家附近，担心出国学习回来后找不到工作。见 Arai 2010, 1207。

期,中国学生赴美求学的人数在短期内一路飙升。① 在随后的 25 年间,赴美人数还在不断攀升;截止到 2007 年——数据获取截止年份——共计有 4629 名科学与工程领域的中国留学生在美国获得博士学位。②

随着第一批赴美读研的中国留学生的大量涌入,他们不成比例地参加了低水平的研究生培训计划。1981—1984 年,赴美攻读博士学位的中国留学生中,超过 50% 的人获得的美国化学、物理以及生命科学的博士学位来自 Top50 院校之外的学校。③ 不过这种状况随着时间的推移有了很大变化,不仅学生质量有了提高,而且中国学生可选择的国家也增加了。1995—1999 年之间,获得物理学博士学位并进入美国读研深造的中国留学生当中,有 22% 的人毕业于物理学科 Top15 的大学;工程领域的留学生有 30% 的人就读于工程类的 Top15 的院校;化学领域则是 29%;但是在生物化学领域,中国留学生依然难以参与顶尖研究生项目。1995—1999 年,进入美国生物化学院校的中国留学生当中,仅有 12% 的人成功地从该领域的 Top15 院校毕业。④ 印度、韩国、中国台湾的学生大致亦是如此。⑤

国外留学生有抱团攻读美国博士学位的倾向。⑥ 佐治亚理工大学就是这样一个例子——土耳其留学生在该校大量聚集,以至于他们戏称佐治亚理工大学为"佐治亚土耳其大学"。一项关于中国、印度、韩国以及土耳其留学生的研究表明:除了研究项目水平这些因素之外,国外留学生更倾向于选择有相同国家留学生的院校。但是,物极必反,当学生大量聚集之后,就会出现人数的下降。⑦ 很多证据显示,学生大多倾向于本民族教师集中的学校。同样的研究还发现,中国和韩国留学生更偏爱中、韩教师较为集中的院校,后续的研究也表明在美国大学获得博士学位的中

---

① 由于 1978 年中国大学生入学潮效应的影响,1985—1994 年间,美国的 11 197 名博士学位获得者中,中国人占 46.6%(Blanchard, Bound, and Turner 2008, 239)。

② 这一数字来源于 National Science Foundation 2009b,表 12。

③ Blanchard, Bound, and Turner 2008,第 241 页。

④ 同上,表 16.1。参加前五名研究生计划的百分比很低,仅有 5.3% 的中国学生从 Top5 的化学系获得博士学位,8.3% 的学生从顶尖物理学系获得学位,生物化学领域只有 6.3%(Bound, Turner, and Walsh 2009,表 2.2)。这些数据是 1991—2003 年中国学生获得博士学位的人数。在耶鲁大学的分子生物物理和生物化学研究生项目中,仅有一名博士生来自中国(第七章中讨论),表明美国学生对生物化学有强烈兴趣。

⑤ Blanchard, Bound, and Turner 2008,表 16.1。

⑥ 外国本科生经常集中在某些美国大学。按照 NSF2009 年统计,德克萨斯农工(Texas A&M)大学是美国第二大持有临时签证博士生的集聚学校。德克萨斯农工大学报道说,除了它自身学校外,韩国国立大学是向其提供博士生的第二大来源校。在前 14 所生源学校中,仅有 5 所是德克萨斯州外的学校:韩国国立大学、台湾大学、清华大学、孟买大学、奥克荷马州立大学。见 Texas A&M University 2009,图 17。

⑦ Tanyildiz 2008。塔尼尔迪兹(Tanyildiz)研究了来自四个国家的临时护照持有者对博士学位机构的随机选择模型,他发现并不支持印度和土耳其学生更加愿意去印度和土耳其教授比例大的学校。

国留学生,其论文指导老师大多都是中国人。①

一项研究成果表明:外国留学生更愿意和具有相同民族的教员一同工作,而不愿意与美国本土的教员一起工作。这项研究对外国教师指导的实验室和本国 PI 指导的实验室里面所含外国学生的人数比例进行了对比。这些实验室包括工程、化学、物理和生物学领域的 82 个系的实验室。② 这种由不同国家教师指导的实验室之间的对比表明:由中国人担任 PI 的实验室中,中国学生人数比例与由美国人担任 PI 的实验室中中国学生人数之比相差 37.8%;与此对应,韩国学生相差 29.0%,印度学生相差 27.1%,土耳其学生(小样本)相差 36.3%。这一研究与让 PI 来选择研究助理,支付研究助理相应的工资这一事实相符。因此,有些实验室使用 PI 的本土语言来管理日常实验室活动就没什么大惊小怪的了。但是这里也存在着一个质量翻转(quality twist)问题:在排名较低的院系中,亲和效应要比名列前茅的院校普遍得多。

赴美留学攻读博士学位的外国学生中,大多数人选择留在美国。例如,2007年,在已获得学位的留学生当中,在美国停留两年的人达 2/3 以上,停留 5 年之久的留学生达 62%。获得博士学位的留学生中,在美国停留 10 年之久占 60%。③ 暂住率随时间的推移呈增加的趋势:截止到 1989 年,两年期暂住率为 40%,5 年暂住率为 43%,10 年期暂住率在 1997 年首次统计时仅为 44%。④ 有些学生离开之后又回来了。例如,2007 年,获得相关学位并在美国居住了 5 年之久的留学生中,有 9%的人不打算在美国继续待下去。⑤

新留学博士能否在美国居住,有时要取决于美国相关政策和整个经济环境的走势。2001—2003 年毕业的海外留学生正值经济衰退期间,签证的审批异常严格,因此这一时期的暂住率要远低于在此之前或是之后的。

通过分析留学生的来源国家,可以预测新博士是否会留在美国。拥有临时签证的中国博士,九成以上的人在 5 年之后仍在美国,81%的印度博士也是如此,但是韩国和中国台湾这两大生源地却仅有 42%的博士在 5 年之后仍然选择留在美

---

① Gaulé and Piacentini 2010a。
② 通过姓氏和本科院校来确定教师的国籍,教师的国籍由姓氏确定,学生也是一样(Tanyildiz 2008)。
③ 通过社保号来确定博士学位获得者的收入情况的计算软件是由迈克尔·芬恩(Michael G. Finn)开发的。
④ Michael G. Finn 与 Paula Stephan 的个人通信(2010)。
⑤ Finn 2010,表 14。

国。这一方面是选择性的问题,另一方面是经济性问题。中国和印度的留学生自入美国之日起就一直留意留美的机会——高于本国的薪酬使得留美更具有诱惑力。如果一名中国留学生选择回国任教,那么他最多也只能挣得在美国所得的一半。此外在美国,他可以接触到更优质的研究资源。而韩国和中国台湾的留学生自赴美读博时起就有明确的想法,那就是回去就业。① 相比于中国大陆和印度的收入水平,韩国和中国台湾的人均薪酬水平要高。其他留美率相对较低的国家还有墨西哥(32%)、智利(22%)。泰国和沙特阿拉伯的赴美留学生留美率仅为7%,这要得益于这些国家所推行的资助本国学生海外求学奖励制度。

留美率也与留学生的研究领域有关:计算机专家和电子工程师是最有可能留美的人群。事实上,这两个领域中,超过3/4的外国留学生在毕业之后的5年中会一直在美国工作,生命科学领域则有2/3的留学生毕业5年之后仍暂留美国。相比之下,农学的国外留学生则有46%的人在毕业后的5年内仍然留在美国。当然,美国对此类人才的需求力度以及留学生对资助机构必然回国的承诺也是影响是否留美的因素。此外,留美率与生源地国别也有关系——例如,印度人有着非常高的留美率,他们非常热衷于计算机和电子工程领域的学位。

有证据表明顶级研究生项目的学生,留美率要低于中小型研究生项目。这也表明毕业于顶尖院校的国外留学生有着更多的选择机会。但是,相关的事实是在历史上中国留学生获得的是中低水平研究计划的学历,印度也是如此。② 因此,这两个国家的留学生也都有着相当高的留美率。

博士后

过去20多年中,在美国高校研究生院工作的拥有暂住居民身份的博士后,其数量已经超过了大学中本土公民和常住居民的数量(见图8.2)。③ 20世纪90年代末到本世纪初,这一差距呈现加剧的趋势;"9.11"事件后,暂居居民人数出现一定

---

① 根据韩国研究基金会数据,2000年到2007年8月登记的在国外博士学位获得者中,52.8%是在美国获得学位。在韩国的优秀大学中,美国博士占主导。例如,首尔国立大学52.6%的博士是在美国接受教育。在韩国另外两所优秀的科学与工程大学中,如韩国高等科学技术学院、浦项科技大学,美国博士也占有相当高的比例。前者,有84%的科学教授在美国获得博士学位,3/4的工程学教授在美国接受教育。后者,78%的科学教授在美国接受教育,56%的工程学教授在美国接受教育。见Stephan 2010b。
② Blanchard, Bound, and Turner 2008,表16.1。
③ 不可能估算永久签证人员的博士后数量。见第五章注释55中的解释。

的回落，进而稳定了下来；最近两年又有些许的减少；2008 年——数据截止年份——美国大学中有 58.5% 的博士后是暂住居民。

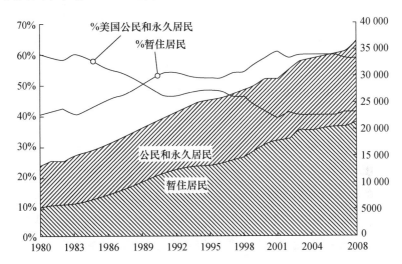

图 8.2　1980—2008 年按公民身份分，美国高校科学与工程领域就职的博士后人数统计图

（来源：National Science Foundation，2011d）

虽然那些在美国的外国留学生，在获得博士学位之前申请博士后研究岗位，但是也有相当一部分赴美之初就已经是博士的人也获得了博士后的研究岗位。NSF 的研究指出，在美国高校供职的博士后当中，有半数人的博士学位是在美国本土以外获得的。临时签证的博士后当中，有 4/5 的人是在国外获得其博士学位。①

博士后选聘主要集中在生命科学领域，并且在该领域，持有短期签证的博士后岗位的绝对数量的增长速度也是最快的。② 到 2008 年为止，在生命科学领域工作的博士后中有 56% 的人是暂住居民；在其他领域，这一数字甚至更高，例如工程领域，几乎 2/3 的博士后是外国人，物理学大致与工程学持平。

目前对博士后来源国家的信息知之甚少，因为 NSF 的统计数据来自大学的院

---

① Regets 2005。10 人中有 5 人是在境外获得博士的估计，主要基于 2001 年 NSF 博士毕业人数和 NSF 关于研究生与博士后人员的数据对比（NSF，2011b，2011d 和附件）。例如，2001 年，NSF 的研究生和博士后的统计数据中有 17 900 名博士后持有临时签证，而在已经获得博士学位的调查中，有 3500 名博士后持有临时签证。这也是美国唯一的关于博士学位获得者的调查。这些数据的差异就是由在美国之外的获得博士学位的博士后引起的。

② 1985—2008 年，生命科学领域为临时居民的博士后人数从 3341 人增加到 11 958 人。这还不包括其他生命科学领域和医学领域的博士后。数据来源于 NSF 的研究生和博士后调查（NSF2010c 和附件，查 WebCASPAR 也有效）。

系,并非来自个人。但是 2004 年关于博士后的一份调查(非随机)指出:外国博士后当中,中国人最多,印度人紧随其后。①

外国博士后遍布美国的现状,可以从三个方面加以解释。首先,NIH 财政预算倍增,很容易获得资金来支撑博士后的培养,与其他基金——申请者需要具备相应的身份条件才能获得——不同的是,该基金没有签证的限制;在美国工作可以获得 35 000~40 000 美元的基金资助,这样的机会对于那些在美国本土之外就已获得博士学位的留学生来说是颇具诱惑力的。再者,在其他条件相同的情况下,美国获得博士学位的外国留学生比美国本土的学生更有可能去做博士后,这一方面清楚明白地指出了签证的弊端所在,签证把外国留学生在美国暂住目的局限在了学习深造而非在美国就业上。另一方面也表明美国现有的博士后岗位的有效供给。第三,在美国获得博士学位的外国留学生在博士后岗位上任职的时间要长于美国本土人员。② 毫无疑问,这也与能获得的相关机会和签证限制有关。③

挤 出 效 应?

大批的外国科学家和工程师涌入美国,使得美国公民难免有此忧虑:这些外国人是否会抢占本土研究院所的岗位、压低工资水平以及取代本地人在高校中的职位;想要回答此问题是非常棘手的,因为我们很难找到有力的反证,并且在经济不景气的时候这种争论尤为激烈。1995 年,美国数学学会指出:"外来移民占去了去年(1995 年)720 个数学岗位中的 40%,使得应届数学博士失业率达到了两位数。"④

挤出效应只会针对某一群体进行,而不会涉及另一群体。例如,外来移民会挤占本土学生博士学位的名额,但不会挤占教员岗位,反之亦然。因此,对大学教员就业数据中研究生的相关数据进行研究是非常重要的。

想要简单直接地分析研究院所就业机会被外来人员挤占的问题,只需确认美

---

① Davis 2005,http://postdoc.sigmaxi.org/results/tables/table8。
② Stephan and Ma 2005。
③ 我们还不了解支持持临时签证的博士后与支持美国公民的机制存在哪些不同。因为 NSF 研究生和博士后调查只是收集了博士后的来源,没有收集其签证类型(NSF 2011d 和附件)。我们只是知道科学与工程领域联邦基金资助的博士后数量超过了临时签证数量。见 National Science Foundation 2008,表 50。
④ Phillips 1996。

国本土学生获得博士学位的人数是否在下降,而与此同时,外国留学生获得博士学位的人数是否在上升。一旦我们理清了上述关系,那么就没有证据表明外来移民在 S&E 博士项目上取代了美国本土学生。① 结果在男性和女性中是一样的。(有证据表明在非科学领域存在挤占现象。)

原因何在? 首先,大学研究生项目给予了美国本土学生很多的优惠待遇;②其次,很多博士专业——尤其是那些排名较低的专业——实行的是弹性招生制度,当申请量增加时就扩招,外国留学生只是在这样的院所中有着压倒性的优势。③ 再者,外国留学生赴美留学激增的时候正值美国博士学位扩招,在这一时期内,联邦政府用于科研的经费也有了大幅度的增长。此外,20 世纪 80 年代初,中国学生大批地进入美国是冷战的缘故,当时联邦政府在自然科学领域投入了大量研究经费。据一位研究型大学的物理学家回忆:中国学生填补了研究助理的需求缺口,学校的研究项目也相应得到了扩展。④

当然,这并不足以回答下面的问题:科学与工程领域外来留学生的增加,是否会影响本土学生的职业生涯。在这里我们只是指出二者之间的关联性,但是途径是间接的:科学与工程领域中外来学生的增加确实降低了该领域的工资水平;相对于其他领域,科学与工程领域的收入水平已经降了下去(详见第三章和第七章)。工资是十分重要的:将来美国学生组群会做出回应,很少人愿意进入这个领域。

有人估计:外来博士学历的科学家和工程师每增加 10%,科学家和工程师的收入就会下跌 3%～4%。⑤ 并且博士后所受的损失最大:同样的研究指出"不利的工资影响有一半来自于低薪博士后数量的不断增加,而移民软化了劳动力市场的

---

① Zhang 2008。这种分析仅仅限于固定学科领域的效果、特定年代的效果、其他协同效果,包括了研究生集群的数量。要注意,不同类型的挤出效应经常发生,但是张(Zhang)仅仅检验了一种效应。例如,国内和国外的博士研究生都增加,但是如果没有外国出生的博士数量增加的话,美国的博士获得者数量会增加更多。

② 阿提耶(Attiyeh,1997)分析了他研究过的五个领域中的四个学科领域,发现研究生院给予了美国本土申请者待遇更加优惠。这四个领域是:生物化学、机械工程、数学和经济学。没有给予优惠待遇的是英语语言学。

③ 乔治·博尔哈斯(George Borjas)的研究与排名位于前一半大学机构的研究生计划中白人的挤出效应一致,特别是男性白种人。而在其他的学校没有这种挤出效应的证据。他的研究样本包括了所有的研究生项目,而不是仅仅限定在科学与工程领域。因此,很难从他的研究中得出关于科学与工程博士学位计划的相关结论(Borjas 2007)。博尔哈斯发现对于这种现象的一种解释是,因为白种人进入了其他行业,大学增加了研究生中外国学生的注册人数。这一结论与阿提耶的研究结果一致(1997),在四个学科领域发现研究生院给予了美国本土申请者更加优惠待遇。

④ Bound, Turner, and Walsh 2009, 89。

⑤ 估计值包括了学科领域、时间和组群效应常数(Borjas 2009)。

条件"。①

这种情况下出现了一些特定的变化：外国博士中，低薪的博士尤其是博士后的人数呈上升之势。事实上，在很多领域中，博士后的工资比学士的起薪只低不高，这样的薪金对本土人才没有吸引力，但是对外国留学生则恰恰相反，尤其因为在美国获得一份博士后的工作可以增加在美国居留的概率。生物医学领域研究基金的增长更是加剧了这一态势的演化，外国留学生充足供应使得聘用者可以招募到廉价的博士后研究人员。

高校的职位情况又是怎样的呢？存在有工作岗位被外来人员占据的情况吗？我们不妨来做个思维实验：对比特定产业领域中目标群体（本土公民或是非本土公民）就业的实际增长率与相反条件下的预测就业增长率，如果他们（本土或是非本土）的就业增长率赶上了博士生总体的就业率，说明与身份状态无关。这只是口头上的验证，实际情况很难说了。②

基于上述分析，可以这样说：高校中确实存在一定的岗位挤占情况。但是只是少数，并且集中在博士后岗位中。纵观所有学科领域，外国人挤占本土人员高校岗位主要是因为博士后岗位被挤占了，而非教员职位。实际上，各学科的教师岗位几乎没有受到影响（－1.7%），但是博士后岗位的被占率却是教师的3倍。如果把教师就业也考虑在内的话，生命科学领域本土人员的就业要好于外来人员（＋5.3%）。而在工程学科和物理科学领域，情况则并非如此。这两个领域中，外来人员挤占恰恰是教师岗位，而非博士后职位。不过影响是相对中性的：工程学科是－6.1%，物理学科是－7.5%。

常住居民与暂住居民之间也大致是如此。对于所有的学科及其子学科而言，本土公民高校职位被挤占的情况可以归因为临时岗位的挤占，长期性的高校职位几乎没有受到影响（－0.6%）。在生命科学领域，本土公民在长期性的岗位上的就业要好于外国人（＋1.6%）。但是在工程学科和物理学科，本土公民的长期性职位收到了外来人员的挤占，挤占率均不足5%。③

---

① Borjas 2009，第 134 页。
② 详细叙述见 Stephan and Levin（2007）and Levin et al.（2004）。分析的时间段是 1979－1997 年间。分析方法采用了区域科学中的"偏离份额"。
③ 如果国外出生的科学家人数急剧增加，而岗位需求不增加的情况下，挤出效应十分显著。博尔哈斯（Borjas）和多兰（Doran）2011 年撰文指出，在那些与在苏联解体后由美国大学雇用的高产苏联数学家的研究领域重叠的美国数学家，其流动率急剧下降。因此，流动率的下降可以用来衡量各个数学院系的等级水平。

但是,究竟是外来人才的大量涌入导致了本土人才离开了高校,还是因为本土人才受校外更好的就业机会的吸引而脱离了高校,目前还不得而知。目前我们所知道的是:本土岗位被挤占的现象,就其发生的范围而言,主要集中于博士后岗位和一些临时性的工作。此外,本土人才受高薪职位的吸引,可能会放弃已有的不太感兴趣的职位。进一步来讲,即便是发生了长期性工作被外来人才挤占情况的工程学科和物理学科,其校外就业率在我们分析研究的这段时间里也出现了大幅的增长,这与拉力模型相关解释不谋而合。

发 表 论 文

在第四章讨论的一篇论文(发表于 Science)所用的样本,提供了一些用来检验外国人才对美国高校研究贡献度的方法——通过发表的论文来衡量。但是这些方法还有待改进,因为公民的身份状况只能根据作者的姓名加以推测。① 这就意味着,该方法夸大了来自诸如中国、印度等国的非美国公民的数量,因为这些人可能早已在美国生活并有了儿孙。并且,有相当数量的欧洲人在美国求学和工作,该方法也有可能少算了来自其他国家的非美国公民的人数,因为在统计欧洲人以及英语系的姓名时,会把一些人错划为美国公民。在其他的场合,笔者曾经指出,由于上述偏差近乎可以相互抵消,因此我们可通过下述方法获取整体上比较合理的有关公民身份信息的数据。抽取种族姓名关键词,把带有欧洲语系和英语系姓氏的作者归为美国本土公民,其余的归为外国人。②

基于上述方法,我们统计发现:在 Science 发表文章的作者中:63.6%的作者是本土美国人,剩下的为非美国公民。③ 大约每六名作者中,就有一名是中国人。在之前的讨论中笔者曾提到过,岗位不同,公民身份的构成模式也不尽相同。59%的博士后作者是非美国公民,40%的科学家为非美国公民,39%的研究生作者是非美国公民,而只有 21.8%的教师作者是非美国公民。如果把分析的对象仅限于第一作者,那么外国人所占的比重还是比较惊人的——44.3%。

---

① 同时使用名和姓可以将在多文化背景下的指定名称的模糊性最小化,如 Lee 和 Park。8 种语系是:中文、印度语、日本语、韩语、俄语、英语、欧洲语和西班牙语。
② 见 Black and Stephan(2010)的讨论。
③ 论文严格限制在作者少于 10 人,最后一个作者属于美国机构。在第四章中讨论过。

我们无须惊讶于外国人才在美国高校研究中所发挥的重要作用,毕竟他们在美国也是一种强势的存在。但是我们有必要来讨论一下外来人才对美国科学与工程的贡献度是否是不对等的？若是果真如此的话,论据何在？

针对第一个问题,相比于美国本土人员,外来移民的工作效率要更高,理由如下(部分理由可能仅适用于研究生和博士后):首先,外来者在移民美国时付出了很多,因此在工作时非常的积极主动。其次,根据美国移民法的规定,外国人要想获得在美国工作必须由雇主来证明自己是非常有才华的;第三,到美国攻读博士学位的外国科学家和工程师一般都是同行的佼佼者,他们大凡都要经历几轮筛选——在进入美国深造之前,这些人先是在国内最好的大学接受了高等教育(如印度的国立理工大学,中国的清华大学以及英国的剑桥大学),进而在国内出国名额的竞争中脱颖而出,最后在与来自其他国家(包括美国)的学生争夺赴美留学名额的竞争中胜出。在经历了无数次的选择之后,赴美求学的发达国家的学生所具有的这种非凡品质就变得更加强大。

生源质量也是相对的。如果美国研究生的质量不高的话,那么外国留学生就会拥有一定的优势。斯隆基金会资助的一项研究表明:1987—1988年以及1997—1998年,通过美国研究生入学考试(GRE)进入美国科学与工程领域求学的人数出现了下滑。①

接下来说一下相关的争论。证据是什么呢？很遗憾,证据是很少。最近,一项针对1999—2008年在美国获得博士学位的化学科学家开展的研究表明:第一作者冠有中国人姓名的化学科学家人数,要远多于不带有中国姓名的数量。但是也有例外——获得NSF资助的美国本土科研人员,其工作生产率要高过其他人。该项研究还发现,当有中国指导教授时,中国学生的科学产出能力会很高。对此我们可以从两方面加以理解:中国导师能够吸引或是招收到非常优秀的学生;另外,当双方都是中国人时,彼此之间可以毫无障碍地进行沟通交流。②

有一种观点认为,外来留学生对美国科研的贡献是不对等的,该研究也证实了这一点。但是除了NSF的同行之外,我们很难凭借现有数据来区分中国籍作者和

---

① 该项研究统计包括了GRE定量测试的成绩在700分以上的学生(Science 编辑 2000)。外国出生的学生可以根据教授的时间在教育上投入的成本更高。某程度上说,这是真的,人们希望各院系仅仅接受那些生产率相对高一些的外国学生。

② Gaulé and Piacentini 2010b。

美国籍作者。另外,该研究仅仅是指出中国学生要比同班的其他人优秀,但没有具体指出其他同学来自哪国(或是中国的哪一地方)。

一项针对作者国别的研究,虽然强有力地论证了有关外来研究人员不相称地为美国科研做出了杰出贡献的假设。① 但是所用的是 20 世纪 80 年代到 90 年代的陈旧数据;不过考虑有关此方面的研究寥寥无几,因此在这里列而不述。

该研究抽取了文献计量学的三个指标来验证"外国研究人员不成比例地为美国科研做出了突出贡献"这一假设,这三个指标是:经典引文作者、"热点"论文作者、1981—1990 年间被引频次 Top250 的作者。② 该研究对比了国外作者和在美国的外国作者的比重,希望借此来验证外国科学家所做出的贡献是否明显不同于潜在的标杆人群。结果证明,外来科研人员不成比例地为美国科研做出了突出贡献,亦即强有力地证明了上述假设。在物理科学领域,三个计量指标均表明外来科学家(相较于潜在标杆人群)对美国科研有着突出的贡献。在生命科学领域,则有两个指标表明了这一点。③

政 策 问 题

中国所持有的巨额美国债权已经使得美国忧心不已,人们已然就中国若清算债务所带来的影响展开了探讨。另外一件值得关注的事情就是,外国研究人员归国的问题,一旦这些人返回祖国,就会使得美国的知识产出缺少一个关键的人才投入,而人才如今是美国为数不多的相对优势之一。

这样的担忧是对的。正如我们在第六章所指出的那样,中国向研究机构和大学投入了大量的科研资金,并且在 2008 年金融危机后,政府正在设法规避其财政困境。并且就其经济总量而言,中国已经跃居世界第二,位居美国之后。就其增长速度而言,中国已经站在或是接近世界之巅。

---

① Levin and Stephan 1999。
② 按照 ISI 的分析,经典引文是指对科学整体上有持续影响的期刊论文。该项研究公布了 1992 年 6 月—1993 年 6 月间 ISI 公布的 138 篇经典论文。90 年代后期,ISI 中断了公布经典引文。在 80—90 年代,每一期 *Science Watch* 都公布物理学、医学和生物学领域的 10 篇引用率最高的"热点"论文。列文(Levin)和斯蒂芬(Stephan)的研究选择了 251 篇 1991 年 1 月—1993 年 4 月间公布的热点论文。在最高引用率排名的 250 名作者中,183 名在美国工作。
③ 以生命科学领域为例,在 1990 年,热点论文的外国出生的作者与美国本土出生的作者比例没有显著差异。

毫无疑问的是,中国正在想方设法地招揽杰出的人才回国。但是到目前为止,回国的人才数量有限。例如,截止到 2009 年,于 1997—2003 年在美国获得化学博士学位并在美国担任教职的 297 位中国人中,仅有三人返回了中国(印度人选择回国的是 1∶219)。① 2007 年,中国 45 所"985"高校中,共计有 67 名生物学教授具有美国学历背景。② 不过需要注意的是,在美国深造然后就职于中国的研究所以及作为访问学者的人不在此统计数字之列③。总而言之,当前那些在美国留学的中国学生回国的数量依然稀少。

另一个问题是,外国科学家和工程师是否会继续来美求学。外国学者来美之后的职业生涯节点主要有三个:研究生、博士后研究员以及知名科学家。到目前为止,选择最多的还是进入研究生院。外来研究人员还会继续来美深造吗?根据往常的情况,外国学生通常会受到一些因素的限制,例如求学资金的限制,以及研究生毕业后薪金的限制,这种情况对来自于欠发达国家的学生非常明显。

但是,现如今情况已经有所改变:国外研究生的培养越来越具有竞争力,自 20 世纪 80 年代之后,欧洲培养的科学与工程学科的博士人数已经超过了美国。到 90 年代,亚洲国家培养的博士生人数也超过了美国。鉴于大批的中国学生赴美深造,因此需要特别关注中国,中国拥有的博士人数已经从 1985 年的一片空白跃升到了 2003 年的 12 000 名。④

迄今为止,到美国求学的中国学生的人数还是非常乐观的。至少在接下来的几年里,中国学生还是很可能坚持来美国求学,因为在中国获得学士学位的人数增长迅速。中国最近 10 年获得学士学位的人数是可以获得的,例如,2002 年中国就有 884 000 名学生获得学士学位,相比较而言美国却只有 475 000 人。此外,潜在的学士学位供给人数也是令人惊讶的,2015 年,中国 18 岁到 23 岁的人数将会是 118 562 000,这是美国同龄人的 4 倍。⑤ 但是,还是有人担心在接下来非常长的一

---

① 按照本科毕业生的国籍计算。该研究使用了美国化学学会研究生指南,查询了在 1944 年后出生的,1993—2007 年间曾经在指南中出现一次的从业人员。在研究中,通过谷歌和领英确认那些已经不在目录指南中的人员(Gaulé and Piacentini 2010a)。
② Stephan 2010b。
③ 访问学者的职位主要是为了吸引大学和研究机构的顶尖研究人员,如讲座教授和主讲教授(Xin and Normile 2006)。
④ National Science Foundation 2007a,图 5。
⑤ 1990—2002 年间,中国理学学士学位毕业人数翻倍,工程领域的学生增长 3 倍。与此对应,美国理学学士增加 25%,工程学士下降 6%(National Science Foundation 2007a,表 2)。人口数据来源表 1。

段时间里,到美求学将会对外国学生越来越没有吸引力,特别是如果未来大学研究经费的财政支持不会显著增加的话,这种情况就极有可能发生。

获得博士后资历是外国人员进入美国科学与工程领域的另一种途径之一,平均每两位博士后中就有一名是在国外获得博士学位后到美国继续做博士后的。近几年,由于联邦政府对大学科研的支持力度没有什么变动,因此实际上美国的支持力度已经变弱了。过去的两年中,拥有临时签证的博士后在美国工作的人数有些许下滑。随着 ARRA 的实施,联邦政府拨给了博士后工作站大量的研究资金,不过初步的研究结果表明,ARRA 的收效甚微——博士后新晋赴美的人数寥寥无几——这或许是因为联邦要求资金要快速地花费出去,也可能是签证申请延期的缘故。

国外知名科学家到美国大学任教使得美国大学受益匪浅,这些专家赴美通常是外部因素推动的结果。20 世纪 30 年代德国大学解雇的犹太专家为美国带来了极大的利好,90 年代苏联解体后,美国放松移民政策,受益匪浅。预测外来事件已超出了本书的范畴。不过,平心而论,促使这些人才赴美的不仅仅是外部环境的剧烈变动,研究资源也是这些人来美的一大动力。至于外来人才是否会继续来美,很大程度上要取决于美国政府所提供的科研基金是否有足够的竞争力。

在向科学家和工程师提供研究基金时,联邦政府通常有这么几种政策手段:第一,制定颇具吸引力的政策,吸引外国人才赴美,从而将其留在美国。比较常用的做法是把专为本土公民和永久居民预留的奖学金和培训计划放松限制,使其他身份的居民也有机会申请。另外,也可以在这些人赴美深造结束之后为其在美国的停留创造便利的条件。奥巴马政府就在推行这一政策——他在 2011 年的国情咨文中就外国留学生的问题给出了相应的解释,"有人说一旦外国留学生完成了其在美国的学业,政府就把他们遣送回国,以便他们和美国展开竞争,这完全是一派胡言。""拒绝了这些天资聪颖、极富责任心的年轻人,谁来为我们的实验室工作,谁来创建新的企业,谁来把这个国家引向新的繁荣境地。"[①]

政府在决策时必须谨记有关外国人才的事情(正如奥巴马总统评述的)并不是

---

① 见"奥巴马国情咨文"(2011-01-25),http://www.npr.org/2011/01/26/133224933/transcript-obamas-state-of-union-address。

一场零和博弈——一旦他们离开,美国就是最大输家。许多人与美国同事一起从事研究。最近的一项研究发现,赴美留学获得博士学位然后在研究能力排名前12的国家中工作那部分人,与其所贡献的论文(论文的作者中至少有一名教师作者来自美国的一流大学)之间有着显著的相关性。① 有一些人回国后又来到美国。此外,从外国人的角度来说,那些离开美国的人才依然对美国的科研创新有所裨益,比如,他们公开的相关知识可以越过国家边界进入美国,又比如专利,可以引起新产品和新流程的变革,从而提高全世界的生产力。

政府可以通过增加对研究生科研的财政支持力度、缩短培训周期措施来提高本土人才对科学与工程学科的关注度;但是这需要相当大的财力和决心才能改变。20世纪50年代,美国通过了"国防教育法"(the National Defense Education Act, NDEA),展示了其寻求变革的决心,也受到了学生的欢迎。②

最近有报告建议美国政府应当推行一个与上文类似的计划,即攻读国家急需专业的学生每年可以获得50 000美元的资助,其中30 000美元为奖学金,其余用于支付学费以及其他费用,期限为5年,资助人数为125 000人。③ 这就要看这项提议能否得到美国国会的批准。但是话又说回来了,该建议一旦得到了国会的支持,就意味着联邦政府头年就要划拨出20亿美元的财政专款,而5年之后,受资助对象的人数稳定在125 000时,估计需要100亿美元。而且,还不清楚是外来留学生持续进入美国并在美国停留,市场是否能吸收如此多学生。不过也没什么好大惊小怪的,或许这份报告就是在国家研究生委员会和国家教育考试服务社的资助下完成的,毕竟二者都能从研究生人数增长的过程中获益。这又回到了本书第七章关于美国科学家与工程师需求时的一句话,"一个人站的立场取决于他坐的位子"。④

---

① Adams et al. 2005。前12名国家排名是:澳大利亚、加拿大、法国、德国、以色列、意大利、日本、荷兰、新西兰、瑞典、瑞士和英国。
② 美国也可以通过增加需求让科学与工程领域的岗位更加具有吸引力。一种方式是提高公共资金投入,另外一种方式是通过研发税收信用刺激企业的研发需求。
③ 呼吁为大学提供资金,支持关键领域的研究生提出的研究项目;将20%的研究资助用于支持国际学生(Wendler et al. 2010)。
④ Teitelbaum 2003,52。

结　　论

　　美国已经引入了大量的学术人才。有些外国留学生在美国接受教育后留在了美国,有些人在来美国之前已经有相关学历在手。那些在美国求学深造的研究生或是博士后为美国实验室的科研做出了重要的贡献。虽然受东亚经济危机以及"9.11"事件的影响,美国引进外国人才的比例分别在上世纪90年代和本世纪初出现了下滑,但总的来说美国引进外国人才的比例还是在逐年递增。

　　外国的科学劳动力大军是非常高产的。事实上,有证据表明,他们不成比例地为美国的科研作出了突出贡献;并且就平均年龄而言,外国科学家的年龄要小于美国本土的科学家。因此,在将来美国引进的人才必然会在美国科学界承担起越来越多的领导作用。

第九章
科学与经济增长的关系

正如计算 GDP 一样,人均收入在 15 世纪增长大约 8%,16 世纪增长 2%,17 世纪增长 15%,18 世纪增长 20%。① 直到 18 世纪末期的工业革命后,才有大幅度的经济增长。在一个很短的时间内,蒸汽机投入使用,纺织实现机械化,铁路旅行成为可能。尽管取得了这些成就,除了当时人们穿着和可以外出旅行外,工业革命对大多数人的日常生活改变很少。经济增长可以保持平稳,但是它并没有。②

从 19 世纪中期开始,全世界,特别是西方世界经历了一次持续的经济增长,一直延续到 20 世纪。按照人均收入计算,在 19 世纪,世界经济增长了 250%。这与 20 世纪人均 GDP 增长 850%相比,就相形见绌了。至少在西方,大多数经济增长发生在 20 世纪前 70 年。③ 从 1970 至 1995 年,西方经济年增长率下降,每年盘旋在 2%左右。这也不是很糟的增长率。按照 2%的增长率,每 36 年生活水平翻一番。④ 从 20 世纪 90 年代中期开始,美国、加拿大和几个欧洲国家经历了爆炸式经济增长。从 1995 年到 2000 年,人均年收入增长 3%。⑤ 经济增长主要来源于信息技术的进步及其在许多经济领域的广泛应用。⑥

很明显,诸多因素对开始于 19 世纪末期的大规模经济增长有贡献。例如,天主教在西方失去了绝对的控制地位,新教伦理出现。政治环境变化带来了更加安全的财产保护,更加自由的商业行为,更加自由的商品定价能力。⑦ 这些因素,外

---

① 根据实际人均 GDP 计算而来(DeLong 2000)。
② Mokyr 2010。另外一个变化是一些大型工业城镇的出现。
③ DeLong 2000。
④ 见美国劳工部 2009 年数据。数量翻倍的时间可以用 72 除以增长率计算,因此经济以 7.2%增长,每 10 年翻一番。
⑤ 见世界银行网站,用人均收入增长率,http://search.worldbank.org。
⑥ 见例子:Jorgenson, Ho, and Stiroh 2008。
⑦ Rosenberg and Birdzell 1986。

加其他因素,毫无疑问起到了至关重要的作用。但是,许多经济学家认为,最主要的因素是人们学会了利用科学去推动技术发展。引用"国民收入之父",1971年诺贝尔经济学奖得主西蒙·库兹涅茨(Simon Kuznets)教授对经济增长的经验解释:"西方进入科学时代。"① 人们不仅学会了利用科学促进技术发展,也学会了利用技术来发展科学。借用经济史学家乔尔·莫基尔(Joel Mokyr)的话来说,命题性知识(科学)激发策略性知识(技术),策略性知识激发命题性知识。结果是:人们学会了如何进行系统的发明创造。

在工业革命之前,有大量的策略性知识。例如,如何存储肉类?如何建造加农炮?如何制造玻璃?如何利用毛地黄治疗水肿?但是,这些知识是建立在试验和试错的基础上,不是以认知为基础的。这其中仍然有科学知识。例如,伽利略证明了哥白尼体系,证明了地球围绕太阳旋转。牛顿描述了引力定律,与莱布尼兹发明了微积分。大量的科学进展是在17世纪和18世纪做出的。但是在19世纪之前,策略性知识很少建立在科学知识的基础上。尽管策略性知识也带来了命题性知识的进步。随后,伽利略发明了望远镜。产业革命的突破是科学与技术相互加强的结果。"实践知识和理论知识的相互共同进化,引发了前所未有的技术进步浪潮。"②

在史无前例的经济高速增长时期(工业革命时期)所产生的关键、惊人技术设计和概念,超过了人类历史的任何时期。③ 在一个相对短的时间,冶金、化学、电力、交通等方面的发展改变了整个世界。科学家和技术人员相互借鉴知识,取得了这些成就。德国化学工业(如合成染料)的成就,是建立在德国大学研究的基础上。钢铁生产推动了钢铁的科学研究。如果没有科学家和技术人员的通力合作,就谈不上电力工业。

经济增长的重要性

经济增长对社会发展十分重要。按照经济学家保罗·罗默(Paul Romer)的说

---

① Kuznets 1965,9。诺贝尔奖颁奖词全文是:"他的关于经济增长的实证解释导致了对经济社会结构和发展过程的新的深刻的见解"(Nobel Foundation 2011)。

② Varian 2004,805。在这个时期,邮政服务、图书馆、百科全书、学术机构出版论文等的广泛使用扩大了信息共享(Mokyr 2010)。

③ Mokyr 2010,28。

法，增长是胜过其他一切。"对于一个国家的抉择来说，是否选择让每一代人的收入翻倍，而不是隔代翻倍，超过了其他任何政策选择。"①经济增长为解决各类问题提供了方案，如债务、人口增长、人口老龄化等。美国联邦赤字在 20 世纪 90 年代消失，不仅仅是因为税收的增长，还包括了经济的大幅增长。

不同经济增长率使得不同国家呈现不同的发展轨迹。在 1960 年，按照人均收入，日本人的生活标准大约是美国的 1/3；印度人的生活标准大约是美国人的 1/15。在 1960—1985 年间，日本人均收入年增长率为 5.8%，印度为 1.5%。（相对应，美国人均收入增长率为 2.1%。）②因此，日本人的生活标准每 12 年增长 1 倍，25 年间长了 4 倍。而在印度，48 年翻一番，导致了印度内部与发达国家的差距加大。近些年来，数据有些变化，日本经济年均增长率为 0.7%，印度为 5.5%。中国在 1960 年时不入流，现在年均增长率超过 9%，使得中国在 2010 年超过日本成为全球第二大经济体。③

公共部门的作用

许多对经济增长有贡献的科学研究发生在公共部门。这个不是偶然，是经过设计的。原因有几个方面：经济增长由上游科研推动——而这些研究距离形成新产品和新工艺还有若干年。基础研究具有多样化用途，可以促进多个领域的发展。理论物理研究就是这样的，它推动了集成电路、激光、核能、磁共振成像等众多发明。由于基础研究的多用性，以及科学发现与应用间的时间差，不太可能由单一企业或产业支持大量的基础研究到推进创新。基础研究没有经济效益。基础研究成果有溢出效应，其他企业（包括竞争者）都可以利用科研成果赢得竞争优势，而无须支付科研成本。知识的重要特性是不会随着知识的应用而消耗。知识的外溢应用对于经济增长有很大贡献，但是，知识外溢不是一个可靠的引导以市场为基础的机

---

① Romer 2002。
② 同上。
③ 此处增长率为 2000—2009 年 10 年间的平均增长率。见世行网站，搜词"economic growth，"http://search.worldbank.org。

构大量投资于上游的科研活动的经济模式。因此,需要支持公共科学研究。①

除了研究周期较长,溢出效应大外,还有一些原因使得基础研究必须在公共部门中进行。首先,基础研究有很高的风险。至少在可见的未来,基础研究的结果很难简单预见。如物理学家寻找了多年飘忽不定的"圣杯"(Holy Grail)——重力场量子理论。② 某些研究工作的探索性,也是需要寻求公共资金支持。比如,1/10 的加速器不会得出 1/10 结果,要么是全部,要么就没有。基础研究成本太高(最近一个加速器建造费用达 80 亿美元),单一公司或者单个国家都不能很好支持。

前面提到,在大学和一些研究机构的科研活动有双重特点,某些研究领域是理解自然规律的基础研究,但是在某些领域基础研究可以带来实际的应用。对艾滋病和癌症的研究就是例子。这种双重目的的研究活动就落入了标准的巴斯德象限(以路易斯·巴斯德的细菌研究的特点命名)。③ 在巴斯德的研究中,不仅解决了葡萄酒和啤酒工业的腐败问题,而且导致了对细菌在疾病中作用的理解。同时,也为 19 世纪后期的供水和排水系统投资注入了强劲动力。这种投资对于提高预期寿命的作用超过了人类历史上所有其他投资。④

在许多国家,公共研究机构提供了解决实际技术诀窍问题的工作岗位。长期以来,这些问题在美国和欧洲都是通过工程学校解决的。这些研究工作中有一些是基础性的,大部分是应用导向的,或者致力于解决市民的实际问题。佐治亚理工学院重点在纺织工业。科罗拉多州矿业学院与法国矿业学院一样,在采矿领域具有很强实力。普渡大学的工程实践教学计划对大学的体育运动队贡献极大,运动

---

① 如果回报足够好,企业在评价竞争效果后也会投身于基础研究。尽管近些年来,产业部门从事基础研究的数量下降,大型产业实验室在历史上也支持一些基础研究。许多基础发现是解决实际生产问题的产业实验室中从事基础研究的科学家完成的。

贝尔实验室在 20 世纪 40 年代为了解决真空管的问题而设立了由威廉·肖克利(William Shockley)领导的一个物理学家团队开展基础研究。其结果是发明了改变世界的晶体管,三位贝尔实验室的专家——约翰·巴丁(John Bardeen)、沃尔特·布拉顿(Walter Brattain)和威廉·肖克利获得了 1956 年诺贝尔奖。在早期,卡尔·央斯基(Karl Jansky)为贝尔实验室工作期间发现了从天际发射的电波,奠定了射电天文学;他最初的研究目的是按照贝尔实验室的要求研究长距离通信中的静电问题。这个由贝尔公司支持的贝尔实验室在公司垄断地位破裂后就减弱了。

有 4 位在 IBM 工作过的研究人员因其在 IBM 的成果而获得诺贝尔物理学奖,有一位 IBM 的研究人员因其在索尼工作期间的成果获得诺贝尔物理学奖。见 IBM 2010。

② Cox 2008。

③ Stokes 1997。

④ 乔登(Gordon)引用了 5 个改变 19 世纪后期和 20 世纪早期社会的发明:电力、内燃机、与分子重组相关的发明、与娱乐通信和信息相关的发明、城市室内供水和卫生的相关发明(Gordon 2000)。

队被称为"锅炉装配工"。① 在美国,自二战以来,研究活动与本地经济需求间的联系越来越弱。②

研究性大学通过培养在产业工作的学生而对经济增长做出贡献。这不是一种无足轻重的贡献。正如前所述,知识在公共研究部门产生,这种知识很少有即时的经济价值,还需要通过大量的研究开发来形成新产品和工艺。大学通过向产业输送劳动力而做到这些。

公共研究、新产品与新工艺

公共研究机构如何形成新产品和新工艺的例证很多:用于提高食物供应的杂交水稻,就是首先由密西根州立大学的教授培育出来的。③ 转变我们知识共享和知识使用方式的万维网,就是由 CERN 的科学家发明的。对通讯、娱乐、医疗手术、国防等有重大影响的激光,其知识产权是属于 20 世纪 50 年代后期在哥伦比亚大学读书的学生戈登·古尔德(Gordon Gould)(尽管其概念性工作由贝尔实验室的物理学家和当时做贝尔实验室顾问的哥伦比亚大学的教授共同完成)。④ 条形码是由罗格斯(Rutgers)大学发明的。充满好奇的研究生听说,当地食品协会主席要求其系主任开发一个系统,这个系统可以在结账时自动阅读产品信息。⑤ 超导现象是 1911 年在荷兰莱顿大学发现的,有潜力用于零电阻、无损耗电力传输。⑥

公共研究的贡献在医药领域更加清楚。1965—2002 年间,3/4 的最重要的治疗用药源于公共研究机构的研究活动。⑦ 最近研究发现,1997—2007 年间 FDA 批准的 118 个创新药物中,31% 是由大学首先组织开发出来的。研究中大学对新药

---

① 国际锅炉制造商兄弟会,2008。1891—1897 年,普渡大学为了满足研究需要在校园保留了完整的可以运行的蒸汽机车。
② Rosenberg and Nelson 1994。
③ "杂种优势:杂交水稻",2011,*Wikipedia*,http://en.wikipedia.org/wiki/Hybrid_corn。
④ 美国专利办公室否定了戈登·古尔德的专利申请,并在 1960 年将专利权授予了贝尔实验室。直到 1987 年,古尔德才赢得了关于激光的专利诉讼。见:激光,2011,*Wikipedia*,http://en.wikipedia.org/wiki/Laser。哥伦比亚大学教师查尔斯·汤斯(Charles Townes)在 10 年前已经和其 2 名研究生一起开发了微波激射器。
⑤ Fishman 2001。
⑥ 电阻消耗了全部发电量的 10%。
⑦ Cockburn and Henderson 1998。21 个药物中有 14 个疗效最好的药物都是由公共研究机构研发的。有两种药物的原始研究来源不能确认。

开发重要性估计不足,因为计算新药开发是以专利为基础,不是以基础研究为标准。① 企业从不同的途径获得知识,包括阅读由大学研究人员撰写的文章。

几乎所有的生物技术公司生产的药都源于大学科研。② 一些药物(如合成胰岛素)对公众健康有重大影响。③ 过去 25 年中,所有重要的疫苗都源于公共机构的科研。④

药物带来了重大变化。心血管疾病死亡率下降 1/3,就是因为开发了非急性心脏病药物治疗高血压和降低胆固醇。⑤ 预期寿命增加 1.7 岁是一个了不起的成就。20 世纪早期,青霉素和磺胺类药物对提高预期寿命起到了主要作用。

更概括地讲,平均计算下来,一种新药物可以提高预期寿命 6 天。这可能听起来是微不足道的。但是,如果计算到 1 年有 400 万新生儿,可以累计给新生儿增加 63 700 年。如果再计算其他年龄组,估计可以增加 120 万个生命年。成本是多少?一个生命年的成本估计在 416~832 美元之间。⑥

提高预期寿命,不仅仅是因为新的医疗技术、方法和设备,还有科研使得个人行为的改变。这些研究都是在公共机构中进行的。反对吸烟运动、在公共场所禁烟,对提高健康相当有好处。据估计,行为因素对因降低心血管疾病死亡率而提高的预期寿命有 1/3 的贡献。⑦

大学和经济增长

近年来,人们经常强调大学在经济增长中的作用。大学校长们在申请资助时,经常描绘大学对经济增长的贡献;由于相信研究性大学可以对经济增长有贡献,当地团体也为研究性大学游说。大学管理者发布了研究性大学对民众福祉有贡献的

---

① Kneller 2010。
② Edwards, Murray, and Yu 2003。注意:许多情况下生物技术公司从大学获得知识产权许可,然后在短暂数月内转让给制药企业。
③ 另外一些生物技术药物对公共健康有重大影响,包括:治疗贫血病的 α 重组红细胞生长素,专门治疗癌症引起的白细胞缺乏症;治疗风湿病的英夫利昔单抗(infliximab)。(同上)。
④ Stevens et al. 2011。
⑤ 在前半个世纪,降低心血管疾病死亡率至少提高了 9 年寿命预期中的 5 年。第二个重要变化是降低了新生儿死亡率,还可以再贡献 1 年。见 Cutler 2004a,第 7—8 页。
⑥ Lichtenberg 2002。
⑦ Cutler 2004a,10。科特勒(Cutler)估计吸烟率的下降贡献了 10%。Cutter 2004b,53。

报告。① 大学委员会的调查在宣扬学校的贡献。例如,MIT 支持波士顿银行的 1997 年报告:"MIT:创新的影响"(*MIT : The Impact of Innovation*)。

当然,这种观点并不是不正确的,是因为简化了。正如我们前面说到,许多研究性大学和公共研究机构的科研成果不能立刻转化为新产品和新工艺。它需要时间。1950 年后期发现激光时,它还"无用武之地"。② 用了 20 年时间,激光技术用于新产品和新工艺中。杂交水稻是在 19 世纪后期发明的,直到 1930 年前后才进入商业化应用。③ 许多生物技术背后的科学研究可追溯到 20 世纪 50 年代的研究发现。当然,也有另外。万维网从一开始就产生了巨大影响。诞生于斯坦福大学的谷歌转变了我们发现信息的方式,5 年内就取得了惊人效果。

将基础研究成果转变为新产品和新工艺需要大量的投资和专门技能。④ 大学和公立研究机构在市场需求的新产品和工艺方面不擅长组织和管理,企业擅长。"在创新领域,公立研究机构绝不会超过第二位。"⑤

单独考察来自大学研究的产品和工艺,也低估了大学研究在经济发展中的作用。基础研究很少产生直接的经济效益或产品。大学的研究活动可以提供中间输入,为进一步的最终商业化研究提供基础。⑥ 单纯关注来自大学的产品和工艺技术研究,可能不会认识到建立在失败和成功基础上的后续研究,大学对双向知识都有贡献。

有一点也很重要,在公共研究机构不从事新产品和新工艺的开发不能说没有贡献,或者这些新产品和工艺的研究只是在特定的公共研究机构中。在第二章中,我们认识到,科学具有多样性。多样性的缺失并不意味着科学发现中的多样性不存在。寻找科学多样性是经典的案例:一旦其他人做出了发现,科学家就会停止这个领域的研究。

关注产品和工艺经常忽略了从产业到大学的重要反馈。大学教授经常从产业中得到研究灵感。条形码就是这样。大学研究人员也从产业中得到新研究工具与仪器。同样,从产业的研究和培训需求中也可以形成新的学术研究领域与院系。

---

① 科勒(Cole,2010)提供了 150 页的报告,阐明过去 50 年中美国大学对于新产品和工艺的共享。
② Townes 2003。
③ Griliches 1960。
④ 这些观点在 David, Mowery, and Steinmueller(1992)的著作中有详细说明。
⑤ Foray and Lizionni 2010。
⑥ David, Mowery, and Steinmueller 1992, 73。

电力工程和化学工程就是这样的例子。① 产业部门也逼迫学术机构设立新研究计划和创建新院系,如分子生物学。②

本章后面部分将叙述公共研究如何对经济增长做出贡献,描述知识是如何从公共机构转移到私营机构的,反之亦然。这种描述可能涉及几个主题。首先,尽管科学研究与经济增长间有强的相关联系,但后滞时间很长,有时需要 20~30 年。那些认为瞬间获得收益的想法是愚笨的。第二,公共研究并非天赐。企业必须进行大量投资才能将新产品和工艺推向市场。第三,大学可以获得相当大的回报:新思路、研究经费、学生的工作机会、获得新设备。③ 第四,产业和大学间的互动不是新的,在 19、20 世纪早期就有很多例证。近些年来,大学和产业间的联系更加强化了。

公共研究和经济增长间的联系

公共研究支撑经济增长的观点是一个问题。另外一个问题是,如何衡量从公共研究部门向私营部门转移知识和测量知识溢出的迟滞期。尽管经验证据多于理论上证据,很多研究工作证明了这种关系。第一,一系列的调查检验了公共知识和经济增长的关系。第二,一些企业调查也证实了公共知识在创新中的作用。第三,考察企业创新活动如何与大学研究活动发生关系?如何将创新的指标(如专利计量)与大学研究活动联系起来?第四,考察与公共研究机构关联的企业是否业绩更好。④

公开发表的知识与经济增长的关系

经济学家詹姆士·亚当斯(James Adams)做了一项聪明的研究,用 1953—1980

---

① Rosenberg and Nelson 1994。在托马斯·爱迪生建设了纽约市的珍珠街站的同年(1882),MIT 首度开设了电气工程课程。第二年,康奈尔大学也开设了课程,并于 1885 年授予了第一个博士学位。
② Jong 2006。
③ Rosenberg 2004。学生工作岗位至少在两个方面有益于学校。第一,产业部门中学术岗位数量增加,可以让学校通过研究助理和博士后扩大研究计划。第二,学生在产业部门就业加强了企业和大学的联系。
④ 也有一些文献研究研发资本和产出量之间的关系。这些研究是建立在兹维·格里利谢斯的工作基础上的。毫无例外,这项研究发现由政府出资的研发资本和产出具有显著的正相关。

年间公开的知识,来分析科学和工程科学与制造业多要素增长率的关系。① 其研究工作很宏伟,通过计算发表的论文来测量特定时间内 9 个领域(如化学)的知识量,通常从 1930 年开始计算。出版论文的计算还扣除了知识老化——30 年前出版的论文,以及对有用知识量的贡献小于 10 年前的论文。通过计算在单一产业中就业的科学家数量的权重来计算该产业的知识储量(化学领域的论文的权重比化学家权重大;物理学论文的权重比产业中的物理学家权重大)。

研究目的是计算 28 年间 18 个产业中知识储量与生产率增长的关系。毫不奇怪,知识储量与产业总生产率要素中 50% 的产业增长相关。但是,近期的研究发现,需要若干年后才对生产率有影响,有时滞后 20 年。相对于化学和物理学领域而言,工程和计算机等应用领域就不是这样的了。②

在公共研究对经济增长产生有效影响之前,产业领域的科学家和工程师就意识到了这些研究进展。证据是:产业中的研究人员引用大学研究人员 2~4 年内撰写的研究论文。③ 计算机领域的后滞期最长(4.12 年),物理学领域最短(2.06 年)。

企业需要耗费大量时间将大学的研究成果转化为新发明,企业接受专利保护期较长,平均为 8.3 年。关于专利的引用,加州大学教授的科研文献的证据分析就是证明。④

这种引用很常见,为研究大学的科研与创新间存在广泛联系提供了又一证明。2002 年,NSF 收集专利引用数据的最后一年,美国专利平均引用 1.44 篇科学与工程论文,当非论文性资料,如报告、记录、会议论文也包括在内,每篇专利平均引用 2.1 篇科技文献。更为重要的是,随着时间的推移,这种引用呈现增长趋势,表明产业和学术机构间的联系在增加。举例来说,10 年前,专利的平均引用论文为 0.44 篇,引用文献为 0.72 篇。⑤

---

① Adams 1990。在产业增长研究中有两种测量生产率的指标。第一种,也是最简单的方法,使用每小时劳动的实际产出,成为劳动生产率。第二种,也是十分复杂的测算方式,多要素劳动生产率或全劳动生产率,计算单位输入的实际产出。

② 亚当斯还通过分析某些不直接影响特定产业的科研,研究了知识溢出效应的影响。他发现,外溢知识对产业全要素生产率增长贡献了 25%,但是滞后期有 30 年。

③ Adams, Clemmons, and Stephan 2006。

④ Branstetter and Yoshiaki 2005。

⑤ 见 National Science Board 2004,附录,图 5-45。

来自调查的证据

询问研发实验室主任在多大程度上依赖于大学研究成果,可以为考察产业依赖于大学研究的程度提供另外一个途径。近年来,一些研究工作专门分析了这个问题。尽管,刚开始时所有的研究无一例外地集中在美国,在20世纪90年代中期,欧洲研究人员设计了共同体创新调查CIS的方法,研究企业与公共研究机构间的关系。

1994年,卡内基梅隆大学调查了研发实验室主任,其目的在于分析其研发活动中企业多大程度上使用了公共研究机构的科研成果。[①] 本次调查中将公共研究确定为在大学和政府研究机构实施的科研活动。受调查人员说明在过去3年内,是否有依据某些特定来源的信息开始新的研发项目,或者支持了现有项目完成。信息源列表中,除了公共研究的信息源外,还有咨询人员、竞争者、独立供应商、顾客和自己的研究活动。

调查发现,在少数产业中,公共研究在研发中发挥着绝对作用,制药业首当其冲。在另外一些产业中,公共研究不是发挥绝对作用,但是发挥着十分重要的作用。[②] 公共研究为新产品提供思想无疑是正确的,但是调查发现,公共研究对与完成企业已有项目的贡献大于设立新项目。公共研究对于大企业的影响较小企业强,唯一例外是:新创办的企业(一般为小企业)一直以来都是受益于公共研究。

支撑重要产业的公共研究领域分布很广,材料科学位于首位,其次是计算机科学、化学、机械工程。尽管生物学在制药工业中扮演重要作用,但从制造业中的重要性来看,它的排名最低。

在面向7个制造业公司的小型调查中,采用长远视角询问企业在技术创新引入的头15年内执行的项目中,多大比例的新产品和新工艺是由于缺乏公共学术机构的支持而没有完成。研究发现,在产业中11%的新产品开发,9%的新工艺开

[①] 该项研究调查了3240个实验室,回收问卷1478份。此处讨论是基于非外资制造业的1267个公司(Cohen,Nelson,and Walsh 2002)。

[②] 弗莱明(Fleming)和索伦森(Sorenson)(2004)的研究证实,当发明者面对的困难任务与他的发明紧密耦合时,科学的帮助是最有效的;当发明人只是去寻找一个独立组件时,科学的作用就小。

发,由于没有公共研究的新成果支持而失败。①

企业和大学院系的关系是双向的。与企业的交互作用,提高了研究活动的生产率。在 20 世纪 80 年代,有经济学家进行过相关研究,请企业确定 5 位对新产品和新工艺开发重要的研究人员,然后统计在企业中发挥重要作用的大学教授。② 研究发现,大学教授的研究问题经常或者主要来自于产业企业的咨询活动中,这种咨询业影响了他们承担的政府资助研究项目的性质。引用 MIT 教授的话:"与产业人员讨论实际问题非常有用,他们经常会提出有趣的研究问题。"③

欧洲的 4 个共同体创新调查(CIS)调查发现,在公共研究机构扮演的作用比美国小。但这是有原因的:美国的调查主要关注了有研发部门的制造业企业,而 CIS 研究样本则包括了未设立技术创新和研发部门的企业。这种情况下,自然就没有公共研究的贡献!④

创新活动与大学研究的关系

另外一种分析公共研究与创新活动的关系是,审核创新活动与大学科研经费的关系。在第六章中专门讨论过。这种方法忽略了大学科研与新产品、新工艺间的时滞,重点考察公共研究和企业研究的溢出程度,考察地理上的关系;也就是说,宾夕法尼亚大学的研究在多大程度上影响了大费城地区的技术创新活动?

最理想的关系是,企业通过非正式网络,或者咨询,或者雇用本地大学的教授和学生获得新知识。因为,有一些知识是隐性知识,特别是在生物技术领域,技术发挥了非常大的作用,面对面的交流十分重要。这种知识不是像空气一样随处存在。越接近知识源,就越有机会获得新知识。

这一系列研究最初由亚当·贾菲(Adam Jaffe)在 1989 年开始,他研究了各个州的专利数量与大学研究经费之间的关系。⑤ 研究发现,它们之间存在密切关系,在医药、医疗技术、电子学、光学、核技术领域尤为如此。

---

① Mansfield 1991a,1992。曼斯菲尔德(Mansfield)进行了后续的研究,收集了 77 个企业的相同数据,分析了 1986—1994 年学术研究对于新产品和新工艺的贡献。后续的研究证实了前面研究结论,由于缺乏学术研究的支撑,10%的新产品和新工艺不能没有很大延迟地开发出来(Mansfield 1998)。
② Mansfield 1995。
③ Agrawal and Henderson 2002,58。
④ Foray and Lissoni 2010,292。
⑤ Jaffe 1989b。

贾菲的论文提出了一种新的经济学研究方法，带来了大量的后续研究，每一项研究都有不同的角度，如不同的创新计量方法、不同的地理区域限定（标准都市区域统计数据或者州的统计数据）。① 无一例外，所有的研究都发现，创新能力与大学研究绩效密切相关。②

一些案例研究也显示，地理距离也是一个重要因素，大学对其区域有重要的经济影响，如 MIT 和斯坦福大学。很多这样的影响源自于大学教师和学生新创办的企业。过去几十年来，斯坦福大学的 4232 名员工创办了 4668 个公司，包括雅虎、谷歌、惠普、太阳微系统、思科、瓦里安医疗系统等公司。③ 绝大多数公司在斯坦福地区。斯坦福的公司对硅谷有很大影响，2008 年硅谷营业额的 54% 源自于 150 家最大的企业。2008 年在"硅谷 150 强"企业损失 71 亿美元的情况下，斯坦福大学的企业报告盈利 190 亿美元。④

1997 年，波士顿银行的研究显示，MIT 的教职工、学生建立了大约 4000 家公司，在 1994 年雇用员工 110 万人。马萨诸塞州还不是 MIT 大量创造就业机会的主要受益者，加州才是主要受益者。马萨诸塞州公布的 MIT 相关公司职位是 12.5 万个，处于第二位。大多数公司是 50 年内的新办企业，相当一部分还是最近的企业。有一些老企业，如理特管理公司（Arthur D. Little）(1886)、Stone Webster 公司(1889)、Campbell Soup 公司(1889)、吉列公司(1901)。⑤ 当然，对于大学研究的成功特征，还要采取谨慎态度，但是，已经有足够的证据证明，两个大学对于新的产业有实质性贡献，对大学所在地区尤其如此。

企业绩效及其与公共研究的联系

另外一些研究表明，与公共研究机构中研究人员有广泛联系的企业，其业绩要优于没有这种联系的企业。例如，与"明星"大学研究人员共同发表文章的生物技术企业，无论是计算产品开发、市场占有率、还是雇员，各个方面都好于其他企

---

① Acs, Audretsch, and Feldman 1992；Black 2004；Autant-Bernard 2001。
② 这一研究方法不仅仅局限于分析创新和大学研究间的关系，经常用于分析某一个地区私人研发投入，考察私营企业中的溢出效应。
③ Stanford University 2009b。
④ Stanford University 2009a。
⑤ MIT News 1997。

业。① 与大学研究人员合作发表论文的制药企业,计算其重要专利时,显现出较好的绩效。② 与大学研究人员合作,可以提高企业研发效率30%。甚至,企业的价值也与这种广泛联系相关。有专利申请的企业,其市价净值比要大于没有专利申请的企业。③

知识从公共研究机构转移到私营机构,最终被企业使用的机制

转移途径

公共研究可以支持企业研发,支持经济增长。这是没有争议的。但是,企业如何知道公共研究机构的成果?

这证明了要求研究人员为了拥有科研成果而共享其科研成果的优先机制是强有力的传递机制(第二章讨论过)。调查研究显示:知识从公共研究机构转移到私营机构的主要机制是通过纸本文献。企业通过阅读由研究人员撰写的论文与报告获得知识。第二个重要的机制是通过非正式交流,随后是公开会议、研讨会和咨询。企业认为,通过雇用新毕业生、合资合作企业和专利获取公共研究机构的新知识的重要性较低。

更具体地说,卡内基梅隆基金(前面讨论过的)专门请企业汇报近期完成的研发项目中十个重要的可获得公共研究成果的信息渠道:出版物和报告是主要渠道:41%的受访者将其列入中等重要程度。非正式交流、公开会议或者研讨会、咨询总计占31%～36%;而雇用毕业生、合作投资、专利等合计占17%～21%,企业将获得公开知识的许可、个人交流列入最不重要位置,小于10%。④

最为重要的是,大学新近申请的、日益增多的大量专利。1989—1999年间,专利数量惊人地增长了3倍,每年从1245件增长到了3698件。⑤ 后来,大学专利申请的疯狂趋势稍好,近年来每年平均授予专利3300项。在卡内基梅隆基金的调查

---

① Zucker, Darby, and Brewer 1998; Zucker, Darby, and Armstrong 1999。
② 重要专利的判断:某一专利至少在日本、美国和欧洲三个主要市场中两个获得授权(Cockburn and Henderson 1998)。
③ Deng, Lev, and Narin 1999。
④ Cohen, Nelson, and Walsh 2002。
⑤ National Science Board 2010,附录,表5-46。

中,公司将许可证和专利归于重要性低的一类,可能反映了做调查时大学获批专利的速度比现在低很多。可能也反映了这样一个事实:大多数大学的专利为大学带来的收益很少,多数专利对企业来说经济价值有限,少数专利带来绝大多数的技术转让收入。

大学知识转移到私营机构的最直接方式是,通过老师和学生以科研为基础创办企业。卡内基梅隆基金的调查,没有直接询问知识转移机制,可能是因为这样一些关系是重复的,创办的企业数量较少。但是,随着学校创办企业数量的增加,近些年这种知识转移机制的重要性也加大。如,2004 年,大学和医学院教师、学生创办的新企业平均每个机构 2.2 个,2007 年增加到 2.9 个。①

地理因素的影响如何?企业确实从地理接近的大学获得知识吗?知识源的地理位置无关要紧吗?研究结果显示:专利数量、创新活动指标与企业邻近大学的科研经费数量正相关,表明本地知识发挥着重要作用。因地理位置接近促进面对面交流,而这对经验知识的传递十分重要。另外,地理上相近,知识也比较能够通过非正式渠道传递。我们已经注意到,非正式信息交流是企业用于了解大学科研的方式之一。

但是,如果是聘用咨询专家或直接专家咨询,地理位置的重要性就取决于企业聘请什么样的专家了。如果企业聘请基础科学领域的专家,距离不是问题。事实上,企业寻找最好的科学家并不考虑距离因素。但是,如果企业聘用的是应用领域,解决实际问题,企业倾向于聘请当地专家。②

专门讨论一下地理位置的作用,研究显示,产业实验室一般都与一所或多所离"知识源"大学大约 900 英里的顶尖私立大学有联系;这些实验室还特地与 400 英里内的低层次大学建立联系。③ 事实是,顶尖大学比大多其他大学的影响距离更远,不能推论出在本地也有较大影响:"像 MIT 一样的顶尖大学的远距离影响力"大于其他低水平大学。④ 但是,当地大学也发挥了重要作用,企业来源于 200 英里内的实验室机构的消息比更远距离学术机构的消息多 50%。⑤

---

① 美国大学技术经理人协会(AUTM)2004、2007 年数据。
② Mansfield 1995。
③ Adams 2001,表 5。
④ 同上,266 页。
⑤ 同上,表 3。

企业的作用

我们通常将知识从公共部门流向私营部门的知识流动描绘成瀑布,公共知识溢出,由产业毫无成本地转化为新产品和新工艺。事实不是这种情况。大量的技术研发工作在后端。在知识转化为新产品、新工艺前,必须要吸收知识。这并不是直接的。需要一些站在科研前沿的活跃研究人员,能够理解别人的科研发现。①

产业招聘能够吸收新知识的活跃研究员很重要,一方面是产业中的科学家与工程师在科技期刊中发表论文。产业中植根于研究的科学家,其吸收能力是培养出来的。2004 年,62%的在产业研发部门工作的博士研究人员,在过去 5 年内发表一篇或多篇论文。② 相比较而言,在学术机构是 92%。与学术机构相比,产业科学家对科技文献的贡献率是相当小的:在过去 5 年内,产业部门的博士科学家发表论文 3.5 篇,在学术机构是 12 篇。从宏观上看,产业领域的科学家与工程师发表论文的数量也很少。2008 年,美国产业部门发表的论文占 6.8%。③

在某些特定产业,如制药行业,吸收能力不足。对那些完全依赖公共研究的企业,企业研究人员必须与学术机构研究人员打成一片,紧密联系十分重要。成功的企业不仅仅要阅读文献,企业科学家还必须与学术机构的科学家合作开展项目研究,合作发表文章。大约 50%的论文,至少有一位作者来源于企业,一位作者来源于学术机构。④ 成功的企业更是如此,特别是制药企业。⑤

---

① Cohen and Leventhal 1989。
② Sauermann and Stephan 2010。
③ 数据来源于 NSF2010 的附录,表 5-42。多产业的合作者论文按照贡献比例分别计算。统计数据中公布包含社会科学和心理学。
④ 数据来自 NSB(2008 年)报告表 6-29,6-30 中的 2005 年的。
⑤ 吸收能力和联系的需要,不仅仅是企业参与开放科学研究的原因,在一些情况下,鼓励和允许科研人员和工程师发表论文也是一个很好的方式。其他的原因是人员招聘。在企业工作的科学家与工程师十分看重发表论文,且愿意为此支付成本。在一些企业中,允许获得生物学博士后新参加工作的雇员参与以发表论文为目的的正常科学研究,企业支付的薪酬比不允许参加这些研究的企业低 25%(Stern 2004)。

这不仅仅是一个优惠的利益:发表论文的能力可以让科学家保持了在营利机构外工作的选择。与发表论文直接相关的实验室名声也影响了公司雇用科学家和工程师的能力(Scherer 1967),也可能影响了接收政府研究合同的能力(Lichtenberg 1988)。

还有其他一些因素驱使企业通过发表论文公开研究成果,其中关键要素是企业的保护技术秘诀的能力,因而确保企业的知识产权得到保护(Hicks 1995)。

培 训

大学研究和创新之间联系可能是间接的,知识溢出时间可能较长,但是,从企业人员培训来看,这种联系可能就是直接的,可以立刻看到经济效益。其影响是非常巨大的。在美国大约有 22.5 万博士毕业生工作在企业,多数都工作在研发实验室。①

博士毕业生在产业的工作情况如何?学科领域分布如何?都在做什么?工作地点在学校附近吗?普渡大学的毕业生是否留在印第安纳州工作?斯坦福大学的计算机毕业生是否在加州工作?MIT 的生化专业毕业生是否在麻省工作?

在美国,科学与工程领域 40% 的毕业生工作在产业部门。② 毫不奇怪,产业聘用的领域差异很大,取决于该领域的应用水平。例如,在 2006 年,55% 的工程博士工作在产业部门,化学博士也大约是在这个比例。计算机和信息科学领域博士在产业部门工作的比例稍低(46%),物理和天文学领域一直比较低(37%)。生命科学领域和数学领域的比例最低:2006 年大约 1/4 的博士在产业部门工作。③

近些年来,数学、计算机与信息科学、生物学三个领域的博士在产业部门工作的比例大幅增加。这可能是供需双方共同作用的结果。从推动力一方看,学术工作职位拥挤,特别是在生物科学领域。尽管博士毕业生愿意到学术机构工作(第七章中叙述过),他们还是被迫到其部门找工作。从拉动力方面看,产业部门也支持研究活动:尽管产业部门的工作不如学术部门那样独立,但是不需要去筹集研究资金。产业部门的研究人员说,他们对其研究工作的独立性基本满意。而且,如同第五章中所说,他们还比学术机构的研究人员使用更好、更新的仪器。在产业部门工作的收入也不比学术机构低。④

图 9.1 可以看出博士毕业生在产业部门工作就业的变化情况,显示了在选定

---

① 数据是 2003 年,引自美国国家研究生院调查项目(NSCG)。调查中剔除了社会和行为科学领域。统计对象为 70 岁以下。见 National Science Foundation 2011a 和附录。
② 同上。具有同样的适用性限制。
③ 同上。生命科学包括生物学、农业和环境生命科学领域。
④ 尽管产业部门科学家对研究工作独立性的满意度低于学术机构的科学家,超过 50% 的产业部门科学家对科研工作的独立性"十分满意"。在产业部门的研究人员工资比学术部门高 30%(Sauermann and Stephan 2010)。

的时间段内博士生早期在产业部门工作 5～6 年的百分比。（2006 年的数据是 2000 或者 2001 年博士毕业，2006 年在产业部门工作的比例）我选择毕业后 5～6 年时间，是让新毕业生有充分的时间选择终身职位。

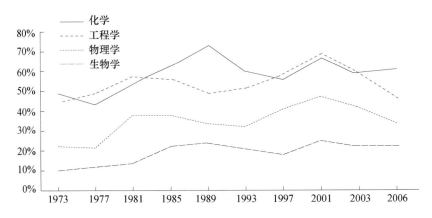

**图 9.1　1973—2006 年工作在产业部门的博士人员
（第 5、6 年群组）按照技术领域的百分比**

（使用 NSF 数据，并不是意味着 NSF 认可本书中的研究方法或结论）

　　数据显示，近年博士毕业生在产业部门就业状况变化很大。总趋势也不总是上升。特别是在化学领域，2006 年博士毕业生就业的可能性比 1973 年还稍低些，中间年份就业比例时涨时跌。工程技术领域就业状况也在波动：20 世纪 80 年代特别不尽人意，在 90 年代强些。总体来说，33 年间工程技术博士在产业就业增加了 1/3。

　　近年来，尽管不是最近，生物技术科学领域博士毕业生在产业部门就业比例大幅增加。增长部分是因为大部分时期制药行业的研发经费增加，同时生物技术企业的就业机会也增多。物理领域博士毕业生在产业部门就业的趋势一直在增加，但是，对年轻的物理学家也有几年的暗淡期。互联网泡沫破灭后，在产业中寻求工作职位十分困难。2008 年的数据显示，物理学、化学专业博士就业下降趋势还在继续，生物学、工程技术领域博士毕业生就业状况也恶化。

　　产业部门工作的博士对经济增长的贡献是多样的。最明显的方式是通过他们在研发部门的工作。许多创新活动在功能上往往没被看作创新和增长的驱动力。近些年来，还有一些其他作用。如，通过收购和兼并，让科研人员去评估和寻求研发机会，在制药产业这些活动十分普遍。另外一个例子是，把技术人员从事市场和销售。库存控制涉及复杂的算法；计算机科学家和数学家们开发了精巧的网络销售平台。第三个例子，我们称之为"服务科学"（Service Science），依靠科学家和工程师提高服务产业的效率。这些例证还包括：航班查询方式创新、节约卡车司机时间和燃料的最佳路线规划、用户诊断发动机故障的网络传感器和分析软件。①

新博士毕业生去产业部门工作，可以在这诸多方面发挥作用。课程实习也是实现知识从学术机构向产业部门转移的重要手段。引用物理学家奥本海默（J. Robert Oppenheimer）的话来说："传递知识的最好方式是与人一起打包。"②对经验知识来说，尤其如此，它只能通过面对面的交流才能传授。基因剪接、转基因鼠构建也不能通过阅读文献掌握，需要手把手地教授。按照美国科学院前主席、加州大学旧金山分校（UCSF）生物化学与生物物理系前系主任、现任 *Science* 主编布鲁斯·艾伯茨（Bruce Alberts）的话来说："从大学实验室转移知识的真正代理人"是从 UCSF 毕业去当地生物技术企业工作的学生。③

这些可能与卡内基梅隆基金调查结果相冲突。早前调查结果显示，雇用毕业生是实现知识从公共部门向私营部门转移的第二选择方阵，排在论文、报告、非正式信息交流、会议和聘请咨询专家之后。但是，实际上并不矛盾，至少有两个方面的原因：雇用的博士毕业生间接传递知识的活动在第一选择方阵中，如非正式交流、会议、咨询等；第二，前面的调查中没有询问企业获得经验知识的方式。

企业安置的新博士生

每年将要毕业的学生都会要求填写由 NSF 组织的调查表，④填报率高达 92%以上，可能是因为部分学生认为这是毕业的需要。不管什么原因，这些数据很好地展示了新博士毕业生的职业规划。与我们讨论问题相关的是，受调查者是否有明确的职业规划？如果有，这些规划的必然结果是什么？对于那些在产业部门就业的毕业生，还需要他们提供企业的名称和地址。

企业安置数据库也可以分析 1997—2000 年 4 年间的基本情况。⑤ 尽管数据覆

---

① Lohr 2006，C1，C4。这方面的投资形成了无形资产。科拉多和胡顿（Corrado and Hulten, 2010）认为这些与无形资产中与创新相关的投资应该作为商业投资计入 GDP。
② 奥本海默（Oppenheimer），转引自时代周刊编辑评论——*Time* Staff(1948，81)。
③ Alberts 2008。
④ 这个调查是博士学位获得者的官方调查，见 National Science Foundation 2011c 和附件。
⑤ Stephan 2007c。这个数据对其他年份无效。

盖时间段有限，也有点老旧，我们还是可以看到新博士毕业生在产业中实习的基本状况。在叙述主要研究结论之前，我们需要认识到这些数据的两个局限。第一，它们仅仅只是描述了在毕业时有明确职业规划的毕业生的结果，但是超过 1/3 的去产业部门就职的毕业可能在填表时没有明确的职业规划。第二，这些数据也低估了博士生安置的人数，部分毕业生最终在企业就职，但是毕业后首先从事博士后工作。在生物医学领域更是如此了，超过 50% 的博士毕业生都会选择做博士后，1/3 的博士后最终选择在产业部门工作。①

认清这些缺陷，我们可以从 21 667 名明确选择去产业部门就业的博士毕业生数据中了解四个方面的事情。第一，美国大学的新博士毕业生大部分去了产业部门，这些大学中还包括了一些世界著名的研究性大学。位于前列的学校包括，斯坦福大学、伊利诺伊巴巴拉香槟分校、加州大学伯克利分校、德克萨斯大学奥斯丁分校、普渡大学、麻省理工学院、明尼苏达大学双城分校、密西根大学、佐治亚理工学院、威斯康星大学等。这 10 所学校博士毕业生中 40% 明确表示去产业部门就业。值得注意的是，排名靠前的 10 所学校半数位于中西部。② 10 所中有 8 所大学是公立学校。

第二，很大比例的毕业生不愿意去美国最好的前 200 家研发密集型企业，实际上，只有 38% 的毕业生计划去研发密集型企业工作。③ 这一结果与在当今世界创新活动并不局限于制造业开发新产品与新工艺的观点一致，在经济的其他部门也存在创新。调研结果还显示，研发开支数据还低估了经济各行业的创新活动投入。需要强调的一点是，在美国前 200 家研发企业占全部研发活动的 70%，雇用了不到 40% 的新博士毕业生。④

第三，就业目的地非常集中，60% 的企业就业毕业生集中在美国的 20 个城市。排在前面的城市是：加利福尼亚的圣何塞，新雇用的科学家与工程师是排第二位城市波士顿的两倍，第三个城市是纽约。加州是最理想的目的地，20 个城市中加州

---

① 1992—1994 年间，由 NIGMS 资助的博士后，大约 29% 在企业工作(Levitt 2010)。
② 中西部大学所占的比例较高，部分反映了一个事实，即与医学生物学不同，西部大学培养的工程学博士在去产业部门就业前很少到大学做博士后。
③ 如果考虑最初的博士后岗位和最终在大型制药公司工作的人数，这个百分比还要大。
④ 如果包括了在美国的 Top200 外资研发企业工作的人员，这个比例可达 44%；如果计算前 201—500 强企业，这个比例还要增加 5 个百分点。研究的结论是：企业中大量的新晋博士(超过 50%)参与研发活动相对较少；而进入高强度研发企业工作的比例相对低，也反映了一些博士在研究生期间对研究工作丧失了信心，转到了其他岗位。

有 5 个。① 相对而言,中西部不是理想目的地:只有芝加哥、明尼阿波利斯、底特律进入了前 20 个理想城市排名(回想一下,数据是在近期底特律汽车生产商的破产之前收集的)。

第四,对于中西部的某个特定州来说,产业部门就流失了博士毕业生:爱荷华州只有 13.6%,印第安纳州 11.8%,威斯康星 17.7%。与此对应,其他州平均为 37.1%,加州达到 70%。

政 策 问 题

由于公共资金资助研究对经济增长十分重要,也带来了一系列政策问题,部分政策在前面已经讨论过。例如,在第六章中讨论的,国家是否需要投入足够的公共研发资金?国家投入的资源是否高效使用?

对于第一个问题,第六章中已经讨论过,美国的公共研究投入不足,其他国家也是这样。综合起来看,普遍关注的问题是国家过度关注与健康相关的研究,而忽视了在促进经济增长领域的科研投资会对未来造成危害。这种不平衡甚至会影响医学领域的科研产出。源于物理学研究的核磁成像和激光技术是健康医疗领域的两项最重要技术突破。

同样也有疑问,大学和教授是否阻碍了知识从公共部门向私营部门扩散。这些问题部分在第三章中讨论过。例如,大学与企业签署排外的技术许可就阻碍了知识传播。哈佛大学给予杜邦公司的转基因鼠专利,杜邦公司对用户的强制性要求就是这样的。已经有科研人员阻止他们认为可以成为竞争对手的同事获得资料。产业部门支持公共研究可能带来保密、不发表论文等问题。另外还有问题是,大学与企业过度争取利益,阻碍了企业从大学获得技术创新的许可,或者阻碍了企业对大学研究的投资。按照道化学公司泰勒·汤普森(Tyler Thompson)的说法:他们(大学)没有认识到,他们不是唯一的。②

还要关注的是,公共研究机构及其领导人需要依赖公共研究推动经济增长的故事来宣传本机构。这样做,他们让未来的经费和支持冒险。公众越来越关注公

---

① 这五个城市聘用的毕业生合计占总体毕业生的 18.4%。
② Thompson,2003,9。

共研究的及时贡献,而不是 20～30 年后的效果。公共研究对经济增长的贡献是需要假以时日的。

最后,有人担心研究体系,特别是制药行业中的体系存在缺陷。出现这个问题并不奇怪:在 2010 年美国食品医药管理局仅仅审核了 21 种化合物,而在 1996 年审核了 53 种。① 最近调查显示,如果对进入三期临床试验的药物数量的影响减小,NIH 面临研发经费缩减危险。同样,研究资助水平与进入一期临床药物数量正相关。②

现任 NIH 领导的弗朗西斯·柯林斯担忧来自制药行业的新药减少,NIH 不得不成立一个可以获取 10 亿美元的新药开发资金的部门。按照计划,这个部门于 2011 年 10 月开张。作为曾经领导 NIH 参加 HGP 的柯林斯,看到问题来自于产业部门。他公开表示:他厌倦了等待制药企业去完成看似有治疗意义的科学发现。③

但是,还有人指出,学术机构至少应该承担部分责任。如果没有什么大事发生,科学家必须停止局限于自身团队研究的工作,而是与交叉团队合作。交叉领域才是"金矿"所在。现有的激励体系并不鼓励这些。到目前为止,现有的资助体系是鼓励科研人员专业化并有一席之地。他们的科研资助依靠这个,他们的荣誉也依赖如此。个人将会泯灭在团队中。诺贝尔奖就不奖励团队,京都奖和 Lemelson - MIT 奖也不奖励团队。它们只是一个一个地奖励个人(最多一次奖励 3 个人)。

药物发现放缓可能与生物医学研究人员缺少人类生物学和疾病知识培训有关。后果是,看起来很有前景的研究成果却因为点滴问题而夭折。在一个样本中看起来很有前景的方法,在较大样本中就变得不可靠。这也是一种形式的激励错位。NIH 垄断了美国的生物医学培训,目前还没有支持人类生物学和疾病的相关培训。④

---

① Fitzgerald 2008,563;FDA 2010。
② Blume-Kohout 2009,29。
③ Harris 2011,A21。
④ 近年,HHMI 设立了新的研究计划,试图建立基础科学研究与人类生理学研究的桥梁。在斯坦福大学,为博士生提供 1 年的医学培训,并授予硕士学位。

结　论

　　支持经济增长的科研大多由公共研究部门完成。这并不是偶然,而是设计的必然结果。基础研究的多用途性质,以及从发现到应用的长时滞,单一一个企业或产业不愿意开展更多的基础研究来促进创新。大多数基础研究和相当数量的应用研究都是由大学和研究机构进行。这些研究所产生的知识向私营部门辐射,推动新产品和新工艺开发,也帮助产业完成研究项目。这一过程也不是单向的。产业部门产生的知识、技术和仪器也对公共研究部门有贡献。①

　　研究性大学通过培养在产业部门工作的科学家与工程师来支持经济增长。这不是一个必然的贡献。在美国培养的科学家与工程师40%在产业部门工作。从这一方面看,大学研究模式比公共研究机构的模式好。因为后者只是从事研究,而前者既从事研究,也培养人才。很多研究证据表明:通过培训建立起来的产业部门与学术部门的紧密联系,激发了双方的研究新思想。

　　如果我们的叙述停留在此,我们就丢失了进一步的经济增长。第一,产业部门的大量研发投入也发挥了重要作用。② 同时,知识不仅仅从公共研究机构流向私营部门,也在私营部门间流动。这种流动方式很多:通过非正式聚会(20世纪60年代硅谷的马车轮酒吧(the Wagon Wheel)——在那儿半导体工程师聚会交流技术和信息)③、员工流动而推动知识流动,④甚至通过新产品和新工艺的逆向工程传播知识。还有一些知识通过专利传递。例如集成电路的合作发明人杰克·基尔比试图阅读美国政府授予的每一项专利。"作为研究工作的一部分,你可以阅读所有

---

　　① 按照经济史学家乔尔·默克(Joel Mokyr,2010)的表达,策略性知识(prescriptive knowledge)(技术)丰富了命题性知识(propositional knowledge)(科学),命题性知识丰富了策略性知识。

　　② 尽管不可能进行精确计算,估计研发的私人回报是正向的,比一般的资本投资收益高(Hall, Mairesse, and Mohnen 2010, esp. 1034)。

　　③ Saxenian 1995。汤姆·沃尔夫(Tom Wolfe,1983)在1983年《时尚先生》上描述马车轮(Wagon Wheel)酒吧的文章中所说:"每年,由半导体产业年轻男女组成的古怪创新兄弟会在一些地方聚会,如在马车轮酒吧、冯伊家(Chez Yvonne)、瑞克家(Rickey)、废弃车间等,他们在一起喝酒、闲聊、吹牛,谈论贸易合同等,讨论模式变革、磁泡存储器、脉冲串、无跳动的模式、温水煮青蛙、RAM、NAK、MOS、PCM、PROM、多重百万的含义等。"

　　④ 研究人员在企业间的流动率是知识在意大利企业中外溢的主要机制(Breschi and Lissoni 2003)。阿尔梅达(Almeida)和科格特(Kogut)(1999)的研究发现在半导体产业中专利持有人有较高的企业间流动率。

的一切,你可以逐步积累,希望到某天第 100 万条信息就是有用的。"①

地理位置的考察就相当有说服力:企业的创新活动与在地理位置和技术上相近的其他企业的研发投入有关,表明企业盗用了别人企业的研发成果。② 企业引用的专利在地理上靠近被引用专利的企业,而非通过专利引用形成的核心专利也有其技术分布特征,但是关联相对弱一些。③ 企业的账面价值与其专利被引次数相关,反映了企业开发技术的知识价值。④

更进一步,新经济增长理论认为,知识转移不是经济增长的唯一源泉。知识转移是内生的,导致收益规模化增加。⑤ 我们看到的也是这样。企业投资研发来寻求利润。这些研发投入一部分外溢到其他企业,因而产生了规模收益,进而促进经济增长。⑥

本章重点讨论了公共研究部门的科研如何外溢到企业,影响经济产出。这个知识外溢过程就意味着学术部门的研究是新经济学的要素吗?答案取决于学术部门的研究在多大程度上是内生要素,在多大程度上影响了企业的活动。假如不是内生因素,从公共研究部门的知识转移就是经济增长的重要决定因素,不是作为新的增长经济学的要素。

本书中分析的公共研究三个方面,让我产生了一个想法:公共研究的内生因素是存在的。第一,企业为了追求最大利润而支持学术研究。2008 年这一数额达到 30 亿美元。⑦ 第二,学术研究科学家经常从相关企业的咨询中获得思想灵感。第三,政府支持了公共研究(见第六章),政府支持的水平显然与经济总体状况有关。2009 年的经济刺激方案,是第一次支持公共研究的反周期。

---

① Reid 1985,65。
② Jaffe 1989b;Acs, Audretsch, and Feldman 1992;Black 2004;Autant-Bernard 2001。在早期的研究中,杰夫(Jaffe)建立了一个外溢池(所有其他企业的研发按照相关性排序),发现池的大小对企业的专利、研发和全要素生产率有正面影响(Jaffe 1986,1989a)。
③ 专利引用传达了专利中的知识源和位置的信息(Jaffe, Trajtenberg, and Henderson 1993)。
④ 同上。
⑤ 规模效益增加意味着,如果投入增加 x 倍,产出将至少增加 x 倍。
⑥ Romer 1990 and 1994。
⑦ National Science Board 2010,附录,表 4-3。

第十章
可以更佳吗？

前面几章,我们描述了这样的情况:经济学在塑造大学和科研机构的科研活动中发挥了重要作用。在科研中,激励和成本十分重要。经济学是研究稀缺资源供求关系分配,用专业话语来说,是研究资源是否高效分配。最后一章,我们重新讨论效率问题。我从近些年来公共部门的研究结果开始,最后讨论效率问题。可以为改革公共研究体系提供足够令人信服的证据。对于不充分部分,按照其他人的研究模式,我们鼓励大家进行深入讨论。

现有研究结果

美国的大学在某种程度上像是高端大型购物商场。他们配置高端设施和树立良好名声,吸引好学生、好教授和资源。他们转过来把这些设施以项目间接费方式分摊给教授,将薪水也转嫁到教授的研究项目中。在许多情况下,教授为了能得到在大学工作的机会而付出很多,如果没有项目就没有收入保障。为了帮助教授建立实验室(相当于购物商场的空间),学校为教授提供启动资金。3年后,教授需要依靠自身项目运行。

教授们利用空间和设备进行科研立项,利用研究生和博士后的劳动和新思想开展研究。这种激励越来越大,雇用更多的研究生和博士后,可以发表更多的论文,申请更多的研究项目、授予更多的学位。

这种购物商场模式有一些风险。大学将一些建筑用于"专门"用途,以向教授们研究项目出租为目的,向银行贷款。当项目资助进入平台期,或者项目增加赶不上膨胀速度时,大学就处于十分危险的境地。如果按照扣除通胀后的财政下滑,大学处境将更加严峻。引用 *Science* 总编布鲁斯·艾伯茨(Bruce Alberts)的话来说:

"现行的发展轨迹是不可持续的,过剩的实验室让人想起了 2008 年的房地产泡沫破灭。更坏的是,形成了一大批无法获得项目资助的科学家。"①

同时,大学也找到分摊风险的方法。大学雇用非终身教职的教授,提高研究助手的比例,医学院更深一步,无论是终身还是非终身职员,一律保障最低薪金。PI 雇用研究生和博士后作为大学的临时人员,不需要大学提供长期保障。

这种科研机制挫伤了科学家开展不确定科研产出项目的积极性,项目不成功就意味着没有下一个项目资助。看起来不成功的项目建议,第一次是很难得到资助的。引用诺贝尔奖获得者罗杰·科恩伯格的话来说:"如果申请的项目不能看上去很成功,就不可能获得资助。"②避免风险与教授的收入关系很大。正如斯坦福大学生物工程教授斯蒂芬·奎克所说:现在教授的关注重点已经从发表论文退化到争取项目资助。③

讨论怎样避免风险是无效的?第一,十分清楚的是,如果每一个人在从事研究工作时都回避风险,那么出现转换性研究和从研发投资中得到很大经济回报的机会就很小。渐进式的研究可以产生很好的研究成果,但是,为了获得较大的收益,不是每一个人都可以渐进式研究的。第二,回顾一下第九章的内容,政府支持科学研究的理念是,科研是风险性的。正如肯尼思·约瑟夫·阿罗(Kenneth Joseph Arrow)所说:如果没有政府支持,社会倾向于不投资风险性研究。④ 因此,使得利用承担风险来积累资源的公共研究事业没有了经济意义,最终建立了一个不鼓励有风险研究项目的激励机制。

现在美国大学的研究也不鼓励那些不能证明的理论研究。引用一位不愿透露姓名的疾病基金会的官员的话来说,"科学职业是有结构的,大型实验室是建立在一个理论、目标或机制的基础上,他们想做的最终事情是反证它,或者放弃它。这就是为什么我们在疾病研究中有那么多的研究目标。我们希望科研人员通过工作将'某种可能'变成'不',但这一规则对于科研人员的职业来说是不好的:这种科研成果是不能发表的,对于职业晋升也没有好处。"⑤这种类型的研究工作也不能得到资助。科研人员在一个连续的研究逻辑上获得资助。NIH 的续订合同的过程

---

① Alberts,2010,1257。
② Lee,2007。科恩伯格继续说:"当然,我们最希望看到的突破创新是另外一回事。"
③ Quake,2009。
④ Arrow,1959。
⑤ Carmichael and Begley 2010。

在某种程度上就相当于一个新项目合同。

这种机制也可能阻碍科研合作,特别是跨机构和跨领域的合作。这种机制中,鼓励跨领域和跨机构合作的激励不足。在合作研究项目中,当研究人员分享其收益(金钱和名誉)时,问题就来了。获益的第一作者或者最后一名作者。特别是在晋级和岗位评定期间,对于一个研究组来说是不可忍受的。奖励不发给研究组,只是一个个发给个人(多数时候不超过 3 人)。在组织内部的研究项目中也是难于协调。①

大学还倾向于培养更多的科学家和工程师,人数多于研究人员的岗位数。在大多数领域,在大学教员中近期获得博士学位的人员的百分比达到 50%,略低于 30 年前;而博士后职位和非终身教职的岗位比例增加了一倍。在生物学中,增加了三倍。产业部门消化这些"过剩人员"也很慢。新毕业的博士中没有工作或从事非全日制工作的比例在上升。

由于主要的资源用于培训这些科学家和工程师,科研资源配置效率降低了。这些毕业生通过专业学习也放弃了其他赚钱的职业。公众投资了学费和津贴。如果这些"投资"投向了那些不需要更多培训的职业,就导致了资源的低效率。肯定地说,培训高中科学教师的成本比将不能找到研究工作岗位的博士培训为教师的成本低。最近的研究报告也证实了这点。② 这些博士中的许多人甚至都不具备成为好教师的性格。因此,培养一个具备科学知识的风险投资家比将一个博士培养为风险投资家要来的容易;同样,培养一名可以写新闻报道的记者比去将一名博士培养为记者,来得容易。这些职业经常是新毕业博士的后备职业。这存在一个发生率的问题,用经济学家的术语来说是:谁可以接受这个成本。从研究人员的角度,现行机制是十分成功的,但是,这种成功是建立在谁的成本基础上?③ 这种机制的成本有博士生和博士后、美国的纳税人承担,不是由 PI 承担。

大学如何能年复一年过度培养专业学生呢(特别是在生物医学领域)?那些有能力的学生会忽略这些负面信号吗?有几个方面的原因使得这一体制继续保留:第一,有大量的资金资助研究生教育。奖学金的资助水平对外国出生计划攻读博

---

① 卡明斯(Cummings)和基斯勒(Kiesler)(2005)证实,多大学合作的研究项目的成功率低于单一一个大学的研究项目。
② National Research Council 2011。
③ 同上。

士的学生具有很大的吸引力。

第二,收入在选择从事科学研究中有很大作用,但是,其他因素也发挥着作用。对科学的兴趣十分重要,部分人热衷于科学研究,有从事研究发现的兴趣,渴望成为职业科学家。正如在第七章中所说,由于有时常可以支付学费的津贴,有获得研究资助的学生对研究职业前景的向往(这些学生是本科生中佼佼者),也就不难理解一些学生忽略研究共同体发出的完全负面的微弱信号,继续申请读研究生。过度自信也是一个原因,他们都认为自己是杰出的。① 别人可能不会这么做,他们会。

第三,在需要改进博士培养计划时,教授们是很好的销售员。其核心目标就是将招募新的人员补充到实验室。最好的招募对象是那些渴望从事研究职业的学生。这里存在一个道德风险:教授们缺乏做出与工作岗位有关的研究成果的动机。正如明尼苏达大学生理学教授戴维·莱维特(David Levitt)所说:"在博士招工中没有诚信,没有迹象表明在那个领域缺乏就业机会。"② 博士生计划不公开他们的实习信息,即使在为数不多的公布实习信息中,也是博士后招聘信息,而不是永久工作岗位。

在这种机制中,还存在另外一种形式的无效率。研究资助经费的上下调整,特别是联邦政府经费的调整,对研究职业是一种破坏性伤害。找到一份工作,获得研究资助,完全是在达到法定科研工作年限时的运气。这些研究资助的变化,意味着这些特定人群,在至少要经过 7 年的培训后,发现研究资助的"龙头"被拧紧,研究资金紧缩了;找到一份科研工作的前景比他们当初选择攻读博士时少了很多。在资源紧缩时期的"伤疤"将陪伴其整个职业生涯。最初的实习工作可能随着年代不同而变化。项目资助的变化,不仅给获得学位的人员带来问题,也给考虑攻读博士的人传达了负面信息。还可能威胁到已经成名科学家的研究计划,使得他们不得不缩减研究计划,解雇实验室工作人员。

更广泛地说,走走停停的项目资金资助方式更加浪费资源。开车的人都知道,浪费汽油的驾车方式就是不断地加速和减速,而温和加速到一个固定速度省油,同样的一箱油能走得更远。资助资金就是研究事业向前发展的汽油。如果资助资金

---

① 当绍尔曼(Sauermann)和罗奇(Roach)问学生和博士后:"与本专业的同行相比,如何评价你的研究能力?"时,他们给出的平均分是 6.48(0～10 分)。这是从 39 个拥有大型研究计划的研究机构中抽取的复杂样本,恰好有力地反映了研究生群体中都认为自己高于平均值的倾向(Sauermann and Roach 2011)。

② Vance 2011,44。

是谨慎和逐渐配置的,科研事业可以得到发展。也就是说,至少在过去的 50 年中,科研事业是一个快速发展的时期,紧接着我们科学事业的发展实质上将是竭力奋战的时期。这将不利于科学事业的健康发展。

可能的解决方案

在讨论解决方案前,需要依次给出两个限定条件。第一,当我们评价一个建议时,需要警惕建议是否来源于具有保留这种机制的合理诉求的群体。例如,近期参与 NIH 国家研究服务奖评估的专家在宣布这个体制十分成功的背后,有其利益。[①]评估委员是教授和系主任,不是找不到工作的研究生和博士后。[②]

第二,必须要认识到,大学和教授们不对这个没有操作性的建议做出反应,例如 1998 年由蒂尔曼委员会(Tilghman Committee)做出的建议:(1) 限制生命科学领域研究生人数的增长;(2) 给希望生命科学领域就业的年轻科学家发布准确的就业信息。这些都不是研究机构(教授们)提供和缩减实习岗位的唯一利益所在。

但是,研究机构和教授们对成本和激励措施有反应。好的方面:项目资助、间接成本计算的规则改变,申请者可以得到反馈。但是,必须谨慎应对。关于激励措施负面:如果得不到正向的激励,就有可能得到对抵消整个机制效率的不确定性反馈。

在此,我提出 7 个改进建议,希望可以使得资源分配更加有效,特别是与科研绩效相关的方面。一些建议可以直接改进大学研究环境,另外一些建议是提出高效使用研究资源的方式。

第一,要求大学将招收实习生的数据作为所有研究经费申请的部分内容,不是仅仅要求项目报告信息——在评分方案中用产出数据。

第二,对教授可以冲抵研究资金的工作时间数量设置限制,减低大学使用"软钱"雇用固定人员的动机。这看起来很激进,但是其他人看来有这种可能,包括布鲁斯·艾伯茨也这样认为。事实上,在前面提到的 *Science* 编辑按语中,艾伯茨说

[①] Vance 2011,44。
[②] 一名成员来自产业部门,一名成员来自于美国医学信息协会,其他委员来自学术机构。在成员中有一位在被指定为委员是还是一名博士后。撰写咨询报告时,他已经成为纽约大学医学院博士后项目和伦理项目的协调人。

道,NIH 考虑到这个问题,"要求 PI 的工资有一半需要由研究机构支付,并在下一个 10 年内分阶段达到这个要求。"①这将限制大学冒险建立实验室,不断用由软钱支付工作的教授充斥实验室。大学也不再能够将大量风险转嫁到雇员身上。也可以鼓励研究人员进行不确定性更大的研究项目:他们的生计完全与他们的研究产出分离。还可以减少实验室对研究生和博士后的需求。但是这个变化是渐进式的,要想一夜间解决这么多由软钱支付人员工资问题的体制是很困难的。②

第三,降低研究和培训的耦合性。有效的培训需要研究环境,而有效的研究可以在培训环境外进行。在美国,大部分公共科研在大学和医学院实施,实验室里主要是研究生和博士后。因此,研究和培训是共同行动的。尽管这种模式中有很多可以改进的建议,当它已经成为主流研究模式后,就没有控制它的动机了。在参加培训人员的工作期望之前,研究人员的需求已经出现了。

减低培训与研究之间耦合性的一种办法是,鼓励建立更多的脱离与大学耦合或者松散耦合的研究机构。研究机构可以雇用博士后,但是不会去培养博士生。总之,节欲是计划生育有效方式。在物理学领域就是这样,因为设备的规模,国家实验室发挥着主要作用。博士后在获得学位后去国家实验室工作,但是阿贡、布鲁克海文、费米国家实验室不是博士工厂。③

研究机构有许多优势使得它具有吸引力。研究所可以创造一种管理结构鼓励交叉科学研究和科研合作,将协调成本最小化,可以提高设备利用效率。如果资助得当,还可以抑制用软钱雇用科研人员。在研究机构,还可能创造一种环境让科研支撑人员找到一个永久性的满意职业。但是,请买方注意:研究机构也会催生高级倦怠症(senioritis),研究计划由年长者制订和领导,缺少灵活性,科研支撑人员将年轻研究人员管得服服帖帖。

第四,尝试一次性地确立对所有研究生最有效率的支持方式,按照更有效率的方式重新平衡资助金。许多人认为,奖学金和培训资助对于学生的培养比研究助理补助的产出率高。它们可以将学生从指导教师的耦合中解脱出来,使得研究机

---

① Alberts 2010,1257。
② 艾伯茨提出的另外一种可能是将资助经费最大化,NIH 考虑支付所有研究人员的工资。还可以考虑,按照研究机构软钱岗位的比例支付人头津贴(Alberts 2010, 1257)。
③ 大学-费米实验室的博士项目确实存在过。这个项目是 1985 年开始的,毕业人数很少,至今为止,只是联合培养了 36 名博士。见 http://apc.fnal.gov/programs2/joint_university.shtml。

构为了学生而竞争。① 但是,缺少一个有效的比较产出的对照组,使得对一种形式而不是另一种形式的支持更多是以信念为基础,而不是以证据为基础。

争论是这样的:如果把更多的经费投入到奖学金中,例如 NSF 的博士奖学金,大学就不得不去相互竞争,以吸引博士候选人。② 培训的质量和院系的毕业生实习就业可以说将影响大学的成功。希望这种改变可以加强研究生的研究经历。援引 HHMI 前主席,诺贝尔化学奖获得者托马斯·切赫的话:"助学金的真实作用是让年轻的科学家在一些创造性研究上和他们感兴趣的研究问题上,可以按照自己想法独立行事。"③

主张将更多的经费投入到培训资助中,较少的经费投入到研究助理奖中,更加符合奖学金的目标。这种改变可以刺激大学的院系提供高质量的培训经历,因为在再次申请培训资助时需要考虑培训的质量问题。至少,参加实习工作的人数是考核培训计划质量的一个计量指标。

第五,检查现行的科学政策,按照对科学实践和研究产出的新理解,制定新的科学政策。新的政策需要平衡各个研究领域,使得新加入的研究人员可以申请到经费,进而创造更多的科研产出,形成方法的多样性。例如,建立一个生物资源中心,可以引起使用某种特殊材料的科研人员数量增加。解除对专利鼠的独家授权就扩大了转基因鼠的研究团队。互联网的应用提高了低端研究机构和女性科学家的生产率。④

第六,如果合作研究真的可以产生较好的研究成果的话,我们需要改变奖励机

---

① 有另外一种方式可以达到这一目标。例如:NSF-IGERT 项目(研究生教育与研究集成资助)支持跨领域的培训,就是为了将学生从指导教师的特定研究领域的耦合中解脱出来。见 http://www.igert.org/public/about for a description。

② 一些有名科学家支持这一想法。例如,1981 年诺贝尔化学奖获得者罗纳德·霍夫曼(Roald Hoffmann)就提议,政府停止在研究项目上支持研究生,而是把这些资金用于竞争性的奖学金,学生可以在他们选择的大学使用经费。这个建议在 2009 年 5 月 8 日的 *Chronicle of Higher Education* 的编者按中提出了,并在与杰夫·莫文思(Jeffrey Mervis)的采访中详细阐明。普林斯顿大学校长,著名的基因学家雪莉·蒂尔曼(Shirley Tilghman)也支持这一思想。1998 年,她在科学院支持的研究项目中建议用培训资助替代研究助理金制度(见第七章)。霍华德·休斯医学研究所前主席,诺贝尔化学奖获得者托马斯·切赫也支持这一改革。

③ Mervis 2009b,529。

④ 政策还可以增加科学的层级,让处于边缘的科研人员的科研活动更加困难。一个佐证就是,在 2001 年布什总统时期,美国政府实施了人类胚胎干细胞(HESC)研究的政策,限制公共资金支持干细胞研究。利用与用于研究解除转基因鼠使用限制的影响,和用于研究 BRC 的类似的方法,研究人员分析了 hESC 如何影响了美国的研究活动。不难发现,这些政策对工作在非 Top25 机构的研究人员有决定性影响(Furman and Murray 2011)。

制。鼓励科研奖项颁发给科学家小组团队。诺贝尔和平奖,就在一次评奖中并不专门授予某一个人。①

最后,劝说支持团队和国会放弃科研经费翻倍计划,转而寻求研究资助金翻倍计划。设定如下目标:用 GDP 的 0.5% 的公共资金支持大学的研究。(政客通常口头上支持 GDP 基准的目标,但也就这样了。)这样的政策对从事研究的职业人员有利,也减缓了由于资助金不到位引起的效率低下问题。

三个其他效率问题

有三个更加一般化的效率问题,这些问题比较容易提出,但是,不容易回答。

(1) 用 GDP 的 0.3%~0.4% 的资金支持大学研发合适吗?是多了?还是少了?

(2) 总资金的 2/3 投到生命科学领域,1/3 投到其他领域,现行联邦研发资金的分配有效吗?

(3) 资助项目在规模、持续时间、评估标准、参加人数等项目结构上是否有效率?相关的问题是,支持如 HGP 或 PSI 的大项目效率高,还是支持大量的小项目的效率高?

这些都是很难回答的问题?缺少相关的研究,难以给出确定的答案。有一些问题,由于测度的原因,也许永远无法给出回答。例如,很难测度出科技溢出效应,但是溢出是科研的重要部分。

科研投入体量

研究显示,尽管长期产出在收益率的估计中占的比例很小,公共研发投资的长期回报也十分明显。大多数的科研产出都是在多年以后。这些研究还远未完善。如第六章中所说,还只是在比较完成科研产出目标的利益和成本,而忽略计算那些失败的科研的成本。同样,还倾向于不计算由于人们生存期延长所增加的成本,而只计算生存期延长带来的利益。这时,这种利益的计算是由那些有相关利益的群体做出的,如由第一资助(Funding First)完成的 2000 年评估报告"丰厚汇报:美国

---

① 本·琼斯(Ben Jones)拥有这些数据的优先权。见 Jones 2010b。

投资医学研究的经济价值"(Exceptional Returns: The Economic Value of American's Investment in Medical Research)。① 该机构已经解散,它曾经游说美国增加医学研究投资。这个游说机构的空位很快被医学研究联合会(United for Medical Research)替代,这是一个由患者、保健机构、大学和企业界共同组成的联合体,2011年发布了报告"经济引擎:NIH研究、就业和医学创新的未来"(An Economic Engine: NIH Rearch, Employment, and the Future of the Medical Innovation Sector)。

科研投入体量还与未来相关。但是,提供的证据都是与过去相关。因为现行的来自科学研究的利益都是与过去100多年来的物理学研究有关(物理学家炫耀说40%的经济归功于量子力学的进步);或因为在很短时间跨度内,医学研究实现了阻止孕妇将HIV传染给婴儿。因而,科学研究不必遵循按照过去的转移率继续运行。科研可以产生丰富的成果,也可以产生无用品。

回答美国在公共研究投入上保持多大的体量最有效是很困难的。但是,如果将问题分解为是否应该增加投入量,就很容易了。我们永远不知道正确的体量是多少,按照过去的公共研究的合理回报率算,正确的体量应该是高于GDP的0.3%—0.4%。这样,国家在经济上可以承受。计算下来,联邦花费了两倍的经费在喝啤酒上,花了12倍在国防上。②

经费分配问题

经费如何配置?大学科研经费2/3投资生命科学领域,1/3在其他领域,这样的配置方式有效率吗?如果联邦政府重新分配资源,在自然科学和工程科学领域投资大一些,在生命科学领域投资小一些,且主要集中在生物医学领域,GDP会以更快的速度增长吗?经济学可以试验研究投资于生物医学和投资于物理科学的边际收益率,如果前者低,那么这样的调整是有益的。过去70年来,平均寿命提高了14年,说明生物医学研究是一个高边际效率的产品。但是,新药推向市场的速度减缓,让人认为在生物医学领域投资的边际生产率消失了。第九章的讨论就是一

---

① Funding First 2000。这个机构属于拉斯克·玛丽·伍德沃德慈善信托(Mary Woodward Lasker Charitable Trust)。

② 关于啤酒问题,见 http://www.wallstats.com/blog/50-billion-bottles-of-beer-on-the-wall/。计算中推测,1/3的啤酒在餐厅和酒吧消费,2/3的啤酒在家庭消费,平均啤酒消费价格是1.88美元。国防消费见 http://comptroller.defense.gov/defbudget/fy2012/FY2012_Budget_Request_Overview_Book.pdf。

个很好的事例,自然科学的外溢效应为经济发展作出了重大贡献,这些贡献也发生在健康领域,激光技术和核磁成像技术。但是,没有一个精确的分析可以去计算目前的配置方式是否失衡?

三个方面的问题,让人不禁要问,现在的平衡是否有效率?首先,美国在生物医学投入大量资金,已经创造了一个由大学、非营利健康资助组织联合形成的专职于游说的巨兽,经常以投资健康相关的研究来劝说国会。其他领域的游说团队无法与此相比拟。因此,公众听到的,来自生物医学研究活动的益处多于来自其他领域的研究活动。

其次,组合理论促使人们思考,现行的投资配置是否失衡?基本的投资原则是:如果市场变化导致了投资者组合的变化,那么就需要调整投资组合。因此,当债券价格上升时,投资者就会不自觉发现,其过度投资了债券,而在其他领域如股票中投资不足。有经验的投资者会卖出债券买入股票,使得投资处于平衡状态。这不是新的原则,就是不将所有鸡蛋放在一个篮子里这个古老原则的变化而已。同样的逻辑可以延伸到国家的科研预算中,NIH预算翻倍导致了国家科研投入向生物医学倾斜。回到研发投入上,投入多元化的争论一直存在。数年前,肯尼思·阿罗写了一篇关于国防研发的开创性文章,认为政府的研发投资应该保持多个方向。① 最近,MIT经济学教授、2006年约翰·贝茨·克拉克经济学奖(John Bates Clark Medal in Economics)获得者达龙·阿西莫格鲁(Daron Acemoglu)提出,政府应该促进研究领域的多样性。②

最后,支持研究的投资组合,特别是来自联邦资金的投资配置,以多种方式影响了大学生活。例如,NIH的投资倍增计划,推动了大学为生物医学研究领域建设大批的基础设施。其影响是将其他领域的设施建设向后推迟,同时对员工雇用也有影响。进一步说,还存在长期影响,因为这些建筑物的资金来自于债券销售,大学没有得到他们希望的间接费用。另外一些科研领域只是投资的很小部分。当我们考察投入配置时,需要考虑这些不愿意看到(都可以预见到)的后果。

---

① Arrow 1955。
② Acemoglu 2009。约翰·贝茨·克拉克奖是由美国经济学会(AEA)专门颁给40岁以下为经济学思想和知识作出贡献的美国经济学家。2007年前每两年颁发一次,现在每年颁发一次。"约翰·贝茨·克拉克奖," 2010, *Wikipedia*, http://en.wikipedia.org/wiki/John_Bates_Clark_Medal。

项目资助

资助项目的规模、期限、评价标准、参加人数等结构上是否有效率？这个问题好像每一个人都有看法，但是证据很薄。例如，有一项分析，研究了 HHMI 资助研究人员，HHMI 声称是在支持人员不是在支持项目，与对照组相比，可以以较高的产率产生高水平的论文。该研究同时发现，与对照组相比，HHMI 的研究方向可以变化。[1] 这一发现在直觉上是令人开心的，包括惠康信托在内的许多人都相信 HHMI 的资助模式可以产生出较好的科学研究。HHMI 不仅选人而不选项目，还宽容失败，提供比较长期的资助。项目需要的科研人员花费的管理时间少（尽管 HHMI 不鼓励科研人员寻求其他的资金支持）。这些科研效果是因为 HHMI 的资助管理程序吗？或是科研工作不能一个个相互比较，科研效果是因为 HHMI 的科研人员来自比较好的群体吗？这种效果是因为 HHMI 选择的结果，不是资助的方式吗？

科研规模多大？大部分 PI 资助 25 万美元，1/3 的 PI 获得 75 万美元资助合适吗？忽略研究领域的差异，各个研究领域在成本上有很大差异，NIGMS 的分析认为向一个研究人员配置额外资助的边际效益为零。回顾一下第六章讨论的结果，教授们接受项目资助金额的大小与科研产出只是松散相关。[2] 从更高层次上看，可以回忆一下费里德里克·萨克斯（Frederick Sacks）的发现，在 NIH 经费倍增期间，美国生物医学实验室的论文相对于美国之外的实验室发表的论文并没有大幅提升。[3]

投资于超大项目的情况又如何呢？花费 30 亿美元在 HGP，和支持 6000 名科学家每人 50 万美元，哪一种方式更好？我们不知道。据我所知，没有人去计算。HGP 的支持者认为，这种方式已经显现了很大的好处，还将有更多的好处出现，指出了 HGP 带来的技术进步。而批评者则认为，HGP 过于夸张了，永远不可能达到期望值。在这个意义上看，两者都对。大型科研项目，如 HGP、在建的 LHC-CERN 和蛋白质结构项目都无须给出答案。相反，这些项目为科研带来了更多投入。因此，它们更是难于评价。

---

[1] Azoulay, Zivin, and Manso 2009。
[2] Berg 2010。
[3] Sacks 2007。

科研合作的情况如何？科研合作，特别是跨国家的科研合作（欧盟框架计划中要求的），是分配资源的有效方式吗？如果资源不进行这样的分配，效果是不是更好？这也是很难说的事情。欧盟的目标不仅是提高研究产出，还在于集成欧共体的研究力量。在第四章中已经给出了清晰的证据，合作发表论文体现了高的研究水平。但是，很少有关于其他国家、其他研究人员的证据。相关研究也证明了跨多个研究机构合作的协调存在问题。①

所有这些都是很重要的问题。记住，如果某人不能通过重新分配而获得更多投入资金，那么可以说资源是有效地分配了。紧接着的问题是，如果资源没有有效分配，某一个人可以通过再次分配获得更多。也就是说，某些人将因为再次分配而受到伤害，但是整个系统受益。在资源紧缺的时代，效率问题特别重要。

因此，在这个关键时刻，我们谈论效率问题的一些关键很重要。部分是源于设计，部分是因为幸运，NSF 已经启动了"科学与创新政策科学"的研究计划。② 我在前面提出的很多问题，参加该计划相关的研究人员将会试着给出回答。这个计划也将投资建设数据库和工具，以方便回答这些问题。这些疑难问题的答案就会很快给出，但不是明天或者明年。上面提到的某些问题很可能还是不能给出回答。

振奋人心的趋势

也有一些令人振奋的趋势。近些年来，也建立了与大学松散关联的研究机构，2006 年 HHMI 在弗吉尼亚阿什本（Ashburn）设立的珍利亚农场研究中心（Janelia Farm Research Center）就是这类机构。该研究中心的目标是雇用 250 名常驻的研究人员担任研究小组领导或研究人员，再雇用一些博士后人员。最近还在巴尔的摩建立里伯脑发育研究所（Lieber Institute of Brain Development），③还有勒罗伊·胡德帮助建设设在西雅图的系统生物学研究所（Institute for System Biology）。

也有证据显示，政府也在越来越多地参与协调这些问题。约翰·马伯格（John

---

① Cummings and Kiesler 2005。
② National Science Foundation 2011。http://www.nsf.gov/funding/pgm_summ.jsp? pims_id = 501084。
③ 研究所的资金来自斯蒂芬（Stephen）和康妮·利伯（Connie Lieber）的捐款，他们有一名患有精神分裂症的女儿。

Marburger)在担任乔治·布什总统的科技顾问和科技办公室主任期间,启动了"科学与创新政策科学"的计划,国会和管理机构承诺给予 NSF、NIST、DOE 更多的研究资金。这三个机构的资金几年内可以达到 NIH 的规模水平。

最后,在这本书完成时,NIH 主席弗朗西斯·柯林斯也表示,NIH 需要探索一种更好的模式,指导优化对于美国生物医学研究人员队伍规模和特点的优选决策。① 9 个月后,现任普林斯顿大学校长的雪莉·蒂尔曼接任柯林斯,坚定支持平衡大学教授们需求和培养学生的重要性,并出任劳动力问题委员会主席。② 柯林斯也公开表示,"尽管是相互矛盾的,一个与此相关问题需要引起重视,即:现行体制中研究机构的激励,促使研究人员从研究项目中提取 100% 的工资,是否是提高科研生产率的最佳方式?"③

---

① Collins 2010b,37。
② Kaiser 2011。
③ Collins 2010b。

附 录

附录给出了本书使用的 5 个数据库。这个 5 个数据库可以通过 NSF 国家科学与工程统计中心查询使用。

1. 国家大学毕业生调查数据库(NSCG)

该数据库是纵向调查数据,每隔 10 年更新一次。最近的更新是在 2003 年。2003 年的调查对象包括了截至 2003 年 10 月 1 日参考周内,生活在美国,拥有学士及其以上学位,年龄在 76 岁以下的所用人员。该调查包括了 2000 年每 10 年一次的人口统计表中,那些可能拥有学士及其以上学位的人员。2003 年调查还包括了早期 NSCG 调查的对象。调查收集的数据十分广泛,包括各个领域、各类型的学位,最高学位,薪金,就业状态,就业行业,年龄,性别,种族,公民状态,出生国家等。见:*National Science Foundation*,2011a 以及 Http://www.nsf.gov/statistics/showsrvy.cfm? srvy_CatID=3&srvy_Seri=7.

2. 博士学位获得者调查数据库(SDR)

SDR 每两年执行一次,跟踪到 76 岁。这个调查仅限于在美国获得科学、工程、健康领域的研究性博士学位,并在调查周内仍然生活在美国的人员。该调查始于 1973 年。调查表从 SED 抽取产生。调查收集的数据项包括:就业行业,第一份工作和第二份工作,薪金,出生日期,性别,婚姻状态,就业地。见:*National Science Foundation*,2011b 和 http://www.nsf.gov/statistics/srvydoctoratework/.

3. 攻读博士学位人员调查数据库(SED)

本调查包括了所有在美国获得博士学位,或者近期获得博士学位人员的统计数据。该调查始于 1957 年,其调查回复率超过 90%。该数据库包括的信息有:博士授予单位,学科领域,就业计划,出生年,种族,性别,出生国家,公民状态,婚姻状态,父母受教育水平,研究生阶段的资助来源。见:*National Science Foundation*, *2011c* 和 http://www.nsf.gov/statistics/srvydocorates.

4. 科学与工程领域研究生和博士后人员调查数据库(GSS)

该年度调查包括了全美具备授予研究性学位的学术机构,由 NSF 执行。该数据包括所有研究生注册信息和部分博士后注册信息。见:*National Science Foundation*, *2011d* 和 http://www.nsf.gov/statistics/srvygradpostdoc.

5. 大学研究与发展投入调查数据库

该数据库包含了按照资助来源和学术领域的 R&D 投入的年度调查数据。该调查始于 1972 年。见:*National Science Foundation*, *2011e* 和 http://www.nsf.gov/statistics/srvyrdexpenditures/.

所有调查数据可以从 NSF 的 WebCASPER 系统获取。对于 SDR 和 SED 数据库,在美国有资质机构的工作人员可以申请这些数据的本地使用许可。见:*National Science Foundation*, *2011c*, http://webcaspar.nsf.gov/ 具体描述了如何使用 WebCASPER 系统。

参考文献

Abdo, Aous A., M. Ackermann, M. Arimoto, K. Asano, W. B. Atwood, M. Axelsson, L. Baldini, et al. 2009. "Fermi Observations of High-Energy Gamma-Ray Emissions from GRB 080916C." *Science* 323:1688—93.

Acemoglu, Daron. 2009. "A Note on Diversity and Technological Progress." Unpublished manuscript, Massachusetts Institute of Technology, July 2009. http://www.idei.fr/tnit/papers/acemoglul.pdf. Kaiser.

Acs, Zoltan, David Audretsch, and Maryann Feldman. 1992. "Real Effects of Academic Research: Comment." *American Economic Review* 83:363—67.

Adams, James D. 1990. "Fundamental Stocks of Knowledge and Productivity Growth." *Journal of Political Economy* 98:673—702.

———. 2001. "Comparative Localization of Academic and Industrial Spillovers." *Journal of Economic Geography* 2:253—78.

Adams, James D., Grant Black, Roger Clemmons, and Paula Stephan. 2005. "Scientific Teams and Institutional Collaborations: Evidence from U.S. Universities, 1981—1999." *Research Policy* 34:259—85.

Adams, James D., J. Roger Clemmons, and Paula E. Stephan. 2006. "How Rapidly Does Science Leak Out?" NBER Working Paper 11997. National Bureau of Economic Research, Cambridge, MA.

Agin, Dan. 2007. *Junk Science: An Overdue Indictment of Government, Industry, and Faith Groups That Twist Science for Their Own Gain*. New York: Macmillan.

Agrawal, Ajay, and Avi Goldfarb. 2008. "Restructuring Research: Communication Costs and the Democratization of University Innovation." *American Economic Review* 98:1578—90.

Agrawal, Ajay, and Rebecca Henderson. 2002. "Putting Patents in Context: Exploring Knowledge Transfer from MIT." *Management Science* 48:44—60.

Agre, Peter. 2003. "Autobiography." Nobelprize.org (website). http://nobelprize.org/nobel_prizes/chemistry/laureates/2003/agre-autobio.html.

Ainsworth, Claire. 2008. "Stretching the Imagination." *Nature* 456:696—99.

Alberts, Bruce. 2008. "Hybrid Vigor in Science." *Science* 320:155.

———. 2009. "On Incentives for Innovation." *Science* 326:1163.

———. 2010. "Overbuilding Research Capacity." *Science* 329:1257.

Allison, Paul, and J. Scott Long. 1990. "Departmental Effects on Scientific Productivity." *American Sociological Review* 55:469—78.

Allison, Paul, Scott Long, and Tad Krauze. 1982. "Cumulative Advantage and Inequality in Science." *American Sociological Review* 47:615—25.

Allison, Paul, and John Stewart. 1974. "Productivity Differences among Scientists: Evidence for Accumulative Advantage." *American Sociological Review* 39:596—606.

ALLWHOIS. http://www.allwhois.com/.

Almeida, Paul, and Bruce Kogut. 1999. "Localization of Knowledge and the Mobility of Engineers in Regional Networks." *Management Science* 45:905—17.

Alonso, S., F. J. Cabrerizo, E. Herrera-Viedma, and F. Herrera. 2009. "h-Index: A Review Focused in Its Variants, Computation and Standardization for Different Scientific Fields." *Journal of Informetrics* 3:273—89.

Alston, Julian M., Matthew Andersen, Jennifer S. James, and Philip G. Pardey. 2009. Persistence Pays: U.S. *Agricultural Productivity Growth and the Benefits from Public R&D Spending*. New York: Springer.

American Academy of Arts and Sciences. 2008. *ARISE: Advancing Research in Science and Engineering: Investing in Early-Career Scientists and High-Risk, High-Reward Research*. Cambridge, MA: American Academy of Arts and Sciences. http://www.amacad.org/AriseFolder/default.aspx.

American Association of University Professors. 2009. *Facts and Figures: AAUP Faculty Salary Survey 2008—2009*. http://chronicle.com/stats/aaup/.

———. 2010. No Refuge: The Annual Report on the Economic Status of the Profession 2009—2010. Washington, DC: American Association of University Professors.

American Institute of Physics. 2010. "Table 6. Long-term Career Goals of Physics PhDs, classes of 2005 & 2006." Initial Employment Report, AIP Statistical Research Center. http://www.aip.org/statistics/trends/highlite/emp3/table6.htm.

Anft, Michael. 2008. "Of Mice and Medicine." *Johns Hopkins Magazine* 60:31—7.

"Anton (Computer)." 2009. *Wikipedia*. http://en.wikipedia.org/wiki/Anton_(computer).

Arai, K. 2010. "Japanese Science in a Global World." *Science* 328:1207.

"Arecibo Observatory." 2011. *Wikipedia*. http://en.wikipedia.org/wiki/Arecibo_Observatory.

Argyres, Nicholas, and Julia Liebeskind. 1998. "Privatizing the Intellectual Commons: Universities and the Commercialization of Biotechnology." *Journal of Economic Behavior and Organization 35:427—54.

Arrow, Kenneth. 1955. *Economic Aspects of Military Research and Development*. Santa Monica, CA: RAND Corporation.

———. 1959. *Economic Welfare and the Allocation of Resources for Invention*. P1856-RC. Santa Monica, CA: RAND Corporation. Also published in *The Rate and Direction of Inventive Activity: Economic and Social Factors*, 609—26. National Bureau of Economic Research. New York: Arno Press, 1975 (repr. 1962).

———. 1987. "Reflections on the Essays." In *Arrow and the Ascent of Modern Economic Theory*, 685-9. Edited by George R. Feiwel. New York: New York University Press.

Arrow, Kenneth J., and W. M. Capron. 1959. "Dynamic Shortages and Price Rises: The Engineering-Scientist Case." *Quarterly Journal of Economics* 73:292—308.

Association of American Medical Colleges. 2003. "Trends among Foreign-Graduate Faculty at U.S. Medical Schools, 1981—2000." http://www.aamc.org/data/aib/aibissues/aibvol3_nol.pdf.

———. 2011. "Sponsored Program Salary Support to Medical School Faculty in 2009." In Brief. https://www.aamc.org/download/170836/data/aibvol11_no1.pdf.

Association of University Technology Managers. 1996. *FY 1996 Licensing Activity Survey*. Deerfield, IL: AUTM.

"Atomic Clock." 2010. *Wikipedia*. http://en.wikipedia.org/wiki/Atomic_clock.

Attiyeh, Gregory, and Richard Attiyeh. 1997. "Testing for Bias in Graduate School Admission." Journal of Human Resources 32:29—97.

Austin, James. 2010. "NIH Impact Scores: Which Criteria Matter Most?" Science Careers Blog, July 22. http://blogs.sciencemag.org/sciencecareers/2010/07/nih-impact-scor.html.

Autant-Bernard, Corinne. 2001. "Science and Knowledge Flows: The French Case." *Research Policy* 30:1069—78.

Azoulay, Pierre, Waverly Ding, and Toby Stuart. 2009. "The Impact of Academic Patenting on the Rate, Quality, and Direction of (Public) Research Output." *Journal of Industrial Economics* 57:637—76.

Azoulay, Pierre, Joshua Graff Zivin, and Gustavo Manso. 2009. "Incentives and Creativity: Evidence from the Academic Life Sciences." NBER Working Paper 15466. National Bureau of Economic Research, Cambridge, MA.

BankBoston Economics Department. 1997. *MIT: The Impact of Innovation*. Boston: BankBoston. http://web.mit.edu/newsoffice/founders/.

Basken, Paul. 2009. "NIH Is Deluged with 21,000 Grant Applications for Stimulus Funds." *Chronicle of Higher Education*, June 9.

———. 2010. "Lawmakers Renew Commitment to Science Spending, Despite Budget-Deficit Fears." *Chronicle of Higher Education*, April 29.

Ben-David, Dan. 2008. "Brain Drained: Soaring Minds." Vox, March 13.

Benderly, Beryl Lieff. 2008. "University of California Postdoc Union Wins Official Recognition." *Science Careers*, August 28.

"Benford's Law." 2010. *Wikipedia*. http://en.wikipedia.org/wiki/Benford's_law.

Bera, Rajendra K. 2009. "The Story of the Cohen-Boyer Patents." *Current Science* 96:760—3.

Berardelli, Phil. 2010. "'Impossible' Soccer Goal Explained by New Twist on Curveball Physics." *Science Now*, September 2. http://news.sciencemag.org/sciencenow/2010/09/impossible-soccer-goal-explained.html.

Berg, Jeremy. 2010. "Another Look at Measuring the Scientific Output and Impact of NIGMS Grants." *NIGMS Feedback Loop*, November 22. https://loop.nigms.nih.gov/index.php/2010/11/22/another-look-at-measuring-the-scientific-output-and-impact-of-nigms-grants/.

Berg, Jeremy, John L. Tymoczko, and Lubert Stryer. 2010. *Biochemistry*. 6th ed. New York: W. H. Freeman.

Berrill, Norman J. 1983. "The Pleasure and Practice of Biology." *Canadian Journal of Zoology* 61:947—51.

Bertrand, Marianne, Claudia Goldin, and Lawrence Katz. 2009. "Dynamics of the Gender Gap for Young Professionals in the Corporate and Financial Sectors." NBER Working Paper 14681. National Bureau of Economic Research, Cambridge, MA.

Bhattacharjee, Yudhijit. 2006. "U.S. Research Funding. Industry Shrinks Academic Support." *Science* 312:671a.

———. 2008a. "Combating Terrorism. New Efforts to Detect Explosives Require Advances on Many Fronts." *Science* 320:1416—7.

———. 2008b. "Scientific Honors. The Cost of a Genuine Collaboration." *Science* 320:959.

———. 2009. "Race for the Heavens." *Science* 326:512—15.

Bill and Melinda Gates Foundation. 2009. "Grant Search." Bill and Melinda Gates Foundation (website). http://www.gatesfoundation.org/grants/Pages/search.aspx.

Biophysical Society. 2003. "Biophysicist in Profile: Lila Gierasch." *Biophysical Society Newsletter*, January/February. http://www.biophysics.org/LinkClick.aspx?fileticket=fM0uqLnEvsw%3D&tabid=524.

Biotechnology Industry Organization. 2011. "Russ Prize Winner: Leroy Hood Revolutionized DNA Research." *BioTechNow*, January 24. http://biotech-now.org/section/bio-matters/2011/01/24/russ-prize-winner-leroy-hood-revolutionized-dna-research.

Black, Grant. 2004. *The Geography of Small Firm Innovation*. New York: Kluwer.

Black, Grant, and Paula Stephan. 2004. *Bioinformatics: Recent Trends in Programs, Place-*

ments and Job Opportunities Final Report. New York: Alfred P. Sloan Foundation.

———. 2010. "The Economics of University Science and the Role of Foreign Graduate Students and Postdoctoral Scholars." In American Universities in a Global Market, 129—61. Edited by Charles T. Clotfelter. Chicago: University of Chicago Press.

Blackburn, Robert T., Charles E. Behymer, and David E. Hall. 1978. "Research Note: Correlates of Faculty Publications." Sociology of Education 51:132—41.

Blanchard, Emily, John Bound, and Sarah Turner. 2008. "Opening (and Closing) Doors: Country Specific Shocks in U.S. Doctorate Education." In Doctoral Education and the Faculty of the Future, 224—8. Edited by Ronald G. Ehrenberg and Charlotte V. Kuh. Ithaca, NY: Cornell University Press.

Blank, David, and George J. Stigler. 1957. The Demand and Supply of Scientific Personnel. New York: National Bureau of Economic Research.

Blau, Judith R. 1973. "Sociometric Structure of a Scientific Discipline." In Research in Sociology of Knowledge, Sciences and Art, 91—206. Edited by Robert A. Jones. Greenwich, CT: JAI Press.

Blume-Kohout, Margaret E. 2009. "Drug Development and Public Research Funding: Evidence of Lagged Effects." Unpublished paper. University of Waterloo, Canada. http://sites.google.com/site/mblumekohout/documents/Blume-Kohout_Paper.pdf.

Blumenthal, David, Nancyanne Causino, Eric Campbell, and Karen Seashore Louis. 1996. "Relationships between Academic Institutions and Industry in the Life Sciences: An Industry Survey." New England Journal of Medicine 334:368—74.

Blumenthal, David, Michael Gluck, Karen Seashore Lewis, Michael Stotto, and David Wise. 1986. "University-Industry Research Relationships in Biotechnology: Implications for the University." Science 232:1361—66.

Bohannon, John. 2011. "National Science Foundation. Meeting for Peer Review at a Resort That's Virtually Free." Science 331:27.

Bok, Derek C. 1982. Beyond the Ivory Tower: Social Responsibilities of the Modern University. Cambridge, MA: Harvard University Press.

Bole, Kristen. 2010. "UCSF Receives $15 Million to Advance Personalized Medicine." UCSF News Center. University of San Francisco, CA (website). http://www.ucsf.edu/news/2010/09/4451/ucsf-receives-15-million-advance-person-alized-medicine.

Bolon, Brad, Stephen W. Barthold, Kelli L. Boyd, Cory Brayton, Robert D. Cardiff, Linda C. Cork, Kathryn A. Easton, Trenton R. Schoeb, John P. Sundberg, and Jerrold M. Ward. 2010. "Letter to the Editor. Male Mice Not Alone in Research." Science 328:1103.

Bonetta, Laura. 2009. "Advice for Beginning Faculty: How to Find the Best Postdoc" Science Careers, February 6.

Borjas, George. 2007. "Do Foreign Students Crowd Out Native Students from Graduate Programs?" In *Science and the University*, 134—49. Edited by Paula Stephan and Ronald Ehrenberg. Madison: University of Wisconsin Press.

———. 2009. "Immigration in High Skilled Labor Markets: The Impact of Foreign Students on the Earnings of Doctorates." In *Science and Engineering Careers in the United States: An Analysis of Markets and Employment*, 131—62. Edited by Richard Freeman and Daniel Goroff. Chicago: University of Chicago Press.

Borjas, George, and Kirk Doran. 2011. "The Collapse of the Soviet Union and the Productivity of American Mathematicians." Unpublished paper, Harvard University.

Bound, John, Sarah Turner, and Patrick Walsh. 2009. "Internationalization of U.S. Doctorate Education." In *Science and Engineering Careers in the United States: An Analysis of Markets and Employment*, 59—97. Edited by Richard Freeman and Daniel Goroff. Chicago: University of Chicago Press.

Bowen, William G., and Julie Ann Sosa. 1989. *Prospects for Faculty in the Arts and Sciences: A Study of Factors Affecting Demand and Supply, 1987—2012*. Princeton, NJ: Princeton University Press.

Bowen, William G., Sarah Turner, and Marcia Witte. 1992. "The BA-PhD Nexus." *Journal of Higher Education* 63:65—86.

Bowers, Keith. 2009. "Biotech Firm Complete Genomics Takes the Lead in Genome Sequencing." *Silicon Valley/San Jose Business Journal*, December 6. http://www.bizjournals.com/sanjose/stories/2009/12/07/focus5.html.

Branstetter, Lee, and Ogura Yoshiaki. 2005. "Is Academic Science Driving a Surge in Industrial Innovation? Evidence from Patent Citations." NBER Working Paper 11561. National Bureau of Economic Research, Cambridge, MA.

Breschi, Stefano, and Francesco Lissoni. 2003. "Mobility and Social Networks: Localized Knowledge Spillovers Revisited." Working Papers 142. Centre for Research on Innovation and Internationalisation (CESPRI), Luigi Bocconi University, Milan, Italy.

Breschi, Stefano, Francesco Lissoni, and Fabio Montobbio. 2007. "The Scientific Productivity of Academic Inventors: New Evidence from Italian Data." *Economics of Innovation and New Technology* 16:101—18.

Brezin, Edouard, and Antoine Triller. 2008. "Long Road to Reform in France." *Science* 320:1695.

Brinster, Ralph L., Howard Y. Chen, Myrna Trumbauer, Allen W. Senear, Raphael Warren, and Richard D. Palmiter. 1981. "Somatic Expression of Herpes Thymidine Kinase in Mice Following Injection of a Fusion Gene into Eggs." *Cell* 27:223—31.

Britt, Ronda. 2009. "Federal Government Is Largest Source of University R&D Funding in

S&E; Share Drops in FY 2008." NSF 09—318. Arlington, VA: Division of Science Resources Statistics, National Science Foundation. http://www. nsf. gov/statistics/infbrief/nsf09318.

Brown, Jeffrey R., Stephen G. Dimmock, Jun-Koo Kang, and Scott J. Weisbenner. 2010. "Why I Lost My Secretary: The Effect of Endowment Shocks on University Operations." NBER Working Paper 15861. National Bureau of Economic Research, Cambridge, MA.

Buckman, Rebecca. 2008. "Scientist Gives VC an Edge." *Wall Street Journal*. April 14.

Bunton, Sarah, and William Mallon. 2007. "The Continued Evolution of Faculty Appointment and Tenure Policies at U. S. Medical Schools." Academic Medicine 82:281—9.

Burns, Laura, Peter Einaudi, and Patricia Green. 2009. "S&E Graduate Enrollments Accelerate in 2007; Enrollments of Foreign Students Reach New High." NSF 09—314, June. Arlington, VA: National Center for Science and Engineering Statistics (NCSES), National Science Foundation. http://www. nsf. gov/statistics/infbrief/nsf09314/.

Burrelli, Joan, Alan Rapoport, and Rolf Lehming. 2008. "Baccalaureate Origins of S&E Doctorate Recipients." NSF 08—311, July. Arlington, VA: National Center for Science and Engineering Statistics (NCSES), National Science Foundation. http://www. nsf. gov/statistics/infbrief/nsf08311/.

Butkus, Ben. 2007a. "NYU Sells Portion of Royalty Interest in Remicade to Royalty Pharma for $650m." *Biotech Transfer Week*, May 14.

———. 2007b. "Texas A&M's Use of Tech Commercialization as Basis for Awarding Tenure Gains Traction." *Biotech Transfer Week*, August 6. http://www. genomeweb. com/biotechtransferweek/texas-am％E2％80％99s-use-tech-commercialization-basis-awarding-tenure-gains-traction.

Butler, Linda. 2004. "What Happens When Funding Is Linked to Publication Counts?" In *Handbook of Quantitative Science and Technology Research*: *The Use of Publication and Patent Statistics in Studies of S&T Systems*, 389—406. Edited by Henk F. Moed, Wolfgang Glänzel, and Ulrich Schmoch. Dordrecht, the Netherlands: Kluwer Academic.

Byrne, Richard. 2008. "Gap Persists between Faculty Salaries at Public and Private Institutions." *Chronicle of Higher Education* 54:32.

Cameron, David. 2010. "Mining the 'Wisdom of Crowds' to Attack Disease." *Harvard Medical School News Alert*, September 29. http://hms. harvard. edu/public/news/2010/092910_innocentive/index. html.

Campbell, Kenneth D. 1997. "Merck, MIT Announces Collaboration." *MIT Tech Talk*, March 19. http://web. mit. edu/newsoffice/1997/merck-0319. html.

Campus Grotto. 2009. "Average Starting Salary by Degree for 2009." Campus Grotto website. July 15. http://www. campusgrotto. com/average-starting-salary-by-degree-for-2009. html.

Carayol, Nicholas. 2007. "Academic Incentives, Research Organization and Patenting at a Large French University." *Economics of Innovation and New Technology* 16:71—99.

Carely, Flanigan. 1998. "Prevalence of Articles with Honorary Authors and Ghost Authors in Peer-Reviewed Medical Journals." *Journal of the American Medical Association* 280:222—24.

Carmichael, Mary and Sharon Begley. 2010. "Desperately Seeking Cures." *Newsweek*, May 15. http://www.newsweek.com/2010/05/15/desperately-seeking-cures.html.

Carpenter, Siri. 2009. "Discouraging Days for Jobseekers." *Science Careers*, February 13. http://sciencecareers.sciencemag.org/career_magazine/previous_issues/articles/2009_02_13/caredit.a0900022.

Ceci, Stephen, and Wendy Williams. 2009. *The Mathematics of Sex: How Biology and Society Limit Talented Women*. Oxford: Oxford University Press.

Center for High Angular Resolution Astronomy. 2009. "The CHARA Array." Georgia State University, Atlanta. http://www.chara.gsu.edu/CHARA/array.php.

Center on Congress at Indiana University. 2008. "Members of Congress Questions and Answers." Center on Congress (website). http://www.centeroncongress.org/members-congress-questions-and-answers.

Children's Memorial Research Center. 2009. "Why Use Zebrafish as a Model?" Children's Memorial Research Center (Chicago) website. http://www.childrensmrc.org/topczewski/why_zebrafish/.

Chiswick, Barry R., Nicholas Larsen, and Paul J. Pieper. 2010. "The Production of PhDs in the United States and Canada." IZA Discussion Paper No. 5367.

Institute for the Study of Labor (IZA), Bonn, Germany. http://ftp.iza.org/dp5367.pdf.

Cho, Adrian. 2006. "Embracing Small Science in a Big Way." *Science* 313:1872—75.

———. 2008. "The Hot Question: How New Are the New Superconductors?" *Science* 320:870—71.

Cho, Adrian, and Daniel Clery. 2009. "International Year of Astronomy. Astronomy Hits the Big Time." Science 323:332—5.

Chronicle of Higher Education. 2009. *Stipends for Graduate Assistants*, 2008-9. Survey online database. http://chronicle.com/stats/stipends/?inst=1172.

Church, George M. 2005. "Can a Sequencing Method Be 100 Times Faster Than ABI but More Expensive?" *Polny Technology FAQ*. Harvard Molecular Technology Group, Cambridge, MA. http://arep.med.harvard.edu/Polonator/speed.html.

Clery, Daniel. 2009a. "Exotic Telescopes Prepare to Probe Era of First Stars and Galaxies." *Science* 325:1617—9.

———. 2009b. "Herschel Will Open a New Vista on Infant Stars and Galaxies." *Science* 324:

584—6.

———. 2009c. "ITER Blueprints near Completion, but Financial Hurdles Lie Ahead." *Science* 326:932—3.

———. 2009d. "Research Funding. England Spreads Its Funds Widely, Sparking Debate." *Science* 323:1413.

———. 2010a. "Budget Red Tape in Europe Brings New Delay to ITER." *Science* 327:1434.

———. 2010b. "ITER Cost Estimates Leave Europe Struggling to Find Ways to Pay." *Science* 328:798.

Coase, Robert. 1974. "The Lighthouse in Economics." *Journal of Law and Economics* 17:357—76.

Cockburn, Iain M., and Rebecca Henderson. 1998. "Absorptive Capacity, Coauthoring Behavior, and the Organization of Research in Drug Discovery." *Journal of Industrial Economics* 46:157—82.

Coelho, Sarah. 2009. "Profile: Jorge Cham. Piled Higher and Deeper: The Everyday Life of a Grad Student." *Science* 323:1668—9.

Cohen, Jon. 2007. "Gene Sequencing in a Flash: New Machines Are Opening up Novel Areas of Research." *Technology Review* 110:72—7.

Cohen, Wesley, Richard Nelson, and John P Walsh. 2002. "Links and Impacts: The Influence of Public Research on Industrial R&D." *Management Science* 48:1—23.

Cohen, Wesley M., and Daniel A. Leventhal. 1989. "Innovation and Learning: The Two Faces of R&D." *Economic Journal* 99:569—96.

Cole, Jonathan R. 2010. *The Great American University: Its Rise to Preeminence*, Its Indispensable National Role, Why It Must Be Protected. New York: Public Affairs.

Cole, Jonathan R., and Stephen Cole. 1973. *Social Stratification in Science*. Chicago: University of Chicago Press.

Collins, Francis S. 2010a. "A Genome Story: 10th Anniversary Commentary." *Scientific American Guest* Blog, June 25. http://www.scientificamerican.com/blog/post.cfm?id=a-genome-story-10th-anniversary-com-2010-06-25.

———. 2010b. "Opportunities for Research and NIH." *Science* 327:36—7.

Collins, Francis S., Michael Morgan, and Aristides Patrinos. 2003. "The Human Genome Project: Lessons from Large-Scale Biology." Science 300:286—90.

Commission of the European Communities. 2003. "Investing in Research: An Action Plan for Europe." Brussels, 4.6.2003, COM(2003) 226 final/2. July 30. http://ec.europa.eu/invest-in-research/pdf/226/en.pdf.

Committee to Study the Changing Needs for Biomedical, Behavioral, and Clinical Research Personnel. 2008. Paper presented at the National Institute of General Medical Sciences. Bethesda, Maryland.

Congressional Quarterly. 2007. *Guide to Congress*. 6th ed., 2 vols. Washington, DC: GQ Press.

Corrado, Carol A., and Charles Hulten. 2010. "Measuring Intangible Capital: How Do You Measure a 'Technological Revolution'?" *American Economic Review: Papers and Proceedings* 100:99—104.

Costantini, Franklin, and Elizabeth Lacy. 1981. "Introduction of a Rabbit-Globin Gene into the Mouse Germ Line." *Nature* 294:92—94.

Council of Graduate Schools. 2009. "Findings from the 2009 CGS International Graduate Admissions Survey. Phase II: Applications and Initial Offers of Admission." August 2009. Washington, DC: CGS. http://www.cgsnet.org/portals/0/pdf/R_IntlAdm09_II.pdf.

Couzin, Jennifer. 2006. "Scientific Misconduct: Truth and Consequences." *Science* 313:1222—6.

———. 2008. "Science and Commerce: Gene Tests for Psychiatric Risk Polarize Researchers." *Science* 319:274—7.

———. 2009. "Research Funding. For Many Scientists, the Madoff Scandal Suddenly Hits Home." *Science* 323:25.

Couzin-Frankel, Jennifer. 2009. "Genetics. The Promise of a Cure: 20 Years and Counting." *Science* 324:1504—7.

Cox, Brian. 2008. "Gravity: The 'Holy Grail' of Physics." *BBC Online*, January 29. http://news.bbc.co.uk/2/hi/science/nature/7215972.stm.

Coyle, Daniel. 2009. *The Talent Code: Unlocking the Secret of Skill in Sports, Art, Music, Math, and Just about Anything*. New York: Bantam.

Coyne, Jerry A. 2010. "Harvard Dean: Hauser Guilty of Scientific Misconduct." *Why Evolution Is True* (blog), August 20. http://whyevolutionistrue.wordpress.com/2010/08/20/harvard-dean-hauser-guilty-of-scientific-misconduct/.

Critser, Greg. 2007. "Of Men and Mice: How a Twenty-Gram Rodent Conquered the World of Science." *Harper's Magazine* 315 (December):65—76.

Cruz-Castro, Laura, and Luis Sanz-Menéndez. 2009. "Mobility versus Job Stability: Assessing Tenure and Productivity Outcomes." *Research Policy* 39:27—38.

Cummings, Jonathan N., and Sara Kiesler. 2005. "Collaborative Research across Disciplinary and Organizational Boundaries." *Social Studies of Science* 35(5):703—22.

Cutler, David. 2004a. "Are the Benefits of Medicine Worth What We Pay for It?" Policy Brief, 15th Annual Herbert Lourie Memorial Lecture on Health Policy, Maxwell School, Syracuse University.

———. 2004b. *Your Money or Your Life: Strong Medicine for America's Health Care System*,

Oxford University Press, New York.

Cutler, David, and Srikanth Kadiyala. 2003. "The Return to Biomedical Research: Treatment and Behavioral Effects," in *Measuring the Gains from Medical Research: An Economic Approach*, edited by Kevin Murphy and Robert Topel, Chicago, University of Chicago Press, 2003.

Czarnitzki, Dirk, Christoph Grimpe, and Andrew A. Toole. 2011. "Delay and Secrecy: Does Industry Sponsorship Jeopardize Disclosure of Academic Research?" Zentrum für Europ? ische Wirtschaftsforschung GimbH (ZEW) Discussion Paper No. 11—009.

Czarnitzki, Dirk, Katrin Hussinger, and Cedric Schneider. 2009. "The Nexus between Science and Industry: Evidence from Faculty Inventions." ZEW Discussion Paper No. 09—028. Zentrum für Europäische Wirtschaftsforschung/ Center for European Economic Research, Mannheim, Germany.

Danielson, Amy, ed. 2009. Research News Online, May 8. Office of the Vice President, University of Minnesota. http://www.research.umn.edu/communications/publications/rno/5-8-09.html.

Darwin, Charles. 1945. *The Voyage of the Beagle*. Raleigh, NC: Hayes Barton Press. First published in 1839.

Dasgupta, Partha, and Paul David. 1987. "Information Disclosure and the Economics of Science and Technology." In *Arrow and the Ascent of Modern Economic Theory*, 519—42. Edited by George Feiwel. New York: New York University Press.

———. 1994. "Toward a new economics of science." Research Policy 23, 487—521.

David, Paul. 1994. "Positive Feedbacks and Research Productivity in Science: Reopening Another Black Box." In *The Economics of Technology*, 65—89. Edited by O. Granstrand. Amsterdam: Elsevier Science.

David, Paul A., David Mowery, and W. Edward Steinmueller. 1992. "Analyzing the Economic Payoffs from Basic Research." *Economics of Innovation and New Technology* 2:73—90.

David, Paul, and Andrea Pozzi. 2010. "Scientific Misconduct in Theory and Practice: Quantitative Realities of Falsification, Fabrication and Plagiary in U.S. Publicly Funded Biomedical Research." Paper presented at the International Conference in Honor of Jacques Mairesse, "R&D, Science, Innovation and Intellectual Property," ENSAE. Paris, September 16—17.

"David Quéré." 2010. *Wikipédia*. http://fr.wikipedia.org/wiki/David_Quéré.

Davis, Geoff. 1997. "Mathematicians and the Market." Online preprint. Mathematics Department, Dartmouth College, Hanover, NH. http://www.geoffdavis.net/dartmouth/policy/papers.html.

———. 2005. "Doctors without Orders: Highlights of the Sigma Xi Postdoc Survey." *American Scientist* 93 (3): special supplement, May-June. http://postdoc.sigmaxi.org.

———. 2007. "NIH Budget Doubling: Side Effects and Solutions." Presentation at a seminar, Cambridge, MA: Harvard University, March 12.

———. 2010. *Find the Graduate School That's Right for You*. http://graduate-school.phds.org.

De Figueiredo, John M., and Brian S. Silverman. 2007. "How Does the Government (Want to) Fund Science? Politics, Lobbying, and Academic Earmarks." In *Science and the University*, 36—54. Edited by Paula Stephan and Ronald Ehrenberg. Madison: University of Wisconsin Press.

DeLong, J. Bradford. 2000. "Cornucopia: The Pace of Economic Growth in the Twentieth Century." NBER Working Paper 7602. National Bureau of Economic Research, Cambridge, MA.

Deng, Zhen, Baruch Lev, and Francis Narin. 1999. "Science and Technology as Predictors of Stock Performance." *Financial Analysts Journal* 55:20—32.

de Solla Price, Derek J. 1986. *Little Science, Big Science . . . And Beyond*. New York: Columbia University Press.

Diamond, A. M., Jr. 1986. "The Life-Cycle Research Productivity of Mathematicians and Scientists." *Journal of Gerontology* 41:520—5.

Dimsdale, John. 2009. "Inventor, 89, Has His Eye on Diamonds." Zalman Shapiro, interviewed by Kai Ryssdal. *American Public Media*, June 16. http://marketplace.publicradio.org/display/web/2009/06/16/pm_serial_inventor/.

Ding, Lan, and Haizheng Li. 2008. "Social Network and Study Abroad: The Case of Chinese Students in the U.S." Paper presented at Chinese Economists Society 2008 North America Conference. University of Regina, Saskatchewan, Canada, August 20—22.

Ding, Waverly, Sharon Levin, Paula Stephan, and Anne E. Winkler. 2010. "The Impact of Information Technology on Scientists' Productivity, Quality and Collaboration Patterns." *Management Science* 56:1439—61.

Ding, Waverly, Fiona Murray, and Toby Stuart. 2009. "Commercial Science: A New Arena for Gender Differences in Scientific Careers?" Unpublished paper.

"DNA Sequencing." 2011. *Wikipedia*. http://en.wikipedia.org/wiki/DNA_sequencing.

Dolan DNA Learning Center. 2010. "Making Sequencing Automated, Michael Hunkapiller." ID 15098. Cold Spring Harbor Laboratory, Harlem DNA Lab and DNA Learning Center West (website). http://www.dnalc.org/view/15098-Making-sequencing-automated-Michael-Hunkpiller.html.

Drmanac, Radoje, Andrew B. Sparks, Matthew J. Callow, Aaron L. Halpern, Norman L. Burns, Bahram G. Kermani, Paolo Carnevali, Igor Nazarenko, Geoffrey B. Nilsen, and George Yeung. 2010. "Human Genome Sequencing Using Unchained Base Reads on Self-

Assembling DNA Nanoarrays." *Science* 327:78—81.

Ducor, Phillipe. 2000. "Intellectual Property: Coauthorship and Coinventorship." *Science* 289:873—75.

Edelman, Benjamin, and Ian Larkin. 2009. "Demographics, Career Concerns or Social Comparison: Who Games SSRN Download Counts?" Harvard Business School Working Paper 09—0906. Harvard University, Cambridge, MA.

Edwards, Mark, Fiona Murray, and Robert Yu. 2003. "Value Creation and Sharing among Universities, Biotechnology and Pharma." *Nature Biotechnology* 21:618—24.

———. 2006. "Gold in the Ivory Tower: Equity Rewards of Outlicensing." *Nature Biotechnology* 24:509—16.

Egghe, Leo. 2006. "Theory and Practice of the g-Index." *Scientometrics* 69:131—52.

Ehrenberg, Ronald G., Marquise McGraw, and Jesenka Mrdjenovic. 2006. "Why Do Field Differentials in Average Faculty Salaries Vary across Universities?" *Economics of Education Review* 25:241—8.

Ehrenberg, Ronald G., Paul J. Pieper, and Rachel A. Willis. 1998. "Do Economics Departments with Lower Tenure Probabilities Pay Higher Faculty Salaries?" *Review of Economics and Statistics* 80:503—12.

Ehrenberg, Ronald G., Michael J. Rizzo, and George Jakubson. 2007. "Who Bears the Growing Cost of Science at Universities?" In *Science and the University*, 19—35. Edited by Paula Stephan and Ronald Ehrenberg. Madison: University of Wisconsin.

Ehrenberg, Ronald G., and Liang Zhang. 2005. "The Changing Nature of Faculty Employment." In *Recruitment, Retention and Retirement in Higher Education: Building and Managing the Faculty of the Future*, 32—52. Edited by Robert Clark and Jennifer Ma. Northampton, MA: Edward Elgar.

Eisenberg, Rebecca. 1987. "Proprietary Rights and the Norms of Science in Biotechnology Research." *Yale Law Journal* 97:177—231.

Eisenstein, Ronald I., and David S. Resnick. 2001. "Going for the Big One." *Nature Biotechnology* 19:881—82.

Ellard, David. 2002. "The History of MRI." Clinical Radiology Department, University of Manchester website. http://www.isbe.man.ac.uk/personal/dellard/dje/history_mri/history%20of%20mri.htm.

Enserink, Martin. 2006. "Stem Cell Research: A Season of Generosity ... and Jeremiads." *Science* 314:1525a.

———. 2008a. "Valérie Pécresse interview. After Initial Reforms, French Minister Promises More Changes." *Science* 319:152.

———. 2008b. "Will French Science Swallow Zerhouni's Strong Medicine?" *Science* 322:1312.

European Commission. 2007a. *China, EU and the World: Growing Harmony?* Brussels: Bureau of European Policy Advisers. http://ec.europa.eu/dgs/policy_advisers/publications/docs/china_report_27_july_06_en.pdf.

―――. 2007b. *Sixth Framework Programme, 2002—2006*. Research and Innovation. http://ec.europa.eu/research/fp6/index_en.cfm.

―――. 2010. "Participate in FP7," *Seventh Framework Programme (FP7)*. Community Research and Development Information Service for Science, Research and Development (CORDIS). http://cordis.europa.eu/fp7/who_en.html.

"European Extremely Large Telescope." 2010. *Wikipedia*. http://en.wikipedia.org/wiki/European_Extremely_Large_Telescope.

European Southern Observatory. 2010. The European Extremely Large Telescope. http://www.eso.org/public/teles-instr/e-elt.html.

European University Institute. 2010. Academic Careers Observatory: Salary Comparisons. http://www.eui.eu/ProgrammesAndFellowships/AcademicCareersObservatory/CareerComparisons/SalaryComparisons.aspx.

Everdell, William R. 2003. Review of Einstein's Clocks, Poincaré's Maps: Empires of Time by Peter Galison. *New York Times Book Review*, August 17.

Fabrizio, Kira R., and Alberto Di Minin. 2008. "Commercializing the Laboratory: Faculty Patenting and the Open Science Environment." *Research Policy* 37:914—31.

"Fact and Fiction." *Science* 320:857.

FDA. 2010. "NMEs Approved by CDER." http://www.fda.gov/downloads/Drugs/DevelopmentApprovalProcess/HowDrugsareDevelopedandApproved/DrugandBiologicApprovalReports/UCM242695.pdf

Falkenheim, Jaquelina C. 2007. "U.S. Doctoral Awards in Science and Engineering Continue Upward Trend in 2006." NSF 08—301, November. Arlington, VA: National Center for Science and Engineering Statistics (NCSES), National Science Foundation. http://www.nsf.gov/statistics/infbrief/nsf08301/.

Feldman, Maryann P., Alessandra Colaianni, and Connie Kang Liu. 2007. "Lessons from the Commercialization of the Cohen-Boyer Patents: The Stanford University Licensing Program." In *Intellectual Property Management in Health and Agricultural Innovation: A Handbook of Best Practices*, Chapter 17.22. Edited by Anatole Krattiger, Richard Mahoney, Lita Nelsen, Jennifer Thomson, Alan Bennett, Kanikaram Satyanarayana, Gregory Graff, Carlos Fernandez, and Stanley Kowalski. Davis, CA: PIPRA. http://www.iphandbook.org/handbook/ch17/p22/index.html.

Feynman, Richard. 1985. *Surely You're Joking, Mr. Feynman*. New York: Bantam Books.

―――. 1999. *The Pleasure of Finding Things Out: The Best Short Works of Richard P. Feynman. Edited by Jeffrey Robbins. Cambridge, MA: Helix Books/ Perseus.

Finn, Michael G. 2010. "Stay Rates of Foreign Doctorate Recipients from U. S. Universities, 2007." *Oak Ridge Institute for Science and Education*. November. http://orise. orau. gov/files/sep/stay-rates-foreign-doctorate-recipients-2007. pdf.

Fishman, Charles. 2001. "The Killer App—Bar None." *American Way* Magazine, August 1. http://www. americanwaymag. com/so-woodland-bar-code-bernard-silver-drexel-university.

Fitzgerald, Garrett. 2008. "Drugs, Industry and Academia." *Science* 320:1563.

Fleming, Lee, and Olav Sorenson. 2004. "Science as a Map in Technological Search." *Strategic Management Journal* 25:909—28.

Florida State University, Office of Research. 2010. Office of IP Development and Commercialization (website), Tallahassee. http://www. research. fsu. edu/techtransfer/.

Foray, Dominique, and Francesco Lissoni. 2010. "University Research and Public-Private Interaction." In *Handbook of the Economics of Innovation*, Vol. 1, Chapter 6. Edited by Bronwyn Hall and Nathan Rosenberg. London: Elsevier Press.

"454 Life Sciences." 2011. Wikipedia. http://en. wikipedia. org/wiki/454_Life_Sciences.

Fox, Mary Frank. 1983. "Publication Productivity among Scientists: A Critical Review." *Social Studies of Science* 13:285—305.

———. 1994. "Scientific Misconduct and Editorial and Peer Review Processes." *Journal of Higher Education* 65:298—309.

———. 2010. Book review of *How Institutions Affect Academic Careers* by Joseph C. Hermanowicz, University of Chicago Press, 2009. *American Journal of Sociology* 116:663—5.

Fox, Mary Frank, and Sushanta Mohapatra. 2007. "Social-Organizational Characteristics of Work and Publication Productivity among Academic Scientists in Doctoral-Granting Departments." *Journal of Higher Education* 78:542—71.

Fox, Mary Frank, and Paula Stephan. 2001. "Careers of Young Scientists: Preferences, Prospects and Realities by Gender and Field." *Social Studies of Science* 31:109—22.

Frank, Robert, and Philip Cook. 1992. *Winner-Take-All Markets*. Ithaca, NY: Cornell University Press.

Frankson, Christine. 2010. "Faculty Spotlight—Dr. John Criscione." *CNVE Newsletter* 6. 3, September. http://cnve. tamu. edu/newsletter/sept2010b/.

Franzoni, Chiara. 2009. "Do Scientists Get Fundamental Research Ideas by Solving Practical Problems?" *Industrial and Corporate Change* 18:671—99.

Franzoni, Chiara, Giuseppe Scellato, and Paula Stephan. 2011. "Changing Incentives to Publish." *Science* 333: 702—703.

Freeman, Richard. 1989. *Labor Markets in Action*. Cambridge, MA: Harvard University

Press.

Freeman, Richard, Tanwin Chang, and Hanley Chiang. 2009. "Supporting 'the Best and Brightest' in Science and Engineering: NSF Graduate Research Fellowships." In *Science and Engineering Careers in the United States: An Analysis of Markets and Employment*, 19—57. Edited by Richard Freeman and Daniel Goroff. Chicago: University of Chicago Press.

Freeman, Richard, and Daniel Goroff. 2009. "Introduction." In *Science and Engineering Careers in the United States: An Analysis of Markets and Employment*, 1—26. Edited by Richard Freeman and Daniel Goroff. Chicago: University of Chicago Press.

Freeman, Richard, Emily Jin, and Chia-Yu Shen. 2007. "Where Do New U.S.-Trained Science-Engineering PhDs Come From?" In *Science and the University*, 197—220. Edited by Paula Stephan and Ron Ehrenberg. Ithaca, NY: Cornell University Press.

Freeman, Richard, and John Van Reenen. 2008. "Be Careful What You Wish For: A Cautionary Tale about Budget Doubling." *Issues in Science and Technology*, Fall.

____. 2009. "What If Congress Doubled R&D Spending on the Physical Sciences?" In *Innovation Policy and the Economy*, Vol. 9, Chapter 1. Edited by Josh Lerner and Scott Stern. Cambridge, MA: National Bureau of Economic Research.

Freeman, Richard, Eric Weinstein, Elizabeth Marincola, Janet Rosenbaum, and Frank Solomon. 2001a. "Careers and Rewards in Bio Sciences: The Disconnect between Scientific Progress and Career Progression." American Society for Cell Biology. http://www.ascb.org/newsfiles/careers_rewards.pdf.

____. 2001b. "Competition and Careers in Biosciences." Science 294:2293—4.

Funding First. 2000. *Exceptional Returns: The Economic Value of America's Investment in Medical Research*. Monograph. New York: Mary Woodard Lasker Charitable Trust. http://www.laskerfoundation.org/media/pdf/exceptional.pdf.

Furman, Jeffrey L., and Fiona Murray. 2011. "Does Open Access Democratize Innovation? Examining the Impact of Open Institutions on the Inner and Outer Circles of Science." Working paper, MIT.

Furman, Jeffrey L., Fiona Murray, and Scott Stern. 2010. "More for the Research Dollar." Nature 468:757—58.

Furman, Jeffrey L., and Scott Stern. 2011. "Climbing atop the Shoulders of Giants: The Impact of Institutions on Cumulative Research." *American Economic Review* 101:1933—63.

Gaglani, Shiv. 2009. "Investing in our Future: Ways to Attract and Keep Young People in Science and Technology." Presented at "Toward an R&D Agenda for the New Administration and Congress: Perspectives from Scientists and Economists," Science and Engineering Workforce Project Workshop, National Bureau for Economic Research Conference (NBER). Cambridge, MA.

Galison, Peter. 2004. *Einstein's Clocks, Poincaré's Maps: Empires of Time*. New York: W. W. Norton.

Gans, Joshua S., and Fiona Murray. 2010. "Funding Conditions, the Public-Private Portfolio and the Disclosure of Scientific Knowledge." Paper presented at NBER Conference Celebrating the Fiftieth Anniversary of the Publication of *The Rate and Direction of Inventive Activity*. Aerlie Conference Center, Warrenton, VA, September 30-October 2.

Gardner, Martin. 1977. "A New Kind of Cipher That Would Take Millions of Years to Break [RSA Challenge]." *Scientific American* 237: 120-4.

Garrison, Howard, and Kimberly McGuire. 2008. "Education and Employment of Biological and Medical Scientists: Data from National Surveys." Paper presented at the Federation of American Societies for Experimental Biology (FASEB). Bethesda, MD. http://www.faseb.org/Policy-and-Government-Affairs/Data-Compilations/Education-and-Employment-of-Scientists.aspx.

Garrison, Howard, and Kim Ngo. 2010. "NIH Funding and Grants to Investigators." FASEB PowerPoint Slides. Presentation made by Garrison, at conference "How Can We Maintain Biomedical Research and Development at the End of ARRA?" Cold Spring Harbor, NY, April 25—27, 2010.

Gaulé, Patrick, and Mario Piacentini. 2010a. "Chinese Graduate Students and U.S. Scientific Productivity: Evidence from Chemistry." Unpublished draft manuscript. Sloan School of Management, Massachusetts Institute of Technology, Cambridge; Department of Economics, University of Geneva. http://www.uclouvain.be/cps/ucl/doc/econ/documents/IRS_Piacentini.pdf.

———. 2010b. "Return Migration of the Very High Skilled: Evidence from U.S.-Based Faculty." Massachusetts Institute of Technology Working Paper, Cambridge, MA.

Geisler, Iris, and Ronald L. Oaxaca. 2005. "Faculty Salary Determination at a Research I University." Unpublished manuscript. http://www.nber.org/~sewp/events/2005.01.14/Bios%2BLinks/Oaxaca-rec1-Academic-Salary05.pdf.

"Gemini Observatory." 2011. *Wikipedia*. http://en.wikipedia.org/wiki/Gemini_Observatory.

Geuna, Aldo. 2001. "The Changing Rationale for European University Research Funding: Are There Negative Unintended Consequences?" *Journal of Economic Issues* 35: 607—32.

Geuna, Aldo, and Lionel J. J. Nesta. 2006. "University Patenting and Its Effects on Academic Research: The Emerging European Evidence." *Research Policy* 35: 790—807.

Ghose, Tia. 2009. "State Schools Feeling the Pinch." *The Scientist*, February 16. http://www.the-scientist.com/blog/display/55426/.

Giacomini, Kathleen. 2011. Giacomini Lab, University of California, San Francisco. Department of Bioengineering and Therapeutic Sciences. http://bts.ucsf.edu/giacomini/.

Gieryn, Thomas, and Richard Hirsh. 1983. "Marginality and Innovation in Science." *Social Studies of Science* 13:87—106.

"Gini Coefficient," 2010, *Wikipedia*, http://en.wikipedia.org/wiki/Gini_coefficient.

Ginther, Donna, and Shulamit Kahn. 2009. "Does Science Promote Women? Evidence from Academia 1973—2001." In *Science and Engineering Careers in the United States: An Analysis of Markets and Employment*, 163—194. Edited by Richard Freeman and Daniel Goroff. Chicago: University of Chicago Press.

Gittelman, Michelle. 2006. "National Institutions, Public-Private Knowledge Flows, and Innovation Performance: A Comparative Study of the Biotechnology Industry in the U.S. and France." *Research Policy* 35:1052—68.

Goldfarb, Brent, and Magnus Henrekson. 2003. "Bottom-up versus Top-down Policies towards the Commercialization of the University Intellectual Property." *Research Policy* 32: 639—58.

Goldin, Claudia, and Lawrence F. Katz. 1998. "The Origins of State-Level Differences in the Public Provision of Higher Education: 1890—1940." *American Economic Review* 88: 303—08.

———. 1999. "The Shaping of Higher Education: The Formative Years in the United States, 1890 to 1940." *Journal of Economic Perspectives* 13:37—62.

Goldman, Charles, Traci Williams, David Adamson, and Kathy Rosenblat. 2000. *Paying for University Research Facilities and Administration*. Santa Monica, CA: RAND Corporation.

Gomez-Mejia, Luis, and David Balkin. 1992. "Determinants of Faculty Pay: An Agency Theory Perspective." *Academy of Management Journal* 35:921—55.

Goodman, Laurie. 2004. "Clearing a Roadmap." *Journal of Clinical Investigation* 113:1512-3. doi:10.1172/JCI22106.

Goodwin, Margarette, Ann Bonham, Anthony Mazzaschi, Hershel Alexander, and Jack Krakower. 2011. "Sponsored Program Salary Support to Medical School Faculty in 2009." *Analysis in Brief* (Association of American Medical Colleges) 11 (1), January. https://www.aamc.org/download/170836/data/aibvol11_no1.pdf.

Gordon, J. W., G. A. Scangos, D. J. Plotkin, J. A. Barbosa, and F. H. Ruddle. 1980. "Genetic Transformation of Mouse Embryos by Microinjection of Purified DNA." *Proceedings of the National Academy of Sciences of the United States of America* 77:7380—84.

Gordon, Robert R. 2000. "Does the 'New Economy' Measure up to the Great Innovations of the Past?" *Journal of Economic Perspectives* 14:49—74.

Graves, Philip, Dwight Lee, and Robert Sexton. 1987. "A Note on Interfirm Implications of Wages and Status." *Journal of Labor Research* 8:209—12.

Griliches, Zvi. 1960. "Hybrid Corn and the Economics of Innovation." *Science* 132:275—80.

———. 1979. "Issues in Assessing the Contribution of Research and Development to Productivity Growth." *The Bell Journal of Economics*, 10(1):92—116.

Grimm, David. 2006. "Spending Itself out of Existence, Whitaker Brings a Field to Life." *Science* 311:600—1.

Groen, Jeffrey, and Michael Rizzo. 2007. "The Changing Composition of U. S. Citizen PhDs." In *Science and the University*, 177—96. Edited by Paula Stephan and Ronald Ehrenberg. Madison: University of Wisconsin Press.

Groll, Elias J., and William White. 2010. "Allston Construction Pause Imposes Space Constraints on Harvard Science Schools." *Harvard Crimson*, March 31.

Grueber, Martin, and Tim Studt. 2010. "2011 Global R&D Funding Forecast: China's R&D Growth Engine." *R&D Daily*, December 15.

Hagstrom, Warren O. 1965. *The Scientific Community*. New York: Basic Books.

Halford, Bethany. 2011. "Is Chemistry Facing a Glut of PhDs?" *Science and Technology* 89:46—52.

Hall, Bronwyn, Jacques Mairesse, and Pierre Mohnen. 2010. "Returns to R&D and Productivity." In *Handbook of the Economics of Innovation*, Vol. 2, Chapter 24. Edited by Bronwyn Hall, and Nathan Rosenberg. London: Elsevier.

Halzin, Francis. 2010. "Icecube Neutrino Observatory." Conference at Hitotsubashi University, Tokyo, Japan, March 25, 2010.

Hamermesh, Daniel, George Johnson, and Burton Weisbrod. 1982. "Scholarship, Citations and Salaries: Economic Rewards in Economics." *Southern Economic Journal* 49:472—81.

Harhoff, Dietmar, Frederic Scherer, and Katrin Vopel. 2005. "Exploring the Tail of Patented Invention Value Distributions." In *Patents: Economics, Policy, and Measurement*, 251—81. Edited by Frederic Scherer. Northampton, MA: Edward Elgar.

Harmon, Lindsey. 1961. "High School Backgrounds of Science Doctorates." *Science* 133:679—81.

Harré, Rom. 1979. *Social Being*. Oxford: Basil Blackwell.

Harris, Gardiner. 2011. "New Federal Research Center Will Help Develop Medicines." *New York Times*, January 22, A1, A21.

Harzing, Anne-Wil. 2010. *Publish or Perish* (software). Harzing.com. http://www.harzing.com/pop.htm.

Hegde, Deepak, and David C. Mowery. 2008. "Politics and Funding in the U. S. Public Biomedical R&D System." *Science* 322:1797—8.

Heinig, Stephen J., Jack Y. Krakower, Howard B. Dickler, and David Korn. 2007. "Sustaining the Engine of U. S. Biomedical Discovery." *New England Journal of Medicine* 357:

1042—7.

Heller, Michael, and Rebecca Eisenberg. 1998. "Can Patents Deter Innovation? The Anticommons in Biomedical Research." *Science* 280:698—701.

Hendrick, Bill. 2009. "Lifesaving Science." *Delta Sky Magazine*. May.

Hermanowicz, Joseph C. 2006. "What Does It Take to Be Successful?" *Science, Technology and Human Values* 31:135—52.

Herper, Matthew. 2011. "Gene Machine." *Forbes*, January 17.

"Heterosis." 2010. *Wikipedia*. http://en.wikipedia.org/wiki/Heterosis.

"Heterosis: Hybrid Corn." 2011. *Wikipedia*. http://en.wikipedia.org/wiki/Hybrid_corn.

Hicks, Diana. 1995. "Published Papers, Tacit Competencies and Corporate Management of the Public/Private Character of Knowledge." *Industrial and Corporate Change* 4:401—24.

———. 2009. "Evolving Regimes of Multi-University Research Evaluation." *Higher Education* 57:393—404.

"High Temperature Conductivity." 2010. *Wikipedia*. http://en.wikipedia.org/wiki/High-temperature_superconductivity.

Hill, Susan, and Einaudi, Peter. 2010. "Jump in Fall 2008 Enrollments of First-Time, Full-Time S&E Graduate Students." NSF 10—320, June. Arlington, VA: National Center for Science and Engineering Statistics (NCSES), National Science Foundation. http://www.nsf.gov/statistics/infbrief/nsf10320/.

Hirsch, Jorge. 2005. "An Index to Quantify an Individual's Scientific Research Output." *Proceedings of the National Academy of Sciences of the United States of America* 102:16569—72.

Hirschler, Ben. 2010. "Small Study of Glaxo 'Red Wine' Drug Suspended." Reuters, May 4. http://www.reuters.com/article/idUSTRE6435A620100504.

Hoffer, Thomas B., Carolina Milesi, Lance Selfa, Karen Grigorian, Daniel J. Foley, Lynn M. Milan, Steven L. Proudfoot, and Emilda B. Rivers. 2011. "Unemployment among Doctoral Scientists and Engineers Remained below the National Average in 2008." NSF 11—308. Arlington, VA: National Center for Science and Engineering Statistics (NCSES), National Science Foundation. http://www.nsf.gov/statistics/infbrief/nsf11308/.

Howard Hughes Medical Institute. 2009a. "Financials: Endowment." Howard Hughes Medical Institute (website). http://www.hhmi.org/about/financials/endowment.html.

———. 2009b. "Financials: Scientific Research." Howard Hughes Medical Institute (website). http://www.hhmi.org/about/financials/scientific.html.

———. 2009c. "Growth: 1984—1992." Howard Hughes Medical Institute (website). http://www.hhmi.org/about/growth.html.

———. 2009d. "HHMI Investigators: Frequently Asked Questions about the HHMI Investigator

Program." Howard Hughes Medical Institute (website). http://www.hhmi.org/research/investigators/investigator_faq.html.

———. 2009e. "HHMI Scientists & Research." Howard Hughes Medical Institute (website). http://www.hhmi.org/research/.

Hsu, Stephen D. H. 2010. Curriculum vitae. http://duende.uoregon.edu/~hsu/MyCV1.pdf.

Hull, David L. 1988. Science as a Process. Chicago: University of Chicago Press.

"The Human Genome: Unsung Heroes." 2007. *Science* 291:1207.

Hunt, Jennifer. 2009. "Which Immigrants Are Most Innovative and Entrepreneurial? Distinctions by Entry Visa." NBER Working Paper 14920. National Bureau of Economic Research, Cambridge, MA.

Hunter, Rosalind S., Andrew J. Oswald and Bruce Charlton. 2009. "The Elite Brain Drain." *Economic Journal* 119:231—251.

IBM. 2010. "Awards & Achievements." IBM Research (website). http://www.research.ibm.com/resources/awards.shtml.

"IceCube Neutrino Observatory." 2010. *Wikipedia*. http://en.wikipedia.org/wiki/IceCube_Neutrino_Observatory.

Ignatius, David. 2007. "The Ideas Engine Needs a Tuneup." *Washington Post*, June 3, B07.

Illumina. 2009. "Genome Analyzer IIx." Illumina, Inc. (website). http://www.illumina.com/pages.ilmn?ID=204.

Imperial College London, Faculty of Medicine. 2008. "Research Excellence Framework—Briefing Document: Faculty of Medicine." http://www1.imperial.ac.uk/resources/4BF62CE0-0147-4E30-9126-002531583473/.

"Income Inequality in the United States." *Wikipedia*, http://en.wikipedia.org/wiki/Income_inequality_in_the_United_States.

Information Please Database. 2007. "United States, U.S. Statistics, Mortality: Life Expectancy at Birth by Race and Sex, 1930—2005." Infoplease.com (website). http://www.infoplease.com/ipa/A0005148.html.

"Inktomi Corporation." 2010. *Wikipedia*. http://en.wikipedia.org/wiki/Inktomi_Corporation.

Institute for Systems Biology. 2010. "Hood Group." Institute for Systems Biology (website). http://www.systemsbiology.org/Scientists_and_Research/Faculty_Groups/Hood_Group.

Interfaces & Co. 2011. Physique et Mécanique des Milieux Hétérogènes (ESPCI) and Laboratoire d'Hydrodynamique (? cole Polytechnique). Centre National de la Recherche Scientifique, Paris. http://www.pmmh.espci.fr/fr/gouttes/AccueilUS.html.

International Brotherhood of Boilermakers, Iron Ship Builders, Blacksmiths, Forgers, and Helpers, AFL-CIO. 2008. "Why Are Purdue Students and Alumni Called Boilermakers?" International Brotherhood of Boilermakers (website). http://www.boilermakers.org/resources/

what_is_a_boilermaker/purdue_boilermakers.

International Committee of Medical Journal Editors. 2010. "Uniform Requirements for Manuscripts Submitted to Biomedical Journals: Ethical Considerations in the Conduct and Reporting of Research, Authorship and Contributorship." ICMJE website. http://www.icmje.org/ethical_lauthor.html.

J. Craig Venter Institute. 2008. "J. Craig Venter Institute Consolidates Sequencing Center and Reduces 29 Sequencing Staff Positions." December 9. J. Craig Venter Institute (website). http://www.jcvi.org/cms/press/press-releases/full-text/article/j-craig-venter-institute-consolidates-sequencing-center-and-reduces-29-sequencing-staff-positions/.

Jacobsen, Jennifer. 2003. "Who's Hiring in Physics?" *Chronicle of Higher Education*. June 19.

Jaffe, Adam. 1986. "Technological Opportunity and Spillovers of R&D." *American Economic Review* 76:984—1000.

———. 1989a. "Characterizing the 'Technological Position' of Firms, with Applications to Quantifying Technological Opportunity and Research Spillovers." *Research Policy* 18:87—97.

———. 1989b. "Real Effects of Academic Research." *American Economic Review* 79:957—70.

Jaffe, Adam, Manuel Trajtenberg, and Rebecca Henderson. 1993. "Geographic Localization of Knowledge Sources as Evidenced by Patent Citations." *Quarterly Journal of Economics* 108:576—98.

Jefferson, Thomas. 1967. *The Jefferson Cyclopedia*, Vol. 1. Edited by John P. Foley. New York: Russell and Russell.

Jenk, Daniel. 2007. "NIH Funds Next Generation of DNA Sequencing Projects at ASU." *ASU Biodesign Institute News*, January 30. http://biodesign.asu.edu/news/nih-funds-next-generation-of-dna-sequencing-projects-at-asu.

Jensen, Richard, and Marie Thursby. 2001. "Proofs and Prototypes for Sale: The Licensing of University Inventions." *American Economic Review* 91: 240—59.

"John Bates Clark Medal." 2010. *Wikipedia*. http://en.wikipedia.org/wiki/John_Bates_Clark_Medal.

Jones, Benjamin F. 2009. "The Burden of Knowledge and the 'Death of the Renaissance Man': Is Innovation Getting Harder?" *Review of Economic Studies* 76:283—317.

———. 2010a. "As Science Evolves, How Can Science Policy?" NBER Working Paper No. 16002. National Bureau of Economic Research, Cambridge, MA.

———. 2010b. "Why Science Needs a Nudge from Washington, D.C." *Newsweek*, June 21.

Jones, Benjamin, Stefan Wuchty, and Brian Uzzi. 2008. "Multi-university Research Teams: Shifting Impact, Geography, and Stratification in Science." *Science* 322:1259—62.

Jong, Simcha. 2006. "How Organizational Structures in Science Shape Spin-Off Firms: The Biochemistry Departments of Berkeley, Stanford, and UCSF and the Birth of the Biotech Industry." *Industrial and Corporate Change* 15:251—3.

Jorgenson, Dale W., Mun S. Ho, and Kevin J. Stiroh. 2008. "A Retrospective Look at the U. S. Productivity Resurgence." *Journal of Economic Perspectives* 22:2—24.

Kaiser, Jocelyn. 2008a. "Biochemist Robert Tjian Named President of Hughes Institute." *Science* 322:35.

———. 2008b. "The Graying of NIH Research." *Science* 322:848—9.

———. 2008c. "HHMI's Cech Signs Off on His Biggest Experiment." *Science* 320:164.

———. 2008d. "NIH Urged to Focus on New Ideas, New Applicants." *Science* 319:1169.

———. 2008e. "Two Teams Report Progress in Reversing Loss of Sight." *Science* 320:606—7.

———. 2008f. "Zerhouni's Parting Message: Make Room for Young Scientists." *Science* 322:834—5.

———. 2009a. "Grants 'Below Payline' Rise to Help New Investigators." *Science* 325:1607.

———. 2009b. "NIH Stimulus Plan Triggers Flood of Applications—and Anxiety." *Science* 324:318—9.

———. 2009c. "Wellcome Trust to Shift from Projects to People." *Science* 326:921.

———. 2011. "Despite Dire Budget Outlook, Panel Tells NIH to Train More Scientists." *ScienceInsider*, January 7. http://news.sciencemag.org/scienceinsider/2011/01/despite-dire-budget-outlook-pane.html.

Kaiser, Jocelyn, and Lila Guterman. 2008. "National Institutes of Health. Researchers Could Face More Scrutiny of Outside Income." *Science* 322:1622a.

Kaiser, Jocelyn, and Eli Kintisch. 2008. "Conflicts of Interest. Cardiologists Come under the Glare of a Senate Inquiry." *Science* 322:513.

Kalil, Tom, and Robynn Sturm. 2010. "Congress Grants Broad Prize Authority to All Federal Agencies." *The White House: Open Government Initiative* (blog), December 21. http://www.whitehouse.gov/blog/2010/12/21/congress-grants-broad-prize-authority-all-federal-agencies.

Katz, Sylvan, and Diana Hicks. 2008. "Excellence vs. Equity: Performance and Resource Allocation in Publicly Funded Research." Paper presented at the DIME-BRICK Workshop "The Economics and Policy of Academic Research." Collegio Carlo Alberto, Moncalieri (Torino), Italy, July 14—15.

Kean, Sam. 2006. "Scientists Spend Nearly Half Their Time on Administrative Tasks, Survey Finds." *Chronicle of Higher Education*, July 14. http://chronicle.com/article/Scientists-Spend-Nearly-Half/23697.

Kelly, Janis. 2005. "The Chimera That Roared: Remicade Royalties to Fund $105 Million Biomedical Research, Education at NYU." *Medscape Today*, August 18.

Kenney, Martin. 1986. *Biotechnology: The University-Industrial Complex*. New Haven, CT: Yale University Press.

Kim, Sunwoong. 2007. "Brain Drain and/or Brain Gain: Education and International Migration of Highly Educated Koreans." University of Wisconsin-Milwaukee.

———. 2010. "From Brain Drain to Brain Competition: Changing Opportunities and the Career Patterns of US-Trained Korean Academics." In *American Universities in a Global Market*, 335—69. Edited by Charles T. Clotfelter. Chicago: University of Chicago Press.

Kneller, Robert. 2010. "The Importance of New Companies for Drug Discovery: Origins of a Decade of New Drugs." *Nature Reviews* 9:867—82.

Koenig, Robert. 2006. "Candidate Sites for World's Largest Telescope Face First Big Hurdle." *Science* 313:910—12.

Kohn, Alexander. 1986. *False Profits*. Oxford: Basil Blackwell.

Kolbert, Elizabeth. 2007. "Crash Course: The World's Largest Particle Accelerator." *New Yorker*, May 14, 68—78.

Kong, Wuyi, Shaowei Li, Michael T. Longaker, and H. Peter Lorenz. 2008. "Blood-Derived Small Dot Cells Reduce Scar in Wound Healing." *Experimental Cell Research* 314: 1529—39.

Krimsky, Sheldon, L. S. Rothenberg, P. Stott, and G. Kyle. 1996. "Financial Interests of Authors in Scientific Journals: A Pilot Study of 14 Publications." *Science and Engineering Ethics* 2:395—410.

Kuhn, Thomas S. 1962. *The Structure of Scientific Revolutions*. Chicago: University of Chicago Press.

Kuznets, Simon. 1965. *Modern Economic Growth*. New Haven, CT: Yale University Press.

Lacetera, Nicola, and Lorenzo Zirulia. 2009. "The Economics of Scientific Misconduct." *Journal of Law, Economics, and Organization*, October 20. doi: 10.1093/jleo/ewp031.

Lach, Saul, and Mark Schankerman. 2008. "Incentives and Invention in Universities." *RAND Journal of Economics* 39:403—33.

La Jolla Institute for Allergy and Immunology. 2009. "La Jolla Institute Scientist Hilde Cheroutre Earns the 2009 NIH Director's Pioneer Award." News Medical, September 24. http://www.news-medical.net/news/20090924/La-Jolla-Institute-scientist-Hilde-Cheroutre-earns-the-2009-NIH-Directors-Pioneer-Award.aspx.

"Large Hadron Collider." 2011. *Wikipedia*. http://en.wikipedia.org/wiki/Large_Hadron_Collider#Cost.

"Laser." 2011. *Wikipedia*. http://en.wikipedia.org/wiki/Laser.

Latour, Bruno. 1987. *Science in Action: How to Follow Scientists and Engineers through Society*. Cambridge, MA: Harvard University Press.

Lavelle, Louis. 2008. "Higher Salaries for 2008 MBA Graduates." *Business Week*, November 13. http://www.businessweek.com/bschools/blogs/mba_admissions/archives/2008/11/higher_salaries.html.

Lawler, Andrew. 2008. "University Research. Steering Harvard toward Collaborative Science." *Science* 321:190—2.

Lazear, Edward P., and Sherwin Rosen. 1981. "Rank-Order Tournaments as Optimum Labor Contracts." *Journal of Political Economy* 89:841—64.

Lee, Christopher. 2007. "Slump in NIH Funding Is Taking Toll on Research." *Washington Post*, May 28, A06.

Lefevre, Christiane. 2008. *Destination Universe: The Incredible Journey of a Proton in the Large Hadron Collider*. Geneva: CERN.

Lehrer, Tom. [1993]. "Lobachevsky." In Tom Lehrer Revisited LP. Demented Music Database (website). http://dmdb.org/lyrics/lehrer.revisited.html#6.

Lemelson-MIT Program. 2003. "$500,000 Lemelson-MIT Prize awarded to Leroy Hood, M.D., Ph.D." April 24. Massachusetts Institute of Technology (website). http://web.mit.edu/Invent/n-pressreleases/n-press-03LMP.html.

———. [2007]. "Leroy Hood: 2003 Lemelson-MIT Prize Winner." Massachusetts Institute of Technology (website). http://web.mit.edu/invent/a-winners/a-hood.html.

Lerner, Josh, Antoinette Schoar, and Jialan Wang. 2008. "Secrets of the Academy: The Drivers of University Endowment Success." *Journal of Economic Perspectives* 22:207—22.

Leslie, Stuart W. 1993. *The Cold War and American Science: The Military-Industrial-Academic Complex at MIT and Stanford*. New York: Columbia University Press.

Levi-Montalcini, Rita. 1988. *In Praise of Imperfection: My Life and Work*. New York: Basic Books.

Levin, Sharon, Grant Black, Anne Winkler, and Paula Stephan. 2004. "Differential Employment Patterns for Citizens and Non-Citizens in Science and Engineering in the United States: Minting and Competitive Effects." *Growth and Change* 35:456—75.

Levin, Sharon, and Paula Stephan. 1997. "Gender Differences in the Rewards to Publishing in Academia: Science in the 1970's." *Sex Roles* 38:1049—604.

———. 1999. "Are the Foreign Born a Source of Strength for U.S. Science?" *Science* 285:1213—14.

Levitt, David G. 2010. "Careers of an Elite Cohort of U.S. Basic Life Science Postdoctoral Fellows and the Influence of Their Mentor's Citation Record." *BMC Medical Education* 10:80, November 15. doi:10.1186/1472-6920-10-80.

Levy, Dawn. 2000. "Hennessy: Engineering Solutions." *Stanford Report*, October 18. http://news.stanford.edu/news/2000/october18/hensci-1018.html.

Lichtenberg, Frank R. 1988. "The Private R&D Investment Response to Federal Design and Technical Competitions." *American Economic Review* 78:550—59.

———. 2002. "New Drugs: Health and Economic Impacts." *NBER Reporter*, Winter, 5—7. http://www.nber.org/reporter/winter03/healthandeconomicimpacts.html.

Lindquist, Susan. 2011. Lindquist Lab (website). Whitehead Institute for Biomedical Research, Massachusetts Institute of Technology, Cambridge. http://web.wi.mit.edu/lindquist/pub/.

Lipowicz, Alice. 2010. "Apps for Healthy Kids Contest Winners Announced." *Federal Computer Week*, September 29. http://fcw.com/articles/2010/09/29/apps-for-healthy-kids-winners-announced.aspx.

Lissoni, Francesco, Patrick Llerena, Maureen McKelvey, and Bulat Sanditov. 2008. "Academic Patenting in Europe: New Evidence from the KEINS Database." *Research Evaluation* 17: 87—102.

———. 2010. "Scientific Productivity and Academic Promotion: A Study on French and Italian Physicists." NBER Working Paper No. 16341. National Bureau of Economic Research, Cambridge, MA.

Lissoni, Francesco, and Fabio Montobbio. 2010. "Inventorship and Authorship as Attribution Rights: An Enquiry into the Economics of Scientific Credit." Seminar presented at Entreprise, Économie et Société, École Doctorale de Sciences Économiques, Gestion et Démographie, Université Montesquieu-Bordeaux IV, Bordeaux, France, April 16. http://hp.gredeg.cnrs.fr/maurizio_iacopetta/LissoniMontobbio_11_1_2011.pdf.

Litan, Robert, Lesa Mitchell, and E. J. Reedy. 2008. "Commercializing University Innovations: Alternative Approaches." In *Innovation Policy and the Economy*, Vol. 8, 31—58. Edited by Adam B. Jaffe, Josh Lerner, and Scott Stern. Cambridge, MA: National Bureau of Economic Research.

———. 2009. "Crème de la Career." *New York Times*, April 12, 1, 6.

Lohr, Steve. 2006. "Academia Dissects the Service Sector, but Is it a Science?" *New York Times*, April 8, C1.

Long, J. Scott. 1978. "Productivity and Academic Position in the Scientific Career." *American Sociological Review* 43:889—908.

Long, J. Scott, and Robert McGinnis. 1981. "Organizational Context and Scientific Productivity." *American Sociological Review* 46:422—42.

Lotka, Alfred J. 1926. "The Frequency Distribution of Scientific Productivity." *Journal of the Washington Academy of Sciences* 16:317—23.

Ma, Jennifer, and Paula Stephan. 2005. "The Growing Postdoctorate Population at U.S. Research Universities." In *Recruitment, Retention and Retirement in Higher Education:*

Building and Managing the Faculty of the Future, 53—79. Edited by Robert Clark, and Jennifer Ma. Northampton: Edward Elgar.

Macintosh, Zoe. 2010. "Giant New Telescopy Gets $50 Million in Funding." SPACE.com, July 21. http://www.space.com/8791-giant-telescope-50-million-funding.html.

Malakoff, David. 2000. "The Rise of the Mouse, Biomedicine's Model Mammal." *Science* 288: 248—53.

Mallon, William, and David Korn. 2004. "Bonus Pay for Research Faculty." *Science* 303:476—77.

Mansfield, Edwin. 1991a. "Academic Research and Industrial Innovation." *Research Policy* 20: 1-12.

———. 1991b. "Social Returns from R&D: Findings, Methods and Limitations." *Research Technology Management*, 34:6, 24—27

———. 1992. "Academic Research and Industrial Innovation: A Further Note." *Research Policy* 21:295—6.

———. 1995. "Academic Research Underlying Industrial Innovations: Sources, Characteristics, and Financing." *Review of Economics and Statistics* 77:55—65.

———. 1998. "Academic Research and Industrial Innovation: An Update of Empirical Findings." *Research Policy* 26:773—6.

Markman, Gideon, Peter Gianiodis, and Phillip Phan. 2008. "Full-Time Faculty or Part-Time Entrepreneurs." *IEEE Transactions on Engineering Management* 55:29—36.

Marshall, Eliot. 2008. "Science Policy. Biosummit Seeks to Draw Obama's Attention to the Life Sciences." *Science* 322:1623.

———. 2009. "Recession Fallout. Harvard's Financial Crunch Raises Tensions among Biology Programs." *Science* 324:157—8.

Martin, Douglas. 2010. "W. E. Gordon, Creator of Link to Deep Space, Dies at 92." *New York Times*, February 27, 24.

Marty, Bernard, Russell L. Palma, Robert O. Pepin, Laurent Zimmermann, Dennis J. Schlutter, Peter G. Burnard, Andrew J. Westphal, Christopher J. Snead, Sa? a Bajt, Richard H. Becker, and Jacob E. Simones. 2008. "Helium and Neon Abundances and Compositions in Cometary Matter." *Science* 319:75—8.

Marx, Jean. 2007. "Molecular Biology. Trafficking Protein Suspected in Alzheimer's Disease." *Science* 315:314.

McCook, Alison. 2009. "Cuts in Funding at Wellcome." The Scientist: Newsblog, February 12. http://www.the-scientist.com/blog/print/55417/.

McCray, W. Patrick. 2000. "Large Telescopes and the Moral Economy of Recent Astronomy." *Social Studies of Science* 30:685—711.

McGraw-Herdeg, Michael. 2009. "24 Broad Institute DNA Scientists Were Laid Off on Tuesday." *The Tech* 128:65.

McKinsey & Company. 2009. *And the Winner Is . . . : Capturing the Promise of Philanthropic Prizes*. New York: McKinsey. http://www.mckinsey.com/App_Media/Reports/SSO/And_the_winner_is.pdf.

McKnight, Steve. 2009. "Why Do We Choose to Be Scientists?" *Cell* 138:817—19.

Menard, Henry. 1971. *Science, Growth and Change*. Cambridge, MA: Harvard University Press.

Merton, Robert K. 1957. "Priorities in Scientific Discovery: A Chapter in the Sociology of Science." *American Sociological Review* 22:635—59.

———. 1961. "Singletons and Multiples in Scientific Discovery: A Chapter in the Sociology of Science." *Proceedings of the American Philosophical Society* 105:470—86.

———. 1968. "The Matthew Effect in Science: The Reward and Communication Systems of Science Are Considered." *Science* 159:56—63.

———. 1969. "Behavior Patterns of Scientists." *American Scientist* 57:1—23.

———. 1988. "The Matthew Effect in Science, II: Cumulative Advantage and the Symbolism of Intellectual Property." *Isis* 79:606—23.

Mervis, Jeffrey. 1998. "The Biocomplex World of Rita Colwell." *Science* 281:1944—7.

———. 2007a. "Harvard Proposes One for the Team." *Science* 315:449.

———. 2008a. "And Then There Was One." *Science* 321:1622—8.

———. 2008b. "Building a Scientific Legacy on a Controversial Foundation." *Science* 321:480—83.

———. 2008c. "Top Ph.D. Feeder Schools Are Now Chinese." *Science* 321:185.

———. 2009a. "The Money to Meet the President's Priorities." *Science* 324:1128—29.

———. 2009b. "Reshuffling Graduate Training." *Science* 325:528—30.

———. 2009c. "Senate Majority Leader Hands NSF a Gift to Serve the Exceptionally Gifted." *Science* 323:1548.

———. 2010. "NSF Turns Math Earmark on Its Ear to Fund New Institute." *Science* 329:1006—7.

Meyers, Michelle. 2008. LHC Shut Down until Early Spring. *CNET News*, September 23. http://news.cnet.com/8301—11386_3—10049188—76.html.

Mill, John Stuart. 1921. *Principles of Political Economy*. 7th ed. Edited by William J. Ashley. London: Longmans, Green. First published in 1848.

Miller, Gref. 2010. "Scientific Misconduct. Misconduct by Postdocs Leads to Retraction of Papers." *Science* 329:1583.

Minogue, Kristen. 2009. "Fluorescent Zebrafish Shed Light on Human Birth Defects." *Medill*

Reports Chicago, February 5. http://news.medill.northwestern.edu/chicago/news.aspx?id=114601.

———. 2010. "California Postdocs Embrace Union Contract." ScienceInsider, August 13. http://news.sciencemag.org/scienceinsider/2010/08/california-postdocs-embrace-union.html.

MIT Museum. 2011. "Lab Life, Sharpies, Photo Mural Documenting Members of Prof. Philip Sharp's Laboratory, 1974—2010." The MIT 150 Exhibition, Massachusetts Institute of Technology, Cambridge, MA. http://museum.mit.edu/150/69.

MIT News. 1997. "MIT Graduates Have Started 4,000 Companies with 1,100,000 Jobs, \$232 Billion in Sales in '94." MIT News, March 5. http://web.mit.edu/newsoffice/1997/jobs.html.

Mlodinow, Leonard. 2003. *Feynman's Rainbow: A Search for Beauty in Physics and in Life*. New York: Warner Books.

Mokyr, Joel. 2010. "The Contribution of Economic History to the Study of Innovation and Technical Change: 1750—1914." In *Handbook of the Economics of Innovation*, Vol. 1, Chapter 2. Edited by Bronwyn Hall and Nathan Rosenberg. London: Elsevier Press.

Morgan, Thomas. 1901. *Regeneration*. New York: Macmillan.

Mowatt, Graham, Liz Shirran, Jeremy M. Grimshaw, Drummond Rennie, Annette Flanagin, Veronica Yank, Graeme MacLennan, Peter C. Gøtzsche, and Lisa A. Bero. 2002. "Prevalence of Honorary and Ghost Authorship in Cochrane Reviews." *Journal of the American Medical Association* 287:2769—71.

Mowery, David, Richard R. Nelson, Bhaven N. Sampat, and Arvids A. Ziedonis. 2004. *Ivory Tower and Industrial Innovation: University-Industry Technology Transfer before and after the Bayh-Dole Act in the United States*. Stanford, CA: Stanford University Press.

Mowery, David, and Nathan Rosenberg. 1989. *Technology and the Pursuit of Economic Growth*. Cambridge, UK: Cambridge University Press.

Mulvey, Patrick J., and Casey Langer Tesfaye. 2004. "Graduate Student Report: First-Year Physics and Astronomy Students." American Institute of Physics (website). http://www.aip.org/statistics/trends/highlite/grad/gradhigh.pdf.

———. 2010. "Findings from the Initial Employment Survey of Physics PhDs, Classes of 2005 & 2006." American Insitute of Physics (website). http://www.aip.org/statistics/trends/highlite/emp3/emphigh.htm.

Murphy, Kevin, and Robert Topel. 2006. "The Value of Health and Longevity." *Journal of Political Economy* 114:871—904.

Murray, Fiona. 2010. "The Oncomouse That Roared: Hybrid Exchange Strategies as a Source of Productive Tension at the Boundary of Overlapping Institutions." *American Journal of Sociology* 116:341—88.

Murray, Fiona, Phillipe Aghion, Mathias Dewatripont, Julian Kolev, and Scott Stern. 2010. "Of Mice and Academics: Examining the Effect of Openness on Innovation." *American Journal of Sociology* 116:341—88.

Murray, Fiona, and Scott Stern. 2007. "Do Formal Intellectual Property Rights Hinder the Free Flow of Scientific Knowledge? An Empirical Test of the Anti-Commons Hypothesis." *Journal of Economic Behavior and Organization* 63:648—87.

Nadiri, M. Ishaq, and Theofanis P. Mamuneas. 1991. "The Effects of Public Infrastructure and R&D Capital on the Cost Structure and Performance of U. S. Manufacturing Industries." NBER working paper no. 3887. National Bureau of Economic Research, Cambridge, MA.

NASULGC, 2009. "Competitiveness of Public Research Universities & Consequences for the Country: Recommendations for change." http://www.aplu.org/document.doc?id=1561.

National Academy of Sciences. 1958. *Doctorate Production in United States Universities 1936—1956 with Baccalaureate Origins of Doctorates in Sciences, Arts and Humanities*. Washington, DC: National Research Council.

———. 2007. *Rising above the Gathering Storm: Energizing and Employing America for a Brighter Economic Future*. Washington, DC: National Academy of Sciences.

National Institute of General Medical Sciences. 2007a. *Report of the Protein Structure Initiative Assessment Panel*. National Advisory General Medical Sciences Council Working Group Panel for the Assessment of the Protein Structure Initiative. Bethesda, MD: NIGMS. http://www.nigms.nih.gov/News/Reports/PSIAssessmentPanel2007.htm.

———. [2007b]. "Update on NIH Peer Review." PowerPoint distributed to NIGMS Council. Bethesda, MD: NIGMS.

———. 2009a. *50 Years of Protein Structure Determination Timeline*. Bethesda, MD: NIGMS. http://publications.nigms.nih.gov/psi/timeline_text.html.

———. 2009b. Glue Grants. Bethesda, MD: NIGMS. http://www.nigms.nih.gov/Initiatives/Collaborative/GlueGrants.

———. 2009c. "NIGMS Invites Biologists to Join High-Throughput Structure Initiative." *NIH News*, February 12. http://www.nih.gov/news/health/feb2009/nigms-12.htm.

———. 2011. *Research Network*. (The NIH Pharmacogenomics Research Network [PGRN].) Bethesda, MD: NIGMS. http://www.nigms.nih.gov/Initiatives/PGRN/Network.

National Institutes of Health. 2008. "NIH Awards First EUREKA Grants for Exceptionally Innovative Research." *NIH News*, September 3. http://www.nih.gov/news/health/sep2008/nigms-03.htm.

———. 2009a. "Biographical Sketch Format Page," PHS 298/2590, April. Bethesda, MD: NIH. http://grants.nih.gov/grants/funding/phs398/biosketchsample.pdf.

———. 2009b. *Biomedical Research and Development Price Index*. Bethesda, MD: NIH. http://officeofbudget. od. nih. gov/pdfs/FY09/BRDPI% 20Table% 20of% 20Annual% 20Values_02_01_2009_2014. pdf.

———. 2009c. "NIH Announces 115 Awards to Encourage High-Risk Research and Innovation." *NIH News*, September 24. http://www. nih. gov/news/health/ sep2009/od-24. htm.

———. 2009d. *NIH ARRA FY 2009 Funding*. Bethesda, MD: NIH. http://report. nih. gov/UploadDocs/Final_NIH_ARRA_FY2009_Funding. pdf.

———. 2009e. *National Institutes of Health (NIH) Extramural Data Book*, *Fiscal Year 2008*. Office of Extramural Research. Bethesda, MD: NIH. http://report . nih. gov/ndb/pdf/ndb _2008_Final. pdf.

———. 2009f. *Research Project Success Rates by NIH Institute for 2008*. Bethesda, MD: NIH. http://report. nih. gov/award/success/Success_ByIC. cfm.

———. 2009g. *Support of NIGMS Program Project Grants (P01)*. Bethesda, MD: NIH. http://grants. nih. gov/grants/guide/pa-files/PA-07-030. html.

———. 2010. "Ruth L. Kirschstein National Research Service Award (NRSA) Stipends, Tuition/Fees and Other Budgetary Levels Effective for Fiscal Year 2010." Bethesda, MA: Office of Extramural Research. http://grants. nih. gov/grants/guide/notice-files/NOT-OD-10-047. html.

———. 2011. "Overview: NIH Director's Pioneer Award." NIH Common Fund, Division of Program Coordination, Planning and Strategic Initiatives. Bethesda, MA: NIH. http://commonfund. nih. gov/pioneer/.

National Opinion Research Center. 2008. *Doctorate Recipients from United States Universities*, *Selected Tables 2007*. Chicago: National Opinion Research Center.

National Postdoctoral Association. 2010. "About the NPA." National Postdoctoral Association website. http://www. nationalpostdoc. org/about-the-npa.

National Research Council. 1998. *Trends in the Early Careers of Life Scientists*. Committee on Dimensions, Causes and Implications of Recent Trends in the Careers of Life Scientists. Washington, DC: National Academies Press.

———. 2000. *Forecasting Demand and Supply of Doctoral Scientists and Engineers: Report of a Workshop on Methodology*. Washington, DC: National Academies Press.

———. 2005. *Bridges to Independence: Fostering the Independence of New Investigators in Biomedical Research*. Washington, DC: National Research Council.

———. 2011. *Research Training in the Biomedical, Behavioral, and Clinical Research Sciences*. Washington, DC: National Academies Press.

National Science Board. 2000. *Science and Engineering Indicators: 2000*. Arlington, VA: National Science Foundation. http://www. nsf. gov/statistics/seind00/.

2002. *Science and Engineering Indicators 2002*. Artlinglton, VA., National Science Founda-

———. tion. http://www.nsf.gov/statistics/seind02/.

———. 2004. Science and Engineering Indicators. Arlington, VA: National Science Foundation. http://www.nsf.gov/statistics/seind04/.

———. 2006. Science and Engineering Indicators. Arlington, VA: National Science Foundation. http://www.nsf.gov/statistics/seind06/

———. 2007. "National Science Board Approves NSF Plan to Emphasize Transformative Research." Press release 07—097, August 9. Arlington, VA: National Science Foundation. http://www.nsf.gov/nsb/news/news_summ.jsp?cntn_id=109853&org=NSF.

———. 2008. *Science and Engineering Indicators*. Arlington, VA: National Science Foundation. http://www.nsf.gov/statistics/seind08/pdf/cov_v2.pdf.

———. 2010. *Science and Engineering Indicators: 2010*. Arlington, VA: National Science Foundation. http://www.nsf.gov/statistics/seind10/.

National Science Foundation. 1968. "Technology in Retrospect and Critical Events in Science." NSF C535. Unpublished manuscript prepared by IIT Research Institute, Chicago.

———. 1977. *Characteristics of Doctoral Scientists and Engineers in the United States 1975*. NSF-77-309.

———. 1989. *The State of Academic Science and Engineering*. Arlington, VA: National Science Foundation.

———. 1996. *Characteristics of Doctoral Scientists and Engineers in the United States 1993*. NSF-96-302.

———. 2004. *Federal Funds for Research and Development: Fiscal Years 1973—2003: Federal Obligations for Research to Universities and Colleges by Agency and Detailed Field of Science and Engineering*. NSF 04—332. National Center for Science and Engineering Statistics. Arlington, VA: National Science Foundation. http://www.nsf.gov/statistics/nsf04332/.

———. 2006. *Country of Citizenship of Non-U.S. Citizen Doctorate Recipients by Visa Status: 1960—1999*. U.S. Doctorates in the 20th Century. Arlington, VA: National Science Foundation.

———. 2007a. *Asia's Rising Science and Technology Strength: Comparative Indicators for Asia, the European Union, and the United States*. Arlington, VA: National Science Foundation.

———. 2007b. *Federal Funds for Research and Development: Fiscal Years 2004—2006*. Detailed Statistical Tables. NSF 07—323. Division of Science Resources Statistics. Arlington, VA: National Science Foundation. http://www.nsf.gov/statistics/nsf07323/.

———. 2007c. *Impact of Proposal and Award Management Mechanisms*, Final Report. Arlington, VA: National Science Foundation. http://www.nsf.gov/pubs/2007/nsf0745/

nsf0745. pdf.

————. 2007d. *Science and Engineering Research Facilities: Fiscal Year 2005*. NSF 07—325. National Center for Science and Engineering Statistics/Division of Science Resources Statistics. Arlington, VA: National Science Foundation. http://www. nsf. gov/statistics/nsf07325/.

————. 2008. *Graduate Students and Postdoctorates in Science and Engineering: Fall 2006*. Arlington, VA: National Science Foundation.

————. 2009a. *Characteristics of Doctoral Scientists and Engineers in the United States 2006*. National Center for Science and Engineering Statistics. Arlington, VA: National Science Foundation. http://www. nsf. gov/statistics/nsf09317/pdf/nsf09317. pdf.

————. 2009b. *Doctorate Recipients from U. S. Universities: Summary Report 2007—2008*. National Center for Science and Engineering Statistics. Arlington, VA: National Science Foundation. http://www. nsf. gov/statistics/nsf10309/pdf/nsf10309. pdf.

————. 2009c. *Report to the National Science Board on National Science Foundation's Merit Review Process, Fiscal Year 2008*. Arlington, VA: National Science Foundation. http://www. nsf. gov/nsb/publications/2009/nsb0943_merit_review_2008. pdf.

————. 2009d. *Survey of Research and Development Expenditures at Universities and Colleges*. National Center for Science and Engineering Statistics. Arlington, VA: National Science Foundation. http://www. nsf. gov/statistics/srvyrdexpenditures/.

————. 2010a. R&D Expenditures at Universities and Colleges by Source of Funds: FY 1953—2008. http://www. nsf. gov/statistics/nsfl0311/pdf/tabl. pdf.

————. 2010b. Federal Funds for Research and Development Fiscal Years 2007—2009. NSF 10—305. Arlington, VA: National Science Foundation. http://www. sf. gov/statistics/nsf10305/.

————. 2010c. *WebCASPAR* (database). Arlington, VA: National Science Foundation. https://webcaspar. nsf. gov/;jsessionid=AC2E478221230456140B5016A9FF4292.

————. 2011a. National Survey of College Graduates. http://www. nsf. gov/statistics/showsrvy. cfm? srvy_CatID=3&srvy_Seri=7/.

————. 2011b. Survey of Doctorate Recipients. http://www. nsf. gov/statistics/srvydoctoratework/.

————. 2011c. Survey of Earned Doctorates. http://www. nsf. gov/statistics/srvydoctorates/.

————. 2011d. Survey of Graduate Students and Postdoctorates. http://www. nsf. gov/statistics/srvygradpostdoc/.

————. 2011e. Survey of Research and Development Expenditures at Universities. http://www. nsf. gov/statistics/srvyrdexpenditures/.

"Natural Experiments." 2011. *Wikipedia*. http://en. wikipedia. org/wiki/Natural_experiment

Nature Editors. 2007. "Innovation versus Science?" *Nature* 448:839—40.

Nature Immunology Editor. 2006. "Mainstreaming the Alternative." *Nature Immunology* 7: 535. doi:10.1038/ni0606—535.

Nelson, Richard R., Merton J. Peck, and Edward D. Kalachek. 1967. *Technology, Economic Growth, and Public Policy*. Washington, DC: Brookings Institution.

Nelson-Rees, Walter A. 2001. "Responsibility for Truth in Research." *Philosophical Transactions of the Royal Society B: Biological Sciences*. 356: 849—51. doi 10.1098/rstb. 2001.0873.

Newman, M. E. J. 2004. "Coauthorship Networks and Patterns of Scientific Collaboration." *Proceedings of the National Academy of Sciences of the United States of America* 101: 5200—5.

New York Times Editors. 2010. "The Genome, 10 Years Later." *New York Times*, June 20, A28. http://www.nytimes.com/2010/06/21/opinion/21mon2.html.

Nikolai Lobachevsky. 2011. Wilipedia. http://en.wikipedia.org/wiki/Nikolai_Lobachevsky.

Nobel Foundation. 2011. "The Sveriges Riksbank Prize in Economic Sciences in Memory of Alfred Nobel 1971: Simon Kuznets." NobelPrize.org (website). http://nobelprize.org/nobel_prizes/economics/laureates/1971/.

Normile, Dennis. 2008. "Japan's Ocean Drilling Vessel Debuts to Rave Reviews." *Science* 319:1037.

———. 2009. "Science Windfall Stimulates High Hopes—and Political Maneuvering." *Science* 324:1375.

Northwestern University 2009, http://www.northwestern.edu/budget/documents/PDF5.pdf.

Norwegian Academy of Science and Letters. 2010. The Kavli Prize (website). http://www.kavliprize.no/.

Nyrén, Pal. 2007. "The History of Pyrosequencing." *Methods in Molecular Biology* 373: 1—14.

Office of Research Integrity, U.S. Department of Health and Human Services. http://ori.hhs.gov/misconduct/cases/Goodwin_Elizabeth.shtml.

Office of the Executive Vice President. 2010. "Allston: Path Forward in Allston." Harvard University, Cambridge, MA. http://www.evp.harvard.edu/allston.

Oklahoma State University, 2009, 2008—2009 *Faculty Salary Survey by Discipline*. Office of Institutional Research and Information Management.

Olson, Steve. 1986. *Biotechnology: An Industry Comes of Age*. Washington, DC: National Academy Press.

Oreopoulos, Philip, Till von Wachter, and Andrew Heisz. 2008. "The Short- and Long-Term Career Effects of Graduating in a Recession: Hysteresis and Heterogeneity in the Market for

Graduate Students." IZA Discussion Paper No. 3578. Institute for the Study of Labor (IZA), Bonn, Germany.

Organisation for Economic Co-operation and Development. 2008. *OECD Science, Technology, and Industry Outlook 2008*. Paris: Organisation for Economic Co-operation and Development. http://www.oecd.org/document/19/0,3746,en_2649_34273_46680723_1_1_1_1,00.html.

———. 2010. *Main Science and Technology Indicators*.

Overbye, Dennis. 2007. "A Giant Takes on Physics' Biggest Questions." *New York Times*, May 15, F1.

Oyer, Paul. 2006. "Initial Labor Market Conditions and Long-Term Outcomes for Economists." *Journal of Economic Perspectives* 20:143—60.

Pain, Elizabeth. 2008. "Science Careers. Playing Well with Industry." *Science* 319:1548—51.

Paynter, Nina P., Daniel I. Chasman, Guillaume Paré, Julie E. Buring, Nancy R. Cook, Joseph P. Miletich, and Paul M Ridker. 2010. "Association between a Literature-Based Genetic Risk Score and Cardiovascular Events in Women." *Journal of the American Medical Association* 303:631—7.

Pelekanos, Adelle. 2008. "Money Management for Scientists: Lab Budgets and Funding Issues for Young PIs." *Science Alliance eBriefing* (New York Academy of Sciences), June 16.

Pelz, Donald C., and Frank M. Andrews. 1976. *Scientists in Organizations*. Ann Arbor: Institute for Social Research, University of Michigan.

Penning, Trevor. 1998. "The Postdoctoral Experience: An Associate Dean's Perspective." *The Scientist* 12:9.

Pennisi, Elizabeth. 2006. "Genomics. On Your Mark. Get Set. Sequence!" *Science* 314:232.

Peota, Carmen. 2007. "Biomedical Building Boom." *Minnesota Medicine* 90:18—9. http://www.minnesotamedicine.com/PastIssues/February2007/PulseBiomedicalFebruary2007/tabid/1705/Default.aspx.

Pezzoni, Michelle, Valerio Sterzi, and Francesco Lissoni. 2009. "Career Progress in Centralized Academic Systems: An Analysis of French and Italian Physicists." Knowledge, Internationalization, and Technology Studies (KITeS) Working Paper No. 26. Luigi Bocconi University, Milan, Italy.

Phillips, Michael. 1996. "Math PhDs Add to Anti-Foreigner Wave: Scholars Facing High Jobless Rate Seek Immigration Curbs." *Wall Street Journal*, September 4, A2.

Phipps, Polly, James W. Maxwell, and Colleen A. Rose. 2009. "2008 Annual Survey of the Mathematical Sciences in the United States (Second Report) (and Doctoral Degrees Conferred 2007—2008, Supplementary List)." *Notices of the American Mathematical Society* 56:828—43. http://www.ams.org/notices/200907/rtx090700828p.pdf.

Pines Lab. 2009. "The Pines Lab." Chemistry Department, University of California-Berkeley. http://waugh.cchem.berkeley.edu/.

Pollack, Andrew. 2011. "Taking DNA Sequencing to the Masses." *New York Times*, January 4. http://www.nytimes.com/2011/01/05/health/05gene.html.

"The Power of Serendipity." 2007. *CBS Sunday Morning* (website), October 7. http://www.cbsnews.com/stories/2007/10/05/sunday/main3336345.shtml.

"Protein Structure." 2009. *Wikipedia*. http://en.wikipedia.org/wiki/Protein_structure.

"PubChem." 2009. *Wikipedia*. http://en.wikipedia.org/wiki/PubChem.

Puljak, Livia, and Wallace D. Sharif. 2009. "Postdocs' Perceptions of Work Environment and Career Prospects at a US Academic Institution." *Research Evaluation* 18:411—5.

Quake, Stephen. 2009. "Letting Scientists Off the Leash." *New York Times Blog*, February 10.

Rabinow, Paul. 1997. *Making PCR: A Story of Biotechnology*. Chicago: University of Chicago Press.

RCSB Protein Data Bank. 2009. *A Resource for Studying Biological Macromolecules*. http://www.rcsb.org/pdb/.

Regets, Mark. 2005. "Foreign Students in the United States." Paper presented at Dialogue Meeting on Migration Governance: European and North American Perspectives. Brussels, Belgium, June 27.

Reid, T. R. 1985. *The Chip: How Two Americans Invented the Microchip and Launched a Revolution*. New York: Random House.

Research Assessment Exercise. 2008. "Quality Profile Will Provide Fuller and Fairer Assessment of Research." February 11. Higher Education Funding Council for England (HEFCE), the Scottish Funding Council (SFC), the Higher Education Funding Council for Wales (HEFCW), and the Department for Employment and Learning, Northern Ireland. http://www.rae.ac.uk/news/2004/fairer.htm.

"Richter Scale." 2010. *Wikipedia*. http://en.wikipedia.org/wiki/Richter_magnitude_scale.

Rilevazione Nuclei. 2007. "Ottavo Rapporto Sullo Stato Del Sistema Universitario." Comitato Nazionale per la Valutazione del Sistema Universitario (CNVSU), Ministero dell/Istruzione dell/Università e delle Ricerca, Italy. http://www.unisinforma.net/w2d3/v3/download/unisinforma/news/allegati/upload/sintesi%20del%20rapporto.pdf.

Rivest, Ron L., Adi Shamir, and Leonard Adleman. 1978. "A Method for Obtaining Digital Signatures and Public-Key Cryptosystems." *Communications of the ACM* 21:120—6.

Roberts, Richard J. 1993. "Autobiography." Nobelprize.org (website). http://nobel-prize.org/nobel_prizes/medicine/laureates/1993/roberts-autobio.html.

Robinson, Sara. 2003. "Still Guarding Secrets after Years of Attacks, RSA Earns Accolades for

Its Founders." *SIAM News* 36 (5): 28.

Rockey, Sally. 2010. Presentation made at the 101st Advisory Committee to the Director, National Institutes of Health, December 9, 2010, Bethesda, Maryland.

Rockwell, Sara. 2009. "The FDP Faculty Burden Survey." *Research Management Review*, 61: 29—44.

Roe, Anne. 1953. *The Making of a Scientist*. New York: Dodd, Mead.

Romer, Paul. 1990. "Endogenous Technological Change." *Journal of Political Economy* 98: S71-S102

____. 1994. "The Origins of Endogenous Growth." *Journal of Economic Perspectives* 8:3—22.

____. 2000. "Should the Government Subsidize Supply or Demand in the Market for Scientists and Engineers?" NBER Working Paper 7723. National Bureau of Economic Research, Cambridge, MA.

____. 2002. "Economic Growth." In *The Concise Encyclopedia of Economics*. Edited by David R. Henderson. Indianapolis, IN: Liberty Fund, Library of Economics and Liberty (website). http://www.econlib.org/library/Encl/EconomicGrowth.html.

Rosenberg, Nathan. 2004. "Science and Technology: Which Way Does the Causation Run?" Paper presented at the opening of the Center for Interdisciplinary Studies of Science and Technology. Stanford, CA, November 1, 2004. http://www.crei.cat/activities/sc_conferences/23/papers/rosenberg.pdf.

____. 2007. "Endogenous Forces in Twentieth-Century America." In *Entrepreneurship, Innovation, and the Growth Mechanism of the Free-Enterprise Economies*, 80—99. Edited by Eytan Sheshinski, Robert J. Strom, and William J. Baumol. Princeton, NJ: Princeton University Press.

Rosenberg, Nathan, and L. E. Birdzell Jr. 1986. *How the West Grew Rich: The Economic Transformation of the Industrial World*. New York: Basic Books.

Rosenberg, Nathan, and Richard Nelson. 1994. "American Universities and Technical Advance in Industry." *Research Policy* 23:323—48.

Rosovsky, Henry. 1991. *The University: An Owner's Manual*. New York: W. W. Norton.

Ross, Joseph S., Kevin P. Hill, David S. Egilman, and Harlan M. Krumholz. 2008. "Guest Authorship and Ghostwriting in Publications Related to Rofecoxib: A Case Study of Industry Documents from Rofecoxib Litigation." *Journal of the American Medical Association* 299:1800—12.

Rothberg Institute for Childhood Diseases. 2009. "Board of Directors." http://www.childhood-diseases.org/scientists.html.

Roussel, Nicolas. 2011. *scHolar Index* (software). http://interaction.lille.inria.fr/~roussel/projects/scholarindex/index.cgi.

Ryoo, Jaewoo, and Sherwin Rosen. 2004. "The Engineering Labor Market." *Journal of Political Economy* 112:S110—38.

Sacks, Frederick. 2007. "Is the NIH Budget Saturated? Why Hasn't More Funding Meant More Publications?" *The Scientist*, November 19.

Sánchez Laboratory. 2010. "Thomas Hunt Morgan." Sánchez Laboratory Regeneration Research, Genetic Science Learning Center, University of Utah, Salt Lake City. http://planaria.neuro.utah.edu/research/Morgan.htm.

Sauermann, Henry. 2011. Presentation made April 19, at workshop "Measuring the Impacts of Federal Investments in Research." National Academies, Washington, DC.

Sauermann, Henry, Wesley Cohen, and Paula Stephan. 2010. "Complicating Merton: The Motives, Incentives and Innovative Activities of Academic Scientists and Engineers." Unpublished manuscript.

Sauermann, Henry, and Michael Roach. 2011. "The Price of Silence: Scientists' Trade Offs Between Publishing and Pay." Unpublished paper, Georgia Institute of Technology, Atlanta, GA.

Sauermann, Henry, and Paula Stephan. 2010. "Twins or Strangers: Differences and Similarities between Industrial and Academic Science." NBER Working Paper 16113. National Bureau of Economic Research, Cambridge, MA.

Saxenian, AnnaLee. 1995. "Creating a Twentieth Century Technical Community: Frederick Terman's Silicon Valley." Paper presented at the inaugural symposium on The Inventor and the Innovative Society, the Lemelson Center for the Study of Invention and Innovation, National Museum of American History, Smithsonian Institution. Washington, DC, November 10—11.

Scarpa, Toni. 2010. "Peer Review at NIH: A Conversation with CSR Director Toni Scarpa." *The Physiologist* 53:65, 67—9.

Scherer, Frederic M. 1967. *Review of Technology, Economic Growth and Public Policy*, by Richard R. Nelson, M. J. Peck, and E. D. Kalacheck. Journal of Finance 22:703—4.

———. 1998. "The Size Distribution of Profits from Innovation." *Annales d'Economie et de Statistique* 49/50:495—516.

Schulze, Günther. 2008. "Tertiary Education in a Federal System—the Case of Germany." In *Scientific Competition: Theory and Policy*, 35—66. Edited by Max Albert, Dieter Schmidtchen, and Stefan Voigt. Tübingen: Mohr Siebeck.

Science Editors. 2000. "Best and the Brightest Avoiding Science." *Science* 288:43.

Scientist Staff. 2010. "Top Ten Innovations 2010." *The Scientist* 24 (12): 47. http://www.the-scientist.com/2010/12/1/47/1/.

Service, Robert F. 2008. "Applied Physics. Tiny Transistor Gets a Good Sorting Out." Science

321:27.

Shapin, Steven. 2008. *The Scientific Life: A Moral History of a Late Modern Vocation*. Chicago: University of Chicago Press.

Shi, Yigong, and Yi Rao. 2010. "China's Research Culture." *Science* 328:1128.

Sigma Xi. 2003. *Postdoc Countries of Citizenship and Degree Earned*. http://postdoc.sigmaxi.org/results/tables/table8.

Simonton, Dean Keith. 2004. *Creativity in Science: Chance, Logic, Genius, and Zeitgeist*. Cambridge, United Kingdom: Cambridge University Press.

Simpson, John. 2007. "Share the Fruits of State Funded Research, Consumer Watchdog, August 11.

SKA 2011. http://www.skatelescope.org/the-location/.

SLAC National Accelerator Laboratory. 2010. *Linac Coherent Light Source News*. http://lcls.slac.stanford.edu/news.aspx.

Slaughter, Shelia, and Gary Rhodes. 2004. *Academic Capitalism and the New Economy: Markets, State and Higher Education*. Baltimore, MD: The Johns Hopkins University Press.

Sloan Digital Sky Survey. 2010. *Mapping the Universe: The Sloan Digital Sky Survey* (website). http://www.sdss.org.

Sobel, Dava. 1996. *Longitude: The True Story of a Lone Genius Who Solved the Greatest Scientific Problem of His Time*. London: Fourth Estate.

Sousa, Rui. 2008. "Research Funding: Less Should Be More." *Science* 322: 1324—25.

Stanford University. 2009a. "Economic Impact." Wellspring of Innovation (website). Palo Alto, CA. http://www.stanford.edu/group/wellspring/economic.html.

———. 2009b. *Wellspring of Innovation* (website). Palo Alto, CA. http://www.stanford.edu/group/wellspring/index.html.

———. 2009c. Stanford University Budget Plan. Palo Alto, CA. http://www.stanford.edu/dept/pres-provost/budget/plans/BudgetBookFY10.pdf.

———. 2010a. "Postdoctoral Scholars: Funding Guidelines." Palo Alto, CA. http://postdocs.stanford.edu/handbook/salary.html.

———. 2010b. "Stanford Graduate Fellowships in Science and Engineering." Vice Provost for Graduate Education. Palo Alto, CA. http://sgf.stanford.edu/.

———. 2010c. "Tuition and Fees." Palo Alton, CA. http://studentaffairs.stanford.edu/registrar/students/tuition-fees.

Stephan, Paula. 2004. "Robert K. Merton's Perspective on Priority and the Provision of the Public Good Knowledge." *Scientometrics* 60:81—87.

———. 2007a. "Early Careers for Biomedical Scientists: Doubling (and Troubling) Outcomes." Presentation at Harvard University for the Science and Engineering Workforce Project

(SWEP), National Bureau of Economic Research (NBER). Cambridge, MA, February 27. http://www.nber.org/~sewp/Early%20Careers%20for%20Biomedical%20Scientists.pdf.

——. 2007b. "Social and Economic Perspective." Presentation at Modeling Scientific Workforce Diversity, National Institutes of General Medicine, National Institutes of Health. Bethesda, MD, October 3.

——. 2007c. "Wrapping It up in a Person: The Location Decision of New PhDs Going to Industry." In *Innovation Policy and the Economy*, Vol. 7, 71—98. Edited by Adam Jaffe, Josh Lerner, and Scott Stern. Cambridge, MA: MIT Press.

——. 2008. "Job Market Effects on Scientific Productivity." In *Scientific Competition: Theory and Policy*, 11—29. Edited by Max Albert, Dieter Schmidtchen, and Stefan Voigt. Tübingen: Mohr Siebeck.

——. 2009. "Tracking the Placement of Students as a Measure of Technology Transfer." In *Advances in the Study of Entrepreneurship, Innovation, and Economic Growth*, 113—40. Edited by Gary Libecap. London: Elsevier.

——. 2010a. "The Economics of Science." In *Handbook of the Economics of Innovation*, Vol. 1, Chapter 5. Edited by Bronwyn Hall and Nathan Rosenberg. London: Elseivier.

——. 2010b. "The 'I's' Have It: Immigration and Innovation, the Perspective from Academe." In *Innovation Policy and the Economy*, Vol. 10, 83—127. Edited by Josh Lerner and Scott Stern. Cambridge, MA: MIT University Press.

Stephan, Paula, Grant Black, and Tanwin Chang. 2007. "The Small Size of the Small Scale Market: The Early-Stage Labor Market for Highly Skilled Nanotechnology Workers." *Research Policy* 36:887—92.

Stephan, Paula, and Stephen Everhart. 1998. "The Changing Rewards to Science: The Case of Biotechnology." *Small Business Economics* 10:141—51.

Stephan, Paula, Shif Gurmu, A. J. Sumell, and Grant Black. 2007. "Who's Patenting in the University?" *Economics of Innovation and New Technology*, Vol 61(2): 71—99.

Stephan, Paula, and Sharon Levin. 1992. *Striking the Mother Lode in Science: The Importance of Age, Place, and Time*. New York: Oxford University Press.

——. 1993. "Age and the Nobel Prize Revisited." *Scientometrics* 28:387—99.

——. 2002. "The Importance of Implicit Contracts in Collaborative Scientific Research." In *Science Bought and Sold: Essays in the Economics of Science*, Edited by Philip Mirowski and Esther-Mirjam Sent. Chicago: University of Chicago Press.

——. 2007. "Foreign Scholars in U.S. Science: Contributions and Costs." In *Science and the University*, Edited by Paula Stephan and Ronald G. Ehrenberg. Madison, WI: University of Wisconsin Press.

Stephan, Paula, and Jennifer Ma. 2005. "The Increased Frequency and Duration of the Postdoctoral Career Stage." *American Economic Review Papers and Proceedings* 95:71—75.

Stephan, Paula, A. J. Sumell, Grant Black, and James D. Adams. 2004. "Doctoral Education and Economic Development: The Flow of New PhDs to Industry." *Economic Development Quarterly* 18:151—67.

Stern, Scott. 2004. "Do Scientists Pay to Be Scientists?" *Management Science* 50:835—53.

Stevens, Ashley, J. J. Jensen, K. Wyller, P. C. Kilgore, S. Chatterjee, and M. L. Rohrbaugh. 2011. "The Role of Public-Sector Research in the Discovery of Drugs and Vaccines." *The New England Journal of Medicine* 364, no. 6 (2011):535—41.

Stigler, Stephen. 1980. "Stigler's Law of Eponymy." *Transactions of the New York Academy of Sciences* 39:147—58.

Stokes, Donald. 1997. *Pasteur's Quadrant*. Washington, DC: Brookings Institution Press.

Stone, Richard, and Hao Xin. 2010. "Supercomputer Leaves Competition and Users in the Dust." *Science*, 330:746—747.

Subcommittee on Basic Research. 1995. *Reshaping the Graduate Education of Scientists and Engineers: NAS's Committee on Science, Engineering, and Public Policy Report*. (Hearing before the Subcommittee on Basic Research of the Committee on Science, U. S. House of Representatives, 104th Cong, 1st sess, July 13, 1995.) Washington, DC: U. S. Government Printing Office. http://www.archive.org/stream/reshapinggraduat1995unit/reshapinggraduat1995unit_djvu.txt.

Summers, Lawrence H. 2005. "Remarks at NBER Conference on Diversifying the Science & Engineering Workforce." January 14. Office of the President, Harvard University, Cambridge, MA. http://president.harvard.edu/speeches/summers_2005/nber.php.

"Supercomputer." 2009. *Wikipedia*. http://en.wikipedia.org/wiki/Supercomputer.

Tanyildiz, Esra. 2008. "The Effects of Networks on Institution Selection by Foreign Doctoral Students in the U. S." PhD diss., Georgia State University.

Teitelbaum, Michael S. 2003. "Do We Need More Scientists?" Alfred P. Sloan Foundation. *Public Interest*, No. 153, Fall. www.sloan.org/assets/files/teitelbaum/publicinterest-teitelbaum2003.pdf.

Tenenbaum, David. 2003. "Nobel Prizefight." University of Wisconsin: The Why? Files (website), October 23. http://www.whyfiles.org/188nobel_mri/.

Texas A&M University. 2009. *Executive Summary. Survey of Earned Doctorates: 1958 through 2007*. Office of Institutional Studies and Planning. College Station: Texas A&M University. http://www.tamu.edu/customers/oisp/reports/survey-earned-doctorates-sed-1958—2007.pdf.

Thimann, Kenneth V., and Walton C. Galinat. 1991. "Paul Christoph Mangelsdorf (July 20,

1899—July 22, 1989). " *Proceedings of the American Philosophical Society* , 135:468—72.

Thompson, Tyler B. 2003, "An Industry Perspective on Intellectual Property from Sponsored Research." *Research Management Review* , 13:1—9.

Thursby, Jerry, Anne Fuller, and Marie Thursby. 2009. "U. S. Faculty Patenting: Inside and Outside the University." *Research Policy* 38:14—25.

Thursby, Jerry, and Marie Thursby. 2006. "Where Is the New Science in Corporate R&D?" *Science* 314:1547—48.

———. 2010a. "Has the Bayh-Dole Act Compromised Basic Research?" Unpublished manuscript. Georgia Institute of Technology, Atlanta.

———. 2010b. "University Licensing: Harnessing or Tarnishing Faculty Research?" In *Innovation, Policy and the Economy* , Vol. 10, Edited by Josh Lerner and Scott Stern. Cambridge, MA: MIT University Press.

Time Staff. 1948. "The Eternal Apprentice." Time Magazine 58, November 8. http://www.time.com/time/magazine/article/0,9171,853367,00.html.

Timmerman, Luke. 2010. "Illumina CEO Jay Flatley on How to Keep an Edge in the Fast-Paced World of Gene Squencing." *XConomy: San Diego* , April 6. http://www.xconomy.com/san-diego/2010/04/06/illumina-ceo-jay-flatley-on-how-to-keep-an-edge-in-the-fast-paced-world-of-gene-sequencing/.

TMT Project. 2009. "Thirty Meter Telescope Selects Mauna Kea." Thirty Meter Telescope Press Release, July 21. http://www.tmt.org/news/site-selection.htm.

TOP500. 2011. "Top500 2011: http://www.top500.org/."

Toutkoushian, Robert, and Valerie Conley. 2005. "Progress for Women in Academe, yet Inequities Persist: Evidence from NSOPF: 99." *Research in Higher Education* 46:1—28.

Townes, Charles H. 2003. "The First Laser." In *A Century of Nature: Twenty-One Discoveries That Changed Science and the World* , Edited by Laura Garwin and Tim Lincoln. Chicago: University of Chicago Press.

Trainer, Matthew. 2004. "The Patents of William Thomson (Lord Kelvin)." *World Patent Information* 26:311—17.

Tuition Remission Task Force. 2006. "Final Report: Tuition Remission Task Force." University of Wisconsin, Madison. February 17. http://www.secfac.wisc.edu/trtffinalreport.pdf.

Turkish Academic Network and Information Centre. 2008. Home Page. http://www.ulakbim.gov.tr/eng/.

United for Medical Research. 2011. *An Economic Engine: NIH Research, Employment, and the Future of the Medical Innovation Sector* .

U. S. Bureau of Labor Statistics. 2011a. "Consumer Price Index: All Urban Consumers." March 17. U. S. Department of Labor. ftp://ftp.bls.gov/pub/special.requests/cpi/cpiai.txt.

———. 2011b. "Table 1. Union Affiliation of Employed Wage and Salary Workers by Selected Characteristics." *Economic News Release*, January 21. U. S. Department of Labor, Division of Labor Force Statistics. http://www.bls.gov/news.release/union2.t01.htm.

U. S. Census Bureau. 2011. "Births, Deaths, Marriages, and Divorces: Life Expectancy." *The 2011 Statistical Abstract: The National Data Book*. U. S. Census Bureau (website). http://www.census.gov/compendia/statab/cats/births_deaths_marriages_divorces/life_expectancy.html.

U. S. Citizenship and Immigration Services. 2011. "Citizenship through Naturalization." April 08. U. S. Department of Homeland Security. http://www.uscis.gov/portal/site/uscis/menuitem.eb1d4c2a3e5b9ac89243c6a7543f6d1a/? vgnextchannel = d84d6811264a3210VgnVCM100000b92ca60aRCRD&vgnextoid = d84d6811264a3210VgnVCM100000b92ca60aRCRD.

U. S. Department of Labor. 2009. *International Comparisons of GDP Per Capita and Per Employed Person: 17 Countries, 1960—2008*. Division of International Labor Comparisons. Washington, DC: U. S. Government Printing Office. http://www.bls.gov/fls/flsgdp.pdf.

U. S. Patent and Trademark Office. 2010. "U. S. Patent Statistics Chart, Calendar Years 1963—2010." Patent Technology Monitoring Team (PTMT). http://www.uspto.gov/web/offices/ac/ido/oeip/taf/us_stat.htm.

University of California Newsroom. 2009. "Regents Approve Fiscal Plan, Furloughs." July 16. University of California website. http://www.universityofcalifornia.edu/news/article/21511.

University of Chicago, Office of Technology and Intellectual Property. [2007.] *Bringing Innovation to Life: Five-Year Report*. No. 4-07/8M/VPR07777. Chicago: University of Chicago Press. http://www.uchicago.edu/pdfs/UChicago-Tech_Bringing_Innovation_to_Life_5yrRpt.pdf.

University of Georgia. 2010. *Executive Summary: University of Georgia Proposal for Reuse of the Navy Supply Corps School Property*. Athens: University of Georgia. http://www.uga.edu/news/artman/publish/01-17_UGA_Navy_School_Proposal.shtml.

University of Michigan. 2010. "Budget Update: University Budget Information." http://www.vpcomm.umich.edu/budget/ubudget.html.

University of North Carolina at Chapel Hill. 2010. "Faculty Salaries at Research (Very High Research Activity) and AAU Institutions, 2009—2010." Office of Institutional Research and Assessment. http://oira.unc.edu/faculty-salaries-at-research-and-aau-universities.html.

University of Virginia. 2010. http://www.virginia.edu/budget/Docs/2010—2011%20Budget%20Summary%20All%20Divisions.pdf.

Uzzi, Brian, Luis Amaral, and Felix Reed-Tsochas. 2007. "Small-World Networks and Management Science Research: A Review." *European Management Review* 4:77—91.

Vance, Tracy. 2011. "Academia Faces PhD Overload," *Genome Technology*, March, pp. 38—44.

Varian, Hal R. 2004. "Review of Mokyr's Gifts of Athena." *Journal of Economic Literature* 42:805—10.

Venkataram, Bina, 2011. "$1 Million to Inventor of Tracker for A. L. S., *New York Times*, February 3.

Veugelers, Reinhilde. 2011. "Higher Order Moments in Science." Presentation at the conference, "Economics of Science. Where Do We Stand?" Paris, *Observatoire des Sciences et Techniques*, April 4—5, 2011.

Vogel, Gretchen. 2000. "The Mouse House as a Recruiting Tool." *Science* 288:254—5.

———. 2006. "Basic Science Agency Gets a Tag-Team Leadership." *Science* 313:1371.

———. 2010. "To Scientists' Dismay, Mixed-up Cell Lines Strike Again." Science 329:104.

Von Hippel, Eric. 1994. "'Sticky Information' and the Locus of Problem Solving: Implications for Innovation." *Management Science* 40:429—43.

W. M. Keck Observatory. 2009. "About Keck: The Observatory." http://keckobservatory.org/about/the_observatory.

Wade, Nicholas. 2000. "Double Landmarks for Watson: Helix and Genome." *New York Times*, June 27.

———. 2009. "Cost of Decoding a Genome Is Lowered." *New York Times*, August 11.

Wagner, Erwin F., Timothy Stewart, and Beatrice Mintz. 1981. "The Human b-Globin Gene and a Functional Viral Thymidine Kinase Gene in Developing Mice." *Proceedings of the National Academy of Sciences of the United States of America* 78:5016—20.

Wagner, Thomas E., Peter Hoppe, Joseph Jollick, David Scholl, Richard Hodinka, and Janice Gault. 1981. "Microinjection of a Rabbit Beta-Globin Gene into Zygotes and Its Subsequent Expression in Adult Mice and Their Offspring." *Proceedings of the National Academy of Sciences of the United States of America* 78:6376—80.

Wald, Chelsea, and Corinna Wu. 2010. "Of Mice and Women: The Bias in Animal Models." *Science* 327:1571—2.

Walsh, John P., Wesley M. Cohen, and Charlene Cho. 2007. "Where Excludability Matters: Material versus Intellectual Property in Academic Biomedical Research." *Research Policy* 36:1184—203.

Waltz, Emily. 2006. "Profile: Robert Tjian." *Biotechnology* 24:235.

Wang, Zhong L. 2011. Professor Zhong L. Wang's Nano Research Group (website). http://www.nanoscience.gatech.edu/zlwang/.

Weiss, Yoram, and Lee Lillard. 1982. "Output Variability, Academic Labor Contracts, and

Waiting Times for Promotion." In *Research in Labor Economics*, Vol. 5, 157—88. Edited by Ronald G. Ehrenberg. Greenwich: JAI Press.

Wendler, Cathy, Brent Bridgeman, Fred Cline, Catherine Millett, JoAnn Rock, Nathan Bell, and Patricia McAllister. 2010. *The Path Forward: The Future of Graduate Education in the United States*. Princeton: Educational Testing Service.

Wenniger, Mary Dee. 2009. "Nancy Hopkins: 'The Exception' Relates Her Story at MIT." Women in Higher Education (website). http://wihe.com/printArticle.jsp?id=18218.

Wertheimer, Linda K. 2007. "Harvard Rethinks Allston." *Boston Globe*, December 12.

Wessel, David. 2010. "U.S. Keeps Foreign PhDs." *Wall Street Journal*, January 27.

Whitehead. 2010. http://www.wi.mit.edu/research/postdoc/home_ext.php?p=benes_ext.

White Research Group. 2011. White Lab: Synthesis-Diven Catalysis. (website). Department of Chemistry, University of Illinois, Urbana-Champaign. http://www.scs.illinois.edu/white/index.php.

Whitton, Michael. 2010. "Finding Your h-Index (Hirsch Index) in Google Scholar." University of Southhampton Library Factsheet no. 3 (April). http://www.soton.ac.uk/library/research/bibliometrics/factsheet03-hindex-gs.pdf.

Williams, Heidi. 2010. "Intellectual Property Rights and Innovation: Evidence from the Human Genome." NBER Working Paper 16213. National Bureau of Economic Research, Cambridge, MA.

Wilson, Robin. 2000. "They May Not Wear Armani to Class, but Some Professors Are Filthy Rich." *Chronicle of Higher Education*. March 3, p. A16—8.

———. 2008. "Wisconsin's Flagship Is Raided for Scholars." *Chronicle of Higher Education* 54: A19. http://chronicle.com/article/Wisconsin-s-Flagship-Is/33652.

Wines, Michale. 2011. "A U.S.-China Odyssey: Building a Better Mouse Map." *New York Times*, January 28. http://www.nytimes.com/2011/01/29/world/asia/29china.html.

Winkler, Anne, Sharon Levin, and Paula Stephan. 2010. "The Diffusion of IT in Higher Education: Publishing Productivity of Academic Life Scientists." *Economics of Innovation and New Technology* 19:475—97.

Winkler, Anne, Sharon Levin, Paula Stephan, and Wolfgang Glanzel. 2009. "The Diffusion of IT and the Increased Propensity of Teams to Transcend Institutional Boundaries." Unpublished paper. Georgia State University.

Wolfe, Tom. 1983. "The Tinkerings of Robert Noyce: How the Sun Rose on the Silicon Valley." *Esquire*, December, 346—74.

Wolpert, Lewis, and Alison Richards. 1988. *A Passion for Science: Renowned Scientists Offer Vivid Personal Portraits of Their Lives in Science*. Oxford: Oxford University Press.

Wuchty, Stefan, Benjamin Jones, and Brian Uzzi. 2007. "The Increasing Dominance of Teams in

Production of Knowledge." *Science* 316:1036—9.

Xie, Yu, and Kimberlee A. Shauman. 2003. *Women in Science: Career Processes and Outcomes*. Cambridge, MA: Harvard University Press.

Xin, Hao, and Dennis Normile. 2006. "Frustrations Mount over China's Highpriced Hunt for Trophy Professors." *Science* 313:1721—3.

X Prize Foundation. 2009a. "About the Google Lunar X Prize." Google Lunar X prize website. http://www.googlelunarxprize.org/lunar/about-the-prize.

———. 2009b. "The Teams: Astrobotic." Google Lunar X Prize website. http://www.googlelunarxprize.org/lunar/teams/astrobotic.

———. 2011. Archon Genomics X Prize (website). http://genomics.xprize.org.

"X-Ray Crystallography." 2011. *Wikipedia*. http://en.wikipedia.org/wiki/X-ray_crystallography.

Zhang, Liang. 2008. "Do Foreign Doctorate Recipients Displace U.S. Doctorate Recipients at U.S. Universities?" In *Doctoral Education and the Faculty of the Future*, 209—23. Edited by Ronald G. Ehrenberg and Charlotte V. Kuh. Ithaca, NY: Cornell University Press.

Ziman, John M. 1968. *Public Knowledge: An Essay Concerning the Social Dimension of Science*. Cambridge, United Kingdom: Cambridge University Press.

Zimmer, Carl. 2010. "The Search for Genes Leads to Unexpected Places." *New York Times*, April 26, 17.

Zucker, Lynne G., Michael R. Darby, and Jeff Armstrong. 1998. "Geographically Localized Knowledge: Spillovers or Markets?" *Economic Inquiry* 36: 65—86.

———. 1999. "Intellectual Capital and the Firm: The Technology of Geographically Localized Knowledge Spillovers." NBER Working Paper 4946. National Bureau of Economic Research, Cambridge, MA.

Zucker, Lynne G., Michael R. Darby, and Marilynn B. Brewer. 1998. "Intellectual Human Capital and the Birth of U.S. Biotechnology Enterprises." *American Economic Review* 88: 290—306.

Zuckerman, Harriet. 1992. "The Proliferation of Prizes: Nobel Complements and Nobel Surrogates in the Reward System of Science." *Theoretical Medicine and Bioethics* 13:217—31.

致　谢

　　1996年,我在 *Journal of Economic Literature* 期刊上发表了题为"科学的经济学"文章。文章发表后,我认为这一研究已经结束,就开始了研究这个领域更具体的问题。在2005年世界银行会议上,当内森·罗森堡(Nathan Rosenberg)和布朗温·霍尔(Bronwyn Hall)用极具说服力的方式劝说我同意在他们正在编写的创新经济学中写一章,再讨论一下这个话题时,情况又发生了变化。我多少有点不安地接受了这个任务,因为在我完成最初论文的10年间,这个领域的研究成果飞速涌现。2007年,我开始写作,同时在哈佛大学以沃特海姆(Wertheim)学者的身份工作。第二年,在哈佛大学访问停留期间,我偶然与哈佛大学出版社伊丽莎白·诺尔(Elizabeth Knoll)共进午餐。她礼貌地问我是否在做一些出版社可能感兴趣的事情。我就傻乎乎地将我刚刚完成的章节给了她,没太明白这会给自己带来什么。3年后,当我花了两年时间完成哈佛大学出版社要出的这本书时,我明白了。下次,诺尔再邀请我共进午餐,我就说"不"。

　　一路走来,朋友、同事、家人一直鼓励我,帮助我。同时,我还得到了两个基金会的支持。Alfred P. Sloan 基金会全额支持了我6个月,还为我聘请了研究生助理,埃林·科夫曼(Erin Coffman)分析数据、准备图表、组织参考文献,给予我很大支持。国际经济研究中心(ICER)给我资助,让我在2009年有3个月时间在意大利都灵和加拿大多伦多潜心写作。非常感谢我的工作单位,佐治亚州立大学经济系给予的研究自由和项目支持。

　　在感谢众多支持该项目的学者之前,请允许我先说明一下,我的研究得益于参加了一些政府咨询委员会和专家委员会。我第一次有这样的经历是,1996年,我参加一个名为科学家早期职业生涯趋势的国家研究理事会委员会。这个经历,让我深入了解了大学实验室的工作及其聘用方式。我至今不能忘记,雪莉·蒂尔曼(Shirley Tilghman)的超强领导力,以及她为研究生在学习结束提供公平工作机会承诺的落空。我还参加了其他几个国家研究理事会专业委员会,如参加在美国际研究生和博士后学者政策咨询委员会,高等教育和人力资源委员会等。每当参加这些委员会活动,都进一步增加了我对科学的深入理解,深感从活动中的收获大于我作为一名委员的贡献。在新世纪开始的年代,我有机会参加了国家科学基金会的社会、行为、经济学咨询委员会。这使得我可以有直接审视联邦政府机构处理资助科学研究面临问题的第一手经验。2004 年,我作为欧洲委员会高水平专家组的一员,参加了"将欧洲竞争性基础研究资助利益最大化"项目,这个项目为欧洲研究理事会奠定了基础。2006—2009 年间,我还作为 NIH-NIGMS 的国家一般医学咨询委员会成员,从理事会专家和 NIGMS 专家那里受益匪浅,我还参与了该研究所如何支出年度 20 亿美元的相关讨论。

我在写这本书的过程中一直很幸运,我可以使用 NSF 国家科学与工程统计中心的获得博士学位人员调查和博士收入调查数据。我必须说明的是,使用 NSF 的数据,并不意味着 NSF 认可本书中的研究方法或结论。

现在,我必须感谢若干人等。首先,我要感谢那些共同作者,他们对本书中讨论的问题有很大贡献,更为重要的是,他们提高了我对科学的认知。名列第一接受感谢的是莎伦·莱文(Sharon Levin)。我们的合作始于 42 年前的密歇根安娜堡。那时,我们从经济学系毕业,长时间一起学习,准备参加综合考试。80 年代,我们一起合作研究科学在多大程度上是年轻人的游戏,个人所处的群体以怎样的方式影响科学生产率。这一研究成果发表在 *American Economic Review* 上,牛津大学出版社也以专著出版。在这以后,我们还继续了长时间的合作,在 Alfred P. Sloan 基金的支持下研究了在美国工作的外国出生的科学家;最近,还与安妮·温克勒(Anne Winkler)一起研究信息技术的扩散与科学家生产率之间的关系。这项研究得到了 Andrew W. Mellon 基金会的慷慨支持。其他合作者包括:詹姆斯·亚当斯(James D. Adams),戴维·奥德斯(David Audretsch),常谭文(Tanwin Chang),罗杰·克莱蒙斯(Roger Clemmons),韦斯利·科恩(Wesley Cohen),韦弗利·丁(Waverly Ding),罗恩·埃伦伯格(Ron Ehrenberg),基娅拉·弗兰佐尼(Chiara Franzoni),沃夫冈·格兰泽尔(Wolfgang Glänzel),珍妮芙·马(Jennifer Ma),菲奥娜·默里(Fiona Murray),杰赛普·森拉图(Giuseppe Scellato)。

我的研究也得益于佐治亚州立大学现在和以前的同事,他们中的许多人一直是合作者。他们包括:格兰特·布莱克(Grant Black),阿斯玛·甘艾尼(Asmaa

El-Ganainy),还有斯蒂芬·埃弗哈特（Stephen Everhart），希夫·古马（Shif Gurmu），理查德·霍金斯（Richard Hawkins），巴里·赫希（Barry Hirsch），玛丽·卡斯（Mary Kassis），乔宝云（Baoyun Qiao），艾伯特·苏摩尔（Albert Sumell），玛丽·贝丝·沃克（Mary Beth Walker）。格兰特还帮助我分析了本书中的 NSF 数据。

近些年来，我很幸运，在佐治亚理工大学有许多相同兴趣的同行，这个学校距离佐治亚州立大学仅仅 5 英里。我与他们的交流使我受益良多，他们是玛丽·弗兰克·福克斯（Mary Frank Fox），马修·希金斯（Matthew Higgins），亨利·绍尔曼（Henry Sauermann），吉瑞·瑟斯比（Jerry Thursby），马瑞·瑟斯比（Marie Thursby），约翰·沃尔什（John Walsh）。除了马瑞和约翰外，所有人都是合作者。

我还从国家经济研究局（NBER）的同行那里学习了很多。我参加的由查尔斯·克洛特费尔特（Charles Clotfelter）领导的高等教育研究组，给予我大量机会与其他研究大学教育的学者交流。从 2000 年开始，我一直参加 NBER 的科学与工程技术劳动力市场的研究项目，这个项目最初由丹尼尔·古洛夫（Daniel Goroff），后来由理查德·弗里曼（Richard Freeman）领导，Alfred P. Sloan 基金会提供资金支持。基金会的米歇尔·泰特尔鲍姆（Michael Teitelbaum）特别支持这个项目。很多年来，理查德·弗里曼提供了很多的支持和热情帮助，支持我开展科学的经济学研究。他在这本书写作上也倾注了大量时间。我也从他的建议和评论中受益。

许多在各个基金会、公司的人向我提供了大量信息和支持。值得一提的是，NSF 的尼玛拉·坎南库提（Nirmala Kannankutty）总是及时回复我的数据请求，就像 Alfred P. Sloan 基金会的迈克尔·泰特尔鲍姆（Michael Teitelbaum）一样，Andrew W. Mellon 基金会的哈里特·朱克曼（Harriett Zuckerman）从 80 年代早期以来一直大力支持我的研究。NIH 外部研究办公室的沃尔特·谢弗（Walter Schaffer）总是耐心回复我提出的诸多问题。我还需要感谢那些仪器公司的销售代表，尽管知道我不会购买仪器，还是圆满回答关于仪器价格的问题。人数太多，我无法列出他们的姓名。

部分科学家给予我特别帮助，他们是伦斯勒理工学院的弗兰·伯曼（Fran Berman），加州大学旧金山分校的凯西·贾科米尼（Kathy Giacomini），威斯康星大学麦迪逊分校的弗朗西斯·哈尔曾（Francis Halzen），佐治亚州立大学的比尔·纳尔逊（Bill Nelson），法国里昂中央理工大学的戴维·奎（David Quéré），芝加哥洛约拉大学 Stritch 医学院的安米·罗森菲尔德（Amy Rosenfeld），佐治亚大学的 B. C. 王（B. C. Wang）。多伦多大学 Rotman 管理学院教师克里斯·刘（Chris Liu）博士提出了很多有益建议。

我这部手稿还得益于很多同事的仔细阅读。其中，四人通读了全部文稿，他们是：理查德·弗里曼（Richard Freeman）（读了两遍）、弗朗西斯科·里索尼（Francesco Lissoni）、亨利·绍尔曼（Henry Sauermann）和瑞黑德·韦葛勒斯（Reinhilde Veugelers）。由于他们的建议和洞见，使书稿得到优化。还有其他专家自愿或者受邀参与了一些章节的审读，他们是：罗恩·埃伦伯格（Ron Ehrenberg）、玛丽·弗兰克·福克斯（Mary Frank Fox）、基娅拉·弗兰佐尼（Chiara Franzoni）、霍华德·加里森（Howard Garrison）、奥尔多·格那（Aldo Geuna）、沙龙·列文（Sharon Levin）、克里斯·刘（Chris Liu）、安米·罗森菲尔德、马瑞·瑟斯比。谢谢你们。还要感谢由哈佛大学出版社邀请的两位匿名评审专家。毋庸置疑，我对书中的错误负责。

在整个过程中，我十分感谢哈佛大学出版社的伊丽莎白·诺尔（Elizabeth Knoll）。她完美体现了一个责任编辑的行为标准：总是及时提供反馈，接到一章稿件后都在一周内审读完毕，并在合适的地方给予赞成或者提醒。谢谢你，伊丽莎白。

我一直很荣幸得到了朋友们的支持，尽管他们中有些人既不是经济学家，对这个主题也不感兴趣。他们是：吉姆·吉本斯（Jim Gibbons）、弗朗科斯·帕洛帕潘（Françoise Palleau-Papin）、斯特格（J Stege）、莱蕾·汤玛士（Laraine Tomassi）、戴夫·沃尔贝特（Dave Wolbert）、张琨（Kun（Quin）Zhang）。

最后，需要感谢我的家人。首先，我儿子戴维·埃米斯（David Amis）把伊润·柯夫曼（Erin Coffman）的细致数据转化为书中的图表，他还仔细阅读了手稿，提出了修改意见。其次，我要感谢戴维的朋友乔纳森·第洛克（Jonathan DeLoach），其容忍了无数次的家庭聚会讨论书稿的内容。最后，要感谢我的丈夫——比尔·埃米斯（Bill Amis），没有他的支持，我不能开始，也不能完成这本书。比尔是佐治亚州立大学的社会学荣誉教授，他花了大量时间阅读手稿、编辑文稿、组织注释，经常根据著述进度调整个人计划。最重要的是，他提供了完成本书写作的必要支持。我永远感激 40 年前我们的相遇，那时我研究生毕业来到佐治亚州立大学；永远感激我们的第一次相遇和永远的相随。谨以此书赠予比尔。

索 引

说明：索引中的页码为英文原著页码，即本书中的边码。

1970 年代物理学博士就业市场，158—159
2001 年经济衰退，117，121，154，159，191
2005 年物理学领域的雇工，186
2008 年经济衰退，3，33，80，91，121，122，123，153，154，171，199，214
30 米口径望远镜（TMT），97
Abel 数学奖，24
Albany 医学中心奖，23
Alfred P. Sloan 基金会，97，198
Amersham 基因测序机器，89
Ansari X 奖，135
Archon X 基因组学奖，3，92，135
Archon X 基因组学奖和基因测序，3，92，135
ARPANET，76
BITNET，76—77
Celera 基因组公司，112
CERN 的耗电，2，3
CHARA 阵列，98
Cisco 系统公司，214
Cohen-Boyer 专利，47—48
Crafoord 奖，23
Cre-lox 实验鼠，101，104
Cre-lox 鼠，104
DNA 测序，87—92
Ellison 医学基金会，119
FedEx 晶体学，93，95
FLX 基因测序仪，87
Fox 帕金森研究基金，120
Fritz J. 和 Delores H. Russ 奖，88
Gairdner 基金会，24
Gatorade 商标，49
Giacomini, Kathy，61，79
Gordon & Betty Moore 基金会，97

Guggenheim 基金会，119
H-1B 签证，185
Halzen, Francis，61
Harré, Rom，18，19
HeLA，103
Helicos 公司，90
HHMI 的同行评议，120
h 指数，5，22—23
IBM 公司，20
Illumina 基因测序仪，90—92，108
Ion Torrent Systems 公司，91
Kavli 基金奖，24
Kirschstein 国家研究服务奖，179—180
Kirschstein 博士后计划的产出，179—180
Kirsch 基金会，120
Kyoto 奖，23
Lemelson-MIT 奖，23，88
Lemelson-MIT 学生奖，24
Lieber 大脑发育研究所，240
Louis-Jeantet 奖，23
Lucile Packard 基金会，98
MBA 的收入，5，156—157
MBA 收入的现值，156—157
McLaughlin 研究所，82
Megabace 基因测序仪，88
NEC 公司，20
NIH 的 Eureka 奖，140—141
NIH 的 Kangaroo 奖，140，179
NIH 的 R01 资助，30，43，132，142
NIH 的挑战性资助，144—145
NIH 的同行评议，131
NIH 的项目资助，131—132
NIH 的研究部，30，131
NIH 的研究所，131

NIH 的药物开发部门，224
NIH 对 PI 个人未申报收入的反应，58—59
NIH 对科研风险的态度，139，140—141，148，149
NIH 对培训的资助，69，79，177—178，181，225
NIH 对研究生和博士后的资助，68，69
NIH 翻倍期间博士后雇用，166—167
NIH 国家研究服务奖（NRSA），180—181，232
NIH 路线图计划，143
NIH 首次申报项目的获批率，141
NIH 先锋奖，140—141
NIH 项目获批规模，142
NIH 项目连续资助，43，139，230
NIH 项目评议成本，139
NIH 项目申报成功率，132，142
NIH 项目申请的个人简历，43，132
NIH 项目申请书篇幅，131
NIH 研究部，30，131
NIH 研究员与 HHMI 对比，148
NIH 与杜邦公司关于转基因鼠技术使用的谅解备忘录，27—28，104
NIH 与复兴与再投资法案（ARRA），129，144—145
NIH 与美国国会，135
NIH 与资助第三阶段临床试验的关系，224
NIH 预算翻倍，106，116，128，141—144
NIH 预算翻倍期间 R01 申请量增加，142
NIH 预算翻倍期间博士劳动力市场，178
NIH 预算翻倍期间的大学招聘，40
NIH 预算翻倍期间的科研生产率，141—142
NIH 预算翻倍期间受资助人员年龄，143—144
NIH 预算翻倍期间项目建议预算的增长，142
NIH 预算翻倍期间项目申请成功率，142，143
NIH 预算翻倍与早期职业，178
NIH 中新科学家，140
NIH 中新科学家的年龄，140
NIH 资助翻倍期间发表论文，141—142，239
NIH 最后项目申报机会，141
NSF 的劳动力短缺预测，164
NSF 的同行评议，132—133
NSF 的资助评审过程，130，132

NSF 对评审要求的反应，132
NSF 对望远镜的资助，96，98，99
NSF 对学生的支持，68
NSF 和哈里·瑞德（Harry Reid），134—135
NSF 和转化研究，141
NSF 科学学与创新政策计划，240
NSF 申请人介绍框架，43，132
NSF 调查，243—244
NSF 项目资助，132—133
NSF 项目资助成功率，132—133
NSF 研究生研究奖学金，158
NSF 与超级计算机，86
NSF 与美国再投资法案（ARRA），116
NSF 资助项目规模，133
OncoMouse，27，28，104，118，223—224
P01 资助（NIH），79
Passano 基金会，24
Paul Janssen 生物医学研究奖，24
Peter Gruber 基因学奖，24
PE 生物系统公司 Prism 3700 仪器，88
PhD 的组群效应，110，174—176
PhD 计划中的男性，152
Picower 基金会，121
PI 选择博士后，69，168
R01 项目申报数量，142
Raindance 公司，90
Raytheon，136，137
RSA 算法，20，23，251n21
Royalty Pharma，4，48，49
Sanger 基因测序方法，87
Science 中博士后作者，70
SCOPUS，22
Sigma Xi 调查，71
SLAC（前斯坦福直线加速器），83，93
Sloan 数字天空调查计划（SDSS），97
Spinoza 奖，23
Stevens 研究所，185
Sun Microsystems 公司，214
Varian 医疗系统，214
Wall Street Journal 创新金奖，89
W. M. Keck 基金会，96，98
W. M. Keck 中心，96
Whitaker 基金会，119
WWW，10，207
X 射线衍射，93
Yahoo 公司，214

A

艾伯茨,布鲁斯(Alberts, Bruce), 221, 233
阿德尔曼,莱昂哈德(Adelman, Leonard), 20, 52
阿尔茨海默病, 2, 71, 78, 92, 101
阿尔瓦拉多,亚历杭德罗,桑切斯(Alvarado, Alejandro Sánchez), 84, 100
阿尔文号(伍兹霍尔航洋研究所), 85
阿格雷,彼得(Agre, Peter), 21
阿贡国家实验室, 85, 93
阿克伦大学, 47, 55
阿雷西博射电望远镜, 98—99
阿罗,肯尼思(Arrow, Kenneth), 111, 230, 238
阿西莫格鲁,达龙(Acemoglu, Daron), 38
埃伦伯格,罗恩·(Ehrenberg, Ron), 122
癌症研究, 27, 29, 30, 49, 61, 64, 92, 101, 103, 113, 118, 206
艾本德&科学神经生物学奖, 24
埃默里大学, 4, 48, 51, 58, 94, 128
艾森伯格,丽贝卡(Eisenberg, Rebecca), 27, 84, 98
爱尔兰, 123—126
爱因斯坦,阿尔伯特, 83
安德鲁什凯维奇,理夏德(Andruszkiewicz, Ryszard), 49
安杰尔,罗杰(Angel, Roger), 98
奥巴马总统, 135, 201
奥本海默(Oppenheimer, J. Robert), 221
奥尔良大学, 52

B

巴尔·西诺西,弗朗索瓦丝(Barré-Sinoussi, Françoise), 21
巴菲特,沃伦(Buffet, Warren), 119
巴斯德,路易斯(Pasteur, Louis), 12, 206
巴斯德象限, 12, 46, 57, 113, 206,
斑马鱼, 100
鲍威尔,黛博拉(Powell, Deborah), 142
北京大学, 127, 189
贝尔实验室, 27, 207
贝休恩,唐纳德(Bethune, Donald), 20
贝格,保罗(Berg, Paul), 87
被外国出生者挤出, 194—196
本地区博士后联合会, 169
本科学生攻读博士的倾向, 158, 163

本科学位获得者的多样性, 163
比尔及梅琳达·盖茨基金, 119
比利时, 172—173
比利时的科研资助, 122—126
比利时的学术市场, 44, 172—173
比利时学术市场, 44, 172—173
比托,拉斯洛(Bitó, László Z.), 4
冰立方中微子观测实验室, 61—62
冰立方中微子观测站望远镜, 61—62
波默洛主任(Pomerleau), 52
波士顿银行研究报告, 214
波义耳,罗伯特(Boyle, Robert), 83
波义耳定律, 23
波耶,赫伯特(Boyer, Herbert), 48
博劳德研究所, 89, 91, 92
博士毕业生收入调查(SED), 244
博士毕业生调查(SDR), 244
博士毕业生增长, 176
博士的就业信息, 151—163
博士短缺预测, 164—165
博士短缺预测, 164—165
博士工作机会, 158—161
博士过剩, 230
博士后按照公民状态分布, 167, 187, 192—194, 199—200
博士后成本, 68—69, 122
博士后的Sigma Xi调查, 71
博士后的工作时长, 69
博士后的津贴, 167—168
博士后的学科分布, 167
博士后发表论文, 70
博士后计数的问题, 166
博士后奖学金, 69, 168
博士后津贴指南, 168
博士后联合会, 169
博士后联盟, 169
博士后培养的市场, 166—169
博士后数量, 70, 166—167, 192—194
博士后与NIH预算翻倍, 167
博士后中的美国人, 193
博士后资助, 69, 168
博士兼职、不就业、失业, 160—161
博士留在美国的比例, 193
博士培养与少数民族, 163
博士生过剩, 231
博士失业, 151, 152, 159, 161, 168, 194

博士相对于学士的收入，153—155
博士学位人员的收入现值，156—157
博士因科研进展延期，158
博士在 R&D 型企业的岗位顶替，222
博士在产业部门的岗位顶替，216，218—221
博士在产业部门岗位顶替分布，223
博士在产业部门工作州内滞留比例，223
博士在产业部门就业，161，222，162
博士招生市场，159，161，175，178，180，181
布莱克本，伊丽莎白（Blackburn, Elizabeth），52
布林，瑟琦（Brin, Sergey），49，54
布鲁克黑文国家实验室，85，93
布鲁斯·艾伯茨提议的 NIH 改革，233.
布伦纳，西尼（Brenner, Sydney），66
布洛克，弗利克斯（Block, Felix），9
布什，乔治，240

C

财产权，25
曹宇柏（Choi, Woo-Baeg），48
查尔菲，马丁（Chalfe, Martin），30
产业部门和学术机构中科研设备 108
产业对科研的资助，117—118
产业界办大学的负面观点，58，234
产业界对大学的回馈，209，213
产业界对发表论文和知识产权的限制，118
产业界对研究的资助，58
产业界与学术界的合著，215
产业界在基础研究转化为新产品中的作用，10，209，217—218
产业中科学家发表论文，217—218.
常春藤，122
抄袭，26，27
超导体，超导，9，21，29，66，207
超级计算机，86
出版用优惠券，4，44
初始公共启动包，52，54
创新活动与大学科研的关系，213—214
创造力，64
创造以团队为基础的认同，235
刺激法案，144
刺激基金，116，117，129，144，145，227
《促进科学与工程研究（ARISE）》，139

D

达马蒂安，雷蒙德（Damadian, Raymond），21

大型麦哲伦望远镜，79，97—98
大型强子对撞机（LHC），1，23，73，78，85—86，239
大学博士资助的增长，114—115
大学从排外许可转让收入，45，50
大学的间接费，121—122
大学的科研场地，105—108
大学对 NIH 经费翻倍的反应，106—107，142
大学对 NIH 预算翻倍的反应，106—107，142
大学防范风险，3，43，229，233
大学和文理学院研发经费调查，244
大学教授薪金，36—41
大学教授在美国境外申请专利，51—52
大学里的基础研究，1
大学名誉，3，6，228
大学申请专利，44—50
大学现状，228—229
大学许可证收入，47—49
大学与风险规避，3，43，229，233
大学与经济增长的关系，223—225
大学与科研，1，10，111，114，122，127—128
大学专利发明人没有将专利权给予大学，56
大学专利申请，44—52
大学专利转让费分成计算公式，47
大学自身的科研 资助，121—122
丹麦，123—126
蛋白质结构测定，92—95
蛋白质结构测定成本，94
蛋白质结构研究计划（PSI），93，95
蛋白质结构研究计划（PSI），93，95，109，235
蛋白质结构研究计划评估，93
蛋白质数据库，95
蛋白质折叠，52，57，132
当选荣誉会员的认同，25
导致合作增加的原因，75—78
德国的科研资助，123，124—125，129
德国的学术劳动力市场，171—172
德国和教授申报专利，52
德国学术市场，171—172
德克萨斯大学奥斯丁分校，222
德克萨斯大学西南分校，82
德克萨斯大学系统，113

地理位置与科研生产率，25，32，175
地理与博士毕业生安置，223
地理与经验知识，28，213—214
地理与知识溢出，214，216—217
地球号(CHIKYU)深海钻探船，85
第一代基因测序机器，87—89
蒂尔曼，雪莉(Tilghman, Shirley)，176，212，240
电子邮件，75
顶替美国人，194—196
独立性对科学家的激励，18
独占性，7，111—112，205—206
杜邦公司的转基因鼠，27，28，104，118，223—224，
杜邦公司与 NIH 的备忘录，28，104—105，118
对待风险的态度，139，140—141，148，149
对美国人的挤出效应，194—196
多重科学发现 19，20，209

E

俄克拉荷马州立大学调查，37，38
俄罗斯，175，185，189

F

发表论文，20
发表论文奖励，4，44
发表论文与 IT 的作用，76—78
发表论文与发现优先权，19，20
发表论文与激励，44
发表论文与薪水的关系，42
发表论文与专利申请的关系，57
发表论文与资助，43
发明权，74
法国 Interfaces & Co. 公司，62
法国队研究的资助，123—125
法国混合研究机构，130
法国教授申请专利，52
法国科研中心(CNRS)，62，110，130
法国里昂科学院，206
法国里昂中央理工大学，62
法国里昂综合工学院，62
法国卫生与医学研究院(INSERM)，130
法国学术劳动力市场，5，44，172—173
法国学术市场，172，174
法国与同行评议，133.
法兰西科学院，25

反事实，11
饭岛澄男(Iijima, Sumio)，20
非美国公民对 NIH 预算翻倍的反应，167
非营利基金支持科研，119—122
非终身教职，71，122，149，160—161，170，177—178，229—230
非终身教职岗位，71，122，149，160—161，171，229
非洲裔美国博士生，152
菲尔茨奖，18，24
菲尔茨数学奖，24
费尔，阿尔伯特(Fert, Albert)，9
费曼，理查德(Feynman, Richard)，16，18
分学科领域的科研资助，128—129
风险从大学到教授的转移，43
风险防范与同行评议，14，114，134，139，140—141，148，149，150
风险防范与资助 139，149
风险规避和项目资助，139，149
佛罗里达大学，49
福尔克曼，朱达(Folkman, Judah)，64
弗吉尼亚大学，111
弗兰德科学基金会，130
弗朗西斯·柯林斯与劳动力相关问题，240—241
弗里德里克·科特雷尔(Cottrel, Frederic)，44，45
弗里曼，理查德(Freeman, Richard)，159
弗曼，杰夫(Furman, Jeff)，103
佛罗里达州立大学，49
复旦大学，126
复旦大学的实验鼠，126—127.

G

伽利略，83，96，204
概念证明，56
干细胞，8，9，28，52，103，104
高分辨率天文中心(CHARA)，98
高效资源配置的解决方案，232—235
高中科学教师，181，231
哥伦比亚大学，4，9，207
格里森，彼得(Galison, Peter)，84，96
格林布拉特和戈尔茨坦 Gotham 奖，24
格伦伯格，彼得(Gruenberg, Peter)，9
个人基因测序仪 91
个人基因组仪器(PGM)，91
各学科领域科研场地，105—107

各学科领域学术薪金排名,37—40
给予教授的启动包,36,82,86,122,130,171,229
工程领域 PhD 工作岗位数,160—161
工程领域 PhD 相对于本科的收入,154
工程领域毕业生在产业界就业,163,219—220
工程领域博士后工作时间,69
工程领域博士后数量,166—167,193
工程领域的合著分布,73
工程领域的科研场地,106—107
工程领域的申请专利动机,50
工程领域的实验室规模,68
工程领域的外国人岗位顶替,196
工程领域的研究生之间的亲和效应,191
工程领域的佐治亚理工学院教授,183
工程领域教授收入,37—40
工程领域教授咨询服务,55
工程领域近期获得 PhD 学位的人数增长,160
工程领域联邦政府资助的比例,128—129
工程领域外国出生的教授职位,186
工程领域薪金不平等,41
工程领域印度裔和获得学位,102
工作机会信息,162
公共研究对新产品和工艺的贡献,8,9,146—147,205—208
公立大学,3,4,37,38,39—40,173
攻读 MBA 的倾向,156
共同体创新调查(CIS),212—213
古德温,伊丽莎白(Goodwin, Elizabeth),26
古尔德,戈登(Gould, Gordon),207
谷歌,49,54,180,209,214
谷歌学术,22,54
谷歌月球 X 奖,137
固有影响,11
光谱学,95
硅谷,214,226
国防,7—8,113
国防教育行动计划(NDEA),201
国防先进研究计划局(DARPA),149
国会代表与专项拨款,134—135
国会议员阿伦·斯佩克特(Arlen Specter)与 NIH,128—129
国会议员的年龄,128
国会议员与科研资助,135

国际合著,72—73
国际热核试验装置(ITER),2,9
国家研究理事会,9,176,178,181
国家医学研究所(NIGMS)支持合作研究,79
国家医学研究所评价标准,131—132
国立健康研究院(NIH),130,240
国外出生的研究生,188,195
果蝇,100

H

哈勃望远镜,52,53,99
哈佛大学,4,5,9,26,27,28,32,35,36,37,45,46,53,54,75,80,100,104,118,136,153,168,172,223
哈佛大学 Allston 校区,80
韩国对发表论文的奖励,44
韩国教授岗位,172
韩国学术市场,172
韩国在美留学生留美比例,191—192
豪森,哈拉德(Hausen, Harald Zur),21
豪泽,马克(Hauser, Marc),26
合著标准,74
合著对机构挑战,80
合著领域分布,73
合著与信息技术扩散,76—77
合著增长,72—73
合著者,63,71—81
合作,71—81
合作与协作,234,239
合作者贡献,74
合作者数量变化 72—73
合作者顺序,74
合作中的合著,71—74
荷兰的科研资助,123—125
核磁成像(MRI),9,11,21,86,142,146,206,223,237
核磁共振仪(NMR),82
核心科学家(PI),1,2,30,43,63,67—71,74,80—81,101,105,112,131,133,138,139,143,148,166,168,175,191,229,231,233,239
核心科学家的科研场地配置,105—106
核心科研设备,3,61,85
赫尔,戴维(Hull, David),17
赫希,乔治(Hirsch Jorge),22,23
亨尼西,约翰(Hennessy John),53
胡德,勒罗伊(Hood, Leroy),52,53,60,

84，87，88，91，240
胡流源(Woo, Savio)，26
互联网，75—76，168，228，235
互联网对女性科研生产率的影响，237
划块资助，123，129，137
华尔街工作机会，5，153，154
华盛顿大学，52
华盛顿大学医学院，118
化学博士就业机会，159—161
化学精英奖，24
化学科研场地，107
化学领域的合著状况，73
化学领域的实验室，68
化学领域工作机会相关信息，160—162
化学领域教授的启动包，86
化学领域科研设备的重要性，63
化学领域研究生的亲和效应，191
化学领域在产业界就业的博士，10，159，163，219—220
化学领域在外国出生的教授，185—186
化学学生的抱负，170
怀特,克里斯蒂娜(White, Christine)，68
怀特黑德(Whitehead)研究所，52，67，168
怀特赛兹,乔治(Whitesides, George)，53
黄禹锡(Hwang, Woo Suk)，26
惠康基金会，123，144，148，238
惠普公司，214
混合资助项目的政策问题，145—147
活体器官，100—105
活体器官的作用，100
获得博士学位的时间，156
获得博士学位的市场，152—158，188，195
获得博士学位的原因，152—158
获研究助理与奖学金的研究生数量，70，162
霍尔顿,罗伯特(Holton, Robert)，49
霍华德·休斯，120
霍华德医学研究所（HHMI），120—121，139，148，150，239，240
霍普金斯,南希(Hopkins, Nancy) 106，127
霍奇金疾病，6，23

J

机构层级与专项拨款，134
机器人与蛋白质结构测定，93，94，95
基础研究，1，7，8，12，57—59，80，111—113，126，133，148，205—206，209，217，225

基础研究的定义，12
基础研究的多用途，8，205—206
基础研究的风险特征，206
基础研究对应用研究的替代性，57
基础研究中风险的性质，206，230
基础医学与临床医学研究 Lasker 奖，24
基尔比,杰克(Kilby, Jack)，17，226
基特峰天文台，96
基因测序，14，87—92
基因测序成本，87—92
基因测序机器，89
基因测序机器的广告，87，89
基因位置，90
基因治疗，9
基于软钱的教授岗位，142，229，233，234
激光，1，9，23，78，85，86，207，209，223
吉尔伯特,沃尔特(Gilbert, Walter)，87
吉尔萨奇,莱拉(Gierasch, Lila)，82
极大望远镜(OWL)，2，98
集成电路，17，206，226
计算机科学领域的教授收入，37—40
计算机科学领域教授薪水的不均衡，41
计算机领域博士后，167
计算机领域博士后工作时间，69
计算机领域的科研场地，106—107
计算机领域的科研资助，128—129
计算机领域的印度学生，192
计算机领域非美国公民博士生，188
计算机领域工作机会相关的信息，161
计算机领域合著状况，73
计算机领域在产业部门就业的博士，163
计算机系外国出生的教授，186
计算机系学生的抱负，170
技术与科学发现的关系，84，204—205
技术转移办公室(TTO)，51，56
技术转移办公室信息公开，51，56
加洛,罗伯特(Gallo, Robert)，21
加拿大，2，97，185，203
加速器，206
加速器，83，206
加州大学伯克利分校，4，45，53，67，118，189，222
加州大学旧金山分校，48，61，128，221，181
加州大学洛杉矶分校，37
加州大学圣地亚哥分校，52

加州理工大学,52,85,88,96,97,128,176
加州威尔逊山望远镜,98
贾菲,亚当(Jaffe,Adam),214
坚持,64—65
间断性资助的效率,232
间断性资助的组群效应,110,232
间接费比例,121—122
间歇性科研资助,150,171,232,235
监控,26
讲座教授,126,138
奖金,16,35—57
奖励刺激,135—137
奖励刺激案例,135
奖励刺激的利和弊,136—137
奖励刺激数量增加,135
奖励认同,23,24
奖励与累积优势的政策问题,33
交换共享实验材料的合著,103
教授初创企业的IPO,53—54
教授从专利获得的收入,49—50
教授的工作时长,64—65
教授的特权,51
教授的无薪假,173
教授的薪酬,36—41
教授的咨询服务,55—57
教授岗位市场,159—161,171—176
教授启动包,52—55,216
教授申报专利,44—46
教授申请研究经费的责任,130
教授申请专利的国际对比,51—52
教授薪金的不均衡,41—42
教授薪金的基尼系数,41
教授优先权与专利申请,51
教授与初创公司,4,16,52—55
教授占专利许可费的份额,47
教授职位中的美国人,186—188
教授咨询服务,56—57,217
教育考试服务中心,202
杰克逊实验室(JAX),100,104
杰库布森,乔治(Jakubson,George),122
解决方案,232—235
金钱对科学家的激励,16,35—57
进入劳动力市场的组群效应,110,174
近年男性博士人数增长,158
经典引用与论文发表,198

经度问题,20,96
经度问题与望远镜,20,96
经费支持的信息公开,59
经济衰退导致的组群,175,191
经济学中的效率,11
经济增长,8,203—205
经济增长的重要性,205
经济增长与公共研究之间的联系,210—215
经济增长与相关科学研究,204—227
经济增长中博士的贡献,220—221
经济增长中的大学,10,208—210
经济增长中公用产业部门的作用,8,113,205—207
经验知识,28,66,213,216,221
晶体,85,93,95 蛋白质结构测定,93
精英vs非精英大学,76—78
竞争性科研资助,130
九十年代数学领域工作机会,151,152,159,194
巨磁阻现象,9
具象知识vs抽象知识,66

K

卡内基观象台,98
卡内基梅隆大学,52,85,128,137
卡内基梅隆大学调查,212,215—216,221
开尔文爵士,8,51
凯尔索,约翰(Kelsoe,John),52
康奈尔大学,98,132,185,189
柯林斯,弗朗西斯(Collins,Francis),88,224,240—241
科恩,斯坦(Cohen,Stan),75
科恩,斯坦利(Cohen,Stanley),48
科恩,韦斯(Cohen,Wes),103,104
科恩伯格,罗杰(Kornberg,Roger),139,229
科尔韦尔,丽塔(Colwell,Rita),68
科克斯,克利福德(Cocks,Clifford),20
科克韦尔,雅姆(Cockwell,James),45
科罗拉多采矿学院,206
科学的公益性,57—58
科学的公益性,57—58
科学的锦标赛特征,29,30
科学的竞赛特性,29—31
科学发现优先权,5,6,7,12,19—20,21,23
科学发现优先权对科学家的激励,18—25
科学公益性的政策问题,57—59

科学家的财富，4，51—53，60
科学家的名誉，5，7，18—22，26，31，74，132，149，168，176，224，230
科学家解决疑难问题的动机和激励，5，17—18
科学家与工程师的培养与无效率，230—232
科学家与工程师劳动力市场的政策问题，180—181
科学家与工程师培养效率，180—181，230—232
科学认同的奖励，6，23，24
科学认同的利益，23
科学认同数量的增加，23
科学认同选择的冲突，21
科学问题相关的认同，33
科学学与创新政策计划，240
科学引文索引(ISI, WOS, WOK)，22
科学与工程领域研究生与博士后调查(GSS)，244
科学中的金字塔结构，14，70—71
科学咨询委员会成员启动包(SABs)，54
科研材料，102—105
科研合作与论文合著，71—81
科研回报率，146—147
科研奖励结构的国际对比，44
科研设备的成本，84—85
科研设备的使用，86—87，109
科研设备的市场，108
科研设备的效率问题，108
科研设备对科研的重要性，83—84
科研设备作为作为招聘的工具，82
科研生产率与年龄，66—67
科研生产率与组群效应，110，174—175
科研团队，67，72
科研协同，234，239
科研用材料，28，63，100—105
科研用场地，3，106—108，142，228—229，238
科研用空间，105—108
科研重点，127—129
科研重点的国际对比，129
科研助理，5，162，177—178，191，234
科研资助，111—127
科研资助，111—127
科研资助的波动，114—117
科研资助的国际对比，122—127

科研资助的奖励引导，135，136—137
科研资助的来源，115
科研资助的效率问题，113，145—148，235—240
科研资助经费分配机制，129—141
科研资助经费预留，134
科研资助同行评议，131—133，138—141
科研资助评价实验，133，137—138
科研资助游说，119，135，147，236，237
科研资助游说，134
科研资助与薪金关系，43
克里肖内，约翰(Criscione, John)，55
库恩，托马斯(Kuhn, Thomas)，17
库兹涅茨，西蒙(Kuznets, Simon)，204
奎尔，戴维(Quéré, David)，62，84，105
奎克，史蒂芬(Quake, Stephen)，90，139
捆绑资助，79

L

拉比，伊西多(Rabi, Isidor)，8
拉克，苏尔(Lach, Saul)，50
拉克斯，尚克曼(Lacks, Henrietta)，103
拉张整体，18
来自产业部门的科研资助，117—118
来自非盈利基金的科研资助，119
来自台湾的教授，185
来自印度博士学位获得者留美比例，191—192
来自印度的博士后，193
来自印度的博士生，188—190
来自印度的教授，85，199
来自中国的博士后，193
莱布尼茨，19，204
莱德，菲利普(Leder, Philip)，27，28，29，97
莱德伯格，乔舒亚(Lederberg, Joshua)，17
莱顿大学，207
莱勒，汤(Lehrer, Tom)，19
莱维特，戴维(Levitt, David)，231
兰德，埃里克(Lander, Eric)，92
兰德公司，122
兰格，罗伯特(Langer, Robert)，52
劳伦斯伯克利国家实验室，93
老式职业培训的组群效应，66
乐俊明(Le, Junming)，48
累积优势，31，32
冷战期间对物理学的资助，195
李维斯特，罗纳德(Rivest, Ron)，20，52

里德，哈里(Reid, Harry)，135
里肯，亨利(Riecken, Henry)，176—177
里特尔，克拉伦斯 (Little, Clarence)，100
里佐，迈克尔(Rizzo, Michael)，122
利瓦伊—蒙塔尔奇尼，丽塔(Levi-Montalcini, Rita)，75
联邦政府科研资助，114—117
联盟号飞船，114
廖塔，丹尼斯(Liotta, Dennis C.)，48，57—58，67—68
林奎斯特，苏珊(Lindquist, Susan)，52，57—58，67—69，84，168，179
临床试验，224
临时居民定义，184
临时居民与PhD项目的质量，190
临时居民与博士后，192—194
临时居民与博士学位获得者，14，152—153，187—192
鲁坦，伯特(Rutan, Burt)，135
论文出版物不均衡，31—33
论文的合作者，63，72，73，74
论文发表不均衡，31
论文发表在资助评估中的作用，131—132
论文发表作为知识积累的手段，211
论文国际合作者，12，72—73
论文引用，5，22
论文作为产业信息源，216
罗巴切夫斯基，尼古拉斯·伊万诺维奇(Lobachevsky, Nikolai Ivanovich)，19，20
罗伯茨，理查德(Roberts, Richard J.)，17
罗格大学，95，207
罗默，保罗(Romer, Paul)，161，205
罗思伯格，乔纳森(Rothberg, Jonathan)，89—91
罗索夫斯基，亨利(Rosovsky, Henry)，35
洛伦兹，爱德华·诺顿 (Lorenz, Edward Norton)，64
洛特卡定律，31
洛特卡定律与发表论文，70
绿卡，183—18

M

麻省理工学院(MIT)，46，52，55，56，57，80，81，85，106，118，128，159
马伯格，约翰(Marburger, John)，240
马车轮酒吧，226
马太效应，31，176

麦道夫，伯纳德(Madoff, Bernard)，121
麦卡利斯特，哈罗德(McAlister, Harold)，98
麦克奈特，史蒂夫(McKnight, Steve)，17
麦耶尔，琼(Mayer, Jean)，134
曼格尔斯多夫，保罗(Mangelsdorf, Paul C.)，45
曼斯菲尔德，埃德温(Mansfield, Edwin)，147
"没有晶体就没有资助"，93，131
美国21世纪竞争力法案，185
美国癌症基金会，119
美国本科学生的数量，200
美国博士后学会，169
美国博士后中的外国出生者，183，192—194，199—200
美国博士科研人员数量，152
美国大学毕业生调查(NSCG)，243
美国大学技术技术管理者协会(AUTM)，54
美国大学教授协会(AAUP)薪金调查，36，37
美国大学联合会(AUU)专项拨款，134
美国大学协会的专项拨款，134
美国大学协会会员，128
美国复苏与再投资法案的刺激资金，116，117，129，144，145，200，227
美国复苏与再投资法案中NIH挑战性资助，144—145
美国公民的研究生平均资助，188—189
美国公民对科学和工程的兴趣，5，15，113
美国公民对研究生院的支持，189
美国国防部(DOD)，63，130
美国国家标准与技术研究所(NIST)，240
美国国家科学基金会(NSF)，130，240
美国国家研究服务奖(NRSA)，180—181，232
美国航空航天局(NASA)，63，99，130
美国和其他国家学术市场的差异性，171—176
美国化学家的论文，198
美国获得博士学位人员的国民状态，152—153，187—189
美国获得博士学位人员的就业，158—161
美国获得博士学位人员数量，152—153，187—188
美国获得博士学位人员性别分布，152—153
美国获得博士学位人员种族分布，152
美国教授中的外国出生者，184—187，200—

201
美国科学工程医学院，25
美国科学与工程领域的博士数量，152
美国劳动力市场的外国出生者，183
美国能源部（DOE），130，240
美国农业部，130
美国全时男性教授的基尼系数，41
美国人被外国出生者顶替，194—196
美国人获得博士学位的人数，152—153，186—189
美国西北大学，47，48，49，111
美国研究生入学考试（GRE），199
美国研究生中的外国出生者，183，187—192，199—200
美国医学院协会（AAMC），106—107
美国医学院中的外国出生者，186
美国之外的同行评议，133
美国专利与商标办公室（USPO），45
蒙塔尼耶，吕卡（Montagnier, Luc），21
孟德尔，84，100
孟德尔与实验鼠的使用，101
孟山都公司，118
密尔肯，迈克尔（Milken, Michael），120
密苏里大学堪萨斯分校，185
密西根大学安娜堡分校，185，190
名祖命名，6，23，87
明尼苏达大学双城分校，142，222
明确的博士毕业计划，168—169，222
命题型知识，204
摩根，迈克尔（Morgan, Michael），88
摩尔根（Morgan, T. H.），84
墨西哥，192
默顿（Merton, Robert K.），19，25，31，176
默顿（Robert K. Merton）与优先权，19，25
默克制药公司 Merck，59，118
默里，菲奥娜（Murray, Fiona），28，58，118
莫基尔，乔尔（Mokyr, Joel），204

N

拿破仑，18，19
纳尔逊，比尔（Nelson, Bill），84
纳尔逊，杰瑞（Nelson, Jerry），97，98
纳尔逊-里，瓦特（Nelson-Rees, Walter），103
囊性纤维病基金会，119
囊性纤维化基因，10
内莫洛夫，查尔斯（Nemeroff, Charles），58

内生性经济增长，226—227
能力，65
尼安德特人基因组，89
年龄与突出贡献的关系，66—67
牛顿，19，204
纽约城市大学（CUNY），76
农业领域合著者分布，72—73
诺贝尔奖，23，24
诺华集团，118
女性科学奖，24
女性与博士，152，163
女性与博士项目中的顶替，194
女性与男性薪金差异，36—37

O

欧盟研究框架计划，79—80，133，239
欧洲超大望远镜（E-ELT），98
欧洲的科研资助，122—126
欧洲核研究组织（CERN），2，23，78，85，207，239
欧洲学术薪金，43
欧洲研究理事会（ERC），23，85

P

帕特诺斯，阿里斯蒂德斯（Patrinos, Aristides），88
帕维特，基思（Pavitt, Keith），113
排外许可，27
培训问题，225
培训资助，69，79，177—178，181，225，234—235
佩奇，拉里（Page, Larry），49，54
佩因特，妮娜（Paynter, Nina P.），92
彭宁，特雷弗（Penning, Trevor），68
匹兹堡大学，185
聘请了研究生和博士后的实验室，68—70，231
平方千米阵列（SKA），98—99
平斯，亚历山大（Pine, Alexander），67
评审项目的时长，139
珀塞尔，爱德华（Purcell, Edward），9
普渡大学，206—207，222
普赖斯（de Solla Price, Derek），83
普林斯顿大学，176
普拉舍，道格拉斯（Prasher, Douglas），30，31

Q

期望寿命，7，208

欺诈和行为不端案例，27
欺诈与行为不端，26—27
启动包，1，2，36，82，86，87，122，171，175
签证，184
签证限制，187—188，191，194
前 300 年中的经济增长，203—205
前列腺癌基金会，120
钱永健（Tsien, Roger），30
钱泽南（Tjian, Robert），4，52，53，60
切赫，托马斯（Cech, Thomas），178，234—235
切块科研资助，129—130，137
清华大学，127，189，198
清华大学，127，189，198
琼斯，唐纳德（Jones, Donald F.），45
全基因组学，91
全球定位设备（GPS），8

R

热点论文与论文发表，198
人类基因组计划（HGP），78，87—92，109，112，224，236
人类基因组计划成本，3，88
人类基因组计划评估，92
人类基因组计划与基因测序，92
认同，16，18—25
认同形式，23—25
日本的科研资助，122—126
日本经济增长，205
日本科学院，2，9，25
日本科研资助，122—126 129
荣誉会员，25
荣誉作者，74
软钱岗位，142，229，233，234

S

沙米尔，阿迪（Shamir, Adi），20，52
萨摩，劳伦斯（Summers, Lawrence），65
桑格，弗雷德里克（Sanger, Frederick），87
上游研究，8，205—206
尚克曼，马克（Schankerman, Mark），50
少数族裔博士，163
舍恩，亨德里克（Schön, Jan Hendrik），26
社会学，12，109，128—129
社会学研究网络（SSRN），21
申请专利的大学教授人数，46
申请专利的动机，50—51

申请专利对科学家的激励，50—51
生产函数，11，63
生命科学家早期职业趋势研究项目委员会，176
生命科学家早期职业趋势研究项目委员会建议，177，232
生命科学领域博士后的小时收入，69
生命科学领域博士后数量，70，166—167
生命科学领域博士相对于学士的收入，154—155
生命科学领域博士资助计划，115—116
生命科学领域大学教授收入，40—41
生命科学领域的收入不均衡，41
生命科学领域国外出生的教授，186
生命科学领域获得学位的时间，156
生命科学领域就业，196
生命科学领域联邦政府资助份额，128—129
生命科学领域实验设备成本，85
生命科学领域外国出生的博士后，193
生命科学领域外国出生的博士生，188
生命科学领域外国出生精英博士计划，190
生命科学领域许可费的重要性，49
生命科学领域资助效率问题，145，237—238
生物化学，190
生物技术科研，209
生物技术领域大学专利，49
生物技术领域的企业聘任，220
生物技术领域公共启动资助，53
生物技术领域企业与明星科学家共同署名，215
生物技术领域在企业兼职的教授，54
生物技术企业支持学术研究，53
生物学材料共享中心（BRCs），103—104，235
生物学教授收入，4，38—40
生物学科研场地，106—107
生物学领域博士毕业生的数量，159—161，230
生物学领域博士收入的现值，156—157
生物学领域外国出生的教授，186
生物学医学领域的研究岗位空缺，14
生物学仪器设备功能，87
《生命研究科学家早期职业趋势》报告，176—178
生物研究中心（BRCs），103—104，235
生物医学科研场地，3，105—107

生物医学领域 R01 资助, 30
生物医学领域博士后在实验室的重要性, 68, 162
生物医学领域的巴斯德象限, 12
生物医学领域的专利申请动机, 50—51
生物医学领域的作者特征, 74
生物医学领域共享实验材料, 103
生物医学领域关联资助项目, 79
生物医学领域教授收入, 38—39
生物医学领域论文发表限制, 118
生物医学领域研究生和博士后资助方式, 69
生物医学领域研究资助增长, 128
生物医学领域与教授有联系的产业, 58
生物医学领域资助案例研究, 141—145
生物医学研究与开发价格指数, 142
生殖生物学 Michelson 奖, 135
实验材料共享, 28, 103
实验材料转移协议, 27, 55, 67, 80, 162, 208, 213, 214, 217, 221, 238
实验设备和材料使用的政策问题, 108—109
实验室, 67—71
实验室的博士后成员, 68—71
实验室的成本, 112
实验室的金字塔结构, 70—71
实验室工作的博士后, 69
实验室工作的科学家, 68
实验室工作的研究生, 68—69
实验室雇员成本, 1, 112
实验室或科学家的网页, 5, 23, 67—68, 184
实验室基因测序, 87—92
实验室间接支出, 121—122
实验室结构和地理位置国际对比, 1, 67, 129—130
实验室网页, 67—68
实验室仪器设备, 84—85
实验室中的核心科学家, 70
实验鼠, 2, 101
实验鼠, 2, 19, 25, 26, 31, 100—102
实验鼠成笼率, 28, 29, 82, 102
实验鼠的超声研究, 102
实验鼠的雌雄比例, 2, 14, 102
实验鼠的平均 per diem, 82
实验鼠的养殖, 2, 101—102
实验鼠用设备, 102
实验鼠在研究活动中的重要性, 63
实验中实验鼠使用数量, 101

史蒂芬·古尔德(Gould, Stephen Jay), 35
收入的现值, 153, 156—157
首次获得 NIH 资助的年龄, 143—144
数学技能与科学, 65
数学领域博士后工作时间, 69
数学领域的合著, 72—73
数学领域教授收入, 37—41
数学领域联邦政府资助的比例, 129
数学领域收入的现值, 157
数学领域外国出生的教授, 186
数学领域外国出生的学生, 188
数学领域薪金与发表论文关系, 42
数学领域研究人员基地, 107—108
数学领域研究团队, 72
数学领域在产业部门工作的博士, 163, 218—219
数学领域在美工作的俄罗斯科学家, 175, 185
双子座 8 米级望远镜项目, 85
私立大学, 3, 4, 37, 39—40, 69, 121—122, 166, 170, 173
斯坦福大学, 48, 49, 52, 53—55, 75, 79, 111, 183, 214, 222
斯坦福大学计算机系百万富翁教授, 52
斯坦福大学计算机系创办公司的教授, 52
斯坦福大学物理学教授, 183
斯廷博克, 哈里(Steenbock, Harry), 45
斯佩克特, 阿伦(Specter, Arlen), 128
斯特恩, 斯考特(Stern, Scott), 28, 103
斯图尔特, 蒂莫西(Stewart, Timothy), 28, 29
斯辛纳齐, 雷蒙德(Schinazi, Raymond), 48, 51
苏珊·林奎斯特(Susan Lindquist)的引文, 58

T

塔夫茨大学, 134
台湾在美博士生, 189—190
泰国, 189, 192
泰勒, 约瑟夫(Taylor, Joseph), 98
泰特尔鲍姆, 迈克尔(Teitelbaum, Michael), 165
汤姆森, 詹姆士(Thomson, James), 52
汤森路透 WOK, 22
特曼, 弗雷德里克(Terman, Frederick), 55
特质基因敲除实验鼠, 101

天文学领域合作分布,72—73
天文学领域外国出生的研究人员,186
天文学仪器装备的作用,84
填表和开会的时长,138
条形码,207
《通往独立的桥梁》报告,179
通用汽车癌症研究奖,24
同步时钟,83
同行评议,14,131—133,138—141
同行评议的风险规避,14,114,134,139,140—141,148,149,150
同行评议的时间与成本,139
同行评议的重要性,33,122,131,139,140,143,149
同行评议与望远镜时间分配,97
投身于研究项目的时长,233
土耳其,190
团队作者的引文,75
瓦默斯,哈罗德(Varmus,Harold),104

W

外国出生博士留美比例,191—192
外国出生科研人员的生产率,197—199
外国出生者,14,183—202
外国出生者的贡献不均衡,197—199
外国出生者发表论文,197—199
外国人与论文发表,197—199
外国人在美国的相关政策问题,199—202
王必成(B.C.Wang),85,93—94
王中林(Zhong Lin Wang),62—63
望远镜,96—1.00
望远镜,96—100
望远镜成本,97—99
望远镜竞争,96—98
望远镜时间分配,97
威廉斯,海蒂(Williams,Heidi),112
威廉斯,罗伯特(Williams,Robert R.),45
威斯康星校友研究基金会(WARF),45
威斯康星大学,45,52,61,104
维尔切,简(Vilcek,Jan),48
"未雨绸缪",9,113,165
文特(Venter)研究所,91
文特尔,克雷格(Venter,Craig),112
涡虫,100
涡虫,100
沃尔什,约翰(Walsh,John),103,104
沃森,詹姆斯(Watson,James),89,119

沃特曼,罗伯特(Waterman,Robert),45
吴茂昆(Wu,Maw-Kuen),21
伍兹霍尔海洋研究所,85
物理学的经济贡献,146,205—206,223,236
物理学教授申请专利动机,50
物理学教授收入,37—40
物理学教授收入不均衡,41
物理学领域博士的岗位需求,160—161
物理学领域博士后,70,157
物理学领域博士后岗位对劳动力市场的缓解作用,168
物理学领域博士后工作时间,69
物理学领域博士计划中外国出生人员,188
物理学领域博士相对于学士的收入,154—155
物理学领域博士资助计划数量,114—115
物理学领域的合著,72—73
物理学领域的外国出生教授,186
物理学领域的学生愿望,170
物理学领域的研究场地,107—108
物理学领域的研究资助,223,236
物理学领域获得学位的时间,156
物理学领域美国与国外合作,73
物理学领域男性获学位的数量增加,158
物理学领域实验设备成本,85
物理学领域实验设备的作用,83—84
物理学领域外国出生博士后,193
物理学领域外国出生的教授,196
物理学领域研究场地,106—107
物理学领域由外国出生人员的岗位顶替,199
物理学领域政府资助占比,128—129,237
物理学实验室,68
物理学与《未雨绸缪》,143

X

西班牙对发表论文的激励,44
西班牙对科研的资助,122—124,129
西班牙学术劳动力市场,172
西尔弗曼,理查德(Silverman,Richard B.),49
西拉德,里奥(Szilard,Leo),66
希格斯,彼得 Higys,Peter,23
希格斯粒子,8
系统生物学,75
系统生物学研究所,52,91,240
下村修(Shimomura,Osamu),30

下一代基因测序仪，89—90
夏季补助，43
夏季科研资助，139
夏皮罗，扎尔曼(Shapiro, Zalman)，64
夏普，菲利普(Sharp, Philip)，67
夏威夷摩纳卡望远镜，85，96，97
先进中子源（APS），93，94
相对论重离子对撞机(RHIC)，85
项目承担人用优惠券，16，43
项目规模与论文发表的关系，148，239
项目资助大小与结构的政策问题，149
项目资助的同行评议，120，130—133
项目资助规模的效率问题，148，239
效率定义，11
效率和科研设备市场，108
效率和提交资助建议，140
效率问题，235—236.
效率相关建议，233—235
效率与资助额，145—147，236
效率与资助规模，145
效率与资助结构，148，238—240
效率与最大资助额，145—147，237—238
谢尔曼，让—克劳德(Chermann, Jean-Claude)，21
谢瑞，哈罗德(Scheraga, Harold)，132
心脏病，7，146，208
辛克莱，戴维(Sinclair, David)，4，53
欣喜标准石油公司，55
新毕业博士的工作前景，178
新博士对产业界岗位的顶替，221—223
新墨西哥阿帕奇山顶，97
新任首席科学家与 NIH 预算翻倍，143
信息技术扩散，75—78
性别，78，96，97
休斯勒，鲁塞尔(Husle, Russell)，98
许，斯蒂芬(Hsu, Stephen)，4，52
许田(Xu, Tian)，126—127
学士学位相对于博士学位的薪酬，154—155
学术市场，170—176
学术市场的弹性，170
学术市场的国际对比，171—176
学术薪金，4，36—42
学术薪金不均衡，41
学术薪金与生产率的关系，42
学术薪金与资助，43

Y

亚当斯，詹姆士(Adams, James)，210—211
亚利桑那大学，98，137
严格教授资格测试(Habilitation)，171
研究公司，45—46
研究评价实践(RAE)，133
研究生的成本，68—69，233
研究生的工作时长，69
研究生发表论文，70
研究生奖学金，5，69，157，158，162，177，189，201，234—235
研究生研究助理，5，162，177—178，191
研究生院对外国出生者的平均资助，188—189
研究生院委员会，202
研究生招聘信息，161—162，233
研究生之间的亲和效应，191
研究生中来自印度学生的亲和效应，191
研究生中外国出生的亲和效应，190—191
研究生资助，69，79，177—178，181，225，234—235
研究所，234
药物，9
药物学与 NIH，224
药物学与药物发现减缓，224—225
药物研发，208
药学对提高平均寿命的贡献，7，208
药学与公共研究，207—208，212，215
药学与心脏病，208
耶鲁大学，76，89，126
耶鲁大学分子生物物理与生物化学毕业生培养计划，179
耶鲁大学分子生物物理与生物化学计划，162，179
耶鲁大学接受的 NIH 资助，179
一般大学基金(GUF)，123
伊朗，189
伊利诺伊大学香槟分校，222
医学院非终身教职岗位，149，178
医学院全职教授与经费保障，43，171
医学院与非全职岗位，178
医学院与新建筑，3，107
医学院中基础科学领域的教授，186
医学院终身教职与薪金关系，171
疑难问题作为奖励，5，16，17，18
以色列，185

逸夫奖(Shaw Prize)，23，24
意大利教授申请专利，52
意大利科研资助，123—125
意大利学术劳动力市场，172—173
意大利学术市场，171，173—174
意大利与同行评议，133
引文，5，22
引文与薪金的关系，42
印度经济增长，205
印度理工学院，198
因格贝尔，唐(Ingber, Don)，18，149
英国的科研资助，123—125
英国的同行评议，138
英国工程与物理学研究理事会，130
英国皇家学会，25
英国研究评价实践(RAE)，44，133，138
赢者通吃的比赛，13，29，33
影响选择博士后的因素，168—169
应用生物系统公司的基因测序机器，89
应用研究，12
应用研究的定义，12
应用研究替代基础研究，57
永久居民的定义，184
永久居民与博士，152，154，187，188
永久居民与博士后数量，192，193
优先权的功能属性，25—29
优先权如何体现公共物品属性，7，25，111—112，215
优先权作为财产权，25
优先权作为奖励，18—25
优先权作为奖励的社会期望特性，26
幽灵作者，74
有中国姓名的化学博士，198
与产业界的联系，58
域名系统（DNS），76—77
原始数据对 NIH 项目申请的重要性，139
原子钟，8，146
约定俗成知识，204
约翰霍普金斯大学，85，101，128，169
越南战争，116，158

Z

杂交水稻，8，10，45，146，207，209
在 Science 发表论文的合著，70
在 Science 发表论文的研究生，70
在产业部门工作的天文学博士，218
在产业部门工作的物理学博士，163，218—220
在产业中就业的科学家与工程师，152，159，160，161，162—163，218—220
在美韩国博士研究生，188—199
在美拉丁裔博士生，152
在美来自台湾博士留美比例，191—192
在数学领域的博士后，167
在医学院就职的年龄，178
泽胡尼，伊莱亚斯（Zerhuni, Elias），106，140，141，143
赠送性合作者，74
珍妮娅研究农场（HHMI），120，240
真正科研实力，31—32
政府承担支持科研的理念，206，230
政府提供科研资助的理念，112—113
政府支持合作，78—80
政府直接资助，63
政府资助合作研究，78—80
政府资助科研的理念，7，8，230
芝加哥大学，49，159
知识产权相关的政策问题与科学合作的增长，80
知识淳化，66
知识从公共部门向私营部门转移，215—218
知识分子的独立性，18
知识公共到私营部门转移机制，215—218
知识基础，65
知识老化，66
知识前沿奖，24
知识外溢，205—206，210，213
知识外溢与经济增长，8，206
知识外溢与内生增长理论，226
知识外溢中地理位置影响，216—217，226
知识外溢作为政府资助科研的理念，206
知识作为公共物品，6，25，111
智力挑战 18
智力挑战对科学家的激励，18
智力投入，13，63—65，67
智利，73，96，98，192
中国 985 高校，99
中国本科生，200
中国本科学生的数量，200
中国大学的讲座教席，126，138
中国大学里的基础研究，126
中国的科研场地，127
中国的科研资助，126—127

中国国家自然科学基金委员会(NSFC)，127
中国获得博士学位人数，200
中国教授的薪水，192
中国经济增长，199，205
中国人任美国教授，183—185，199
中国人在 Science 的论文作者，197
中国人在美国获得博士学位的留美比例，191—192
中国研发投入，126—127，199
中国研究生院的亲和效应，191
中国在美国的博士生，188，189—190
中华人民共和国发表论文奖励，44，138
终身教职，71，122，160—161，170，175，176—177
终身教职岗位，159—161，170—171，176
重大专利，47—49，50
周，夏琳(Cho, Charlene)，103，104
朱经武(Chu, Paul)，21
专利对论文的引用，211
专利—论文对，28，57，74
专利权人，74
专利申请与论文发表的关系，57
专利许可费，45—50

专利与知识产权，25
专利与知识产权保护，27
专项拨款的界定，134
专项拨款的缺点，134
专项拨款的优点，136
专项拨款科研资助，134，136
转基因实验鼠，20，100—101
转基因鼠，27，28，104，118，223—224
转基因鼠专利，28，58，101，104
状态独立，31，32
资助效率问题，145—147，235—238
紫杉醇(Taxol)，49
自然实验，11，
组群效应的原因，175—176
祖名认同，23
佐治亚大学，93，128
佐治亚理工学院，62，94，128，183，185，190，206，222
佐治亚州立大学，84，85，94，98
作弊，26
作为科研资助机制的评估实践，44，133，137—18